西安事变研究备要

张华腾 杜海斌 编

中国社会科学出版社

图书在版编目（CIP）数据

西安事变研究备要/张华腾，杜海斌编.—北京：中国社会科学出版社，2016.10
ISBN 978-7-5161-9399-0

Ⅰ.①西… Ⅱ.①张…②杜… Ⅲ.①西安事变—研究 Ⅳ.①K264.807

中国版本图书馆CIP数据核字（2016）第279542号

出 版 人	赵剑英
责任编辑	耿晓明
责任校对	季　静
责任印制	李寡寡

出　　版	中国社会科学出版社
社　　址	北京鼓楼西大街甲158号
邮　　编	100720
网　　址	http://www.csspw.cn
发 行 部	010-84083685
门 市 部	010-84029450
经　　销	新华书店及其他书店

印刷装订	三河市君旺印务有限公司
版　　次	2016年10月第1版
印　　次	2016年10月第1次印刷

开　　本	710×1000　1/16
印　　张	25.5
字　　数	431千字
定　　价	95.00元

凡购买中国社会科学出版社图书，如有质量问题请与本社营销中心联系调换
电话：010-84083683
版权所有　侵权必究

编辑说明

西安事变是中国近现代史、中华民国史、中国抗日战争史上一个特大历史事件，直接影响着中华民族的命运与中国社会发展进程。西安事变的和平解决，为中国抗日战争的胜利奠定了政治基础。在隆重纪念西安事变80周年时，对西安事变80年研究进行系统总结，是继承和弘扬西安事变抗日爱国精神，有利开展进一步的深入研究，开创西安事变研究的崭新局面，陕西师范大学历史文化学院中国近现代史专业师生集体编写了《西安事变研究备要》一书，为西安事变研究献上一朵学术史小花。历史的重任和西安事变80年的历史契机，促使了我们对本书的编写。

《西安事变研究备要》分西安事变研究综述、论著索引、论文索引和文献史料索引四部分。西安事变研究综述收集整理了海内外学者30篇综述文章，论著索引、论文索引和文献史料索引涵盖了大陆、台湾、香港、澳门和海外华人学者的各个方面的研究成果。由于西安事变不仅仅是震惊中国政坛的特大事件，西安事变的和平解决，还涉及中外各种政治势力，所以西安事变的和平解决还是一个国际政治事件，研究西安事变的学者不限于华人，还包括欧美各国、俄罗斯及日本等国的学者，对他们的研究成果，我们也注意收录。

对收入本索引的成果，按出版和发表的时间先后排序，时间不明确的置于最后。对学者的成果保持原貌，确有明显错误的予以更正，并加括号予以说明。

《西安事变研究备要》主要取材于中国知网、中国人民大学报刊复印中心以及陕西省图书馆、陕西师范大学图书馆及历史文化学院资料室、西北大学图书馆、西安市图书馆以及中国人民政治协商会议陕西省委员会文史和学习委员会资料室等。在收集资料、汇集成书的过程中得到陕西师范大学历史文化学院领导、"211工程"办公室领导的大力支持，陕西省图书馆、陕西师范大学图书馆、西北大学图书馆、西安市图书馆以及陕西省政协等单位相关人员热情提供查找资料的方便，在此一一表示感谢。

限于时间仓促和学识水平，可能有些成果未能收入。在撰写和编排过程中可能还有这样那样的错误和不足，尚希读者和作者见谅。

张华腾　杜海斌
2016年6月10日

西安事变研究三题
（代序）

张华腾

  西安事变是中国近现代史、中华民国史、中国抗日战争史上特大历史事件，影响着中华民族的命运与中国近代社会发展进程，因此倍受学者的关注。西安事变80年来，尤其是20世纪80年代以来，研究成果累累。据不完全统计，研究论文有1672篇之多，[①] 专著有120余部，资料整理有30余部。西安事变研究已经达到非常高的水准，但随着西安事变史料的不断发现与整理，西安事变研究环境的改观，人们研究视野的扩大，西安事变研究仍然具有较大的空间。本文在西安事变研究的基础之上，就西安事变研究的几个问题谈点自己的看法。

一 西安事变爆发的原因

  西安事变爆发的原因很多，是20世纪30年代中国社会中外矛盾激化的结果。台湾及海外学者大都认为，酿成西安事变的主要因素，是中共倡行的"抗日民族统一战线"[②]，大陆学者也有持这一观点的。[③] 我认为中共抗日民族统一战线是果而不是因，因为有了日本帝国主义的侵略，才有为打败日本凝聚全国抗战力量的抗日民族统一战线。日强我弱，为反抗日本侵略取得抗日战争的胜利，中华民族各个阶级、各个民族、各种政治势力必须结束内争，凝聚全国抗战力量共同对日，于是有中共抗日民族统一

[①] 论文统计截止到2016年5月底，主要限于大陆地区，非学术性的文章不在统计之内。

[②] 李云汉：《西安事变始末之研究》，近代中国出版社1982年版；吴天威：*The Sian Incident: A Pivotal Point in Modern Chinese History*, Ann Arbor: The University of Michgan, 1976。

[③] 杨颖奇：《论抗日民族统一战线与西安事变的发生》，《学海》1994年第3期。

战线的号召与实际运作，得到其他政治势力的呼应与赞同。抗日民族统一战线是日本帝国主义侵略的产物，是中国抗日战争胜利的法宝，对西安事变有着一定的影响但不是西安事变的主要原因。

西安事变最为主要的原因有两个：第一，日本帝国主义的侵华是最根本的原因，没有日本帝国主义的侵华就没有西安事变的爆发；第二，蒋介石为首的南京国民政府与具有强烈爱国主义的地方政治精英张学良、杨虎城等在如何抗日卫国战略方面的根本分歧是直接原因，如果张学良、杨虎城完全听命于蒋介石的部署，"安内攘外"，西安事变也不会发生。

西安事变爆发的根本原因，是日本帝国主义对中国的疯狂侵略，1931年的九一八事变，东三省沦陷，一·二八事变和华北事变，热河沦陷，华北危机，中华民族空前的危机促使中华民族的空前觉醒。稍有民族心的中国人无不把抗日视作最大的政治上迫切需要解决的第一大问题。时任陕西省主席兼第十七路军总指挥的杨虎城在九一八事变之后5日即9月23日，就通电全国一致抗日，"应请我政府严重抗议，促速撤兵，昭告全球，制裁强暴。尤祈我举国上下，一致团结，共御外侮"①。从此之后，杨虎城无论是在任何时间、任何场合、任何公务活动，演讲、命令、训词、书信、通电等没有不要求抗日或为抗日准备的。军人如此，学者、文人、知识精英莫不如是。如九一八事变之后的10月23日，90余岁的马相伯就在《申报》发表《为日祸敬告国人书》，呼吁"立息内争，共御外侮"②！没有日本帝国主义的狼子野心和对中国的猖狂侵略，西安事变是不会发生的。西安事变爆发当日，张学良、杨虎城在发布的通电中就非常清晰地指出："东北沦亡，时逾五载，国权凌夷，疆土日蹙。淞沪协定，屈辱于前。《塘沽》《何梅》协定，继之于后。凡属国人，无不痛心。"③ 日本帝国主义的疯狂侵华，中华民族的空前危机促使中华民族新的觉醒，促使中国政府与中国人民如何反对日本帝国主义的侵略，保家卫国。所以日本帝国主义的侵略是西安事变爆发的根本原因。

西安事变爆发的直接原因，是蒋介石为首的南京国民政府与具有强烈爱国主义的地方政治精英张学良、杨虎城等在如何抗日卫国战略方面的根

---

① 贾自新主编：《杨虎城集》，中国文史出版社2013年版，第128页。
② 朱维铮主编：《马相伯集》，复旦大学出版社1996年版，第902页。
③ 贾自新主编：《杨虎城集》，中国文史出版社2013年版，第281页。

本分歧所致。蒋介石为首的中央国民政府奉行"安内攘外"的既定方针，即先将反政府的中共武装力量予以剿灭，然后再抗战，为此不惜对日本的侵略一再妥协退让，而集中优势兵力围剿中共力量。蒋介石在九一八事变以来的数年间到西安事变前一直坚持如此政策（尽管也曾与中共秘密接触），他在不同的场合不同的场景多次强调他的这一政策，并将这种政策与国家统一联系起来。如面对九一八事变以来民众抗日情绪的不断高涨，蒋介石表示："攘外必先安内，统一方能御侮，未有国不统一而能取胜于外者。故今日之对外，无论用军事方式解决，或用外交方式解决，皆非先求国内统一不能为功。"① 当 1933 年 3 月热河沦陷，时在江西剿共的一些军人纷纷请缨北上抗日，蒋介石电饬道："'剿共'抗日同为当前保国为民之两大工作，绝无轩轾。近日在赣'剿匪'各师，多以请缨抗日为名，纷请北调，见异思迁，分心急志，殊非忠勇军人所当出。"② 即便西安事变前的一段时间内，蒋介石仍然坚持这一既定政策。1936 年 10 月，蒋介石在解决了两广事变之后，亲自督率大军数十万兵临陕西，对陕北红军准备进行最后的清剿。10 月 22 日，蒋介石在张学良、杨虎城的陪同下在西安王曲军官训练团对学员讲话。他说："当前在我们身边的主要敌人是共产党，我们应该集中力量消灭他们；至于日本，是远在千里之外的敌人，我们将来要打。假如现在我们不集中力量打眼前的主要敌人，而大喊大叫要打几千里外的敌人，那是违反我的'安内攘外'的政策，违反这个政策，就是反革命，反革命我就要打倒他。"③ 安内攘外，剿灭中共，坚定不移。

西安事变之所以在西安发生，与陕西、西安区域的政治格局密切相关，与该区域的军政长官张学良、杨虎城将军的思想变化和抗日决心、勇气密切相关。1936 年 10 月，中国工农红军主力虽然遭受第五次反围剿的惨痛失败，但经过千难万险的斗争，长征二万五千里，会师大西北，恢复了元气与生机。蒋介石督率大军兵临陕西，督促西北剿匪副总司令张学良

---

① 蒋介石：《外交为无形之战争》，见《先总统蒋公思想言论总集》卷十，演讲，第 482 页。
② 《蒋委员长致"剿共"各军师长电》，1933 年 3 月 21 日，中央党史委员会藏。见刘维开：《国难期间应变图存问题之研究》，中国大百科全书出版社 2014 年版，第 121 页。
③ 卢广绩：《西安事变亲历记》，全国政协文史和学习委员会编：《回忆西安事变》，中国文史出版社 2015 年版，第 76 页。

与西安绥靖主任杨虎城全力剿共。而以张学良为首的东北军事力量和以杨虎城为首的西北军事力量最初不得不执行蒋介石的命令，围剿中共红军，但在一年余的与红军交战的实践中深深感到，剿共屡被红军化解，剿共削弱了他们的实力，"国家就要亡了，还在这里出死力的自相残杀"①！中共武装力量不仅剿灭不了，而且还是重要的抗日力量，红军武器装备虽然落后，但组织严密，战斗力强，思想纯洁，是代表劳苦大众的武装力量，蒸蒸日上。张学良后来在接受采访时说："我们与共产党打什么呢？都是中国人。打什么呢？都是政治问题，不是不可谈的嘛，所以后来谈是我的主张。而且我对介公讲，我说共产党你也剿不了。他说为什么？我说共产党有人心，我们没人心。"② 张学良虽然是后来所说，但确实是当时的真实思想。中国人再也不能自己打自己了，剿共不能再持续下去了，如此下去是对中国抗日武装力量的极大摧残。通过与中共的接触及受中共的影响，张学良、杨虎城自觉或不自觉地与红军妥协、合作，形成了中共红军、东北军、西北军的三位一体，在西北局部形成了抗日民族统一战线。西北局部抗日民族统一战线的形成，是中华民族觉醒的重要标志。张学良、杨虎城对蒋介石的安内攘外政策由不满到抵触，在对蒋介石多次进行了劝说无效后，不得不采取兵谏的形式。1936年12月4日，蒋介石对张、杨宣称，无论如何，现在必须讨伐中共，如果反对或不执行这个命令，中央不能不给以相当的处置。12月10日，蒋介石召集全体参谋人员会议，决定12日发出进攻红军的命令，如果张杨不服从军令，将解除张杨的武装。③ 蒋介石的安内攘外政策与张学良、杨虎城响应中共的抗日民族统一战线，联合中共共同抗日政策之间的矛盾激化，不可调和，蒋介石咄咄逼人的行为，迫使张杨采取了兵谏的形式，西安事变爆发。有人说"西安事变是蒋介石逼出来的"原因就在这里。可以说是蒋介石顽固坚持其"安内攘外"政策，拒不听从张学良、杨虎城的中肯意见，才酿成了西安事变。张学良、杨虎城在事变后发布的通电中也谈的非常清楚，面对日本帝国主义侵华的民族危机：

---

① 贾自新主编：《杨虎城集》，中国文史出版社2013年版，第288页。
② 张学良：《张学良口述西安事变》，李立编著：《亲历西安事变》，团结出版社2007年版，第4页。
③ 邵力子：《西安事变追忆》，全国政协文史和学习委员会编：《回忆西安事变》，中国文史出版社2015年版，第156页。

我中枢领袖应如何激励军民发动全国之整个抗战。乃前方之守土将士浴血杀敌，后方之外交当局仍为力谋妥协。自上海爱国冤狱爆发，世界震惊，举国痛心，爱国获罪，令人发指。蒋委员长介公受群小包围，弃绝民众，误国处深。学良等涕泣进谏，屡遭重斥。昨日西安学生举行救国运动，竟促使警察枪杀爱国幼童，稍具人心，孰忍出此！学良等多年袍泽，不忍坐视，因对介公作最后之诤谏，保其安全，促其反省。①

张学良、杨虎城《对时局的宣言》通电，将发动西安事变的原因讲得非常清楚，应该作为我们研究西安事变原因的重要参考。杨虎城在1937年元旦《告官兵书》中，再次重申了发动西安事变的初衷：

双十二事变的发生，就表面观察，似乎觉得有些突然，但就中国近几年国难史的演进程序来看，无疑的就会明白这只是帝国主义尤其是日本帝国主义者加紧向中国压迫所必然引起的一种反应，同时更是中华民族在帝国主义铁蹄下应有的觉醒。②

二　西安事变的阶段性与下限问题

目前对西安事变及和平解决的阶段研究不是那么明晰，学术界没有达成一致意见。一般说法认为12月25日张学良陪同蒋介石离开西安经洛阳飞回南京，蒋介石口头上答应张学良、杨虎城的要求，结束内战，联合中共等共同抗日，获安全释放为西安事变的终结。③ 有学者认为，蒋介石获释不是西安事变的结束，直到1937年2月9日，杨虎城不得不接受南京政府的陕甘军事善后问题方案，中央军兵进西安，控制了西北局势，④ 西

---

① 贾自新主编：《杨虎城集》，中国文史出版社2013年版，第281页。
② 同上书，第300页。
③ 南京国民政府及当时政界均如此认为，见杨中州《西安事变大事记》，三秦出版社1993年版。学术界大多也如此看法。
④ 刘建平：《再论西安事变的历史下限》，《宝鸡文理学院学报》（社会科学版）2001年第3期。

安事变降下帷幕。还有学者认为，蒋介石南京政府对西安事变的发动者张学良、杨虎城的承诺，直到抗日战争全面爆发后才得以实现。

我认为西安事变的下限应该延之到1937年3月9日。为什么如此看法？我将西安事变划分为几个阶段进行研究，或许更能清楚地认识西安事变。西安事变不是一次酝酿已久的兵谏，而是临时的仓促的不得不进行的。西安事变及西安事变的和平解决，有着明显的阶段性。西安事变经过了事变的酝酿阶段、事变实施阶段、斗争妥协和平解决的第一阶段、斗争妥协和平解决的第二阶段，该阶段或称之为西安事变的后续阶段。西安事变不仅仅迫使蒋介石答应停止内战，联合中共共同抗日，从蒋介石南京政府方面来说，还有一个陕甘军事善后问题，由西安事变引发的陕甘军事问题的解决，西安事变才算最后结束。3月9日杨虎城举行记者招待会，宣布：三十八军遵令改为两师，十七路军总指挥部撤销。[①] 而3月8日，东北军已开始从陕甘撤军。从1936年12月12日西安事变爆发蒋介石被扣，到1937年3月9日杨虎城第十七路军总指挥部撤销，东北军撤出陕甘，陕甘地区中国工农红军、东北军、第十七路军三位一体解体，西安事变才算最后结束。在此一时段，南京、西安、延安是国人关注的中国政局中心。

1. 西安事变的酝酿阶段

西安事变的酝酿阶段，从1936年10月22日蒋介石抵西安，驻临潼华清池，布置西北"剿共军事"。张学良向蒋提出"停止内战，一致抗日"的建议，遭蒋拒绝开始，至12月10日张学良、杨虎城已经对蒋介石失去希望，准备采取兵谏。

在蒋介石进驻洛阳、西安的一个多月的时间之内，张学良、杨虎城曾经7次劝说蒋介石放弃剿灭陕北红军计划，[②] 联合红军共同抗日。张学良、杨虎城坚持民族大义，锲而不舍，苦口婆心地劝说。蒋介石则顽固坚持其剿共主张，违背全国公意，一意孤行，没有丝毫之改变，且对张学良、杨虎城的劝谏，一次一次的痛批，一次比一次严厉。张学良、杨虎城痛心疾首，为民族抗战，不得不采取兵谏形式，迫使蒋介石接受他们的意

---

① 张友坤、钱进主编：《张学良年谱》，社会科学文献出版社1996年版，第1310页。
② 杨中州：《西安事变大事记》，三秦出版社1993年版。

见，联合中共及全国各种政治势力共同抗日。

张学良曾经在西安事变之后在对东北军总部全体职员的训词中，将自己的心态、思想变化及其准备实行的几个办法讲给身边的工作人员：因与蒋介石的政策不和，蒋要剿共，自己要联合中共抗战，谋不合则想办法解脱。第一个办法，与蒋告别，自己脱离蒋介石，辞职出走；第二种办法，对蒋介石作最后的诤谏，促使蒋改变自己的误国政策；第三种办法，采取非常行动，实行类似"兵谏"的办法。① 张学良对身边工作人员的训词，是我们了解西安事变前西安事变酝酿阶段情况的最好见证。张学良、杨虎城并非一开始就要发动西安事变，只是在苦心诤谏无效后不得不采取兵谏的形式。

2. 西安事变实施阶段——捉蒋兵谏

从12月10日张学良、杨虎城劝说蒋介石接受其联合中共共同抗日无效，被迫确定实行兵谏，到12日兵谏顺利进行，蒋介石被捉。此一阶段虽然为时两天，但惊心动魄，计划周密，实施顺畅，不仅将蒋介石安全活捉，而且将跟随蒋介石进驻西安的十几位国民党大员全部拘禁起来，并控制了西安机场的50架飞机。

虽然自12月4日蒋介石第二次入驻西安后，张学良、杨虎城已经有了兵谏的想法，但没有付诸实践，没有下定决心，没有向亲信将领和部下部署具体的行动。直到10日，得知蒋介石所言如果张杨不服从其命令，将对张杨进行处置时，张杨才最后下定决心。"11日，下午2时，张学良、杨虎城在金家巷张学良公馆秘密商定武力捉蒋部署，并大体上作了分工：东北军到临潼捉蒋，十七路军捉拿驻在西安的蒋系军政大员，解除南京驻西安的武装力量。"② 随后，他们分别召集亲信，部署了兵谏计划，分配了各部的具体任务。东北军负责临潼华清池捉蒋，以第一〇五师师长刘多荃为总指挥，第一二九师师长周福成担任外围警戒总指挥。第十七路军负责逮捕西安城内的蒋系军政大员，以第十七师第五十一旅旅长赵寿山为西安市内总指挥。11日晚，张学良、杨虎城又分别召集亲信部下，作了最后的部署：

---

① 《张学良对总部全体职员的训词》，西安《解放日报》1936年12月16日。
② 杨中州：《西安事变大事记》，三秦出版社1993年版，第69页。

夜11时许，张学良在金家巷公馆召集东北军高级将领于学忠、王以哲、缪征流、刘多荃、鲍文越、洪钫、卢广绩等，宣布"兵谏"计划，并当场给卫队二营营长孙铭九下达扣蒋命令，反复叮嘱，不要对蒋有任何伤害。随即率领东北军高级将领前往新城杨虎城公馆，设立联合指挥部。①

杨虎城的最后部署与安排如下：

杨虎城命令赵寿山、孔从洲、孙蔚如、李兴中等研究西安的军事行动计划。经查：当时国民党在西安的单位有100多个。其中42个有武装，以宪兵二团（团长杨镇亚）、省保安处（处长张坤生）、省会公安局（局长马志超）等处的武装最多，枪支约在3000以上（其他蒋系特务机关、各军、师在西安的留守处、办事处的武装未计算在内）。东北军、十七路军的主力部队当时大部在陕北前线。东北军在西安城内只有张学良的卫队营。十七路军当时在西安的部队有西安绥靖公署特务营（营长宋文梅）、教导团（团长李振西）、杨虎城的卫士队（队长白志钧）及陕西警备第二旅（旅长孔从洲）。总起来十七路军在西安城内约3000多人。根据以上情况，杨虎城命令宋文梅领特务营捉拿当晚住在西京招待所、花园饭店的蒋系高级官员，孔从洲率警二旅解除宪二团、公安局、省保安处等处的武装，并占领飞机场。②

西安事变做好了一切准备，剑拔弩张，一触即发。

12月12日凌晨六点，清脆的枪声打破了西安凌晨的寂静。东北军、第十七路军同时在临潼、西安展开行动。东北军方面在临潼的捉蒋虽然稍有波折，张学良的卫队营强行冲进华清池大门时遭到蒋介石卫队的抵抗，双方枪击的枪声惊醒了蒋介石，仓皇跳墙逃到华清池后边的骊山上。张学良的卫队营冲进华清池五间厅03号房间蒋介石的寝宫，没有发现蒋介石，

---

① 杨中州：《西安事变大事记》，三秦出版社1993年版，第70页。
② 同上。

但其被窝的温度及蒋介石的假牙等物的存在，说明蒋介石没有跑远。卫队营马上进行搜山，8时左右将躲藏在骊山北麓虎斑石背后的蒋介石捕获，并将其安全带到西安。西安方面，第十七路军一举将在西安的蒋系武装解除，拘捕了所有军政要员蒋鼎文、陈诚、卫立煌、朱绍良等15人。

西安事变由于组织严密，张学良、杨虎城及其部下情绪高涨，上下一心，得以顺利实现。

3. 西安事变和平解决的第一阶段

即从12月12日西安事变成功发动，蒋介石被捉，张学良、杨虎城电告全国，说明西安事变真相，邀请中共到西安协助处理，与蒋介石亲人宋美龄、宋子文等谈判，蒋介石基本接受张、杨意见，到25日张学良护送蒋介石飞离西安，西安事变和平解决告一段落。

12日蒋介石被押至西安新城大楼后，张学良、杨虎城立即向全国发出通电：说明事变真象，并列举抗日救国的八项主张。通电全文如下：

> 南京。中央委员会、国民政府林主席钧鉴，暨各院部会勋鉴，各绥靖主任、各司令、各省主席、各救国联合会、各机关、各法团、各报馆、各学校钧鉴：
>
> 东北沦亡，时逾五载，国权凌夷，疆土日蹙。淞沪协定，屈辱于前。《塘沽》、《何梅》协定，继之于后。凡属国人，无不痛心。近来国际形势豹变，相互勾结，以我国家民族为牺牲，绥东战起，群情鼎沸，士气激昂。丁此时机，我中枢领袖应如何激励军民发动全国之整个抗战。乃前方之守土将士浴血杀敌，后方之外交当局仍为力谋妥协。自上海爱国冤狱爆发，世界震惊，举国痛心，爱国获罪，令人发指。蒋委员长介公受群小包围，弃绝民众，误国处深。学良等涕泣进谏，屡遭重斥。昨日西安学生举行救国运动，竟促使警察枪杀爱国幼童，稍具人心，孰忍出此！学良等多年袍泽，不忍坐视，因对介公作最后之诤谏，保其安全，促其反省。西北军民一致主张如下：
>
> 一、改组南京政府，容纳各党派共同负责救国；
>
> 二、停止一切内战；
>
> 三、立即释放上海被捕之爱国领袖；
>
> 四、释放全国一切政治犯；

五、开放民众爱国运动；

六、保障人民集会结社的一切政治自由；

七、确实行总理遗嘱；

八、立即召开救国会议。

以上八项为我等及西北军民一致之救国主张，望诸公俯顺舆情，开诚采纳，为国家开将来一线之生机，涤以往误国之衍尤。大义当前，不容反顾，只求于救亡主张贯彻，有济于国家，为功为罪，一听国人之处置，临电不胜迫切待命之至！

张学良、杨虎城、朱绍良、马占山、于学忠、陈诚、邵力子、蒋鼎文、陈调元、卫立煌、钱大钧、何柱国、冯钦哉、孙蔚如、陈继承、王以哲、万耀煌、董英斌、缪征流。

叩文。①

西安事变，张学良、杨虎城通电说明事变缘由及八项抗日救国主张，在全国激起强烈反响。中共中央收到张学良、王以哲及刘鼎电报，得知西安事变消息后，于当日召开紧急会议，分析情况，研究对策。会议肯定了西安事变的积极意义，并决定派周恩来与张学良、杨虎城组织三人委员会，叶剑英为参谋长，协助张杨主持大计。根据国内外局势，以联合抗日为前提，斡旋各方，力主和平解决。周恩来12月17日下午到达西安，与张学良、杨虎城分别会谈，了解西安事变情况，征询张、杨的意见，并与张、杨商定了与蒋介石谈判的五项条件：

（一）停止内战，中央军全部开出潼关；（二）下令全国援绥抗日；（三）宋子文负责成立南京过渡政府肃清一切亲日派；（四）成立抗日联军；（五）释放政治犯，实现民主，武装群众，开救国会议。②

西安事变如晴天霹雳，更震惊了南京政府。南京政府一时群龙无首，各派政治力量竞相登场，最后形成主战、主和两大力量，他们之间既互相对立，矛盾重重，又互相配合，努力方向是高度一致的，即营救蒋介石，

---

① 贾自新主编：《杨虎城集》，中国文史出版社2013年版，第282页。
② 《周恩来致毛泽东并中央电》（1936年12月17日），《文献与研究》1986年第6期。

使蒋介石尽快安全返回南京。所以主战派作出讨伐张、杨的决定,派遣大量军队兵进潼关,给张、杨以极大压力,迫使张、杨就范;主和派则主张,在和平解决的同时也要给张学良、杨虎城施加压力。蒋介石的顾问瑞纳、夫人宋美龄及妻兄宋子文是主和的主要代表人物,先后飞赴西安,与张、杨和谈。

在张学良、杨虎城的努力之下,在中共代表周恩来等人的协调和帮助之下,与蒋介石及其代表宋美龄、宋子文于23日、24日进行了谈判。最终原则上接受了张学良、杨虎城的停止剿共、联合中共等各种政治势力共同抗日的五项政治主张,又具体为10项协议。周恩来将谈判结果电告中央。即:

1. 孔、宋组行政院,宋负绝对责任保证组织满人意政府,肃清亲日派。

2. 撤兵及调胡宗南等中央军离西北,两宋负绝对责任。蒋鼎文已携蒋手令停战撤兵(现前线已退)。

3. 蒋允许归后释放爱国领袖,我们可先发表,宋负责释放。

4. 目前苏维埃、红军仍旧。两宋担保蒋确停止剿共,并可经张手接济(宋担保我与张商定多少即给多少)。三个月后抗战发动,红军再改番号,统一指挥,联合行动。

5. 宋表示不开国民大会,先开国民党会,开放政权,然后再召集各党各派救国会议。蒋表示三个月后改组国民党。

6. 宋答应一切政治犯分批释放,与孙夫人商办法。

7. 抗战发动,共产党公开。

8. 外交政策:联俄,与英、美、法联络。

9. 蒋回后发表通电自责,辞行政院长。

10. 宋表示要我们为他抗日反亲日派后盾,并派专人驻沪与他秘密接洽。①

十项协议方方面面,非常具体,内政外交,结束内战,联合共产党共同抗日,改组政府,召开救国会议等,而且责任分明,张学良、杨虎城发

---

① 《周恩来选集》(上),人民出版社1980年版,第72—73页。

动西安事变的目的完全达到。

蒋介石提出，愿以人格担保答应西安方面提出的条件，但坚持不签署书面文字。为了迅速解决问题，周恩来采取了原则性与灵活性相结合的原则，经张学良、杨虎城同意，答应了蒋介石不签字的条件。

蒋介石答应了张学良、杨虎城的要求，获释是没有问题的。但在西安方面，有条件还是无条件释蒋问题意见极不统一，尤其是东北军中下层军官方面反对无条件释蒋。为了尽快安全释蒋，张学良拍板于12月25日下午秘密与杨虎城将蒋介石送至机场，张学良并亲自陪同蒋介石离开西安，由洛阳次日返回南京，西安事变和平解决暂时告一段落。

在西安机场，蒋介石对杨虎城说：

（一）明令中央部队于25日起，调出潼关。从本日（25日）起，如再有内战发生，当由余个人负责；（二）停止内战，集中国力，一致对外；（三）改组政府，集中各方人才，容纳抗日主张；（四）改变外交政策，实行联合一切同情中国民族解放之国家；（五）释放上海各被捕领袖，即下令办理；（六）西北各省军政，统由张、杨两将军负其全责。①

4. 西安事变和平解决的第二阶段

蒋介石答应张学良、杨虎城的要求而获释，西安事变和平解决。但西安事变并非如此简单，蒋介石是国民党总裁，南京政府行政院院长，国家军事委员会委员长——武装部队总司令，是手握南京政府军政实权的领袖型人物，张学良、杨虎城为地方军政长官，张学良、杨虎城采取冒犯领袖的兵谏形式迫使蒋介石答应他们的要求，他们的英勇行为得到以共产党为代表的人民的理解和支持，但他们的行为却不为全国其他政治势力包括社会贤达及新闻媒体所支持，谩骂、谴责、攻击之声不绝于耳，要求对他们进行严惩。② 蒋介石为首的南京政府不仅对他们进行了严厉的惩处，而且对他们依托的东北军、第十七路军进行打击或削弱，对西安事变前的西北

---

① 贾自新主编：《杨虎城集》，中国文史出版社2013年版，第294页。
② 《西安事变史料》（上、下册），秦孝仪主编：《革命文献》第九十四、九十五辑，台北1983年版；刘方富辑：《西安事变》，广西师范大学出版社2009年版。

红军、东北军、第十七路军三位一体的陕甘军事局面进行破坏，消除张学良、杨虎城的影响。鉴于抗战大局，张学良、杨虎城不得不接受。从12月26日蒋介石安全返回南京囚禁张学良，到1937年3月9日杨虎城被迫接受南京政府关于陕甘军事办法的处置，将第十七路军番号取消为西安事变和平解决的第二阶段。至此，西安事变才最后终结。

蒋介石在离开西安之前在机场对杨虎城的承诺，从后来的情况看，大部分还是履行了，如停战、联共抗日、改组政府等，但对第六项"西北各省军政，统由张杨两将军负其全责"的诺言不仅仅完全食言，而且变本加厉，加大加重了对张学良、杨虎城的惩罚。

蒋介石南京政府对张学良、杨虎城的惩罚，主要体现在以下两个方面。

第一，审判、囚禁张学良。无条件释放蒋介石是张学良顶着极大压力而秘密进行的，张学良又冒着生命危险亲自将蒋介石送回南京，是发动西安事变捉蒋以来的又一次英勇之举，是从抗战大局出发所进行的一次英明之举，维护领袖形象，团结抗日，捉蒋而又释蒋，不仅释蒋而又亲自送蒋，其行为本身含有对发动西安事变有损领袖形象的自责，无论是从抗日大局还是政治人物的政治道德方面来看，应该给予高度赞赏。在张学良遭受南京审判的次日，远在北方的中共领导人刘少奇高度评价张学良的行为说："张学良在南京的行动，是有助于团结全国抗日、停止一切内战的方针之实行的，这不是表示张学良的无耻与投降，反而表示张学良为着团结全国抗日、停止内战而不惜牺牲个人的忠诚。"[①] 尽管张学良如此行为，但还是没有得到蒋介石的理解和谅解，蒋介石利用其掌握的国家权力，对张学良进行了严厉的处罚。

12月31日，南京军事委员会组织以李烈钧为审判长的高等军事法庭，对张学良进行审判，以所谓"首谋伙党，对于上官暴行胁迫"的罪名判处"有期徒刑十年，褫夺公权5年"的罪行。下午2时，蒋介石呈函国民政府，要求"特赦"张学良，"并责令戴罪立功，努力自赎，藉观后效。"1937年1月4日，南京国民政府召开国民政府委员会议一致通过对张学良特赦，并发布主席令："张学良所处10年有期徒刑本刑，予以

---

① 张友坤、钱进主编：《张学良年谱》，社会科学文献出版社1996年版，第1245页。

赦免。仍交军事委员会严加管束。此令。主席林森，司法院长居正（副署）。"① 张学良自此被囚禁，完全失去了自由，酿成了一生的悲剧。

第二，提出陕甘军事善后办法，迫使杨虎城等接受，将杨虎城第十七路军番号撤销，东北军调出陕甘，中央军进驻陕西、西安，西北三位一体解体，南京政府完全控制了陕甘局面。

1月5日，国民政府军政部发表整理陕甘军事办法：（一）人事方面：①以顾祝同为西安行营主任，承军事委员会委员长之命，综理陕、甘、青、宁军事。②以王树常为甘肃绥靖主任。③以杨虎城为西安绥靖主任，冯钦哉为第二十七军总指挥，杨虎城、于学忠自请处分从宽，撤职留任，戴罪图功。（二）驻地分区：（略）。② 陕西省政府委员兼主席邵力子辞职照准，任命孙蔚如为陕西省政府委员兼主席。派王树常为甘肃绥靖主任。③

杨虎城等对南京政府的陕甘军事善后办法尤其是人事安排极为不满，因为杨虎城虽然保留了西安绥靖主任一职，但受顾祝同西安行营主任的制约。1月6日毛泽东、张闻天致电周恩来、秦邦宪说，"目前中心在坚决奋战，拒顾迎张，顾来则张杨两部全被宰割，红军被迫登山"④。加上将叛杨投蒋的原杨虎城部下冯钦哉委以重任，如杨虎城背上刺，是非常难受的。派遣部下孙蔚如为陕西省政府主席，有进一步分化杨虎城部属之意。为此杨虎城在中共及东北军的支持下，对蒋介石的陕甘军事善后办法进行抗争，提出自己的善后意见，并派人呈送给蒋介石。杨虎城的《解决陕事之方案》主要者如下：

（一）甲、维持中央威信问题：（1）杨虎城、于学忠、孙蔚如接受中央命令；（2）取消十二月十二日以后临时组织，恢复一切常态。

乙、张副司令出处问题：A.（1）设陕甘绥靖主任，以张副司令为主任，杨虎城为副主任；（2）行营主任顾祝同驻洛阳。以上两条同时并行。B.（1）行营以张副司令为主任，杨虎城为副主任；（2）行营以张副司令为主任，顾祝同、杨虎城为副主任；

丙、军事善后问题：一、A.为免除国际间误会期间，潼关、华阴

---

① 《中央日报》1937年1月5日。
② 杨中州：《西安事变大事记》，三秦出版社1993年版，第159页。
③ 张友坤、钱进主编：《张学良年谱》，社会科学文献出版社1996年版，第1250页。
④ 同上书，第1254页。

一带酌留中央军驻扎；陕甘其他各地，由东北军、第十七路军、红军分驻，其防地划分经三方商定后，呈请委员长批准。B.（1）东北军驻武威、兰州、咸阳、宝鸡、固原、天水一带地区；（2）十七路军驻西安、泾阳、洛川、韩城、朝邑、华县、商县一带地区；（3）红军驻延长、延川、肤施、富县、庆阳、淳化一带地区，并一部驻凉山以西；（4）中央军护路部队最大限三至四团。二、东北军、第十七路军在委员长指挥之下，其用人行政及训练事宜由各本部全权负责办理。三、为免除国人疑惧起见，在承商期间，请委员长令何部长，停止中央各军前进及其他一切军事行动。

附记：委员长在西安所采纳之各项具体救国方案，请负责实现。此外，对于一切善后所需军费及军队编制饷糈，另定方案办理。

（二）（1）给杨虎城以援绥名义，率领第十七路军及东北军或骑兵一部组织援绥军；（2）东北军开甘肃，十七路军仍驻陕西，中央军驻潼关、汉中；（3）为建设西北计，陕省主席仍由中央派人。①

杨虎城的《解决陕事之方案》既维护了中央威信，同时也维持了自己的及东北军、第十七路军的利益，应该说是一个较好的方案。蒋介石既要维护中央的威信，又要将陕西的红军、东北军、第十七路军三位一体破坏与拆散，将陕甘及西北完全控制在中央政府之内，以免后患，所以不可能接受杨虎城的意见。他一方面与杨虎城等虚与委蛇，一方面派遣中央军兵临陕境，迫使杨虎城接受中央的陕甘军事善后办法。西安方面，对蒋介石南京政府的解决陕甘军事方案形成了主战、主和两大派别，主战的东北军下层军官于2月2日枪杀了主和的王以哲军长，酿成了"二二事件"，促使东北军的大多数将领接受了南京政府的乙种方案，即东北军撤出陕甘，接受改编。②

3月2日原驻防陕甘境内的东北军开始东调。一〇五师刘多荃部由陕西商县龙驹寨出紫荆关，徒步开往河南南阳。六十七军、五十一军由甘肃集中经陕西开往安徽蚌埠，东北军一二〇师、一一一师、一〇九师由西安

---

① 贾自新主编：《杨虎城集》，中国文史出版社2013年版，第308—309页。
② 郭维成：《西安事变后的"二二反差"》，高存信、白竟凡主编：《西安事变与二二事件》，香港同泽出版社1995年版，第70—78页。

经陇海路转平汉路开往河南周口。① 3月8日南京政府决定，将调往河南、安徽的东北军整理改编为四军八师，以于学忠、何柱国、缪澂流、刘多荃四人分任军长。② 3月9日杨虎城举行记者招待会，谈陕事的处理经过。并宣布：三十八军遵令改为两师，第十七路军总指挥部撤销。③ 至此，发动西安事变的两大政治精英张学良被囚禁，杨虎城随后不久被迫辞职，④ 张学良、杨虎城所依托的东北军被缩编肢解，第十七路军番号被取消缩编，西北地区形成的抗日民族统一战线红军、东北军、第十七路军三位一体解体，作为南京政府忧患的陕甘军事问题不复存在。西安事变最后降下帷幕。

如果说西安事变和平解决的第一阶段为张杨控制局面，蒋介石、宋美龄、宋子文等为使蒋介石早日脱离生命危险而对张杨提出的条件而不得不接受，不得不妥协的话，那么第二阶段，蒋介石自26日返回南京，以国家领袖身份完全掌控全国军政局面，张学良、杨虎城则被蒋介石完全控制。张学良受南京政府审判，成为蒋介石的囚犯。蒋介石一方面下令中央军继续西进，对陕西方面施加压力，一方面提出陕甘军事办法，即瓦解和支离东北军、第十七路军。杨虎城等虽然提出抗争，但在蒋介石的强大压力下不得不接受蒋介石的处理意见，将东北军调出陕甘，将杨虎城第十七路军总指挥部撤销，缩编为第三十八军，中央军开赴陕西和西安，完全控制陕甘局面。至此，西安事变和平解决。但蒋介石停止内战，联合中共抗日的政策没有发生大的变化。中共与南京政府开始关于国共合作抗日的谈判，从这个意义上讲，张学良、杨虎城发动西安事变的初衷得以实现，但两人的政治生命由此终止，成为悲剧性的人物。

三　西安事变及和平解决的意义与历史地位

西安事变及和平解决，不仅仅是中国近代史、中华民国史、中国14年抗日战争史上特大的政治事件，而且是第二次世界大战史上的重大事件，对中国社会发展及中国国家命运产生了重大影响。西安事变研究80

---

① 杨中州：《西安事变大事记》，三秦出版社1993年版，第200页。
② 张友坤、钱进主编：《张学良年谱》，社会科学文献出版社1996年版，第1310页。
③ 同上。
④ 贾自新主编：《杨虎城集》，中国文史出版社2013年版，第319页。

年来，学术界对西安事变给予高度评价。在前人研究的基础上，我在这里作进一步深入阐述。

1. 西安事变是中国14年抗日战争史的一次伟大转折，是中国由内战转向全民族抗战的开端，是国共第二次合作的开始，是中华民族由遭受屈辱到独立解放的重要转折

1931年九一八事变，日本悍然发动侵略战争，强占我东三省，遭到中国人民的强烈反抗，中国人民顽强抗战，但西安事变之前的10年，是中国内战的10年，不仅中共与国民党的严重对立，而且国民党内部，派系斗争也十分尖锐，日本帝国主义就是利用了中国内部矛盾悍然发动了侵华战争。是西安事变，迫使蒋介石南京政府改变了其剿共政策，联合中共共同抗日，抗日民族统一战线初步形成。抗日民族统一战线的形成，是中华民族一次新的觉醒，政府与人民，中央与地方，政党与各政治团体，有钱出钱，有力出力，齐心御侮，保卫国家，持久抗战，这种局面的形成，从西安事变开始。抗日民族统一战线的形成，是中国14年抗日战争的一次重要转折，又经过了8年艰苦抗战，最终将日本帝国主义赶出中国，取得了抗日战争的全面胜利。通过抗日战争的胜利，中华民族获得独立，国际威望与国际地位日益提高，鸦片战争以来被迫签订的不平等条约被一一废除，一向被欺辱的中华民族终于向世界说明，中华民族不是一个被任意欺负的民族。民族的尊严与民族的地位，与民族团结紧密联系在一起。正是西安事变，国共两党结束了内战，结束了纷争，团结抗战，取得了抗日战争的伟大胜利。

对西安事变在中国国家与中华民族发展史上的地位与影响，当时的政治人物就曾给予公正的高度评价，都认为是一次重要的转折，划时代的事件。西安事变的发动者张学良在1937年元旦发表的《告东北将士书》中说："去年双十二节事件是我们国家存亡绝续的分野，我们相互斫杀的内战，是要从此绝迹了，我们抗敌复土的光荣战争，是马上就要见之行动了，我们的民族与国家已有了复兴的希望，这显然是我们中国划时代的一个事件。"[①] 同日，杨虎城在《抗日联军元旦阅兵训词》中指出："自双

[①] 张友坤、钱进主编：《张学良年谱》，社会科学文献出版社1996年版，第1243—1244页。

十二事件以后，中国已经到了一个新的时代。随着今年元旦而到来的，是残酷的内战的完全停止，光荣的抗日战争的立即发动。"①

西安事变的发动者张学良、杨虎城如此认识，中共主要领导人毛泽东、周恩来等均有同样的认识。毛泽东在1936年12月27日在中共中央政治局会议上所作的关于西安事变报告中高度评价西安事变，认为西安事变促进了国共合作，是划时代的转变，是新阶段的开始。② 在次年9月29日在《国共合作成立后的迫切任务》一文中，毛泽东还指出，两党停止内战，并实现了西安事变的和平解决，这是中国历史上的一件大事，从此建立了两党重新合作的一个必要的前提。③ 直接参与西安事变和谈并在和谈中发挥重要作用的中共代表周恩来认为，西安事变之和平解决，意味着中国的政治生活走入一个新的阶段的开端。④ 周恩来还认为新阶段的开端有四个标志，及内战停止、对日妥协退让政策终结、国内统一战线初步形成、陕甘成为抗日根据地的现实可能性等。⑤

即经历西安事变的蒋介石，对西安事变促进国内人民的团结抗战，为抗日战争的胜利奠定基础的正能量也是给予承认的。他在安全回到南京后的次日就说："自经此次事变（当然为西安事变——引者注）我全国同胞一致爱护国家之热忱，已显示伟大无比的力量，此种威力……在将来必为我民族复兴成功之保障，此则中正疚愧之余，敢为国家称庆者也。"⑥

2. 西安事变不仅促使蒋介石真正统一了中国，而且还提高了蒋介石个人的威信

西安事变，是张学良、杨虎城在对蒋介石多次进谏失败后不得不采取的兵谏形式，促使蒋介石接受他们的停止内战，一致抗日的正确主张。张杨的兵谏，骊山捉蒋，蒋介石的个人威信、尊严、形象受到影响，这是不能隐讳的。但西安事变的和平解决，促使蒋介石真正完成了国家的统一，

---

① 贾自新主编：《杨虎城集》，中国文史出版社2013年版，第302页。
② 张友坤、钱进主编：《张学良年谱》，社会科学文献出版社1996年版，第1230页。
③ 毛泽东：《国共合作成立后的迫切任务》，《毛泽东选集》第二卷，人民出版社1991年版，第362—363页。
④ 周恩来：《关于西安事变的三个电报》，中共中央统一战线工作部、中共中央文献研究室：《周恩来统一战线文选》，人民出版社1984年版，第35页。
⑤ 同上。
⑥ 《中央日报》1936年12月27日。

西安事变研究三题（代序）

各个地方实力派，国民党内部的各种派系甚至敌对长达十年的中共力量，均因为停止内战联合抗战暂时缓和了他们之间的矛盾，拥护蒋介石抗日，支持蒋介石国家最高领导地位，蒋介石的个人威信、声誉大为提高。

1928年张学良易帜，东北地区由北洋时期的红黄蓝白黑的五色国旗，改换为青天白日满地红国旗，标志着南京国民政府取代了北洋北京政府，完成了国家的统一。但国家的统一仅仅是表面的，非实质性的统一。南京国民政府、国民党内部就有什么西山会议派、胡汉民派、汪精卫派、孙科派、李宗仁桂派等。以蒋介石为首的南京政府仅仅控制了江浙等东南地区，虎视眈眈问鼎中央政府的地方实力派或军阀，南方有广西李宗仁桂系势力、李济深粤系势力，西北冯玉祥势力，山西阎锡山势力，东北张学良势力等，各地方与南京政府矛盾重重，于是有蒋桂战争、蒋冯战争、蒋阎冯中原大战等，虽然蒋介石先后战胜了他们，但其实力仍然影响政局的稳定与发展，以至于导致蒋介石几次下野，几次复职，其最高领袖的地位并没有为各种政治势力所认可。

西安事变，团结抗日，蒋介石南京政府真正完成了中国的统一，蒋介石的个人威信与威望无人质疑，无人不拥护，无派不支持，真正成为中华民国的领袖人物。毛泽东在七七事变后对蒋介石的庐山谈话给予高度评价，坚决拥护蒋介石抗战：

> 七月十七日，蒋介石先生在庐山发表了谈话。这个谈话，确定了准备抗战的方针，为国民党多年以来在对外问题上的第一次正确的宣言，因此，受到了我们和全国同胞的欢迎。……全国军队包括红军在内，拥护蒋介石先生的宣言，反对妥协退让，实行坚决抗战。共产党人一心一德，忠实执行自己的宣言，同时坚决拥护蒋介石先生的宣言，愿同国民党人和全国同胞一道为保卫国土流最后一滴血，反对一切游移、动摇、退让，实行坚决的抗战。①

共产党人如此拥护蒋介石抗战，其他党派及政治势力莫不如是。

在西安事变促进国家统一问题上，孔祥熙认为："两广问题及西安事

---

① 毛泽东：《反对日本进攻的方针、办法和前途》，《毛泽东选集》第二卷，人民出版社1991年版，第316—317页。

变之和平解决,均足为统一力量之证据,而不复为军阀时代之不统一,无纪律之国家矣。"① 即使侵华的日本当局也承认,西安事变是中国统一之标志,"西安事件,实为中国统一化不可动之证据"②。

西安事变以后的抗战8年,几乎没有任何一种政治势力——地方实力派或党派、政治团体,有分裂分离行为,敢于挑战蒋介石权威的。③ 是西安事变凝聚了中华民族人心,并将希望寄托在蒋介石身上。是西安事变提高了蒋介石的威信、威望与政治地位。蒋介石威信、威望与政治地位的提高与稳固,是有利于抗日战争的进行的。

3. 西安事变挽救了中共力量,中共力量由弱到强,发展成为抗日战争的主要力量,中国社会发展与进步的崭新力量

西安事变之前,蒋介石集中几十万兵力,准备对中共红军力量以最后一击。中共红军经过国民党的第五次围剿,损失惨重。虽然经过万里长征,艰苦转战,由南方转移至西北,红军第一、第二、第四方面军会师陕甘,但面临严峻的形势。客观地说,红军越战越强,固然可以再次冲破围剿,但再次遭受严重损失也是不能隐讳的。西安事变的爆发,张、杨要求停止内战,联合中共力量共同抗日的主张迫使蒋介石接受,使蒋介石最后剿灭红军的计划落空,所以西安事变挽救了红军,挽救了中共,挽救了抗战的有生力量,挽救了中国社会进一步发展与进步的崭新力量。经过西安事变,国共两党谈判,达成共同抗战的一致意见,中共接受南京政府的统治,苏维埃陕甘宁苏区改为中华民国特区,红军改编为国民革命军第八路军,南方游击队改编为国民革命军新编第四军,中共武装力量开始由弱到强,并逐渐成长为抗战的主要力量。八路军主力第一一五师、第一二〇师、第一二九师主动开赴抗日前线,在山西、河北、河南、山东等地建立抗日根据地,形成强大的敌后战场,牵制和打击了日本侵华力量,由抗战的主要力量发展为中流砥柱力量,为抗日战争的胜利作出了重大贡献。1945年抗日战争胜利时,中共抗日力量——八路军、新四军发展到120万人,是西安事变前的20余倍。中共武装力量的壮大,为中国社会进一

---

① 《孔祥熙在美播音演讲》,《申报》1937年7月8日第7版。
② 《日本四相会议　检讨对华政策》,《申报》1937年2月28日第6版。
③ 汪精卫叛国,成立汪伪政权为特例。

步发展与进步奠定了稳固的基础。

西安事变，张杨扣押蒋介石，邀请中共派代表协助处理事变后的政局，中共高瞻远瞩，从全民族抗战的大局出发，主张和平解决，并派遣重要领导人周恩来协助张杨。周恩来在西安事变中贯彻中共和平解决西安事变的方针，在和平解决中协调张杨达成一致，协调蒋介石及其代表宋子文、宋美龄达成一致——停止内战，团结抗日。中共的这种高风亮节的精神境界与为全民族抗战的博大胸怀，赢得了张杨的高度信任与赞赏，赢得了宋子文、宋美龄的信任与赞赏，赢得了全国各种政治力量和全国人民的信任与赞赏，中共的威信与影响力大增，为抗战胜利及以后的发展与进步奠定了深厚的基础。西安事变是中共力量发展的重要转折。

中共的和平处理西安事变，在当时被一些人误解为"共产党现在的政策，是向国民党屈服、投降和悔过"，毛泽东在1937年3月1日在与美国作家史沫特莱的谈话中曾经进行辩解与进一步的阐述。毛泽东说：

> 共产党向国民党要求的，是请他们结束十年来的老政策，转变到新的民族革命与民主革命的政策。这些要求，表现在共产党给国民党三中全会的电报中，那就是关于召集救国代表大会，人民民主自由，改善人们生活，迅速准备抗战等。在这种情况下，共产党愿意改变苏维埃和红军的名义，取消同国民党的对立，停止没收地主土地。没有疑义的，共产党的这种步骤，是对国民党一个大的让步。但这种让步是必要的，因为这种让步，是建立在一个更大更重要的原则上面，这就是抗日救亡的必要性与紧急性。这叫做双方让步，互相团结，一致抗日，国民党中所有明智的领袖与党员，都是明白这种意义的。①

中共在日本疯狂侵略中华民族危机时刻，在西安事变的处理中，从国家独立与民族解放的高度，适时地调整了奋斗发展目标与政策，建立抗日民族统一战线，与国民党团结抗日，赢得了民心，赢得了人民的支持，赢得了抗日战争的伟大胜利。

---

① 毛泽东：《毛泽东同志与美国作家史沫特来谈西安事变》，高存信、白竟凡主编：《西安事变与二二事件》，香港同泽出版社1995年版，第296—297页。

西安事变也有不少遗憾。遗憾之一，发动西安事变的张学良、杨虎城将军，有功于抗日战争、有功于国家、有功于社会发展，他们是千古功臣，民族英雄，但一个被蒋介石终身监禁，一个被蒋介石杀害，千古奇冤。遗憾之二：西安事变之前，张学良的东北军，杨虎城的第十七路军在追随蒋介石剿共的实践中逐渐醒悟，与中共红军一起，结成了东北军、第十七路军、中共红军的三位一体，在西北区域结成了抗日民族统一战线，是抗日战争中的有生力量。可惜因为西安事变，三位一体解体，东北军被调出陕甘，第十七路军被肢解，致使没有发挥出其潜在的力量。虽然东北军以及被改编后的第十七路军（即第三十八军）也在抗日战争中奋勇杀敌，表现不俗，但群体力量的发挥受到制约。西安事变及和平解决的另一面也应该为我们所重视。

目 录

研究综述

陕西史学界研究"西安事变"情况综述 …………… 房成祥（3）
西安事变研究综述 ……………………………… 鱼汲胜（5）
关于中国国民党西安事变研究概述
　　——写于西安事变五十周年之际 ………… 鱼汲胜（18）
档案史料与西安事变研究
　　——写于西安事变五十周年之际 ………… 鱼汲胜（23）
西安事变史学术讨论会综述 …………………… 李　章（29）
纪念西安事变五十周年学术讨论会学术观点述要 ………… 鱼汲胜（32）
西安事变五十周年学术讨论会论点概述
　　………………………………… 西安事变研究会资料组（39）
近年来张学良研究的新进展 …………………… 鱼汲胜（45）
西安事变和平解决的方针研究述评 …………… 彭建新（55）
西安事变人物研究的回顾与展望 ……………… 曲　峡（59）
峰高谷低论短长：近年来张学良研究述评 ……… 胡国顺　杨乃坤（68）
对西安事变研究中几个问题的探讨 …… 房成祥　兰　虹（76）
周恩来与西安事变研究述评 …………… 房成祥　兰　虹（85）
近年来西安事变若干问题研究概述 …………… 任　元（92）
近十年来西安事变重大问题研究述略 ………… 曾祥健　朱喜来（100）
纪念西安事变60周年学术讨论会综述 ………… 梁星亮　王宝成（110）
西安事变研究之介绍与批评 …………………… ［美］吴天威（113）
国外和台港关于西安事变研究的特点和趋势 ……………… 张注洪（123）

90年代关于西安事变研究综述 …………………………… 杨　青（133）
"西安事变实证研究国际学术讨论会"综述 ……………… 李仲明（143）
西安事变若干问题研究综述 ………………………………… 黄　艳（147）
80年代以来的张学良研究 …………………………………… 焦润明（154）
西安事变研究新观点 ……………………………… 刘东社　张天社（181）
西安事变实证研究国际学术讨论会
　　综述 …………………………… 西北大学西安事变研究中心（185）
"纪念杨虎城诞辰110周年学术研讨会"综述 ……………… 李　敏（190）
"西安事变"策动者研究述要 ………………………………… 黄海绒（192）
纪念西安事变七十周年暨张学良逝世五周年
　　国际学术研讨会在东北大学召开 ……………………………（199）
近十年西安事变研究述评 ………………………… 廖良初　郭燕海（201）
台湾地区对西安事变与张学良研究述评 ………… 于　丽　田子渝（213）
近十年来和平解决"西安事变"中的人物研究综述 ……… 化世太（224）

研究论文索引

西安事变研究总论 …………………………………………………（233）
张学良及其部下研究 ………………………………………………（244）
杨虎城及其部下研究 ………………………………………………（273）
中国共产党研究 ……………………………………………………（282）
南京国民政府及中国国民党研究 …………………………………（302）
国际研究 ……………………………………………………………（314）
其他研究 ……………………………………………………………（322）

研究论著索引

西安事变论著 ………………………………………………………（333）
张学良论著 …………………………………………………………（342）
杨虎城论著 …………………………………………………………（352）
其他论著 ……………………………………………………………（357）

文献史料索引

出版史料索引 …………………………………………………（363）
期刊史料索引 …………………………………………………（372）

后记 ……………………………………………………………（378）

研究综述

研究综述是研究者针对某一个研究领域某一研究主题某一研究时段的研究进行综合分析和评介，包括该主题国内外研究内容、研究状况、研究特征、研究取得的成绩、存在的问题以及对研究的前瞻性预测等，其主要作用就是为该主题的进一步深入研究提供一定的参考和借鉴。研究综述是某一个研究领域某一研究主题的研究窗口，反映该研究主题的研究状况和研究水平，因此倍受研究者所重视。

　　西安事变是中国近现代史、中华民国史、中国抗日战争史上的特大历史事件，其研究向来为中外学术界所关注。尤其是20世纪80年代以来，西安事变研究渐次进入高潮，西安事变的研究综述不断涌现，题材和内容各异：或是西安事变研究某一时段的研究综述，或是西安事变发动者张学良、杨虎城个人研究进展概况，或为大陆、台湾、香港区域某一历史时段研究西安事变的综合分析，或为某一学术会议的研究综述。我们搜集到的研究综述有35篇之多，经过我们的甄别，选择了30篇综述文章编入此书。这些综述文章，反映了西安事变研究的不断发展、逐步深入的研究过程，组成了西安事变研究学术史的主要内容。对这些研究综述，我们不加修饰和删改（确为错误之处进行更正，如错别字等），以反映研究的原貌。对这些综述文章，按照文章发表时间的先后依次排列，可以窥见西安事变研究的全过程。

陕西史学界研究"西安事变"情况综述

房成祥

西安事变是我国现代史上发生的重大事件之一，对它的研究一直受史学界的重视。中共中央十一届三中全会以后，研究西安事变的专著和文章逐渐增多。

随着西安事变研究的逐步深入，出现了一些不同的观点，主要有以下几个方面。

关于中国共产党对西安事变的方针。学者们一致认为，中国共产党处理事变的基本方针是同"停止内战，一致抗日"的政治主张联系在一起的，因而确定了和平解决事变的方针。但是，有的学者认为，中国共产党从得知事变发生时起，就确定了这个方针，有的学者却认为中国共产党明确提出这个方针，有个短暂的酝酿过程。

关于中国共产党对处置蒋介石的态度。一种意见认为，中国共产党在西安事变的过程中，对处置蒋介石的态度有一个由"审蒋"到"放蒋"的变化过程。另一种意见则将党对蒋介石的态度同党处理西安事变的方针联系起来，认为党对处置蒋介石的态度也是始终如一、没有变化的。

关于中国共产党在和平解决西安事变中的作用。一种观点认为，西安事变的和平解决，主要是由于中共中央的英明决策和以周恩来为首的中共代表团的积极工作。另一种观点认为，张学良是和平解决西安事变的主要决策人，中国共产党及其派往西安的代表团则是处在协助张、杨二将军妥善处理西安事变的地位。

关于对杨虎城的评价。一致认为，杨虎城同张学良一起发动了西安事变，对民族解放运动作出了重大贡献，因而张、杨齐名。但是，关于杨虎城在事变中对蒋介石的态度却有不同看法，一种看法是杨虎城倾向于惩办蒋介石，另一种看法是杨虎城深明大义，他虽然反对轻易放蒋，但却不是要惩办蒋介石。

关于与西安事变有关的事件、人物、时间及地址等方面的考证，内容十分丰富。有的涉及"西北剿匪总司令部"的成立及张学良的任职问题，有的涉及12月4日蒋介石赴西安及前往车站迎接的人员问题，有的涉及西安学生"一二·九"请愿问题，有的涉及西安事变爆发的具体时间及行动指挥部的处所等。这些问题的探讨，对于深入研究西安事变都具有积极作用。

但是，西安事变的研究，从已经发表的论著看，从政治角度研究事件、人物等方面的居多，而对社会经济、人物和阶级活动的关系以及群众运动方面的研究显得薄弱，由于种种条件的限制，关于中国共产党在西安事变期间同共产国际的联系，研究工作更没有充分展开。这种状况，正在逐步改变。

原载《学术动态》（陕西省社会科学院办）1985年第9期

西安事变研究综述

鱼汲胜

1936年12月12日,在全国人民抗日救亡的呼声中,在中国共产党抗日民族统一战线政策的影响下,国民党内的爱国名将张学良和杨虎城及其所部广大官兵,为挽救灾难深重的祖国,以高度的自我牺牲精神,义无反顾地发动了震惊中外的西安事变,扣押蒋介石,逼迫他停止内战,一致抗日。在我党和张学良、杨虎城将军的努力下,事变得以和平解决。以此为转折点。中国共产党很快实现了从第五次反"围剿"的失败到抗日战争的兴起这一历史性转变,国共两党终于结束内战,重新携手,共赴国难。

对于西安事变和张、杨两将军的历史功绩,毛泽东、刘少奇、周恩来、张闻天等曾给予极高评价。半个世纪以来,特别是党的十一届三中全会以来,研究中国近现代史上这个意义重大、影响深远的事件的论著逐年增多,取得了明显进展和可喜成果。

一

详尽地占有资料,是历史研究的立足点和出发点。近年来,史学界和各有关方面通力协作,突破研究西安事变的禁区,使有关资料不断问世,从而使西安事变的历史事实更加清晰和完整。

自1980年1月至1981年5月,全国政协文史资料研究委员会从征集到的大量资料中,先后选编了《西安事变资料》共四集,收入汪锋、高崇民、邵力子等几十人的回忆文章100余篇,近60万字,作为内部征求意见和编写西安事变历史的参考资料。

在此之前,陕西省出版了由西安三个单位合编的《西安事变资料选辑》。紧接着，人民出版社连续出版了两辑《西安事变资料》。在西安事变五十周年之际，《西安事变档案史料选编》也将由档案出版社出版。

从1981年以后，《历史档案》《文献和研究》等杂志陆续发表了有关西安事变的密电、信函二百余件，为系统研究这次事件提供了大量珍贵的原始资料。

1983年夏天，张学良1936年底送蒋离陕前留下的手谕石印件，从辽宁省新民县被发掘出来。这是迄今大陆发现的张学良在西安事变中的唯一手迹，是研究西安事变极其宝贵的史料，已被中国革命博物馆定为国家一级文物珍藏。

最近，中共陕西省蓝田县委党史办公室和该县档案馆在认真清理历史档案中，发现了1937年1月，由彭德怀、任弼时、王稼祥、杨尚昆署名发布的《抗日人民红军前敌总司令部、政治部布告》；1937年1月10日由抗日人民红军政治部发布的《毛泽东关于停战抗日之谈话》；由西安绥靖公署政治处印发的《为"双十二"抗日救亡运动告全国民众书》和《告西北武装同志书》。不久前，民进会员、西安市二十一中教师黄云兴又捐献了一批关于西安事变的文献。这些难得的历史文献，对于研究西安事变和我党抗日民族统一战线政策，具有很高的史料价值。

十年来，史学界根据大批资料对西安事变和第二次国共合作的全过程开展研究，达到一定的深度和广度，先后发表了李新的《西安事变初探》等有关论文数百篇。全国各出版社也陆续出版了罗瑞卿、吕正操、王炳南合写的《西安事变与周恩来同志》，米暂沉的《杨虎城传》，杨中州的《西安事变》，申伯纯的《西安事变纪实》，房成祥的《西安事变史话》，应德田的《张学良与西安事变》，李云峰的《西安事变史实》，惠德安的《张学良将军轶事》等专著和回忆录。在纪念西安事变五十周年的日子里，由中国文史出版社出版的《西安事变简史》《张学良和东北军》《杨虎城将军传》《西安事变风云记》也即将与广大读者见面。

这些年来，台、港对西安事变的研究也有所进展。由于历史的原因，国民党保存有较完整的有关西安事变的档案资料。新中国成立前夕，国民党将大批档案转移到台湾。20世纪60年代以来，在台湾、香港等地出版的众多史学论著中，有关西安事变的专著、资料和回忆录很多。如：1960年出版的孔祥熙著《西安事变回忆录》，1962年澳门大地出版社出版的《西安事变三忆》，1966年出版的刘健群著《银河忆往》，香港春秋出版社 1968 年开始出版的《西安事变珍史》（共三辑），1972 年出版的李金洲著《西安事变亲历记》，1982 年出版的李云汉著《西安事变始末之研究》，1984 年出版的司马桑敦等人合著的《张老帅与张少帅》，等等，披露了一些有关西安事变真相的历史资料。如：国民党中央党史委员会副主任李云汉教授在其专著中一反蒋介石、何应钦长期坚持的"红军因被追剿得走投无路，迫不得已于 1935 年秋在长征途中派周恩来向陈立夫接洽，请求停止追剿"的说法，将周恩来致陈果夫兄弟信的落款时间，从 1935 年 9 月 1 日改注为 1936 年 9 月 1 日。

特别值得一提的是 1983 年春，台湾中央文物供应社出版了国民党中央党史委员会主任秦孝仪主编的上百万字的《西安事变史料》（上、下册），内含总统府机密室和国民党中央党史会收藏的大量档案和原始资料，不少属首次公开发表。此书还比较客观地收入了周恩来 1936 年 9 月 1 日致陈氏兄弟信和 1936 年 12 月 19 日中共主张和平解决西安事变通电。这批珍贵史料，无疑将有助于我们对西安事变全过程的进一步研究。

二十多年来，台、港各报刊还发表了数百篇有关西安事变的论文和回忆录。如：王盛涛的《西安事变善后殉难的王以哲》、王天从的《西安事变》、万耀煌的《西安事变身历记》、曹振的《西安事变善后问题处理的经过纪事》、张义举的《西安事变前的东北军》、陈立夫的《参加抗战准备工作之回忆》、吴汉文的《西安事变时的蒋介石》、丁文江的《假如我是张学良》、孙秉杰的《忆西安王曲军校》、莫知的《宋美龄在西安事变中的微妙作用》等文章，均不乏独特见解和精彩论述，具有重要价值。

二

史学界通过多年对西安事变的研究，在以下几个主要方面取得了重要成果和较为一致的看法。

1. 西安事变前南京政府与苏联的外交谈判

西安事变前，国内外形势极其复杂。中苏两国面对日军的威胁，各自从本国利益出发，都加快了改善相互关系的步伐。

首先，蒋介石于 1934 年 10 月派北京大学教授蒋廷黻以非官方身份出访莫斯科，试探与苏方改善关系的可能性，为两国通过官方渠道正式接触铺平了道路。之后，两国进行了较频繁的文化交往。

1935年秋，蒋介石在华北事变中提出有必要签订中苏秘密军事协定，并暗示：为此可表示与中共和解、合作抗日之愿望。不久，孔祥熙、蒋介石分别与苏联驻华大使鲍格莫洛夫会谈，提出通过新疆从苏联获得军援的要求。对此，苏方迅速作出反应，同意向中国出售武器。

1936年1月22日，蒋与鲍大使再次会谈时表示：只要红军承认中央政府的权威，保持现有编制，参加抗日，他可同中共谈判。同年11月19日，苏驻华临时代办和苏外交人民委员分别会见陈立夫和中国当时的驻苏大使蒋廷黻，就中苏谈判地点移至莫斯科及绝对保密等问题继续磋商。六天以后，德、日加紧勾结，签订《共同防共协定》。又过了十七天，西安事变爆发。

在上述谈判中，围绕中日关系问题这一中心，中苏双方是各有所需、各有打算的。这些，在西安事变时表现得尤为充分。

2. 西安事变前国共两党的重新接触和谈判

蒋介石为实现自己对苏联作出的"可同中共谈判"的承诺，不得不做出改变对中国共产党态度的某种姿态，以求得在对苏谈判中的较为有利的地位，从而获取苏联的支持和遏制日本侵华势力。

在这种背景下，从1935年底到西安事变前的一年间，国共两党经四条渠道，重新开始了一系列绝密的较低级别的接触和谈判。

一是1935年底，蒋介石派驻苏武官邓文仪通过苏联政府，与中共驻共产国际代表团团长王明会谈多次，王指定潘汉年回国促成国共谈判。

二是宋庆龄和宋子文派董健吾秘密前往陕北给中共中央送信，表示愿意谈判联合抗日问题。董于1936年2月27日抵达瓦窑堡，与博古等会谈。3月5日，他带着中共中央愿与南京谈判并提出五项条件的复信离开陕北。

三是陈立夫和宋子文派曾养甫具体负责打通中共关系的工作。曾托谌小岑找到了共产党员。1936年夏，曾、谌二人先后与吕振羽、周小舟等共产党人在南京反复谈判，并提出与周恩来直接谈判的要求。

四是谌小岑在1935年底还通过左恭找到共产党员张子华。张同曾养甫会谈几次后，与董健吾在西安不期而遇，在张学良协助下一道秘密进入陕北苏区。以后，张子华成为国共双方联络的秘密信使。

1936年8月8日潘汉年抵陕北后，被指定为中共代表与陈立夫等谈判。此后，其他三条渠道逐渐停止活动。

这种由全面对抗转为有限对话的谈判，使国共长期战争的紧张关系开始松动，在一定程度上缓解了两党多年积怨，促进了两党再次合作。

西安事变的爆发，迫使蒋介石放弃了用军事行动迅速消灭红军的企图，但他还始终幻想通过谈判"收编"红军。围绕"改编"还是"收编"等关键问题，国共两党在1937年的多次最高级别谈判中，继续展开了针锋相对的斗争。

3. 党对东北军的工作及张学良的思想演变

西安事变，是张学良、杨虎城联共抗日的爱国主义思想的高度发展与蒋介石逼迫张、杨继续"剿共"的矛盾激化的结果。张学良的思想演变，同我党的统战工作是分不开的。

张学良是奉系军阀首领张作霖的长子，他从青少年起就具有初步的民族意识和反日爱国思想。这种思想在张作霖被炸死和九一八事变后，则表现得日益强烈。

1934年张学良从海外"考察"回国后，盲目追随蒋介石反共。但他在陕北"剿共"三个月就损兵近三个师，两名师长阵亡，七名团长战死或被俘。这使张学良痛感"剿共"绝非出路，并逐渐觉察出蒋介石借刀杀人、消灭异己的祸心。同时，东北军广大官兵要求打回老家去的强烈愿望和红军对东北军俘虏的宽大优待，也深深触动了张学良的思想，使他开始对中共抗日民族统一战线政策有所认识。1936年初，张到上海秘密通过杜重远、李杜等积极寻求与共产党合作抗日。同年3月，上海地下党应邀派刘鼎去西安与张联系，被张待为上宾。

此时的中国共产党，经过长征和遵义会议，已走向成熟。以毛泽东为代表的中共中央，对东北军采取了正确的政策。1936年1月，中共中央成立以周恩来为书记的"白军工作委员会"。同月25日，以红军将领名义发表《红军为愿意同东北军联合抗日致东北军全体将士书》。随后，毛泽东亲笔致信张学良、王以哲、于学忠等，呼吁一致抗日。这在东北军官兵中引起极大反响。

1936年3月，中共代表李克农、钱之光、戴镜元到洛川与张学良、王以哲谈判，这是张联共抗日的重要开端。4月9日，周恩来亲赴延安，与张学良进行会谈,达成联合抗日的协定,张还拿出自己的两万元钱资助红军抗日。从此,他基本转变了政见。延安会谈,是张学良真诚同共产党建立抗日民族统一战线的标志,对他走上促蒋抗日的道路直至发动西安事变,具有决定意义。

应张学良邀请,中共先后派马绍周、宋黎、叶剑英等到西安,在东北军工委刘澜波等同志配合下,帮助东北军改进政治训练和组织工作,进行了一系列抗日准备。

同年8月29日,西安发生"艳晚事件"。蒋介石电令国民党陕西省党部,逮捕了共产党人宋黎等。张学良毫不犹豫地立即派兵去抢被捕人员,并查抄省党部的特务档案,再次表明了他联共抗日的决心和胆略。这一事件,成为西安事变的前奏和序幕。

4. 党对十七路军的工作及杨虎城的思想演变

杨虎城靠拢中国共产党有历史的渊源。他出身贫苦农民家庭。20世纪20年代初,杨在陕北结识进步人士杜斌丞和共产党员魏野畴,对党和革命有了初步认识。以后,他陆续任用南汉宸、王泰吉等共产党人和杜斌丞、王菊人等进步人士担任其政府及军队中的要职,并对他们加以保护。

1935年,杨虎城听命于蒋介石,对经过长征入陕的红二十五军进行"围剿",结果被歼近三个旅。这一沉重打击使他认识到,"抗日,大家有出路;打内战,大家同归于尽。要抗日,先要停止内战"。

我党的《八一宣言》发表后,我地下党派申伯纯向杨虎城传达,他表示赞同。不久,毛泽东派汪锋持他分别写给杨虎城、杜斌丞和邓宝珊的亲笔信去西安会见杨等。同时,我党派王炳南、张文彬、王世英等到杨部做了大量工作,使杨虎城的爱国主义思想逐渐升华。

尽管杨虎城与张学良出身、经历和走过的道路不尽相同,但两人的民族意识和爱国思想却是相通的。杨虎城在其坎坷曲折的戎马生涯中,与我党交往连续不断,长达十三年之久,对党和革命始终寄予了深切的同情和力所能及的支持。这是他在西安与张学良合作的重要基础。

由于我党的努力,张、杨两位将军殊途同归,都自觉地站到了联共抗日的旗帜下。到1936年夏,红军、东北军与十七路军"三位一体",在大西北一隅首先建立起抗日民族统一战线,成为进而实现全国抗战大好局面的开端。

5. 关于我党和平解决西安事变的方针

张、杨捉蒋，引起国内外各政党、派别、团体的不同反应。除日、意、德等国指这次事变为赤化外，共产国际和苏、美、英、法等国均取调和态度。由于事变打乱了苏联对华新政策的实施，使苏大为不满，他们一面斥责张学良，支持蒋介石；一面发声明，提抗议，极力表白与西安事变无关。法国激进党则称："张学良已成中国第一有权威之人物。"

在国内，各派政治力量都在事变中开始了较量。由于历史和阶级的局限性，张、杨捉蒋后，即成骑虎之势。事变当天清晨，他们就紧急电请中共代表赴西安，共商救国大计，处理捉蒋善后事宜。中共中央收电后，立即在保安召开紧急会议，在没有共产国际指示的情况下，独立自主地迅速对复杂形势做出正确的判断和估量，从民族长远利益和建立抗日民族统一战线的大局出发，排除了"杀蒋"的主张，决定了支持西安爱国义举的五项措施和处置蒋介石的四项办法，初步确定了和平解决西安事变的方针。

这一天，我党向共产国际发出两份"万万火急"电报，报告西安事变情况和我党对西安事变的态度及采取的措施，请求国际指示。以后的几天中，我党每天都发出这类电报。迟至12月16日，中共中央才收到国际复电，因电码差错，"完全译不出"，我党电请国际"检查重发"。

12月19日，中共中央发出《关于西安事变及我们任务的指示》，完整提出了和平解决西安事变的四项基本方针。

12月20日，中共收到共产国际重发的电报，该电报采取与苏联一致的立场，就西安事变指责张学良，但也主张和平解决事变。次日，我党中央致电共产国际书记处，指出："来电于20日才收到，同意你们的意见，我们已经基本的采取了这种方针"。

6. 和平解决西安事变的三轮四方谈判

12月17日晚，中共代表周恩来一行乘坐张学良专机，从延安飞抵西安。周分别会见张、杨，对于西安事变后的形势及其发展的估计，三方迅速取得一致。

继蒋介石的私人顾问端纳两飞西安斡旋之后，宋子文也于12月20日冲破何应钦一派的阻挠，赶到西安请和。他与周恩来长谈，探明中共和平解决西安事变的意向后，急返南京。12月22日，宋子文偕宋美龄飞抵西安。蒋介石因有伤病和有其他考虑，委托宋氏兄妹作为他的代表，与西安三方谈判。

23日上午，西安三方与南京方面在张学良公馆举行第一轮谈判。周恩来、张学良、杨虎城、宋子文参加。周恩来根据我党和平解决事变方针并综合张、杨意见，提出各方均可考虑接受的六项主张，宋子文也认为无可挑剔，答应转告蒋介石。

当天下午，进行第二轮四方谈判，仍是前四人参加。对组织过渡政府和何时放蒋等关键问题进行商谈。

24日上午，开始第三轮谈判。除前四人外，宋美龄也参加。四方经反复协商，达成"孔、宋组行政院，肃清亲日派"等9条协定。

当晚，周恩来会见蒋介石。这是国共长期分裂和内战之后，两党最高级领导人在西安事变的特定历史条件下的首次接触，双方进行了实质性会谈，从此开始了为实现国共第二次合作的一系列艰难谈判。蒋介石面对现实当场向周恩来作出"停止剿共，联红抗日"等三项口头承诺。

25日下午4时，张学良亲自送蒋离陕回宁。

7. 西安事变导致国共两党再次携手合作

西安事变虽然得到了和平解决，但这种解决并不彻底，内战危险依然严重存在。

蒋介石一到南京就背信弃义，扣押张学良，命令中央军分五路进攻西安。应杨虎城请求，数万红军南下，急速开抵关中。面对西安三军连设的7道壁垒森严的防线和全国反对内战的强大舆论，蒋介石不敢贸然大打。于是，国共又开始了西安事变后在西安、杭州、洛阳、庐山、南京进行的旷日持久的六次正式谈判，双方围绕对红军是"改编"还是"收编"等要害问题展开了尖锐斗争。

七七事变后，形势急转直下。8月13日，日军大举进攻上海，直逼南京。这时，蒋介石才决心联共抗日，不再提向红军派人等无理要求。在周恩来等人的巨大努力下，两党南京谈判取得重大成果。

8月22日，国民政府宣布将陕北红军改编为国民革命军第八路军。

9月22日，国民党中央通讯社正式公布《中共中央为公布国共合作宣言》。23日，蒋介石发表谈话，实际上承认了中国共产党的合法地位。至此，以国共合作为标志的全国抗日民族统一战线正式形成。

8. 西安事变的现实意义

在纪念西安事变五十周年的今天，我们回顾与研究这次事变，汲取西安事变留给我们的宝贵经验，坚持运用统一战线的法宝，对展望和争取实现第三次国共合作，完成祖国和平统一的千秋大业，具有重大的现实意义。

当年，国共两党和平解决西安事变，顺应了民族意志和历史潮流。今天，两党更应以民族的长远利益和根本利益为重，在祖国统一大业中，作出明智的抉择，迅速结束四十年分裂的历史，以顺应海峡两岸亿万中华儿女的共同心愿和历史发展不可违抗的规律。

当年，国民党最高领导人蒋介石被扣，都可用和平谈判方式，予以圆满解决。今天，同胞骨肉兄弟之间，也没有任何问题不可商量和不好商量，两党完全可以通过对等和平谈判，加以妥善解决。

当年，中国共产党为释放蒋介石，实现西安事变的和平解决，不计十年内战的深仇大怨，作出了最大限度的让步和努力。今天历史的规律和人民的力量，把国共两党调换了一个位置：共产党掌握着全国政权，国民党只保留了台湾一省的地方政权；而我党所倡导的第三次国共合作、提出的"一国两制"的构想及商之于国民党的条件，比起当年，更是明智、宽容、优厚、实际得多。在这种情况下，台湾当局尽早作出回归祖国的正当抉择，是完全顺理成章的。

三

随着西安事变研究的步步深入，史学界围绕以下问题，出现了一些不同观点。

1. 关于中国共产党建立抗日民族统一战线的策略思想的提出

一般都认为，提出这一策略的时间是在 1935 年共产国际七大后，中共发表《八一宣言》或召开瓦窑堡会议。但有的学者认为，在 1931 年九一八事变后，我们党就已逐步形成了建立抗日民族统一战线的策略思想，并不断发展、完善。开始，由于党中央的"左"倾指导，在民族斗争和阶级斗争关系、统战对象等问题上，存在严重的"左"倾教条主义和关门主义错误倾向。1935年中期，党在这些问题上开始转变政策，《八一宣言》标志着党的抗日民族统一战线策略的突破性发展和基本完善。同年底的瓦窑堡会议，大致完成了这一转变，从政治、理论上奠定了建立抗日民族统一战线的基础。西安事变的和平解决，是我党和张、杨主张的不谋而合，它使"逼蒋抗日"、建立抗日民族统一战线的目的最终得到实现。

2. 中共"逼蒋抗日"政策的提出

对我党从"抗日反蒋""逼蒋抗日""联蒋抗日"到"拉蒋抗日"方针的演变过程，党史界始终存在不同看法。第一种观点认为，"逼蒋抗日"是从1936年"五五通电"开始的。第二种观点则认为，该通电放弃反蒋口号，改称"蒋介石氏"，只是宣传口号的改变，而不是逼蒋抗日的开始。根据是《中央关于两广出兵北上抗日给二、四方面军的指示》、《毛泽东致阎锡山信》、《中共西北中央局宣传部关于目前形势和陕甘党的任务讨论提纲》和1936年6月19日《中央关于形势和党的任务、方针指示电》。第三种观点认为，逼蒋抗日是从8月12日，中央发出《关于今后战略方针》开始的，因为它首次确认南京政府为统战的"必要与主要对手"，并提出"请蒋抗日"。第四种观点认为，此文件还未摆脱抗日反蒋政策。我党转为逼蒋抗日的标志是8月25日《中国共产党致中国国民党书》，9月1日党中央书记处发出关于逼蒋抗日问题的党内指示，从此，我党完全放弃了抗日反蒋策略，由此导致了西安事变的爆发。

3. 关于我党解决西安事变的方针

大家一致认为，我党确定和平解决西安事变的基本方针，是同"停止内战、一致抗日"的政治主张相联系的。其中一种意见是，中共从得知事变发生时起，就确定了这个方针；另外一种意见认为，中共明确提出这一方针，有个短暂的酝酿过程。

4. 关于中共对处置蒋介石的态度

通常认为，我党在这个问题上有一个由"审蒋"到"放蒋"的变化过程，毛泽东在最初的电报中甚至把蒋介石称为"元凶"，"审蒋"的态度是理所当然、无可非议的；有的同志则将党对蒋的态度同党处理西安事变的方针联系起来，认为党对处置蒋介石的态度也是始终如一、没有变化的。

5. 关于中国共产党在和平解决西安事变中的作用

过去人们多以张国焘和斯诺的说法为根据而进行种种推测。近年来，随着中共中央在事变中的有关电报和万里、高里耶夫等将季米特洛夫在事变中致中共中央的电报内容公诸于世，此问题已大体得以说明。目前，仍存有两种看法：一是，西安事变得以和平解决，主要是由于中共中央高瞻远瞩的英明决策和以周恩来为首的中共代表团卓有成效的积极工作；二是，西安事变是张、杨发动并解决的，中共及其代表团则是处在协助张、杨妥善处理西安事变的地位，张学良是和平解决西安事变的主要决策人。

6. 关于张学良送蒋离陕问题

传统说法是，张事前未通知中共代表团，主要根据是周恩来在1946年9月和美国记者李勃曼的谈话中说："张学良自己答应了亲自送蒋返京，事前大家都不知道。"最近，有人提出相反意见，认为张事前就通知过中共方面，周恩来等人并对他进行了坚决劝阻。主要根据是周恩来1936年12月25日和博古联名签发的致中共中央的电报以及周恩来20年后的一次重要讲话。至于周恩来1946年的谈话，当时也许是出于策略上的某种考虑，或是回忆中的错误，也可能是谈话记录中的失误。

7. 关于张学良是否料到他到南京后会被囚禁

以往认为，张过于轻信蒋介石，没有预料到陪蒋回宁后会变成阶下囚。根据是周恩来上述谈话中指出的："张自己也未料到他到南京后会从此被囚"等资料。目前，有的同志对张离陕前的几封电报和手谕进行分析和考证，认为张亲自送蒋走是经过深思熟虑并有所准备的，他对到南京被囚的可能性早有预料。

8. 对张学良陪蒋回宁的评价

长期以来，众说纷纭。许多对此深感遗憾的人认定，张此举是错误的，属重大失策。另一种意见是，此事从个人命运看是失误，从国家命运看是正确的。张学良送蒋回宁，从政治上和社会舆论上来看，是必要的；从张的主观愿望和社会效果看，是明智的；从张、杨、蒋三人的本质和当时的历史条件看，张、杨个人的悲剧及其部队的被瓦解是必然的。

9. 对杨虎城的评价

一种意见认为，杨虎城与张学良共同发动西安事变，对民族解放运动作出重大贡献，因而张、杨齐名。另外的看法是，虽然杨虎城的部队数量和职务都不及张学良，但他与中共的联系比张早得多，他本人也曾申请加入中国共产党，只是未获得当时的中共河南省委的批准。他比张年长八岁，更成熟老练。在发动和解决西安事变的整个过程中，杨起了主导作用。

10. 关于杨虎城在事变中对蒋介石的态度

一种观点是，杨倾向于惩办蒋介石。第二种观点认为，杨深明大义，他虽然反对轻易放蒋，但却不主张惩办蒋介石。

11. 关于和平解决西安事变谈判的参加人

有争议的是宋美龄和端纳。有人说宋参加了全部谈判，有的说她只参加了24日上午的最后一次谈判。至于端纳，有人说他参加了全部三轮谈判，也有人说他只参加了部分谈判，还有人说他当时已不在西安。

12. 关于西安事变后期有无托派分子参与破坏

多数专著都讲，事变爆发后托派分子张慕陶从太原窜到西安进行破坏活动。根据近年来的研究，一些同志提出了张慕陶不是托派的观点。据此，西安事变后期有托派分子进行破坏活动的说法还有待进一步研究证实。

13. 关于蒋介石的态度

由于缺乏文字档案记载，而蒋介石和国民党有关人士在西安事变后又异口同声地声明"蒋之脱险并未附带任何条件"，一再否认蒋有过"变节行为"，因此至今这仍是引起争议的问题。近年来，鉴于大陆史学界在西安事变研究中取得重要进展和海外舆论倾向大陆研究观点的情况，台湾某些学者也抓住这次事变做了不少文章，一方面替蒋介石"正名"，否认在事变中蒋有过任何与其"革命志节和爱国情操"不符的"口头承诺"；另一方面则是利用他们掌握的资料，力图将大陆的研究成果驳倒，以争夺海外华侨及其政治舆论。

14. 台湾方面的其他主要观点

一是对张、杨"劫持领袖"始终持严厉批判的态度；二是为蒋积极内战消极抗日的行为辩解，称蒋早在济南惨案后，就立志抗日雪耻，只是一直未具备抗日的条件；三是诋毁我党在和平解决西安事变中发挥的重要作用，说中共拥蒋抗日，关键还在于张学良的影响；四是声称西安事变后国民党停止"剿共"，是由于中共已做出保证，放弃叛乱的政策与行动，接受国民党政府的政令与指挥。其实质仍等于中共向政府输诚乞和。严格说来，"第二次国共合作"一词不能成立。

近年来，史学界还从各个层次和角度对与西安事变有关的事件、人物、时间及地点等问题作了考证，涉及"西北剿匪总司令部"的成立、撤销及张学良的任职；事变爆发的具体时间和行动指挥部的处所；张学良下决心送蒋走的时间；杨虎城是否曾要求加入中国共产党；周恩来离开保安、到达延安和飞抵西安的时间；西安学生的"一二·九"请愿；12月4日蒋介石赴西安时前往车站迎接的人员；事变期间，各方人士进出西安的时间；高崇民、孙铭九、应德田等人所起的作用等许多重要史实。认真探讨这些问题，对于更深入系统地研究西安事变有积极作用。

总之，研究西安事变的来龙去脉和前因后果，虽取得相当进展，但把这一重大历史事件的真相及其因果规律完全揭示出来，还有待学术界和各方面的继续努力。从已发表的论著看，从政治角度研究事件、人物等居多，而对事件背景社会经济状况、历史根源，人物经历和阶级活动的关系以及群众运动等方面的研究略显薄弱，对事变前国内外形势和各种错综复杂矛盾的相互转化的分析研究也显得不足，对中共和红军在事变期间的活动及其同共产国际、苏联联系等方面的研究也未充分展开。今后还应进一步挖掘资料（特别是档案资料），在此基础上不懈地探讨，并运用其成果，更好地为当前实现国共第三次合作，完成祖国统一大业的现实服务。

原载《党史通讯》1986年第11期

关于中国国民党西安事变研究概述

——写于西安事变五十周年之际

鱼汲胜

1942年3月30日，毛泽东在中共中央学习组作了《如何研究中共党史》的重要讲话。他指出，要想使中共党史的研究有结果，就必须研究中国所有政党的历史，在研究过程中如果摒弃了一方，那么，对另一方历史的研究就是一种欠缺。他还以大量例证，说明研究国民党历史对于研究共产党历史的重要性和必要性。

从某种意义上可以说，一部中国现代史，就是国共两党合作—分裂—合作的历史。而西安事变，在这部历史中则占有极其重要的地位。两党对这次事变的研究都是高度重视。

1956年11月16日，中共中央统战部在北京召开纪念西安事变20周年座谈会，周总理出席并讲话，对发动并解决西安事变的张学良、杨虎城两将军给予极高评价，并号召与会者把在西安事变中的亲身经历和耳闻目睹的事实记载下来，为编写历史、总结历史经验提供资料。当时就成立了由九人组成的专门机构，主持这项工作。可惜的是，十年内乱中，国民党史和西安事变研究也在劫难逃，成了难以涉足的禁区。十一届三中全会后，经过史学界和各有关方面通力协作，西安事变的资料征集和科学研究工作又出现了欣欣向荣的局面，取得了明显进展和可喜成果。

在西安事变研究步步深入的今天，介绍一下中国国民党关于西安事变的研究概况，是必要和有益的。

早在1930年1月，中国国民党就成立了党史史料编纂委员会，负责党史史料之搜集、整理与保管事项。

1935年11月，国民党五届一中全会之后，中央执行委员会组织有了重大改变，但在其常务委员会主席、副主席之下，仍设有党史史料编纂委员会这一专门机构。

1946年6月12日，该党第六届中央常务委员会第32次会议通过新的中央执行委员会组织大纲，明文规定：中央执行委员会除设常务委员会和秘书长、副秘书长外，并设有13个部会局。其中，"党史史料编纂委员会：掌理党史史料之编纂及革命文献之保管事宜。"

长期以来，中国国民党党史史料编纂委员会进行了大量的工作，其中包括西安事变研究。

西安事变时，国民党处于全国执政党的地位，保存有相当完整的档案史料。中国共产党夺取全国政权时，国民党将大批档案转移到台湾省。应该说，西安事变研究中，占有珍贵史料的台湾方面具有得天独厚的条件和一定的优势。

远在1937年，南京当局就出版了蒋中正著《西安半月记》、蒋宋美龄著《西安事变回忆录》、刘百川著《蒋委员长西安蒙难记》、时事问题研究社编《西安事变史料》（上、下）专著和资料，以后又一版再版。这些书从一开始，就为国民党研究西安事变定了调子，虽然观点反动，但也算是一面之词，可以有分析、有批判地兼听。其中有些史料，还是可取的。多年来，台、港等地有关西安事变的研究，大多是重弹"张、杨劫持领袖"，"蒋委员长西安蒙难"，"西安事变，酿成巨祸"，"使共匪喘息坐大，以至大陆沦陷"这些老调，没有什么学术价值。而不少超出以上范围的论著，则应该引起我们的关注。

20世纪50年代以来，由于台湾地区比较稳定，未出现大的动乱，所以，出版史学论著甚丰。其中有关西安事变的专著、资料和回忆录，占相当分量，颇为可观。如：1966年出版的孔祥熙著《西安事变回忆录》、1962年澳门大地出版社出版的《西安事变三忆》、1966年出版的刘健群著《银河忆往》、1967年出版的《陈布雷回忆录》、1968年香港春秋出版社出版的《西安事变珍史》（共三辑，后二辑于1971年再版）、1972年出版的李金洲著《西安事变亲历记》、1976年香港出版的郭桐著《国共风云名人录》、1978年出版的郭桐著《蒋介石秘录的秘录》、1979年出版的《蒋廷黻回忆录》和邓文仪著《从军报国记》、1982年出版的李云汉著《西安事变始末之研究》、1984年出版的司马桑敦等人著《张老帅与张少帅》，以及一批有关宋氏兄妹的著述，都各有其独到之处，在某种程度上披露了西安事变的部分真相和内幕，具有较高的参考价值。如，国民党中央党史委员会副主任李云汉教授在《西安事变始末之研究》一书中，即一反蒋介石、何应钦长期以来宣传的红军因被追剿而濒临崩溃，迫不得已于1935年秋在长征途中派周恩来向陈立夫接洽请和，恳求停止追剿的说法，将周恩来致陈果夫、陈立夫兄弟的信的落款时间，从原先的1935年9月1日，改注为1936年9月1日。这一变更，将迫使台湾学者重新研究西安事变和第二次国共合作的原因。

此外，王健民、郭华伦、司马璐、张其昀等台湾省学者分别编撰的有关中共党史的史稿、史论、专著和文献资料中涉及西安事变的专题论述，也是一家之见，不妨一看，以为参考。

特别值得一提的是，1983年春，台湾省中央文物供应社先后出版了国民党中央党史委员会主任秦孝仪主编的《西安事变史料》（上、下册），内含总统府机密室、中央党史会和有关机构馆藏的大量历史档案和原始资料，不少属首次公开发表。该书还比较客观地收入了周恩来1936年9月1日致陈氏兄弟信和1936年12月19日中共中央为和平解决西安事变通电。这批上百万字的难得的史料，无疑将有助于我们对西安事变全过程的进一步研究。

台、港各报刊还发表了数百篇研究西安事变的论文和回忆录，具有一定的学术价值和史料价值。

如：60年代先后发表的王盛涛著《西安事变善后殉难的王以哲》，王天从著《西安事变》，万耀煌著《西安事变身历记》、《西安事变回京后日记》和《西安事变后驻防陕川日记》，金人杰著《西安事变中的彭昭贤》，司马桑敦著《张学良的前半生》，姚大海著《冯钦哉将军》，曹振著《西安事变善后问题处理的经过纪事》，张义举著《西安事变前的东北军》，黎东方著《西安事变》，陈嘉骥著《张作霖父子是非功过》，刘健群著《窥测西安事变的前因后果》，邓启著《阎伯川与西安事变》，邓文仪著《西安事变与中国命运》，王觉源著《西安事变见闻》等文章。

70年代先后发表了鲍惠尔著《西安事变的国际情势》和《端纳与西安事变》、祝枢寿著《西安事变洛阳见闻录》、陈立夫著《参加抗战准备工作之回忆》、张义举著《我所见的西安事变》等文。

80年代先后发表了吴汉文著《西安事变时的蒋介石》、赖景瑚著《西安事变时的洛阳》、乐恕人著《西安事变时的北平》、张玉荪著《华清池之旅》、何廉著《西安事变前后》、吴奇英著《西安事变与中共》、黄仁霖著《西安事变及其余波》、肖赞育著《谈西安事变》、史铭著《追忆西安事变时的兰州》、丁文江著《假如我是张学良》、翁绍裘著《"西安事变"四十七年》、李逸侪著《西安事变亲历记》、杜桐荪著《化解平息"西安事变"的人与事》、孙秉杰著《忆西安王曲军校》、张荣著《风云变幻说少帅》、莫知著《宋美龄在西安事变中的微妙作用》等文章。上述文章都有不少独特的见解和精彩的论述,可为借鉴。

纵观台湾官方御用学者的诸多有关西安事变的论著,其主要观点如下。

一是为蒋介石在西安事变前"攘外必先安内"的方针和打内战不抗日的行为辩解。说什么蒋介石对日军的侵略野心了如指掌,早在济南惨案发生后,就对日本的侵略引为奇耻大辱,并立志雪耻。曾随蒋介石亲历五三惨案的罗家伦认为,"蒋先生抗日的决心,在济南事变的时候,就已定下来了。"蒋介石认为,抗日要有抗日的条件,在没有具备抗日的条件之前奢谈抗日,是空谈,也是一种危险。政府基于政情、国力、中共"叛乱"以及军政领袖的意见尚未能一致之实际情势,决定作理智的考虑与冷静的应付:先求内部的团结与统一,再作对外御侮的行动,这就是安内攘外的国策。

二是对"张、杨劫持领袖",始终持严厉批判的态度。认为国民党后来的失败,皆源于西安事变。

三是贬低共产党在和平解决西安事变中的重要作用。认为,西安事变前,张学良和杨虎城已深受中共抗日民族统一战线宣传的影响而不再"剿共",并与中共订立停战协议且予中共以物资支持。说什么中共之由"反蒋抗日"到"拥蒋抗日",主要关键还在于张学良的影响。指出,民国25年4月,张学良在李克农陪同下,深夜和周恩来在延安天主教堂见面,张学良告诉周恩来:"中央已实施抗日准备,蒋公宵旰为国。"

四是关于蒋介石在西安事变中的态度。由于缺乏文字档案记载,而蒋介石夫妇和国民党方面众多的西安事变当事人事后又异口同声地否认蒋介石有过"变节行为",一再声明蒋之脱险并未附带任何条件,因此至今引起海峡两岸的争议。近年来,鉴于大陆史学界在西安事变研究中取得重要进展和海外舆论倒向大陆的情况,台湾某些学者也抓住此问题做了不少文章,一方面替蒋介石"正名",否认在事变中蒋有过任何与其"革命志节和爱国情操"不符的"口头承诺";另一方面则利用他们掌握的资料,力图将大陆的研究成果驳倒,以争夺海外华侨及其政治舆论。其主要根据是:张学良在事变期间,有两次当面向蒋委员长要求考虑他们的条件。第一次,蒋委员长告以:"余可允尔等提出于中央,但余必声明,余不能赞成尔等之主张。"第二次,蒋"正色拒之",告以"非余回京,无论何时,不能谈也。"

五是声称西安事变后国民党停止"剿共",是由于中共已做出保证,放弃"叛乱"的政策与行动,接受政府的政令与指挥。其实质仍等同于中共向政府"输诚乞和"。严格说来,"第二次国共合作"一词不能成立。

对于上述反动的观点,我们也不必视如洪水猛兽,拒之千里,完全可以有鉴别地间接利用。

可以肯定,不远的将来,如果海峡两岸的史学界朋友能坐到一起进行学术交流和探讨,定会促进西安事变研究的深入开展,共同写出一部权威性的《西安事变史》,为子孙后代留下宝贵的历史经验教训,更好地为振兴中华的大业服务。

原载《党史资料与研究》1986年第6期

档案史料与西安事变研究

——写于西安事变五十周年之际

鱼汲胜

大力发掘、广泛征集、认真整理、详尽占有档案史料和各种资料，是历史研究的根本立足点和出发点。

中国共产党十一届三中全会以来，我国档案界、出版界和史学界的广大同志解放思想，通力合作，突破西安事变研究中的种种禁区，使有关史料不断面世，有力地促进了对现代中国革命史上这个意义重大、影响深远的事件的科学研究工作，起到了为现实服务的重要作用。

1977年4月，西北大学历史系中国现代史教研室、西安地质学院中共党史组和八路军西安办事处纪念馆合编了《西安事变资料选编》，为西安事变的研究工作提供了大批档案资料。

1979年8月，陕西人民出版社出版米暂沉撰写的《杨虎城传》，附录了1936年12月15日到1937年11月27日杨虎城的九件档案史料，为系统研究杨虎城和西安事变提供了可信的历史根据。

从1980年1月至1981年5月。全国政协文史资料研究委员会从征集到的300余篇西安事变亲历记和回忆录中，先后选编了四集《西安事变资料》，作为内部征求意见和编写历史的参考资料。第一集共收入汪锋、申伯纯、高崇民、孙铭九、邵力子等人的19篇文章，约18万字。第二集收何柱国、焦绩华、阎宝航、宋希濂、沈叔铭等人的30篇文章，共约13万字。第三集收李烈钧、鹿钟麟、王中立、沈醉、张治中的31篇文章，约13万字。第四集收入应德田、孙铭九、商同昌、孔从洲等人的31篇文章，约13万字。在西安事变50周年之际，全国政协的有关同志正抓紧编辑整理，准备陆续出版这批珍贵资料，以为纪念。

1980年10月，中国社会科学院近代史研究所现代史研究室黄德昭、王秦选编的《西安事变资料》第一辑，由人民出版社出版（内部发行），其中选收有关事变的背景、经过、意义、南京当局对张、杨的迫害和张、杨的历史功绩等方面的历史文献，共 140 余件，17.6 万字。其中包括协定、函电、决定、命令、宣言、讲话、社论和文章等档案史料，相当一部分是没有发表过的。

1980 年 12 月正式出版的《周恩来选集》上卷，公开发表了《关于西安事变的三个电报》，是西安事变的真实记录。

1981 年 4 月，人民出版社出版了由中国社科院近代史所姜克夫、黄德昭、王秦选编的《西安事变资料》第二辑，选收徐彬如、高崇民、栗又文、孙达生、胡愈之、刘培植、解方等人的十四篇回忆录，约 20 万字，是研究这次事变的很好的佐证材料。

同年，《历史档案》杂志创刊号发表了中国第二历史档案馆收藏的西安事变档案资料 53 件，均为张学良、杨虎城当时和蒋介石、孔祥熙、张静江、冯玉祥、阎锡山等人的来往函电，忠实地记载着张、杨提出的抗日救国主张和坚持和平解决事变的严正立场；孔祥熙向张学良提出的在放蒋后对其人身安全的保证和分化张、杨，劝杨背张释蒋；南京方面处理西安事变的所谓"正面处置严正，营救则多方运用"原则；蒋介石被放回南京后对张学良的迫害以及国民党各地方实力派在事变中的态度和活动。

1982 年 6 月，由中共中央党史研究室和中共中央党史资料征集委员会合编的《党史资料通讯》第 11 期，发表了周恩来在西安事变十周年和二十周年时的两次重要讲话，杨虎城的《致各县长函》和苏联《真理报》1936 年 12 月发表的造谣诬蔑张学良将军的两篇评论文章。

1983 年，《文史通讯》第三期，发表了杨虎城当年出国写的日记摘抄。

1983 年 7 月 13 日，根据辽宁省新民县公主屯乡 70 多岁的农民赵新华（早年曾在张学良的承启处和于学忠的东北军留守处工作）提供的线索，中国革命博物馆派胡京青，季如迅前往该地，在有关部门的协助下，几经周折，终于从新民县档案馆发现了赵新华珍藏多年，后在十年内乱中遗失的张学良的几张历史照片和手谕石印件。手谕正是当年张学良离陕前亲笔写下的，全文是："弟离陕之际，万一发生事故，切请诸兄听从虎臣孝候指挥。此致，何、王、缪、董各军各师长。张学良二十五日以杨虎臣代理余之职"。赵新华自愿把这些文物捐献给国家。经过有关部门和同志的反复鉴定，确认这份手谕是真实的，是迄今国内发现的张学良将军在西安事变中的唯一手迹,是研究这次事变的极其珍贵的原始资料和历史文物,已被中国革命博物馆定为国家一级文物加以珍藏。这件事成为轰动一时的新闻,《陕西日报》《天津日报》《光明日报》香港《大公报》和《档案工作》《文物天地》等报刊相继为此发表文章,引起了档案界和史学界的高度重视。最近,史学家已根据张学良手谕,作出了种种考证和论述。

同年11月,文史资料出版社出版了由邓小平题写书名的《杨虎城将军画册》,其中大量历史照片来自各个档案馆。

同年12月,《毛泽东书信选集》由人民出版社出版,大部分书信系第一次公开发表。内含1936年下半年西安事变爆发前夕,毛泽东分别写给张学良、杨虎城、王以哲、于学忠、杜斌丞、蒋介石、宋子文、冯玉祥、阎锡山等人的统战书信,既是中国共产党人真诚地与国民党捐弃前嫌,共赴国难的历史见证,又是系统研究西安事变起因和抗日民族统一战线形成过程的第一手资料。

1984年9月至今,档案出版社先后出版了中央统战部、中央档案馆合编的《中共中央抗日民族统一战线文件选编》上册和中册,深受广大党史工作者和党史爱好者的欢迎,对党史、革命史的研究和教学工作很有帮助。这套资料书的上册收入1931年"九一八"事变至1934年的文件;中册收入1935年至1937年"七七"事变前的文件,以中央文、电为主,也收入了毛泽东、刘少奇、周恩来、张闻天等中央负责同志关于西安事变的讲话和文章,大部分是首次正式发表,为深入探索研究西安事变问题提供了大量档案资料,使很多沉睡多年的资料开始发挥作用。

1984年12月,人民出版社出版由中央统一战线工作部和中央文献研究室编的《周恩来统一战线文选》,除收入《关于西安事变的三个电报》外,还首次公开发表周恩来于西安事变前夕亲笔写的统战书信。其中包括:1936年5月15日致张伯苓信,同年同月同日致谌小岑信,1936年9月1日致陈果夫、陈立夫信,致胡宗南信,1936年9月22日致蒋介石信,这一封封珍贵书信,如实地反映了当年中共为国共从对抗转变到对话,争取两党再次携手合作一致抗日所作出的不懈努力。

1985年5月,在抗日战争胜利四十周年前夕,《文献和研究》第三期,第一次公开发表了中央文献研究室和中央档案馆共同选编的中共中央和毛泽东等从1936年4月到1944年2月的一组重要文电共18件,真实地再现了我党从"反蒋抗日"到"请蒋抗日""逼蒋抗日""联蒋抗日""拉蒋抗日"方针策略的整个演变过程。

同年7月,由四川人民出版社出版的张篷舟主编的《近五十年中国与日本》第二卷,运用大批日伪档案,以大事记的形式记载了西安事变前后中国与日本错综复杂的紧张关系。

同时,北京师范大学内部出版的《研究·资料与译文》发表了从1936年5月至1937年1月间,汪精卫与陈璧君、谷正纲、王懋功等改组派重要人物的来往函电48件,从一个侧面反映了西安事变前后国内时局的动向及汪精卫等人的态度和活动。

1986年,《文献和研究》第一期发表了周恩来致张学良信(1936年4月22日),致陈果夫、陈立夫(1936年9月22日),致陈诚、汤恩伯信(1936年),致蒋介石信(1937年7月15日),均是研究西安事变和第二次国共合作形成的历史过程的珍贵文献。

《历史档案》1986年第二期发表了《西安事变时国民党驻洛阳办事处密电》计83件。这组密电是由中国社科院近代史所图书资料室的杜春和、耿来金编选的。西安事变发生后,国民党中央党部为营救蒋介石,立即派赖琏等十余人到洛阳组织临时办事处,专门负责联络军、政、党各界。赖琏等于1936年12月15日赶到洛阳,25日事变和平解决,蒋介石获释。在这十天中,赖琏等人使用派遣特务、飞机等手段,侦获了大量情报,并立即电报南京有关方面。这83道密电,较详细地记录了蒋介石在事变发生时的窘状和宋美龄、宋子文等人在洛阳为营救蒋介石时的惊恐心情,以及国民党调动军队企图用武力进攻西安的情况。电报也从反面提到了张学良、杨虎城将军逼蒋抗日的爱国主张,以及中国共产党为促成西安事变和平解决而派出周恩来等同志去西安的情况。电文发表时,全部保持了历史原貌,作为原始记录,无疑是研究这次事件的又一批有说服力的宝贵史料。

今年,为纪念西安事变50周年,陕西旅游出版社出版了陈元方编的《西安事变画册》,其中有很多各档案馆珍存的历史照片。档案出版社还将出版《西安事变档案史料选编》,其中编入西安事变前后国民党军政头目之间、国共两党之间来往的电报、文件共3000余件。

最近,中共陕西省蓝田县委党史办公室和蓝田县档案馆的同志们在认真清理历史档案的工作中,发现两份珍贵的有关西安事变的革命历史文献。一份是《抗日人民红军前敌总司令部、政治部布告》，署名为前敌总指挥彭德怀，政治委员任弼时，总政治部主任王稼祥、副主任杨尚昆，落款时间是1937年1月，另一份是《毛泽东关于停战抗日之谈话》，落款为"抗日人民红军政治部印"，时间是1937年1月10日。两份文献的内容都是向广大人民群众阐明和宣传我党关于和平解决西安事变，停止内战，一致抗日的主张。

在发现红军《布告》和毛泽东《谈话》的同时，蓝田县委党史办、县档案馆还发现了西安绥靖公署政治处在西安事变爆发后印发的《为"双十二"抗日救亡运动告全国民众书》和《告西北武装同志书》两份不为人知的历史文件。其中揭露了国民党放弃抗日、发动内战的反动政策，宣传了张学良、杨虎城两将军提出的八项救国主张，号召民众开展抗日救亡运动。上述历史文献的发现，对研究西安事变和我党抗日民族统一战线政策和"逼蒋抗日策略"，具有很高的史料价值。

西安事变时，中国国民党处于全国执政党的地位，保存有较完整的档案资料。中国共产党夺取全国政权时，国民党将大批档案转移到台湾省。应该说，在西安事变研究中，占有珍贵史料的台湾方面具有得天独厚的条件和一定的优势。

早在1937年1月，时事问题研究社就出版了《西安事变史料》（上、下）。50年代以后，台湾当局先后发表了孔祥熙、万耀煌、黄仁霖等众多西安事变当事人写的西安事变回忆录，透露出不少鲜为人知的史料和内幕。1982年5月，台湾的《传记文学》发表《有关西安事变重要电文补刊》。同年12月，该杂志发表《胡适与张学良来往书信》。1983年3月和6月，台湾中央文物供应社先后出版了由国民党中央党史委员会主任秦孝仪主编的《西安事变史料》（上、下册），包括总统府机密室和中央党史会、政府文献机构的库藏档案及直接原始史料数百件，辅以当时报刊的论述和当事人的著述文字等，共计100多万字。上册分"有关事变前情势、事变爆发实况、中枢之处置与各方之反应"等部分；下册"则自蒋委员长脱险起，辑入中枢决策、民情实录，以及善后处理等"。其中大批档案史料属首次公开发表。这批难得的史料，无疑将大大有助于我们对西安事变来龙去脉及前因后果的进一步研究和探讨。

可以肯定，不久的将来，如果海峡两岸的档案界和史学界朋友能坐到一起，进行史料和学术交流，定会促进西安事变研究的深入开展，使中华民族成千上万件珍贵的档案史料，在历史研究中发挥出更大的效益！

原载《档案工作》1986 年第 10 期

西安事变史学术讨论会综述

李 章

前不久,在西安召开的西安事变史学术讨论会上,与会代表对西安事变这一重大历史事件提出了许多新的看法和有待于进一步讨论的问题。现将讨论会的主要内容综述如下。

一 关于张、杨两将军在西安事变中的地位与作用

绝大多数与会者认为,张、杨两将军在西安事变整个过程中都是领导者。其理由如下。第一,张、杨是发动西安事变的决策人。第二,张、杨是"兵谏"行动最高的、直接的指挥者。第三,事变之后,张、杨提出了解决事变的八项政治主张。第四,张、杨对南京"讨逆军"采取了防御的立场,力主和平。第五,从扣、放、送蒋过程中,突出表现了张、杨的决定性作用。

二 关于中国共产党在西安事变中的作用

一种意见认为,和平解决西安事变是中共的英明决策和以周恩来为代表的红军代表团卓有成效地积极工作的结果。另一种意见认为,西安事变前期,张、杨起了决定性的作用,后期主要是中共起了决定性作用。还有一种意见认为,中共在事变中的作用,就是"调停"宁陕双方的矛盾冲突,"协助"张、杨妥善处理西安事变,实现国内和平。

三　关于西安事变和平解决方针的提出

是谁在事变爆发之后首先提出和平解决方针的呢？一种意见认为，西安事变和平解决方针首先是中共独立自主决定的，其根据如下。第一，在未接到共产国际指示之前，中共已经提出了和平解决西安事变的五个步骤。第二，中共发布的一系列电报均力主和平解决。第三，中共在提出和平解决方针的过程中，否定了共产国际的某些错误分析和看法。另一种观点认为，是张、杨两将军首先提出了和平解决的方针，其根据如下。第一，事变爆发后，从张、杨所提八项政治主张和各个电报中，都反映了他们和平解决西安事变的思想。第二，从中共对蒋介石处置的转变中，也能说明和平解决方针首先是由张、杨提出的。第三，在放蒋问题上，也是张学良起了决定性作用。再一种观点认为，在肯定中共首先提出和平解决方针的同时，决不应忽视共产国际和苏联的重要作用。

四　关于西安事变中一些人物的评价

（一）关于蒋介石在和平解决西安事变中的作用：在这次讨论会上，对于西安事变中的蒋介石进行了新的探讨。许多与会者认为，作为西安事变的对立面的蒋介石在和平解决西安事变的历史转变关头，经过反省，终于表现出正视现实的勇气。具体表现如下。第一，接受张学良意见，下令停止南京的轰炸，制止了讨伐派的军事进攻。第二，同意宋氏兄妹作为他的代表参加谈判，并以口头形式接受张、杨与中共的六项政治主张。第三，撤销了西北"剿匪"总司令部，并同中共进行直接谈判；1937年2月，作出了停止"剿共"、停止内战的决定。

（二）关于宋氏兄妹在西安事变和平解决中的作用：绝大多数人认为，宋氏兄妹对西安事变的和平解决产生过积极的作用，其表现是：第一，制止南京国民政府内部讨伐派的行动，力主和谈，为和平解决创造了条件；第二，作为蒋介石的全权代表参加谈判，并促使其接受停止内战、联共抗日、和平解决西安事变的方针，对和平解决西安事变起了重要的媒介和催化作用。

（三）对西安事变中何应钦的新评价：一般史书均称在西安事变爆发

后，何应钦企图趁机炸死蒋介石，取而代之，与汪精卫组织亲日政权。这次会上有人提出，大量史料证明，何应钦在西安事变中是没有取蒋而代之的阴谋的：第一，主张武力讨伐张、杨最力的是戴季陶和黄埔系的少壮派；第二，国民党中央一直没有放弃武力讨伐的主张；第三，武力讨伐张、杨符合蒋的意图，何应钦与蒋配合十分默契；第四，主和派的孔祥熙和宋美龄也不否认在一定程度上有采取军事解决的必要；第五，何应钦对于宋氏兄妹救蒋还给予了相应的配合。至于与汪精卫组织亲日政权，只不过是一种揣测而已。

五 关于张学良送蒋介石回南京的评价

过去一直认为张学良送蒋回南京是张的失当之举，这次讨论会上，许多人都认为此举是张对国家民族再次做出的重大牺牲。他的这一行动有助于消除人们的种种疑虑，也有利于缓和南京与西安之间的矛盾，因此是值得肯定的。

原载《团结报》1987年1月17日

纪念西安事变五十周年学术讨论会学术观点述要

鱼汲胜

由西安事变研究会、陕西省社会科学联合会和陕西省统战学会联合举办的纪念西安事变五十周年学术讨论会于1986年12月12日至17日在西安事变的发祥地——古城西安召开。来自全国22个省区市的老中青专家学者140余人出席了会议。

这次学术讨论会是西安事变五十年来的第一次。大会对党的十一届三中全会以来有关西安事变的研究的丰硕成果进行了检阅，交流了学术信息。论题涉及了西安事变研究领域的各个方面。如：西安事变发生的原因，九一八事变后国共两党政策的演变，西安事变期间张学良、杨虎城的两个八字宗旨，促成西安事变和平解决的各种因素，中国共产党关于和平解决西安事变方针的提出和实施，张学良送蒋回宁的功过，西安事变发生后在国内外的反响，苏联、共产国际对西安事变的态度，西安事变之后蒋介石对陕方针及善后处理，西安事变后蒋介石由反共内战到联共抗日的政策转变，西安事变与第二次国共合作的形成，西安事变的历史意义和现实意义，等等。尤其应当指出，会议收到的论文有两个特点。

第一，不少学者运用辩证唯物主义和历史唯物主义原理对西安事变进行深入研究，探索了西安事变及其前后国内外各种矛盾的产生、发展和变化，从宏观和微观的不同角度，揭示了事变中各种政治力量的相互关系和作用，一些同志还把西安事变与在此之前发生的福建事变、两广事变、绥远事变等加以历史的比较，取得了一批有较高质量的学术成果。

第二，有大量的论文和会议发言专门论述了同西安事变相关的众多的历史人物，不仅包括张学良、杨虎城、毛泽东、周恩来、张闻天、刘少奇、王以哲、杜斌丞、杜重远、宋绮云、张以民、丛德滋、杨明轩、张慕陶、王菊人、高桂滋等对发动西安事变有决定作用和重要影响的人物，还包括蒋介石、宋美龄、宋子文、端纳、孔祥熙、何应钦、戴季陶、阎锡山、龙云等南京政府和地方实力派方面的重要人物，有些代表还著文专门研究了国际友人史沫特莱、贝特兰、冯海伯、王安娜、斯诺、海伦·斯诺等在西安事变过程中的主要活动。这些研究推动了西安事变史的探讨向更深、更广的方向前进。

现将这次讨论会的主要学术观点概述如下。

一 关于西安事变发生的原因

自西安事变发生以来，对于它的成因，可以说是众说纷纭，莫衷一是。这次讨论会上也有不少学者探讨了这个问题，取得了比较一致的看法。认为西安事变的发生是九一八事变后中国历史发展的必然产物。寇深祸急、国难当头，亿万炎黄子孙心向祖国统一、心向团结御侮、心向民族独立的伟大潮流，促进了整个中华民族的觉醒。蒋介石顽固坚持对外退让、对内用兵、对民压迫的误国政策，激起了全国人民的愤怒。中国共产党提出建立抗日民族统一战线，停止内战，一致抗日的口号，顺应了历史的潮流，具有伟大的感召力，在这种情况下发生的西安事变，既是张学良、杨虎城及其所属官兵爱国主义激情的总爆发，也是全国人民抗日救亡运动发展的必然结果。

二 关于西安事变和平解决过程中各种政治力量的作用问题

与会学者认为，西安事变的和平解决是各种因素合力作用的结果，单纯强调某一方面的作用是不切实际的。一些学者提出，在这个问题上应当做具体的分析：全国人民要求停止内战，一致对外，放蒋抗日的强烈愿望和巨大的社会舆论，是任何政治力量都必须考虑的重要因素。张学良、杨虎城是事变的发动者，争取和平解决是他们的初衷，他们对事变的和平解决，起了决定性的作用。中国共产党在事变的前期协助张，杨，居中调停，当张学良被扣南京，西安形势再度紧张之时，坚持和平方针，对事变的和平解决起了关键性的作用。端纳、宋氏兄妹沟通宁、陕对话，稳定南京政局，抑制讨伐战争，居间缓和蒋介石与西安三方的矛盾，对蒋走上和谈道路起了促进的作用。国民党地方实力派对西安兵谏或明或暗的支持，其牵制作用是不可低估的。至于蒋介石本人在最后关头首肯纳谏，口头承诺"联红抗日"，表现出一定的灵活性和妥协让步，也是应当肯定的。

从国际上看，苏联和美、英、法等国始终坚持调和的明确态度，为中共及张、杨制定和平解决西安事变的正确方针起了间接的参考作用。日本等法西斯国家趁火打劫、从中渔利的表演，从反面对事变的和平解决起了促进作用。西安事变的和平解决，表明中华民族已能在政治生活的惊涛骇浪中独立把握自己的命运。

三 关于中国共产党和平解决西安事变的方针

与会学者认为，对于中国共产党来说，和平解决西安事变是一个既定的方针，它是瓦窑堡会议后中共坚持抗日民族统一战线，实行逼蒋抗日方针的继续。和平解决西安事变的方针是中共独立自主制定的，不是任何外部力量强加的，在收到共产国际发来的指示之前，中国共产党已经完整提出了和平解决西安事变的四项基本方针。一些学者指出，苏联、共产国际对西安事变发生原因和性质的分析有着严重的失误，但其坚持和平解决的立场，对中共制定和实行和平解决的方针还是有积极作用的。西安事变发生后中共虽然未能立即收到共产国际的指示，但苏联政府所表明的公开立场，对中共是有影响的，共产国际的指示发来以后，对于坚定中共和平解决西安事变的决心，促成事变尽快解决，起了一定的作用。

与会学者提出，在如何处置蒋介石的问题上，中共有一个由"审蒋"到"放蒋"的短暂的变化过程，这与中共争取事变和平解决的总方针没有大的冲突。有的学者认为，中共提出"审蒋"或者"放蒋"，都不是从党派或者个人的恩怨出发的，而是出于对全局的慎重考虑，就当时的局势看，"杀蒋不错，放蒋更好"。

四 关于正确评价张学良、杨虎城的问题

与会学者认为，政治上的结合，把张学良、杨虎城两位将军的名字不可分割地紧紧联系在一起，他们共同发动了西安事变，对民族解放事业都

作出了杰出的贡献和巨大的牺牲,他们均"有大功于抗战事业",都是中华民族的骄傲。在当时的历史条件下,他们如果脱离对方的合作去单干,都不可能有所作为和成就,只有同心协力、联共抗日,才能建立他们的历史功勋。因此,今天在研究评价张学良、杨虎城这两位历史人物时,扬此抑彼或扬彼抑此都有失公允,更无必要去争议谁人第一,谁人第二及功绩的高低。

五 关于全面评价张学良陪蒋回宁的问题

五十年来,国内史学界对张学良陪蒋回宁的历史作用,评价是偏低的。这次讨论会上,有的学者提出了新的见解,认为张学良陪蒋回宁是一项爱国壮举,此举得大于失,利多于弊,功高于过,应当予以基本肯定。其主要观点如下。

第一,从当时的形势来看,面对事变发生后日趋复杂的局势,为避免业已商定的联共抗日大计落空,防止再度横生枝节,此举是必要的。

第二,不掌握全国舆论工具的张学良用自己公忠体国、亲身送蒋回宁的实际行动,有效地消除了当时国内外大多数人对西安捉蒋的种种误解和疑虑,在政治上是有利的。

第三,亲身送蒋回宁这一大义凛然、光明磊落的仗义之举,在很大程度上缓解了西安与南京日益尖锐激化的矛盾,于微妙之中避免了一场新的内战,在做法上是明智的。

第四,张学良囿于形势,突然出走,准备不足,造成了西安方面十分被动的局面,的确有欠稳妥。从个人命运来看,张学良到南京后身陷囹圄,被囚禁半生,为国家、民族所做的个人牺牲是巨大的。

第五,从张、杨所处的地位和蒋介石的本质来看,张、杨个人的厄运及其军事集团的被瓦解是必然的。正如周恩来所说:"因为既捉了蒋,又在蒋的统治之下,张、杨两将军要牺牲是不能避免的。"不应完全责怪张学良去南京的不全之举。

第六,从抗日大局来看,张、杨为西安事变、逼蒋抗日付出的惨痛代价和无私贡献是必须的。如果他们不付出,或迟或早,别人也会挺身而出付出这种代价的。张学良的重大历史功绩,不仅在于捉蒋,而且在于放蒋,在于能为了抗日救国这一崇高目标,把个人的荣辱生死完全抛开,亲自陪蒋回宁,以一个人的失,换来了全民族的得。从这种意义上可以说,张学良陪蒋回宁是西安事变最好的结局之一。

这些观点,引起了与会学者的共鸣,普遍认为,张学良陪蒋回宁的问题应当进行更加深入的研究,作出公正、全面的评价。

六 关于杨虎城在西安事变中所起的重要作用

有的学者将杨虎城将军在西安事变中所起的重要作用,集中归纳为五点。

第一,杨虎城首先提出了对蒋介石实行兵谏,即"挟天子以令诸侯"的主张。

第二,西安事变是在陕西各界人民积极支持下发生的,这种群众基础的形成,是与杨虎城长期积极支持和保护当地的抗日爱国运动,一贯坚持进步与民主的立场密不可分的。对比一下西安事变中其他省份的情况,这个事实就更加明显,可以说,这次事变爆发于西安绝非偶然。

第三,八项主张是张、杨举义的政治纲领,而其基本精神源于杨虎城在两广事变期间与宋哲元、韩复榘商定的六项政治主张。

第四,整个西安事变期间,杨虎城始终顾全大局,求同存异,充分尊重张学良和周恩来的意见,并在一些重大问题上作出宝贵的让步,维护了三位一体的团结,保证了三方的一致行动。

第五,西安事变和平解决的基础奠定于释蒋之前,而其最终完成却是在释蒋之后。张学良被扣南京以后,杨虎城以自己在西北的威望和号召力,在周恩来的鼎力支持下,力撑危局,坚持发动事变的初衷,为最终实现和平解决西安事变作出了重大贡献和自我牺牲,为抗日救国至死不渝。

七 关于西安事变期间何应钦及南京
政府政治动向的研究

会议讨论中,许多学者对西安事变期间南京方面是否"戏中有戏"的问题进行了探讨。有的学者提出,过去我们常常把南京方面主张讨伐的势力笼统地称为"亲日派",这是不科学的。因为当时主张武力讨伐张、杨的不只是亲日派,戴季陶和黄埔系少壮派的许多军官也是积极的鼓吹者，当时的政治分野如果以"主战派"和"主和派"来区分才是比较合适的。

有的学者还提出何应钦是否为亲日派的问题，认为《何梅协定》是何应钦执行上峰指令的结果；西安事变期间，何应钦虽然主张讨伐，但并没有炸死蒋介石、取而代之的阴谋，而是千方百计地救蒋介石脱险，与主和派是相呼应的。事变过程中，没有充分的材料说明，何应钦与日本侵略者有勾结，何应钦也并未电请汪精卫回国。但与会的多数学者不同意否定何应钦为亲日派的意见，认为何应钦的"亲日派"帽子不是今天且不是中共给他戴上的，而是当时的历史事实，国民党内部对何应钦的亲日倾向是公认的，何应钦的种种表现，戴上"亲日派"的帽子并不过分。至少在七七事变以前何应钦是应当称作"亲日派"的，只是与汪精卫相区别，不应称何应钦为"亲日派头子"。

八 关于西安事变及其和平解决的历史功绩和现实意义

在这次讨论会上，许多学者从不同角度对事变的历史功绩进行了总结，指出西安事变及其和平解决是伟大的民族觉醒，它拉开了全民族抗战的序幕，是第二次国共合作的重要开端，是中国近代史的一次伟大转折。遵义会议由于中共党内作了正确的调整，成为中国共产党历史上的一次伟大转折。遵义会议以后，直至西安事变前夕，中国共产党和红军在抗日民族统一战线的旗帜下，改善了与张学良、杨虎城的关系，使自身的处境有所好转，但仍然面临着蒋介石再次发动大规模反共内战的危险局势。西安事变的突然爆发及和平解决，制止了一场难于避免的大规模内战，使尖锐对立的国共关系，出现重新合作的前景。它意味着在严重的民族危机中，中国社会一切要求抗日的阶级、阶层和政治力量最终都能以民族为重，同仇敌忾，挽救危亡。正是由于参与事变的几方都为民族抗战作出了重大让步，才出现了国共第二次合作的新局面，奠定了民族团结、取得抗日战争伟大胜利的坚实基础。

与会学者指出，在纪念西安事变50周年的今天，我们回顾与研究这次事变，汲取西安事变留给我们的宝贵经验教训，对争取实现第三次国共合作，完成祖国和平统一的千秋大业，具有重大的现实意义。当年，国共两党和平解决西安事变,顺应了民族意志和历史潮流;今天,两党更应以民族的长远利益和根本利益为重,在祖国统一大业中,作出明智的抉择,以顺应海峡两岸亿万炎黄子孙的共同心愿和历史发展不可违抗的规律。

原载《党史研究》1987 年第 2 期

西安事变五十周年学术讨论会论点概述

西安事变研究会资料组

1986年12月12日至15日在西安举行的纪念西安事变五十周年学术讨论会，收到北京、天津、哈尔滨、长春、沈阳、大连、太原、兰州、郑州、武汉、广州、济南、西安等22个城市的154位专家、学者送来的论文共145篇。这些论文涉及西安事变研究领域的各个方面，深入探讨了西安事变及其和平解决的伟大历史意义，探索了西安事变前后国内外各种矛盾的产生、发展和变化，揭示了事变中各种政治力量的相互关系和作用，对张学良、杨虎城二将军的历史功绩以及其他与西安事变相关的历史人物也进行了论述和评价。现将这次讨论会的主要论点概述如下。

一、认为西安事变爆发的原因是多方面的。论述这一问题的侧重点大体上集中在以下三个方面。

（一）认为最根本的原因是九一八事变后中日民族矛盾上升为主要矛盾，并且日益尖锐化，中华民族面临亡国灭种的危险。团结抗战，救亡图存，成为全民族的呼声，历史的潮流。由于蒋介石继续坚持"攘外必先安内"的误国政策，因而同全国人民的抗日要求形成了尖锐的矛盾。当时的西安正处在这种矛盾的焦点上，因此西安事变的爆发就成为历史的必然。

（二）认为中国共产党的抗日民族统一战线政策顺应历史潮流，具有伟大的感召力，推动了全国抗日救亡运动的发展。张学良、杨虎城由奉行"攘外必先安内"政策到力主联共抗日，特别是张学良由拥蒋"剿共"到逼蒋联共抗日，进而发动西安事变，抗日民族统一战线政策的影响起了十分重要的作用。

（三）认为西安事变的爆发，除了中国共产党的抗日民族统一战线政策的影响以外，张、杨的内在因素不能忽视。一是从张、杨两人各自的历史看，他们有发动西安事变的思想基础；二是张、杨都曾有过把西北作为抗日基地的打算；三是张、杨发动西安事变既是为了逼蒋联共抗日，挽救民族危机，也是为了防止在内战中耗尽自己的实力，因而发动西安事变以维护他们自身的利益。

二、认为西安事变的和平解决是多种因素促成的。其历史意义在于通过和平解决西安事变，推动了国共再次合作，团结抗日；在抗战中壮大了人民革命力量，加速了中国革命的进程，为战胜日本帝国主义，推翻国民党反动统治，创造了条件。主要论点如下。

（一）西安事变及其和平解决，结束了十年内战，推动了第二次国共合作，成功地实现了由国内阶级战争向抗日民族解放战争的转变，为抗日民族统一战线的建立和发动全国抗战奠定了基础，成为历史的转折点。

（二）西安事变及其和平解决，标志着中华民族的觉醒和团结。它奠定了战胜侵略、复兴民族的基础；事变的和平解决表明中华民族已能掌握自己的命运。

（三）西安事变及其和平解决，不仅对中国共产党和中国人民革命力量的发展壮大有有利的一面，同样也有利于国民党，促进了国民党的进步。正是由于西安事变及其和平解决，打破了日本企图分裂和灭亡中国的阴谋，促成了抗日战争的发动。结果，中国人民胜利了，中华民族胜利了，中国的主要政党都胜利了。蒋介石作为中国抗战的最高统帅，由此也曾获得无上的荣誉和举世的尊敬。至于国民党最终在大陆的失败，主要是由于以蒋介石为代表的南京政府在抗战过程中，执行错误政策，丧失民心；于抗战胜利伊始，无视全国人民在胜利之后渴望和平、民主、团结建国的普遍要求，倚持美援与武力，悍然发动大规模内战，又一次将自己置于历史发展的对立面所造成的。

三、关于张、杨发动西安事变的历史功绩。论文的作者们一致认为，张、杨两将军是国民党内著名的爱国将领。他们身处"剿共"前线，一方面深受共产党抗日民族统一战线救国政策的影响，另一方面痛切感到国民党剿共内战政策的误国和走向绝路；为了反对内战，联共抗日，他们置个人与其集团利益于不顾，毅然发动了西安事变，并为此都付出了沉重的代价；他们是民族英雄，千古功臣。

张、杨是西安事变的组织者和领导者。西安事变的发动，他们起了决定作用。他们是事变的决策人,直接指挥"兵谏"行动,提出了抗日救国的"八大主张"。西安事变能够得到和平解决,张、杨也起了主要作用。因为发动西安事变时,张、杨就提出"内求和平,外求抗战"的宗旨,这是他们处理西安事变中各种问题的基本原则。在怎样处置蒋介石这个关键问题上,他们又提出了"保其安全,促其反省"的宗旨。他们的这些思想与主张和平解决事变的愿望,对西安事变的和平解决具有十分重要的作用。张学良为了和平解决西安事变,实现全国统一抗日,还不顾个人安危,亲自送蒋介石回南京。

四、关于中国共产党对和平解决西安事变的作用。有些论文认为,中国共产党对于西安事变的和平解决发挥了举足轻重的作用。其理由如下。一是尽管张、杨作为西安事变的发动者和组织者,对怎样处置蒋介石有其主动权,但对如何达到"兵谏"的目的,他们的方针不够明确,而且也缺乏办法。而中国共产党为事变的和平解决提出了一整套方针政策,为事变的和平解决指明了方向。二是中国共产党作为西安与南京方面矛盾冲突的实际"调停"人,作为西北"三位一体"的一方,参加西安与南京方面为和平解决西安事变的谈判,并最终促成了蒋介石接受西安方面联共抗日的要求和蒋介石的被释放。中国共产党以其所处的特殊地位及其所做的巨大努力,对和平解决西安事变所起的作用不能低估。三是中国共产党及其全权代表周恩来在和平解决西安事变中所起的作用,还表现在南京扣留张学良后,在如何稳定西安政局,克服新的内战危机,如何维护西安方面的内部团结,促使蒋介石实现自己的诺言方面所作的巨大努力。

有些论文也提出这样的观点:中国共产党虽然提出和平解决西安事变的方针、政策,但这些方针、政策最终还是要通过事变的决策者张、杨才能起作用;况且在中中央所派代表团到达西安前,张、杨早有对蒋介石"保其安全,促其反省"的和平解决事变的主张,因此认为在解决西安事变中,中国共产党始终只起着"协助"张、杨和平解决事变的作用。

还有个别论文认为:事变发生至中共所派代表团到达西安以前是张、杨起主体作用,以后则是中国共产党起主体作用。

五、关于对蒋介石在和平解决西安事变中所起作用的评价。一些论文认为,蒋介石虽然在西安被扣留,但他的军事力量并没有受到什么损失,他仍是当时中国的最高统治者,掌握着全国政治、经济、军事、外交的大权。因此,蒋介石的态度如何,对西安事变的解决有着重要影响。由于蒋介石在被扣留期间被迫逐渐反省，因而他对西安事变的和平解决也起了重要作用。具体表现是：12月17日蒋手谕南京暂时停战，制止了南京方面对西安的轰炸；接受"三位一体"的要求，达成了六项协议，为事变的和平解决作出了让步；蒋介石回南京后，也在一定程度上实行了他在西安的承诺；国民党五届三中全会在一定程度上接受了张、杨八项主张，这次会议成为国民党政府由"剿共"政策开始向抗战政策转变的标志。因此，可以认为，西安事变之所以能够和平解决，也是西安和南京双方共同作用的结果。

六、关于宋氏兄妹对和平解决西安事变的作用。一些论文认为，由于宋美龄、宋子文兄妹与蒋介石的特殊关系和与张学良的私交，在和平解决西安事变中他们兄妹起到了他人无法替代的积极作用。其主要依据：一是他们坚决反对和阻止了南京讨伐派对西安的军事进攻，反对轰炸西安，力主用和平方式营救蒋介石，为避免内战扩大和揭露讨伐派的阴谋而进行了紧张的卓有成效的努力；二是派端纳赴西安，在关键时刻沟通了南京与西安的关系，传递了信息，稳定了南京局面，缓和了蒋介石同张、杨的矛盾；三是作为蒋介石的全权代表直接参加谈判并达成协议，对和平解决西安事变起了重要的媒介和催化作用。

与此同时，有的论文也认为宋氏兄妹的活动对事变的结局产生了消极影响。由于宋氏兄妹和端纳来西安，怂恿张学良仓促放蒋、送蒋，使西安形势发生逆转，导致了严重后果。在客观上，宋氏兄妹的活动也起了欺骗张、杨的作用；但同时也认为，后来南京对张学良的"审判""管束"以及杨虎城的被迫出国，都是宋氏兄妹在西安时所料想不到的。

有的论文还肯定了孔祥熙在和平解决西安事变中的表现。西安事变爆发后，孔祥熙是最先致电张学良表示希望和平解决事变的南京政府官员。在解决事变中，孔祥熙通电各省及地方实力派，稳定了全国局势，有利于事变的和平解决。

七、关于各地方实力派在西安事变中的表现。一些论文认为，西安事变爆发后，从当时各地方实力派发表的"声明""通电"和他们的实际行动来看，有的支持，有的反对，部分保持中立。虽然地方实力派中多数同情张、杨，但当时态度鲜明的支持者却为数不多，公开站在南京政府立场方面的也寥寥无几，采取明暗不同的两手来应付局面的是地方实力派中的主流。这种情况，在客观上起了促进张、杨和平解决西安事变的作用。另外，各地方实力派虽然表面态度各异，但大多数都以各种方式、不同程度地反映出他们不赞成武力讨伐的立场。比如具有较强实力的桂系李宗仁、白崇禧，在蒋介石被扣留后明确表示支持张、杨；南京政府决定讨伐张、杨时，李宗仁、白崇禧等16人又通电全国，主张和平解决。还有傅作义、刘湘、宋哲元、韩复榘、龙云、王家烈、阎锡山等，都先后表示支持和平解决西安事变。地方实力派的这些表现，有力地牵制了南京的讨伐派，对西安事变的和平解决起了促进作用。

八、关于共产国际在和平解决西安事变中的作用。一些论文认为，中国共产党和平解决西安事变的方针是独立自主决定的，同共产国际和苏联没有关系。其理由：一是中国共产党在西安事变中制定的和平解决的方针，是1935年秋以来，全面转变策略路线的符合逻辑的发展；二是中共中央在12月20日才收到共产国际关于和平解决西安事变的电报，而在此以前中共中央已制定了和平解决事变的方针。

一些论文认为，共产国际及苏联当时不了解中共国内阶级关系的新变化及中国共产党为此而制定的新的策略方针，从狭隘的民族利己主义出发，一味依靠蒋介石，对西安事变采取了极其错误的态度。张学良因此而感到气愤，这是可以理解的。

另一种意见认为，共产国际尽管对张、杨发动西安事变的动机以及西安事变的性质有错误的判断，但是共产国际关于和平解决西安事变的方针则是正确的。在肯定中共独立自主制定和平解决西安事变方针的同时，不能排斥共产国际对中共在制定、实施和完善和平解决事变方针方面的影响。

九、讨论会对张学良送蒋回南京是否必要和由此带来的后果、影响等问题，有较多的争论。概况各种意见，主要是两个方面：一种意见认为张学良送蒋回南京是"鲁莽之举"是错误行动，因为以后南京的扣张、审张和对张的"管束"均由此而引起；其严重后果还在于使东北军"群龙无首"，发生了枪杀王以哲将军的"二二事件"，导致了西北"三位一体"的解体和杨虎城被迫出国。

另一种意见对张学良送蒋回南京持肯定态度，认为这是张学良爱国主义思想指导下逼蒋抗日和拥蒋抗日的继续，是张学良谋求全国一致抗日的又一爱国义举，是张学良处理事变后期复杂局面的一种果断措施。持这种看法的人认为，张学良送蒋回南京，也表明了他当初发动西安事变的动机和诚意。

十、关于西安事变及其和平解决的现实意义。许多论文指出,西安事变和平解决和第二次国共合作的建立,为第三次国共合作提供了可资借鉴的经验。五十年前国共两党以民族利益为重。本着求同存异、互谅互让,在协调一致的基础上解决有关争端,使西安事变和平解决,从而拉开了全面抗战的序幕,并对夺取抗日战争的胜利产生了深远的影响。在纪念西安事变五十周年的今天,回顾与研究西安事变,汲取这次事变给我们的宝贵经验教训,对争取实现第三次国共合作,完成祖国和平统一的千秋大业,具有重大的现实意义。今天台湾与大陆分离是历史造成的,既不符合全国人民的心愿,也不符合中华民族的利益。双方都坚持只有一个中国,反对民族分裂,这是统一的基础和大前提。中国共产党以民族大义为重,提出了和平解决台湾问题,实现祖国和平统一的"一国两制"的构想。台湾当局应能审时度势,接受中共的建议,进行谈判,实现第三次国共合作,为祖国的统一、中华民族的腾飞做出贡献。

原载《西安事变研究》,陕西人民出版社 1988 年版

近年来张学良研究的新进展

鱼汲胜

民族英雄、千古功臣张学良作为中国共产党的真诚朋友,曾是举世瞩目的风云人物。因西安事变,他虽被幽禁54年至今仍健在,成为亿万人民所关注的对象。由于众所周知的原因,对于张学良的研究在相当长的时期内很难开展。随着党的十一届三中全会的召开和岁月的流逝,现在人们已经能够对张学良作出比较全面、客观的研究和评价。现将近年来有关研究进展概况介绍如下。

一 关于张学良的出生地

张学良,字汉卿,号毅庵,1901年6月4日(旧历清光绪二十七年四月十八日)出生于辽宁省。关于他的出生地址,有三种看法:一说生在海城,这是因为他的祖籍在海城。加之张学良曾创办过海城同泽中学,当时称少帅此举是以"关心家乡"为由。因此有人推论他生在海城;二说生在黑山。原因是张作霖丧父后生活困难,全家由海城县的驾掌寺迁至镇安(即今黑山)县西南的二道沟(又名赵家庙),与这里的赵占元次女结婚,并在此居住多年;三说出生在台安。因张作霖当年由镇安逃往八角台(今台安县城)大办团练,并在此发迹,此时巧与张学良出生年相符。通过查阅资料和实地走访,确认张学良的出生地是在辽宁省台安县九间乡鄂家村张家窝堡屯。根据如下:

1. 从张作霖逃奔八角台的时间上可以认定。据史料记载,1901年2月18日(旧历光绪二十七年腊月三十),张作霖部众被"沙俄操纵的金寿山匪股偷袭,由中安堡逃出"。奔向八角台,在途经桑林子时为了行动方便,张作霖将妻女藏在离桑林子不远的胡家窝堡张景惠家,后来又秘密转送到桑林子东北的张家窝堡赵明德家（是赵氏夫人的娘家叔伯侄）匿居。

2. 从张学良叔伯表嫂的回忆中可以验证，走访至今健在的张学良的表嫂赵氏。她介绍：张学良的叔伯舅家（即赵明德的父辈），清朝末年迁到了桑林子以东的张家窝堡居住。张作霖妻女经张景惠秘密转送到张家窝堡赵明德家里匿居后，张学良便诞生在赵明德五间草房东边的耳房里。

3. 从王鹤鸣老人的口述得到佐证。王鹤鸣，现年94岁，台安县桑林东西平村人，他回忆说："我家与张家窝堡相距二里多地，当年张学良在赵明德家诞生后，赵氏奶汁不足，当时张作霖处境不佳，不敢公开给张学良雇奶妈，以防走漏消息。这时由张景惠出面通过桑林子老任家（我姥家）的亲属关系，把张学良秘密送到西平村我家，雇我母亲王任氏给喂奶。经我母亲给喂养四五个月，由张作霖把张学良接到八角台。此时，张作霖与妻赵氏已在八角台镇中街路北安家。"

二 关于张学良的思想转变

张学良一生的思想十分复杂，少年时接受封建伦理道德、愚忠愚孝思想。青年时产生近代资产阶级民族民主的反帝爱国思想。在以后漫长的岁月中，张学良加入过基督教会，崇拜过三民主义，信奉过法西斯主义，研究过共产主义。纵观他的思想转变，大致可分为五个阶段。

1. 1916年反帝爱国人生观的萌芽。其标志是张学良聆听南开大学校长张伯苓《中国之希望》的讲演，胜读十年书。他后来回忆说："予闻此大悟悲观之非当，乃立誓本个人之良心，尽个人之能力，努力以救中国。予之有今日，张先生一言之力也。"

2. 1925年反军阀、反内战、爱民思想的产生。其标志是1923年北平"三二惨案"后，身为奉军旅长的张学良写信慰问受伤学生，并将自己工薪一百元捐赠做医药费；1925年上海"五卅惨案"后，身为奉军军长的张学良致电慰问，并捐助工薪两千元，抚恤死伤爱国学生。

3. 1927年"息内争、御外侮"完整思想的形成。张学良首次提出这种思想是在1927年1月，英帝国主义制造的汉浔惨案期间。他说："此次英人以武力对待中国民众，则凡属中国人，不分南北，皆有捍卫国家之义务，责无旁贷。"同年3月22日，张学良与韩麟春联名通电中，正式提出了这种思想。

4.1931年"全国抗战论"的提出。这是张学良在九一八事变后的主导思想,是他"息内争、御外侮"思想的继续与发展。9月19日,他在东北军重要将领会议上说:"我们是主张抗战的,但须全国抗战;如能全国抗战,东北军在最前线作战,是义不容辞的。"他在锦州也表示:宁可玉碎,不愿瓦全。不久,他对东北籍旅平学生会代表说:"日本这次来犯,其势甚大,我们必须以全国之力赴之,始能与之周旋。"

5.1936年联共抗日思想的升华。1936年1月21日张学良与李克农,2月25日王以振与李克农,3月5日张学良与李克农,特别是4月9日张学良与周恩来,先后在陕北四次会谈,双方坦诚交换意见,达成"一致抗日救国"的协议。联共抗日成为张学良日后联合杨虎城发动西安事变的重要思想基础。在此期间,张学良的抗日救国思想得到充分发展。围绕中国为什么必须抗战?抗日的前途是什么和怎样抗战等重大问题,他比较全面地阐述了抗日救国的理论、路线、纲领和政策。他在一系列讲话、书信、电文中,分析了日本帝国主义侵略中国的原因及其侵略中国的战略和策略,论述了"抗日是中华民族的唯一出路"。指出"抗日的最后胜利终会属于我们中华民族",他还明确论述了改组南京政府的主张以及抗日的纲领、路线和军队建设等问题,并以此号召群众,动员部下,身体力行地实行拥蒋联共、团结抗日的实践,尽管张学良的抗日救国思想有一定的局限性,但这在当时的国民党地方实力派中是难能可贵的。

三 张学良与东北易帜

东北易帜大体可分为三个阶段:1927年春至1928年6月皇姑屯事件,为奉宁秘密接洽阶段;张学良接管东北军政大权至8月中旬,为日本干涉东北易帜阶段;8月中旬到12月29日,为准备到实行易帜阶段。东北易帜包括先后进行的平津易帜、热河易帜、滦东易帜和东三省易帜四个步骤。

东北易帜,是张学良息争御外、反帝爱国思想发展的重大实践和必然产物,是他当时面临多种选择中的唯一正确的一种。其主要目的是谋求全国统一,全力对外。而蒋军北进、东北集团内部的权力之争和日军的进逼,则是张学良东北易帜的客观原因。

东北易帜是中国现代史上的一个重大事件，是张学良主政东北初期的一大历史功绩。它促进了国家统一，维护了民族独立，体现了中华民族的巨大凝聚力；它标志着北洋军阀统治的最后覆灭，制止了国民党新军阀对北洋旧军阀——奉军的一场军阀混战，延缓了日本帝国主义侵略中国的阴谋步骤；它以国家联邦形式的统一，顺应了民意和历史潮流，应予肯定。超越时代和阶级局限，苛求张学良率部投奔当时的革命摇篮井冈山，是不切实际的。同时也不能否认，东北易帜客观上加强了蒋介石"剿共"的力量。

四　张学良与"杨常事件"

1929年1月10日夜，张学良处决杨宇霆、常荫槐于大帅府的老客厅内，对东北乃至全国政局发生了深刻影响，史称"杨常事件"。

杨、常二人与张学良一样，都是反日的。他俩都是当时东北要人中不可多得的人才。他们二人被杀，一因蒋介石的挑拨，二因奉系内部对杨、常不满者的挑拨，三因日本帝国主义的挑拨，四因杨宇霆与张学良在东北易帜问题上产生了根本的政见分歧，五因杨、常专横跋扈，处处蔑视张学良，使他难以继续容忍。总之，杨、常虽有致死之由，但无应杀之罪。二人被杀后，张学良也感懊悔，但已无可补救。

对于杨、常事件，有人为张学良庆幸，认为剪除了大野心家，消灭了心腹之患，从此张学良威望大增，较平稳地掌握了东北军政大权，新派势力抬头，士官与陆大的宗派矛盾亦不复存在，东北政治面貌焕然一新；也有人为张学良惋惜，认为这是自毁长城，中了日本的奸计。杨、常死后，使东北当局对外交涉失掉折冲之人，完全依赖于南京政府，是造成东北迅速沦丧的重要因素之一。

五　张学良与"中东路事件"

1929年7月，张学良命令中国军队接收中东路，苏联随即出兵，中苏关系恶化，这就是震惊中外的"中东路事件"。对此事的评价，不仅涉及十月革命后苏联的对华政策，而且涉及对九一八事变之前的张学良的认识。长期以来，苏联官方学者始终认为："中东路事件是中国军阀张学良挑起的反苏反共的前奏曲",我国史学界也多受此影响。这种定论是不公正的。

对于中东铁路大权旁落的情况,任何一个中国人都不会熟视无睹。从张作霖始,就已采取行动逐步收回中东路主权。张学良主掌东北大权后,继续其父的未竟行动。促使他加快收回中东路主权的步伐的有四个因素。一是当时全国出现的要求废除不平等条约高潮的影响。二是苏联态度的强硬,完全拒绝了张学良的代表提出的正当要求。三是蒋介石为控制张学良,利用了张学良急于收回中东路管理权的爱国主义热情,积极催促他与苏联开战,使他陷入军事和外交困境,不得不依赖南京政府。四是张学良误信一些假情报,认为苏联国内困难重重,军队无战斗力。

中东路事件爆发的根本原因是张学良要收回中东铁路主权。应该说,这是张学良的一次爱国主义行动。同时必须指出,张学良收回中东路主权的愿望是好的,而使用的方法和选择的时机不尽适宜。在日本帝国主义虎视眈眈,准备占领东北之际,采用武力手段收回中东路主权,只能使日本帝国主义幸灾乐祸,以至于过早地暴露了东北军的弱点,恶化了同苏联的关系。

六　张学良武装调停中原大战

1930 年 4 月 3 日,蒋、冯、阎、桂新军阀近百万大军在中原战场上打得难解难分。9 月 18 日,张学良发出"巧电",率兵入关助蒋,结束了这场大混战。史家统论是张学良入关参加中原大战,为得"实惠"而袒蒋,使蒋得以独霸天下,也为日本帝国主义侵华埋下祸根。这种评价有失公允。

首先,张学良发出"巧电"后,即派于学忠、王树常率大军入关,一枪未放,和平接收了平津,阎、冯北京扩大会议顷刻瓦解,晋军退出平津和河北省,中原大战结束。这只能说张学良武装调停中原大战,不能说东北军参加中原大战。

其次,张学良在制止中原大战中,态度是光明磊落的,其立场是倾蒋又不袒蒋。

再次,张学良在处理国家重大问题上,从不以个人利益为前提,他武装调停内战的主旨是"拥护中央,完成国家统一,休养生息,以纾民困,以御外侮"。事实上，中原大战后最大的收益者是蒋介石，至于张学良表面上所得到的"实惠"，只具盛名。他一视同仁地处理北方军善后，和平接收冯、阎所部，并未分化瓦解为己有，而是极力保存其实力，冀求日后为抗日效力，这在当时国民党地方实力派中是少见的。

张学良率东北军在中国现代史上的两次武装调停内战，均获成功，顺乎民心，合乎潮流，武装调停中原大战，有助于国民党强大起来；兵谏制止蒋介石的"剿共"内战，有助于共产党强大起来，都为国家统一和民族团结作出了贡献，只不过西安兵谏更伟大、更光荣。而对于武装调停中原大战的消极方面，也毋庸讳言。

七　九一八事变后张学良进行了"不抵抗"的抵抗

九一八事变，张学良虽然执行了蒋介石的不抵抗命令，但在他的"全国抗战论"和"不屈服、不卖国、不贪生、不怕死"的人生信条指导下，克服重重困难，依然做了大量的局部抗战工作。他以不同形式支持和援助了东北民众抗日救国会和东北义勇军抗日。他统率下的东北军广大爱国官兵进行了"不抵抗"的抵抗，于是才有北大营突围战和长春突围战。

1931年9月23日至11月12日，奉张学良之命，先后在锦州、齐齐哈尔、宾县重建了东北三省新的抗日政府和三支东北军抗日部队。此后的四个月中，这些部队先后进行了江桥抗战、锦州退军之战、双城阻击战、哈尔滨保卫战、海拉尔保卫战等多次重要战役战斗。在关内张学良等还指挥了天津"一一·八"平叛战斗。张学良在锦州战役中，实际上已经放弃了不抵抗主义和依赖国联的思想。1933年1月1日至3月12日，张学良领导和直接指挥了榆关之战、热河保卫战和长城抗战。

1936年1月25日，毛泽东、周恩来、彭德怀等20人在《红军愿意同东北军联合抗日致东北军全体将士书》中称赞："东北军过去是有过抗日的光荣历史的。"这段光荣历史的创造者不是别人，正是东北军的统帅张学良及广大爱国官兵。

八　1935年以前张学良与共产党人的一些接触

张学良与中国共产党不仅从无深仇大恨，而且直接受到一批共产党人和进步人士的影响。1929年任国桢在沈阳发动日本麻袋厂工人罢工时被捕，张学良认为鼓动工人罢日本厂的工不犯罪，予以释放。刘少奇等在奉天纱厂开展地下党活动被捕，他以证据不足，不予起诉，很快释放。1930年沈阳商会召开国民外交协会大会时，中共辽宁省委遇大破坏，张浩等二十多人被捕，张学良未予定案，关而不杀，使他们在九一八事变时全部获释。1933年张学良下野前，先下令释放关在保定监狱中的许权中、刘思慕等一批政治犯，亲自指派黎天才具体负责办理。武昌行营时期，蒋介石密电张学良缉拿刘澜波等十几名共产党员，他派秘书李金洲作了假调查，搪塞过去。

九一八事变后，退入关内的东北爱国流亡人士及东北军中的有识之士、进步青年，在国难家仇的逆境中为寻求救国救民之道，先后秘密加入中国共产党，并在张学良周围工作，对他产生影响。

在武昌，张学良开始研究共产主义。他让潘文郁、黎天才等人帮助自己学习一些马列主义著作，为他讲解《资本论》、唯物辩证法、职工运动、红军和苏维埃常识等。特别是潘文郁在被处决前写了一份几万字的自述，对共产主义运动的形成、中国共产主义运动的历史和自己为什么参加共产党等做了详细的叙述。张学良仔细阅读了这篇自述，对中国共产主义运动有所了解。入陕后，他要求东北军高级军官也学习大众哲学，这反映了他这一时期思想的微妙变化。

九　张学良、杨虎城在和平解决西安事变中的主体作用

张、杨两将军的不朽功勋不仅在于发动西安事变，更在于他们全力和平解决了事变。他们发动事变的初衷是促蒋反省，逼蒋抗日，这就决定了他们不会杀掉蒋介石。他们决定放蒋的意向，在红军代表达西安前就已形成。在解决事变的过程中，张、杨既听取其他政治势力的建议，又保持其独立的决定权。即使对中国共产党的意见，也并非一切言听计从。事变后，张、杨多次电邀中共以及个别地方实力派的代表来西安共商大计，张学良批准端纳进入西安，并请宋子文等到西安谈判，这些都是促成西安事变和平解决的重要措施，充分体现了张、杨对于和平解决事变的主导作用。

十 张学良陪蒋回宁应当基本肯定

半个多世纪以来，人们对1936年12月25日张学良躬亲陪送蒋介石回南京身陷囹圄一事，一直众说纷纭，并深深地引为憾事。目前，举世公认这是千古功臣的千古奇冤，是中外历史上千古罕见的一场悲剧。评价此事，无论用肯定一切的观点还是否定一切的观点，都是片面的、错误的。我们应该肯定其中正确的部分，否定其中失误的部分。如果是七分功三分过或者六分功四分过，就应当基本肯定。

以毛泽东、刘少奇、周恩来当年的有关精辟论述为指导，以档案史料和史实为依据，从当时特定的具体实际出发去具体分析，全面而客观地评价张学良陪蒋回宁，似可做出如下比较恰当、实事求是的结论。

1. 从感情上说，张学良到南京只身陷入牢笼，惨遭终身监禁，是每一个有良心的中国人都难以接受的极大的个人悲剧。

2. 从个人命运看，张学良的这个选择无疑是失误，值得深切同情。

3. 从整个国家和民族的前途命运看，张学良的这一重大抉择和行动的主导方面，显然是积极的、主动的，正确的，应该充分肯定。

4. 张学良秘密地仓促离陕，思想上存在个别不切实际的想法，对送蒋后的形势及可能出现的两种前途分析不细、估计不足、准备不够，的确有些欠稳妥，使西安方面在他走后一度出现了错综复杂的困难局面。其深刻的历史教训，值得认真总结和汲取。但从实现逼蒋抗日的全局看，这仅是居于次要地位的失策，无损于张学良此举的意义和价值。

5. 张学良迅速送蒋返宁，见好就收，虽然是不得已而为之的万全之策，但却不失为张学良面对西安事变后期出现的极其复杂的局势，防止横生枝节所采取的一项行之有效的果断措施。如果晚送几天，西安还不知道要出现什么麻烦。所谓捉蒋容易放蒋难，就是这个道理。

6. 从整个社会舆论看，张学良这一正大光明的爱国主义壮举，立即消除了当时国内外大多数不明真相的人们对西安兵谏的种种误解和疑虑，在政治上是必要的。张学良自己也说，他对这个问题是"想的深，想得高的"。

7. 从张学良的主观愿望和当时的客观效果看，亲自送蒋这一大义凛然、坦荡磊落的仗义行为，在很大程度上有效地缓和化解了西安与南京日益尖锐激化的矛盾，避免了一场新的大规模内战的爆发，其做法是明智且富有远见的。

8. 从张、杨、蒋的本质和当时的历史条件看，张、杨个人的厄运及其军事集团的被瓦解是必然的。离开当时各种因素和力量的相互作用，把一切不幸后果，都归结于张学良亲身送蒋，全部硬算在张去南京的账上是不公平的。脱离历史和阶级的局限，去过于苛求前人，是没有道理的。在那个时代，要想完成某种特殊的、重大的历史使命，指望一帆风顺，不冒任何危险，不做任何斗争和牺牲，是不现实的。正如周恩来所说："因为既捉了蒋，又在蒋的统治下，张杨两将军要牺牲是不可避免的。"

9. "为了抗日就要付代价"（周恩来语）。从抗日大局看，张、杨为西安事变、逼蒋抗日所付出的惨痛代价和无私贡献是必须的。如果他们不付出，别人迟早也会去付出这种代价。

10. 总的看来，张学良此举得大于失，利多于弊，功高于过。因此，应当基本肯定。张学良的重大历史功绩，不仅在于捉蒋，而且在于放蒋，在于他为了实现抗日救国的崇高目标，把民族利益放在高于一切的位置，"把个人的荣辱生死完全抛开"，亲身送蒋回宁，以一个人的失，换来了全民族的得。从这个意义上可以说，张学良陪蒋回宁，是西安事变的最佳结局之一。相比较而言，捉蒋无须冒太大的风险，送蒋则要冒生命危险，其爱国爱民的耀眼光辉比捉蒋更为灿烂夺目。

十一　关于张学良被终身囚禁的原因

蒋介石被张学良送回南京后，在如何处置张的问题上曾有过顾虑和犹豫，他曾两度打算释放张学良。然而，他很快放弃了这种想法，决心终身监禁张学良。其原因主要是：

西安方面过早释放了被扣的南京十几位军政大员、五十架战斗机和近五百名空地勤人员。使西安失去了交换张学良的人质和筹码。

"二二"事件，东北军内讧、自相残杀，瓦解"三位一体"于无形，使西安失去了营救张学良的力量和条件。

蒋介石对张学良伤害了他的尊严耿耿于怀，决不肯轻易放过张，必欲报复而后快。但他对张学良的处置更多，更重要的是出于政治上的考虑。当时如何处置张学良，对蒋介石来说可以有三种选择。

一是蒋实践在西安的允诺,在张抵达南京后待之以礼,让张返回西安;即或为挽回面子,将张交付审判,也可以宣布赦免释放,调张至抗日前线杀敌立功"赎罪"。这对蒋来说,当然是不可取的。他既不愿意张自由自在,为所欲为,更害怕张的政治影响和军事实力,不敢恢复张的自由。正如蒋介石临终前所说,对张学良"不能纵虎归山"。

二是干脆把张置于死地,处以极刑,乘此机会,铲除异己,消除对自己的一大威胁。这样做简便易行,称心如意。但蒋介石慑于张的政治影响和当时的社会舆论,也不敢贸然下手。因此,纵和杀都是蒋介石所不敢的。

那么只有采取第三种方案。蒋介石出于多方面的政治考虑,审慎权衡利弊,最后决定选择了这个最适合自己利益的方案,即不放也不杀,表面上对张学良长期软禁,实行"保护",实则剥夺其终身自由,从政治上判处张的死刑。这样做,蒋介石既不用承担国人对惩张的指责,又可获宽大为怀的美誉,在政治上也达到了他排除异己的目的。

(此文综合整理了崔显山、张德良、陈崇桥、周毅、范克明、张魁堂、武育文、毕万闻、张梅玲、吕明军、盛雪芬、车树实、杜连庆、陆军、董慧云、李淑、鱼汲胜等同志的学术论文和研究成果,特此注明并致谢!)

原载《社会科学述评》1990年第5期

西安事变和平解决的
方针研究述评

彭建新

对于西安事变和平解决的方针的研究,是西安事变研究中的一个较为重要而争论又较多且分歧较大的问题。

一 和平解决西安事变方针的首倡者是谁

第一种观点认为,是中共首先提出的。认为和平解决西安事变的方针是中共的抗日民族统一战线政策的必然发展。但中共对蒋介石的处置态度有一个转变过程。

第二种观点认为,张学良、杨虎诚二将军是和平解决西安事变的首倡者。理由是:张、杨两将军在事变当天提出的八项政治主张就反映了和平解决事变的思想。我党对处置蒋介石态度的变化,也说明和平解决的方针是张、杨两将军首先提倡的。

第三种观点认为,非张学良莫属。因为蒋介石在临潼被扣、尚未到达西安新城大楼时,张学良就说过:"如果委员长到西安后,采纳了我们的意见,我就送他回南京。"说明张学良是倡导和解、决定放蒋的第一人。

第四种观点认为,是共产国际首先提出的。根据是:中共在16日前采取了"罢蒋"的方针,16日共产国际致电中共中央,建议不要反蒋,而要促蒋抗日,中共才改变自己的立场,在做通张、杨两将军的工作后,提出了和平解决西安事变的方案。苏联一些学者持此种观点。

二 中共和平解决西安事变的方针与苏联、共产国际的关系

第一种观点认为，和平解决西安事变的方针完全是我党独立自主提出的，与苏联和共产国际无关。其依据是：中共中央在 20 日才收到共产国际书记处关于和平解决西安事变方针的电报。但在 19 日以前，我党已正确提出和平解决的方针了。中共中央书记处在 21 日给共产国际的复电充分说明了这一点。复电称："来电于 20 日才收到，同意你们的意见，我们也已经基本上采取了这种方针。"

第二种观点认为，和平解决西安事变的方针是我党独立自主提出的，但在制定过程中也参考了苏联和共产国际的意见。因为：我党在 13 日以后，已通过电讯广播了解到苏联政府对事变的公开态度，我党不得不加以考虑，以往共产国际"联蒋抗日"的策略对中共提出和平解决西安事变的方针也是有影响的。

三 共产国际和平解决西安事变的方针与中共的方针是否一致

绝大多数学者认为，两者是一致的，都是和平解决西安事变的方针。主要根据是中共中央书记处在 21 日给共产国际的复电。有的同志在承认两者的方针是一致的条件下，也指出：共产国际和平解决西安事变的方针的出发点是错误的，对事变性质的分析也有严重错误。

第二种观点认为，共产国际、中共关于和平解决西安事变的方针本质上是不同的，两者除了和平的外壳外，在内容上和实质上，毫无共同之处。理由如下：苏联和共产国际关于解决西安事变的方针的指导思想是民族利己主义，与我党不同，不同的指导思想必然产生不同的方针；苏联和共产国际主张无条件释蒋，我党则主张蒋介石接受"停止内战，一致抗日"的基本条件释蒋；苏联和共产国际否定张、杨两将军的行动，我党反之；共产国际支持南京"讨伐派"进攻西安，与我党也有别。所以，若按共产国际所谓的"和平"方针，西安事变就决无和平解决之可能。

史学界对和平解决西安事变的方针的争论很热烈，真可谓"百家争

鸣、百花齐放"。下面就上述三大问题略述己见。

关于和平解决西安事变方针的首倡者。我认为应该是张、杨两将军。因为张、杨共同发动西安事变的本来意图就是促蒋抗日。因此，在西安事变发动伊始，他们十分注意蒋介石的生命安全。他们在事变当天所提出的八项政治主张本质上就是和平方针。可以说，在事变发动伊始，甚至在事变发动的准备阶段，他们的心底里就主张和平解决事变了。否则，就有悖于他们发动事变的初衷。而西安事变是有突发性质的，事先国内外其他势力是不知道的，他们至少是在事变当天或更迟的时候才能制定出和平解决事变的方针，比张、杨两将军都要晚。应当指出：张、杨两将军起初对和平解决事变的具体做法、详细方案还不是很明确；中共对蒋介石的处置态度也有一个转变的过程；苏联和共产国际对西安事变性质的分析也有严重错误。

关于中共和平解决西安事变的方针与苏联、共产国际的关系。我认为，两者之间没有多大关系。共产国际、中共、张杨两将军三方所提出的和平解决西安事变的方针是"不谋而合"的，在某种程度上说，不存在着谁影响谁的问题。这个方针既不是共产国际帮助中共制定的，又不是中共帮助张杨两将军制定的，也不是中共在张、杨两将军的影响下制定出来的。至于它们三方的具体主张、做法和出发点可能有所不同。特别是，此时的中共已具独立解决中国实际问题的能力，不再盲从共产国际的某些观点，我党对西安事变的性质和看法就与共产国际不同，充分说明了这一点。

关于共产国际、中共两者和平解决西安事变的方针是否一致。我认为，苏联和共产国际主观上是希望和主张和平解决西安事变的。但它们对事变的分析也反映了苏联的民族利己主义立场，反映了共产国际重视国民党轻视共产党的态度。虽然，它们不反对讨伐西安，但却坚决主张释蒋，这与南京讨伐派企图置蒋于死地、挑动内战有本质区别。因此，我个人认为共产国际的方针仍然是和平的方针，实质上与我党的方针是一致的。但又应指出，如按共产国际的方针、方法，则会大大增加事态的复杂性。

主要参考文献：

1. 《和平解决西安事变是莫斯科提出的吗？》，《党史通讯》1984年第1期。
2. 《"西安事变"和平解决首倡者新探》，《唯实》1987年第5期。

3.《我党和平解决西安事变方针的提出及其依据》,《党史研究》1984 年第 2 期。

4.《西安事变期间张杨八字宗旨之再探讨》,《四川师大学报》1988 年第 6 期。

5.《关于西安事变我党处置蒋介石的方针问题》,《党史资料与研究》1987 年第 1 期。

6.《浅论中共中央关于和平解决西安事变的方针》,《湘潭师院学报》1986 年第 4 期。

7.《西安事变的和平解决是我党独立自主的决策》,《安徽师大学报》1998 年第 4 期。

8.《共产国际及苏联与西安事变》,《人文杂志》1986 年第 6 期。

9.《要正确评价共产国际和苏联在西安事变中的作用》,《教学与研究)》1987 年第 2 期。

10.《西安事变的国际反响》,《北方论丛》1988 年第 5 期。

11.《共产国际和平解决西安事变方针初探》,《山东师大学报》1988 年第 3 期。

12.《苏联学者对西安事变的研究》,《党史通讯》1986 年第 11 期。

13.《有关西安事变研究中的一些问题》,《党史研究》1985 年第 1 期。

原载《社会科学述评(郑州)》1990 年第 4 期

西安事变人物研究的
回顾与展望

曲 峡

1936年12月12日爆发的、扭转中国时局和命运的西安事变，是一起由国共双方许多高级领导人参与的重大政治历史事件。在事变的酝酿、发动、解决的全过程中，各方面的人物纷纷登上历史舞台，他们中既有中国人、也有外国人，既有共产党人、也有国民党人；在国民党方面既有爱国将领、也有反动军官，既有亲英美派、也有亲日派，既有中央大员，也有地方实力派，既有主战派，也有主和派；他们有的当主角、有的演配角，从各自的利益、立场出发，直接或间接地对事变的发动及和平解决起着推动或阻挠作用，他们以或多或少地左右着历史进程的言论和行动，构成了一幕以西安为中心、以延安和南京为侧翼，影响全国、波及世界的历史剧，这是一场气势恢宏、情节错综、人物纷繁的历史活剧，给人们留下了经久不衰的回味与反思。西安事变已经过去56年了，但参与事变的人物至今仍是史学界研究的热点。那么，西安事变人物研究的进展如何？这方面的研究应怎样进一步深入？本文就此作点初步探讨。

一 回顾

史学界关于西安事变人物的研究，以前主要是围绕着事变的发动者张学良和杨虎城二人而展开的；自1986年西安事变50周年前后直至现在，才形成了西安事变人物研究的高潮，广大史学工作者不仅加强了对张杨的深入研究，而且涉及了一些与西安事变有关的重要人物。下面就西安事变人物研究的成果作一回顾。

1. 毛泽东与西安事变

韩荣璋等认为,毛泽东在西安事变中的杰出作用表现在:第一,事变发生前,毛泽东正确分析了当时的国内外政治形势和各地方实力派的政治态度,决定把争取张学良的东北军与杨虎城的十七路军,作为统战重点与中心环节,用西北地区的抗日民族统一战线作为推动全国抗日民族统一战线的重要步骤。经毛泽东致亲笔信、派代表谈判等工作,终于结成了红军与东北军、西北军的三位一体,为西安事变的发生准备了条件。第二,事变发生后,毛泽东明确肯定了西安事变,指出事变的发动首先是为着实现抗日,因此我们在政治上不与南京政府对立,并制定了和平解决西安事变的方针、政策,从思想、理论上保证了事变的顺利解决。所以,周恩来后来说:"这次胜利,全靠党中央指挥英明,靠毛主席的战略部署伟大啊!"①

2. 周恩来与西安事变

史学界关于周恩来与西安事变的文章较多,但大多为回忆、叙述性的,从理论上加以探究的较少。王有光等提出,周恩来对和平解决西安事变所作的贡献表现为:帮助张、杨做好善后工作;对各方面的人士做工作;争取宋子文接受和平条件,逼蒋抗日。总之,周恩来的贡献就在于把中共中央关于和平解决西安事变的宏观决策,通过他深入细致的工作,促进各方面形成一个合力,实现了和平解决西安事变的最佳方案。②

3. 张闻天与西安事变

张培森撰文论述了张闻天在西安事变中的历史作用:(1)事变爆发第二天,张闻天就在中央政治局常委扩大会上发表了"尽量争取南京政府正统"这一独到见解,同时指出了"把局部的抗日统一战线,转到全国性的统一战线"这一根本方向。(2)在党中央确定和平解决事变方针的19日政治局扩大会上,张闻天围绕"不再恢复反蒋"这一关键,对决策的正确性及其策略思想作了鲜明、系统的阐述并为中央起草了《关于

---

① 韩荣璋等:《毛泽东在西安事变中的杰出作用》,《党史资料与研究》1987年第6期。
② 《西安事变研究》,陕西人民出版社1988年版,第137—140页。

西安事变及我们任务的指示》。(3) 在蒋介石扣留张学良后出现新的复杂形势面前,张闻天揭破蒋所玩弄手法的实质,教育党内仍从实现和平的全局上正确处理西北局势,并在紧急时刻亲赴西安同周恩来现场商定大计。①

4. 张学良与西安事变

从1935年秋,张学良被调至西北"剿共",至西安事变发生前,张的思想发生了很大变化,由拥蒋"剿共"转为联共抗日,促使其思想转变的因素很多,归纳起来有两方面:一是客观条件——民族危机日益加剧;全国抗日救亡运动的推动;爱国民主人士的劝诱疏导,"剿共"前线屡遭打击的惨痛教训;中共抗日民族统一战线政策的感召。二是主观因素——张与日有杀父之仇,夺地之恨,毁家之难,流亡之苦,"不抵抗将军"骂名之辱,"剿共"屡遭惨败之悔,对民族对先父未尽忠孝之愧,加之原有的爱国主义精神和初步的民主主义思想情感,在上述种种外部条件的作用下,他终于走上了联共抗日的道路。②

张学良和杨虎城是国民党新军阀营垒中的地方实力派的首领。在历史上,十七路军与东北军没有来往,张、杨间也未打过交道。然而,他们为什么敢相互联合发动惊心动魄、关系到各自权益的得失与生命安危的西安事变呢?陆永山认为这决不是偶然的,而是由下列因素决定的:抗日爱国,是张、杨联合发动西安事变的思想基础;中共做了大量工作,消除了张、杨间的隔阂,为联合发动西安事变创造了条件;"剿共"的失败,张、杨同蒋矛盾的激化,迫使他们走上联合发动西安事变的道路。③

关于张学良和杨虎城在西安事变中的地位与作用,史学界普遍认为,张、杨在事变的整个过程中都是领导者,其理由是:张、杨是发动西安事变的决策人;张、杨是"兵谏"行动最高的、直接的指挥者;事变之后,张、杨提出解决事变的八项政治主张;张、杨对南京"讨逆"军采取了防御的立场,力主和平;从扣、放、送蒋过程中,突出表现了张、杨的决定性作用。④

---

① 张培森:《张闻天在我党解决西安事变中的历史作用》,《人民日报》1988年8月15日。
② 张梅玲:《张学良从东北易帜到西安事变的思想转变》,《辽宁大学学报》1988年第5期。
③ 陆永山:《张学良、杨虎城为什么能联合发动西安事变》,《东北师大学报》1990年第1期。
④ 李章:《西安事变史学术讨论会综述》,《团结报》1987年1月17日。

针对有人提出西安事变和平解决方针首先是中共独立自主决定的观点，蒋文祥提出异议，认为张学良是西安事变和平解决的首倡者，其理由是：第一，事变发生前，张"爱护介公，八年如一日"，他总觉得"抗日不应该反蒋"，这就为事变的和平解决埋下了伏笔。第二，事变过程中，张千叮咛万嘱咐："千万不要伤害委员长"，并采取各种措施"保其安全"，这无疑为事变的和平解决创造了前提。第三，事变发生后，张学良首倡和平解决，力促早日放蒋，并亲自陪蒋回宁复职，这是为和平解决事变迈出的具有决定意义的一步。①

对张学良陪送蒋介石回宁之行的评价，史学界分歧较大。一种意见认为张送蒋回宁是"鲁莽之举"，是错误行动，因为以后南京的扣张、审张和对张的"管束"均由此而引起；其严重后果还在于使东北军群龙无首，发生了枪杀王以哲的"二二事件"，导致了西北"三位一体"的解体和杨虎城被迫出国。另一种意见对张送蒋回宁持肯定态度，认为这是张爱国主义思想指导下逼蒋抗日和拥蒋抗日的继续，是张谋求全国一致抗日的又一爱国之举，是张处理事变后期复杂局面的一种果断措施，张是以个人之失，换来了民族之得。②

5. 杨虎城与西安事变

杨虎城在西安事变中的地位与作用，上文已有述及，而杨在事变发生前还有着特殊贡献，表现在：（1）杨倡导抗日，反对内战，联合红军，促进"三位一体"形成，支持西北抗日救亡运动，为西安事变的爆发准备了条件；（2）杨首先提出了"兵谏"蒋介石的动议，这是西安事变得以发动的关键。

张学良送蒋回宁、遭蒋扣押后，杨虎城勇挑重担，主持西北大局，负责事变的"善后处理"，继续发挥着更为重要的作用：在"善后处理"的全过程中，杨始终坚持了释放张学良和反对中央军西进这两项坚定不移的政治主张；为了遏制蒋的军事进逼，杨以非凡的胆略和气魄，做好了迎战的军事准备，从而避免了内战的重新爆发；在东北军、十七路军内部围绕

---

① 蒋文祥：《西安事变和平解决首倡者新探》，《唯实》1987 年第 5 期。
② 《西安事变研究》，陕西人民出版社 1988 年版，第 7 页；鱼汲胜：《千古功臣的千古奇冤——张学良陪送蒋介石回宁问题新探》，《党史文汇》1987 年第 1 期。

着和、战问题发生了严重意见分歧时，杨审时度势，作出了主和的抉择，保住了西安事变和平解决的成果；"善后处理"完成后，杨仍为宣传我党的抗日主张、实现抗日而继续努力。①

6. 杜重远与西安事变

以"新生事件"而闻名的爱国民主战士杜重远，在西安事变前后，利用特殊身份，为促进张、杨联合抗日、推动国共第二次合作作出了贡献：创办《新生》周刊，宣传抗日救国；因"新生事件"身陷囹圄，仍为促进张、杨合作、为西北统一战线的形成而努力；1936年9月获释后赴西安宣传抗日，与张学良共商联共抗日大计，推动了西安事变的爆发；事变发生后，已回到江西景德镇的杜重远被国民党当局软禁，杜重申完全同意共产党的抗日主张，拥护《八一宣言》。②

7. 蒋介石与西安事变

作为西安事变对立面的蒋介石，在和平解决西安事变中起了什么作用呢？不少学者认为，蒋在被押期间经过反省，终于表现了正视现实的勇气，因而对事变的和平解决也起了重要作用，具体表现为：接受张学良意见，下令停止南京的轰炸，制止了讨伐派的军事进攻；同意宋氏兄妹作为他的代表参加谈判，并以口头形式接受张杨与中共的六项政治主张；撤销了西北"剿匪"总司令部，并同中共进行直接谈判，1937年2月作出了停止内战的决定。③

经过西安事变，蒋介石由剿共内战走向联共抗日，蒋为何会发生这种政策转变？一些学者探讨了蒋政策转变的外部原因，即由于人民的逼、中国共产党的逼、手下将领的逼、日本帝国主义的逼，再加上西安事变张、杨这一致命的逼，蒋终于被迫改变了政策。个别学者则着重分析了蒋政策转变的内部原因，认为蒋的政策有一个逐步转化的过程，由于蒋既同共产党有矛盾，又同日本帝国主义有矛盾，表现为既要反共又要抵抗日本的侵略；当中日矛盾成为主要矛盾时，他也不得不改变原有的内外政策；蒋在

---

① 张荣华等：《论杨虎城在西安事变中的贡献》，《河南师范大学学报》1988年第1期；梁仲明：《西安事变"善后处理"中的杨虎城》，《人文杂志》1990年第3期。
② 徐建东：《西安事变前后的杜重远》，《社会科学辑刊》1988年第3期。
③ 李章：《西安事变史学术讨论会综述》，《团结报》1987年1月17日。

西安事变中之所以能完成政策转变，既是当时局势发展的必然结果，也是蒋一贯的民族主义感情发展的自然产物；西安事变的爆发，只是一种催化剂，加速了蒋的这种转变。①

8. 宋氏兄妹与西安事变

多数学者认为，由于宋子文、宋美龄兄妹与蒋介石的特殊关系和与张学良的私交，在和平解决西安事变中起到了他人无法替代的积极作用，其表现如下。（1）制止南京国民政府内部讨伐派的行动，力主和谈，为和平解决创造了条件。（2）派端纳赴西安，在关键时刻沟通了南京与西安的关系，传递了信息，稳定了南京局面，缓和了蒋与张、杨的矛盾。（3）作为蒋的全权代表参加谈判，并促使其接受停止内战、联共抗日、和平解决西安事变的方针，对和平解决西安事变起了重要的媒介和催化作用。

也有学者认为，宋氏兄妹的活动对事变的结局产生了消极影响。由于宋氏兄妹和端纳来西安，怂恿张学良仓促放蒋、送蒋，使西安形势发生逆转，导致了严重后果，在客观上，宋氏兄妹的活动也起了欺骗张杨的作用；但同时也认为，后来南京对张的"审判""管束"以及杨虎城的被迫出国，都是宋氏兄妹在西安时所料想不到的。②

9. 孔祥熙与西安事变

孔祥熙是蒋介石襟兄、英美派代表人物之一。有的学者撰文介绍了孔在和平解决西安事变中的表现：在南京政府官员中最先致电张学良表示希望和平解决事变；认为张提出的"联共抗日"主张可以商量，力主缓和，反对派兵讨伐；分化瓦解张杨的部队；西安事变解决后，曾密电南京国民政府请求特赦张学良；在"陕甘善后问题"政治解决中与各方进行联系。③

10. 何应钦与西安事变

长期以来，史学界大多认为何应钦在西安事变后企图乘机炸死蒋介

---

① 宋纬明：《西安事变前后蒋介石由剿共内战到联共抗日的政策转变》，《湖南师范大学学报》1986 年第 6 期；王青山：《论西安事变中蒋介石转变的主观因素》，《社会科学家》1988 年第 6 期。

② 《西安事变研究》，陕西人民出版社 1988 年版，第 5—6 页；李章：《西安事变史学术讨论会综述》，《团结报》1987 年 1 月 17 日。

③ 陈鸣钟：《孔祥熙在西安事变期间的活动》，《民国春秋》1988 年第 2 期。

石，取而代之，与汪精卫组织亲日政权。近几年来，有不少学者提出异议，认为此说不能成立，其理由如下。（1）主张武力讨伐张、杨最力的是戴季陶和黄埔系的少壮派。（2）国民党中央一直没有放弃武力讨伐的主张。（3）主和派的孔祥熙和宋美龄也不否认在一定程度上有采取军事解决的必要。（4）论资历、声望和实力，何难与汪精卫、胡汉民甚至阎锡山、李宗仁之辈相比，故没有可能在蒋死后取而代之。（5）事变发生后，南京政府决定孔祥熙代行政院长，居正代中常会主席，冯玉祥负责军委会，而何应钦只能指挥军队，显然，即使蒋死了，其权力也是分而掌之，决不会全落在何身上。（6）何力主武力解决，主要目的是给张、杨和中共施加压力而达到救蒋的目的，这符合蒋的意图，可以说与蒋配合十分默契。（7）何主战，但并不完全反对政治解决，他给了宋氏兄妹救蒋以相应的配合。（8）从事变后蒋对何的态度，也可反证何在西安事变中的表演，从总体效果上是帮了蒋介石的忙。至于说何与汪精卫组织亲日政权，只不过是一种揣测而已。①

11. 史沫特莱与西安事变

西安事变前后，有不少国际友人来到西安，怀着对中国人民、中国革命一颗赤诚的心，投身于斗争的行列，史沫特莱就是其中贡献最大的一位，其表现为：抱病应邀去西安广播电台向全世界广播西安事变真相，揭露南京广播电台的谣言，戳穿国民党亲日派和日本侵略者妄图发动内战的阴谋；护理营救被俘红军，协助救亡团体，宣传动员群众；接受记者采访，发表对于西安事变和救亡运动的看法。②

12. 海伦·斯诺与西安事变

张文琳撰文介绍了海伦在西安事变前后的活动：（1）事变发生前，海伦在西安采访了张学良，于1936年10月8日在英国《每日先驱报》上发表《宁可要红军，不要日本人，中国将军要团结》的重要文章，在国内外引起强烈反响，加速了国内各种政治力量的裂变与重新组合；同时，

---

① 熊宗仁：《论西安事变中的何应钦》，《贵州社会科学》1988年第6期；侣洁志《南京政府在西安事变问题上未形成根本对立的两派》，《山东医科大学学报》1990年第3期；李章：《西安事变史学术讨论会综述》，《团结报》1987年1月17日。

② 张文琳：《西安事变中的史沫特莱》，《陕西师大学报》1987年第1期。

海伦在事变前两个月,报道了西北的政治形势,使世界上爱好和平的国家和人民,及时了解了中国的抗日情况,为事变后取得他们的同情与支持创造了重要条件。(2)事变发生后,海伦在北平,看到苏联塔斯社歪曲了西安事变的真相后,立即找到塔斯社办事处,向他们澄清事实,提出忠告,并精辟地阐述了西安事变在中国现代革命史上的重大意义。①

此外,有的学者还研究了各地方实力派及张国焘在西安事变中的表现;有些外国学者还写出了《端纳与西安事变》《季米特洛夫与西安事变》②等论文。

二 展望

西安事变人物研究虽然取得了丰硕成果,但仍需拓展宽度、开掘深度,使研究工作更上一个新的台阶。

就拓展广度而言,应进一步扩大人物研究的范畴,对一些在西安事变中发挥了一定影响和作用但至今尚未引起史学界足够重视的人物,开展专题研究,探清他们在事变中的活动,分析其动机与后果,评价其地位与作用。此类人物有:共产党方面的秦邦宪、叶剑英、王炳南等;国民党方面的冯玉祥、李宗仁、韩复榘等;外国人士方面的端纳等。

就开掘深度而言,我认为以下几点需作深入研究。

第一,虽然史学界关于周恩来与西安事变的文章不少,但大多为历史事实的陈述,缺乏理论的分析,这方面需要深究,应将周恩来在事变中的地位与作用,上升到理论高度来认识和评价。

第二,对张学良和杨虎城在西安事变中的地位与作用,应给予公正的、实事求是的评价。由于张学良健在,又由于争取实现第三次国共合作和台湾回归祖国的政治需要,有的学者评价张学良在西安事变中的作用乃至评价张的一生时,有扬善抑恶、美化拔高的倾向。就总体来说,史学界对张学良的研究较多,对杨虎城的研究较少,给人以抑杨扬张之嫌。因此,史学工作者需深入研究,全面公正地评价张、杨二将军在事变中的贡献。

---

① 张文琳:《海伦·斯诺在西安事变前后的活动》,《党史资料与研究》1987年第5期。
② 见《团结报》1988年4月30日至5月17日,《国外中共党史研究动态》1991年第1期。

第三，对一些有意见分歧的问题，诸如谁是西安事变和平解决方针的首倡者、谁在西安事变中起决定性作用、对张学良送蒋回宁之举是肯定还是否定、蒋介石内外政策转变的根本原因是内因还是外因、宋氏兄妹对事变的结局产生了积极还是消极影响等，都应作进一步的探讨，以求获得符合历史事实和事物发展规律的共识。

第四，对一些历史之"谜"，诸如张学良离陕时的"手谕之谜"、宋美龄所说南京政府中的"戏中有戏"、蒋介石后来到底为何杀杨而不杀张等问题，亦需潜心细致的加以研究，力争使真相早日大白于天下。

总之，在西安事变人物研究领域仍大有可为，只要我们持之以恒，孜孜钻研，就一定会有新成果不断问世。

原载《石油大学学报》（社会科学版）1992年第2期

峰高谷低论短长：
近年来张学良研究述评

胡国顺　杨乃坤

近年来，大陆、港台、国外的许多学者都在从事张学良研究，著作之多，车载斗量。据不完全统计，近年来国内发表的有关张学良的编著、论文300余篇。张学良研究有了新的突破性的进展。在时间上，从1928年东北易帜到1936年西安事变乃至现在都有文章论述，突破了仅就西安事变一事进行考证的格局；在研究方法上，挖掘了丰富的史料，并借鉴和运用文字表现手法来塑造人物形象，使人物有血有肉，栩栩如生，文史结合，以史为主；在范围上，从政治态度到生活习惯，从教育实践到实业贡献，方方面面都有论述；在深度上，有巨大突破，打破了许多禁区，从张学良的出生地到西安事变，从张学良被囚禁到今天的获释，都有较深的研究；在研究队伍上，从个人的探索到组织庞大规模的专题研讨会，研究人数之多，前所未有；在地域上，从大陆到港台，从国内到海外，尤其东北地区，成果最多。近年来，特别是三中全会以来，研究成果尤为可观。但许多问题至今仍有分歧，争论不休，本文仅就近年来研究中涉及的重大历史事件作一述评。

东北易帜

1928年12月29日，张学良通电全国，宣布："遵守三民主义，服从国民政府，改旗易帜。"对东北易帜的评价，史学界大致有两种观点：少数论者持否定态度，多数论者则加以肯定。否定说认为当时中国社会的主要矛盾是以蒋介石为代表的大地主大资产阶级与人民大众之间的矛盾，东北易帜标志着以蒋介石为首的南京政府在形式上"统一"了中国，增加了镇压中国共产党的力量。肯定说则认为"东北易帜"是张学良息争御外，反帝爱国思想发展的重大实践和必然产物，"是张学良主政东北初期的一大历史功绩。它促进了国家统一，维护了民族独立"，"延缓了日本帝国主义侵略中国的阴谋步骤，……顺应了民意和历史潮流"①。我们认为1927年日本召开东方会议和大连会议制定新大陆政策，在中国东北地区，中日民族矛盾开始上升为主要矛盾，而张学良处于何去何从的十字路口，摆在他面前只有两条路：一是作日本的傀儡，一是归顺蒋介石南京政府。苛求张学良投奔革命，对他来说，主客观条件都不可能。张学良认为"易帜与否，关系东北大局"，他顶住了日本干涉易帜的巨大压力，毅然易帜，维护了民族独立和国家统一，维护了中国主权和领土完整，确实是从东北大局着想，反映了东北人民的意愿，符合中华民族的根本愿望，这是他爱国主义的时代性、进步性，顺应了历史潮流，应予肯定。同时，东北易帜，客观上加强了蒋介石"剿共"力量，"这就给中国革命增加了更大的阻力和困难。但这是不可避免的，是由当时的客观条件和他本人的主观认识决定的"②。

杨、常事件

对于杨、常事件，史学界历有分歧。多年来史学界传统观点认为杨、常通日卖国，勾结敌寇，阻止张学良东北易帜，杀不足惜。近年来出现了新的观点，认为杨、常与张一样都是反日的，杀不合法。我们认为张、杨对日态度是有不同，但这不是杨、常事件发生的主要原因，不能简单用反日和通日卖国来回答这一事件的发生。他们二人被杀，是多种原因促成的。（1）张、杨之间的矛盾（洋派、土派之间的矛盾，也是新旧之间的矛盾）由来已久；（2）蒋介石和奉系内部对杨、常不满者的挑拨；（3）日本帝国主义的挑拨；（4）张、杨的权力之争，杨宇霆能文善武，治军严格，但专横跋扈，蓄意夺权。杨平时在张问询情况或发表主张时，经常指责张："你不要管，你不知道，我们会作决定。"③ 张作霖死后，杨的一

---

① 鱼汲胜：《近年来张学良研究的新进展》，《社会科学述评》（郑州）1990年第5期。
② 武育文、王维远、杨玉芝：《张学良将军传略》，辽宁大学出版社1987年版，第229页。
③ 中国社会科学院现代史研究室编：《忆张学良将军》，《西安事变资料》第二卷，人民出版社1981年版。

言一行，皆以东北第一领袖自居。常荫槐"工作大胆、泼辣，敢作敢为，但傲气十足，目中无人。"说张"是个孩子，什么都不懂"①，杨、常对张"事无巨细，多方阻挠，有意架空"②。

杨、常构成了对张主政东北的严重威胁，但"杨、常虽有致死之由，但无应杀之罪"③，就张本人事后也常表示懊悔。他曾对部下说："事情已经过去了，算了吧，我们好好地干，否则对不起邻葛、瀚襄于地下了！"④

杀了杨、常，目的是贯彻张学良自己的决策，巩固自己对东北的统治，是一场关于东北的权力之争。正如张杀了杨后致杨夫人信中的几句话："唐太宗英明之才，古今称颂，建成、元吉之事，又有何策乎？"

中东路事件

苏联学者始终认为，中东路事件"是张学良挑起反苏反共的前奏"。多年来中国学者也认为中东路事件"反苏反共"。但近年来史学界推出了新见解，认为"这是张学良的一次爱国主义行动"⑤。中东路是沙俄侵略中国遗留下来的问题，中东路的主权无疑是应当收回的，但何时收回，如何收回，这要考虑到国际国内形势。张学良要收回中东路主权，维护国家主权的爱国动机是应该肯定的。但全凭爱国热情，不顾客观条件和国际关系的变化（日本对东北虎视眈眈），使用的方法、选择的时机皆为下策，年少气盛，全凭意气用事，其实际效果与主观动机发生了巨大的反差，这不能不说是张学良决策的重大失误，中东路事件的实际效果如下。（1）东北军损兵折将，劳民伤财，严重打击了张学良的反抗外国侵略的决心，更加助长了"恐日症"。（2）过早地暴露了东北军的弱点，使日本幸灾乐祸，大为轻视东北军，助长了日本的侵华气焰。（3）恶化了

---

① 武育文、王维远、杨玉芝：《张学良将军传略》，辽宁大学出版社1987年版，第243、244页。

② 中国人民政治协商会议天津市委员会文史资料研究委员会编：《张作霖父子当权时对苏关系和中东路内幕》，《天津文史资料选辑》第二辑，天津人民出版社1979年版。

③ 鱼汲胜：《近年来张学良研究的新进展》，《社会科学述评》（郑州）1990年第5期。

④ 中国人民政治协商会议全国委员会文史资料研究委员会编：《一块银元和一张收据》，《文史资料选辑》（第三辑），中华书局1960年版，第62页。

⑤ 《新民晚报》1929年1月13日，载毕万闻《张学良研究之我见》，《近代史研究》1989年第2期。

同苏联的关系,结怨强邻,以后苏联再也不理会张的任何请求了。(4) 使蒋介石达到了一箭双雕的目的,既反苏反共,又削弱了东北军,使张更接近蒋,以便加以对张控制,加强了反苏反共的力量。

干预中原大战

在中原大战中,东北军地处关外,举足轻重。各派费尽苦心,对张学良拉拢引诱,封官许愿,贿赂收买。而张学良主张各方息争,倡导和平,不想介入任何一方,采取中立态度。但当蒋介石攻下济南后,9月18日,张学良发表"巧电",派于学忠、王树常带10万大军入关,和平接收平津,中原大战结束。过去史学界多持否定态度,但近年来不少学者提出相反的意见,"不以个人利益为前提……拥护中央,完成国家统一,休养生息,以纾民困,以御外侮"①。使大战提早结束,使人民财产少受损失,这种见解在某些方面是符合张学良的思想的。张学良从东北易帜开始,就拥护蒋介石的"中央","完成国家统一"。东北易帜是在特定的历史条件下,归服中央,是为抗日救国,应当肯定。干预中原大战与东北易帜是根本不同的。说张学良"不以个人利益为前提",没有权位和地盘的欲念,也有悖于史实。张学良得到华北地盘后,不也是兴高采烈吗?全国陆海空副司令也接受了。干预中原大战,如在大战之初,不更能减少人民的财产损失吗?而选在蒋即将取胜的时刻,同样坐收了"渔人之利"。尤其干涉大战的后果是这次内战停止了,下次内战接踵而来,并没有结束军阀之间的混战,实际上是维护了蒋介石的统治。张学良坐镇华北后,消除了蒋介石的后顾之忧,使其在南方开始了对中共领导的根据地大肆"围剿",以后张学良为同石友三作战,又从东北调大批军队入关,"东北军为了讨伐石友三,不仅把棍子拿出来了,而且连笤帚疙瘩都拿出来了"②。东北在军事上陷入更加空虚状态,这是干预中原大战的一个直接后果。张等人"贪恋安逸,不返故里","复又蹈其父其辙"。不久日本发动"九一八"事变,接着占领了东北,张学良有着不可推卸的历史责任。

---

① 鱼汲胜:《近年来张学良研究的新进展》,《社会科学述评》(郑州) 1990 年第 5 期。
② 中国人民政治协商会议全国委员会文史资料研究委员会编:《日军进攻北大营亲历记》,《文史资料选辑》(第六辑),中华书局 1960 年版,第 3 页。

九一八事变

"九一八"事变使中华民族蒙受了奇耻大辱,使东北人民陷入了深重灾难。其主要责任应由蒋介石承担,因为他一直奉行"攘外必先安内"政策,发明了不抵抗主义。而张学良也有不可逃脱的历史责任。事变前,日寇虎视眈眈,而张学良对此却听命于蒋介石,不做军事准备,以至于在日军进攻面前惊慌失措,出现了四处逃窜、丢城失地的局面。"东北军的不抵抗、蒋介石固然要负主要责任,而东北军自己也不是没有责任的。"①张学良同日本有杀父之仇、夺地之恨,却为什么不抵抗呢?主要有以下几个原因。(1)"恐日症"极端严重。张学良始终主张以东北一隅之地,不足以与日本抗衡,只有举国一致抗日,方能战胜日本侵略,这种思想从东北易帜时就产生了。(2)听命中央、先统一后抗战的思想。"九一八"事变后,全国群情激愤,张学良致函北平各学校谓:"张学良服从中央,忍辱负重,不求见谅于人,只求无愧于心。"②东北军的许多高级将领也认为,"东北为中国之东北,非东北人之东北,故言抵抗,必须全国以整个力量赴之"③。滋长了依赖思想。(3)保存东北军实力,以求在全国抗战中一马当先,冲锋陷阵,收复东北失地。(4)依赖国联,以和养战。(5)入关之后,功成名就,贪恋享受,意志消沉。由于以上诸原因,张学良执行了不抵抗政策,大大助长了日军的侵略气焰。而当时的东北军除装备、作战准备不如日本外,东北军尚有20万军队,数量居绝对之优势,群众支持,地形熟悉。如坚决抵抗,即使不会胜利,也会大大迟滞日军的进攻,减少中华民族的牺牲和损失。张学良对东北丢城失地,迅速沦陷负有重大历史责任,这是历史早已证明的了。当然张学良在东北沦陷后也积极支持东北抗日斗争,1936年,毛泽东、周恩来等给过这段"光荣历史"以应有的评价,这也是不可否认的。

---

① 中国人民政治协商会议全国委员会文史资料研究委员会编:《榆关失陷前后》,《文史资料选辑》(第三十七辑),文史资料出版社1963年版,第53页。
② 《国闻周报》第8卷第49期。
③ 陈觉编著:《"九一八"后国难痛史资料》(第一卷),辽宁教育出版社1991年版,第231页。

出国考察,回国"剿共"

承德失陷后,张学良本想同日寇一拼,可蒋介石却让他做了替罪羊。1933年底下野旅欧,决心戒毒。1934年初旅欧回国,一度信奉法西斯主义,拥护蒋介石,鼓吹一个领袖。这是因为他看到意大利"在法西斯的独裁统治下,已转弱为强,这是中国可效法的榜样"①。"张学良这个时期政治上思想上的反动是与他的爱国感情上的诚挚熔为一炉的。"②

1934年2月,张学良出任鄂豫皖"剿匪"副总司令。张学良重新开始考虑民族前途和东北军出路。"让潘文郁、黎天才等人帮助自己学习一些马列著作,为他讲解资本论、唯物辩证法、职工运动、红军和苏维埃常识等。""入陕后,他要求东北军高级军官也学习大众哲学,反映了他这一时期思想的微妙变化。"③

西安事变

张学良在严酷的现实面前,几经挫折、困顿之后,接受了教训,思想逐步发生了变化,爱国主义思想得到了升华。为了中华民族发动并力主和平解决西安事变,成为一个彻底的民主主义者和流芳百世的民族英雄,究其原因,主要有:(1)1935年华北事变后,民族危机的加深;(2)全国抗日救亡运动的影响;(3)杜重远等爱国民主人士的劝导;(4)"剿共"失利的教训;(5)广大东北军官兵要求打回老家去的强烈愿望,影响着张学良的转变;(6)中共的诚意和抗日民族统一战线的感召;(7)认清了蒋介石"一箭双雕"的本质;(8)身负国难家仇等。张学良在以上诸原因的作用下,首先促成西北"三位一体"统一战线,然后与杨虎城发动西安事变并力主和平解决西安事变。张学良是西安事变和平解决的首倡者,④ 这是近几年的新观点,对张学良力主和平解决西安事变给予了高度评价。

---

① 何柱国、刘海波:《西安事变内幕》(全国政协存稿),载武育文、王维远、杨玉芝《张学良将军传略》,辽宁大学出版社1987年版,第358页。
② 毕万闻:《张学良研究之我见》,《近代史研究》1989年第2期,第296页。
③ 同上书,第298页。
④ 张学君:《张学良与西安事变的和平解决》,《近代史研究》1985年第1期。

陪蒋回宁

对于张学良陪蒋回宁，史学界一直持否定态度而成为定局的禁区，而近年来有些学者却给予了高度的评价，有了新的突破。我们认为，全面肯定和全面否定都是片面的，应当从当时特定的具体实际出发，全面客观地评价张学良陪蒋回宁，才能得出实事求是的结论。

1. 毛泽东曾说："西安事变中，国内一部分人极力挑拨内战，内战的危险是很严重的。如果没有十二月二十五日张汉卿送蒋先生回京一举，如果不依照蒋先生处置西安事变的善后办法，则和平解决就不可能。兵连祸结，不知要弄到何种地步。"① 张学良动机纯洁，愿望善良，行动果断。既然主张实现，"成功何必在我"的气概，一身浩然正气，为国为民，感人肺腑，催人泪下。

2. 消除了当时国内外大多数不明真相的人对西安事变的误解，缓和和化解了西安与南京的尖锐矛盾，避免了新的大规模的内战爆发，是富有远见和明智的政治策略。

3. 从张学良个人命运上看，这是他的个人悲剧，是失误的选择。

4. 张学良陪蒋回宁后，出现了"二二事件"，西北"三位一体"迅速被瓦解，这是张学良仓促离陕、估计不足、分析不细造成的，也是我们应该认真总结和汲取的历史教训。

5. 总的看来，张学良此举无私无畏，功大于过。

近年来，张学良研究确实取得了令人瞩目的成就，但也还存在着一些缺点和不足。第一，研究水平有待于进一步提高。目前，研究的文章虽多，但大多系微观研究的考证文章，高屋建瓴的宏观研究文章很少，更有个别文章，抓住一点，不及其余，治学态度不严谨，研究面窄，不够深入，不少文章雷同，重复，缺乏新意，回忆文章多，档案资料公布少，给研究工作带来诸多困难和不便，也是进一步深入研究面临困难的重要原因之一。第二，从研究成果上看，反映生平事迹的传记多，研究思想发展的专著少。在论文方面，虽然不乏研究思想的论著，但也只是反映政治思想

---

① 西北大学历史系等：《毛泽东与史沫特莱谈西安事变》，《西安事变资料选辑》，1979 年（内部发行），第 1 页。

的居多，而反映经济思想、文化思想、军事思想的较少。第三，存在着简单化倾向。有些论著因为张学良是"名垂千古的伟大人物"，就把张学良各个阶段的言行，归结为逐步向上发展的阶梯模式，而没有深入研究张学良在民族和社会大冲突大动荡中铸就了的复杂而跌宕的人生。第四，存在拔高化倾向。由于1936年张学良建树了巨大的功勋，由于他重友情，讲信义，不计个人的生死荣辱，由于他是促成第二次国共合作的关键人物，因此人们都敬佩他的为人，同情他的遭遇，就把他说成民族英雄，尽量拔高，这在感情上是可以理解的，在理智上是不可取的，在历史研究中更是不妥的。

原载《党史纵横》1992年第4期

对西安事变研究中几个问题的探讨

房成祥　兰　虹

一　关于西安事变和平解决首倡者是谁的问题

在研究西安事变的论著中，有一种观点认为，张杨发动西安事变后，面对错综复杂的形势没有主见、束手无策，西安事变的和平解决，主要得益于中共。另一种观点认为，最早提出和平解决西安事变方针的，不是中共中央，而是张学良。还有人认为最早提出和平解决西安事变方针的既不是中共中央，也不是张学良，而是冯玉祥。西安事变和平解决的首倡者到底是谁呢？

笔者认为，张学良、杨虎城两将军是和平解决西安事变的首倡者。西安事变之所以能够和平解决，有复杂的社会历史原因，是有多种因素促成的，但其中最主要的原因，就是西安事变的发动者张学良、杨虎城坚持"内求和平、外求抗战"的宗旨和"保其安全、促其反省"的原则。

张、杨两将军之所以发动西安事变，主要是由于他们具有强烈的爱国主义思想。西安事变爆发的前夜，中国正处在民族存亡的严重关头。为了团结抗日，张、杨提出对内和平、对外抗战，而蒋介石却坚持"攘外必先安内"的政策。这两种政治主张的冲突随着民族危机的加深、中日矛盾的上升而逐渐激化，终于导致了西安事变的爆发。杨虎城在市民大会上讲演时曾说："我们的主张是要抗日，因有见于蒋委员长对外政策的错误，经过了多次的劝谏无效后，于万不得已中才有这次的诤谏了。"① 可

---

① 《杨在西安市民大会讲话》(1936年12月16日)，《西安事变资料》第1辑，人民出版社1980年版，第127页。

见，张、杨发动西安事变的动机和目的，就是要实现对内和平、对外抗战的宗旨，这也是他们处理西安事变中各种问题的基本原则。

首先，西安事变发生时，张、杨发表对时局通电，提出抗日救国运动的八项政治主张，就反映了和平解决事变的思想。八项政治主张的核心是集中全国各党各派的力量，以民众的总动员去抗日救国。此后，他们一再呼吁避免内战。12月14日，张学良在广播词中强调："我们这次举动，完全是为民请命，决非造成内乱，一切办法，决诸公论。"① 15日，杨虎城在广播词中也强调："这次的举动，是完全出于救国救亡的热诚，……是抗日，不是内战。"② 16日，张学良又派秘书吴家象发表广播讲话，重申张、杨的主张，即"反对消灭实力的残酷内战"③。不难看出，西安事变如何解决，张、杨的意向是非常清楚的。他们为了实现抗战，首先是争取实现国内和平。

其次，在何应钦发布讨伐令，部署"讨逆军"向西急进时，突出地表现了张、杨力持和平的态度和立场。何应钦派遣军事要员飞抵洛阳，部署内战军事，张学良不得不电令东北军各部开赴反讨逆军事前线待命。十七路军也做出相应的部署。同时，张学良致电何应钦，谴责他"西入潼关"，"肆行轰炸"，"动干戈"，"起内战"。张学良坚决地表示："兄部如尽撤潼关以东，弟部自可停止移动。否则，彼此军人，谁有不明此中关键也哉。"④ 张、杨调动军队的目的并不是为了在军事上战胜何应钦，争个高低，拼个你死我活，而是以一定的军事力量为后盾，制止何应钦的进攻，达到内求和平的目的。所以，张、杨的军事部署始终是被动的，防御的，不是主动的，进攻的。因此，尽管何应钦"动干戈"，寻机挑衅，但大规模内战始终未能发生。

再次，张学良陪蒋介石赴南京后，蒋介石不但在南京软禁他，而且还调兵西进，分5路军和6个纵队对西安包围推进。在华阴、华县一带又出现了爆发新内战的危险形势。这时，杨虎城身为东北军和十七路军的最高统帅，他在错综复杂的形势面前，在和与战的问题上，虽然有过摇摆，但

---

① 西北大学历史系等：《西安事变资料选辑》，1979年（内部发行），第113页。
② 同上书，第116页。
③ 同上书，第118页。
④ 《杨在西安市民大会讲话》（1936年12月16日），《西安事变资料》第1辑，人民出版社1980年版，第136页。

总的来说还是坚持了对内和平、对外抗战的原则。尽管主战派向他施加压力，他还是毅然领衔于2月4日发表了《和平宣言》，重申他们发动西安事变的宗旨。他在宣言中写道："此间去年'双十二'之事，旨在对内求和平、对外求抗战，……盖'双十二'之举，原期永息内战、一致对外，谁复愿以对外之力量，供对内之牺牲。"他为了顾全大局，在种种条件制约之下，接受了南京方面提出的《陕甘军事善后办法》的有关规定，东北军东开，十七路军重新编制。这样，西安事变善后也终于和平解决。

西安事变之所以能和平解决，除了张、杨坚持了"内求和平"的宗旨外，还由于他们正确解决了关于蒋介石的处置问题。捉住蒋介石后，张、杨立即发表了对时局通电，明确地提出了对蒋"保其安全、促其反省"的原则。这个原则反映了张学良、杨虎城对蒋介石的基本态度，对于西安事变的和平解决具有十分重要的作用。

第一，张、杨"兵谏"，是他们拥蒋的继续。他们兵谏不是与蒋介石争权，不是要推翻蒋介石的统治，也不是要伤害蒋介石，损害蒋介石的威信，而是为了抗日。因此，张学良布置捉蒋任务时，强调不能伤害蒋介石。他在指挥部对两军将领和幕僚们说：若找到委员长，我一定说服他抗日，只要他抗日，我仍拥戴他为领袖。杨虎城在广播词中表示："一二·一二的举动在意义上完全是为爱护委员长而发动的，即是我们不忍坐视他的政策错误到底，做了我们中华民国的罪人。"[①] 蒋介石羁留西安期间，张、杨对蒋仍以委员长相称，道惊致歉，执礼甚恭。当然，这时的拥蒋与事变前的拥蒋有所不同，此时的拥蒋有了条件，即蒋介石必须答应停止内战、一致抗日。张学良在给宋美龄的电报中也说："倘介公实行积极抗日，良仍当竭诚拥护。"

第二，张、杨兵谏是他们多次诤谏、逼蒋抗日的继续。事变前，张、杨为了联共抗日，对蒋介石诤谏已经到了"用尽心机""唇敝舌焦"的程度，但均被蒋介石拒绝。他们为了使蒋介石能够反省，不得不实行兵谏，张学良说这是"不得已而行权"。由于他们采用兵谏的形式，使蒋介石脱离南京政府"群小包围"，又暂时处于失去自由的状态，迫使蒋介石有可能改变以往的错误。历史雄辩地证明，恰恰是由于张、杨的兵谏，才迫使蒋介石接受抗日的主张。

---

① 《解放日报》1936年12月16日。

第三，拥蒋、逼蒋，只要蒋介石改弦更张，答应八项条件，必然放蒋。就是说，"保其安全，促其反省"的八字原则包含着放蒋的思想。在一些函电中也明确表示了这一观点。正因为如此，当蒋介石接受联共抗日主张后，他们立即释放了蒋介石，张学良还毅然亲送蒋介石回南京。

第四，这个八字原则特别是对蒋介石"保其安全"，有利于分化南京政府中英美派和亲日派，促使英美派迅速地转变到抗日战线方面来；有利于击破南京政府中讨伐派发动内战、取蒋而代之的阴谋，使何应钦不敢轻举妄动，内战得以避免。西安方面再三声明对蒋介石"绝对不能稍加危害"，蒋介石在西安"极为安全"，在一定意义上可以说是西安方面求得"对内和平"的一个卓越的策略。

张、杨两位杰出的爱国主义者不但以非凡的行动领导发动西安事变，而且在事变过程中提出了包含和平解决西安事变思想的具有远见的八字宗旨和原则，为和平解决西安事变奠定了基础。因此，笔者认为，张、杨两将军是和平解决西安事变的首倡者。

但是，从现在掌握的材料看，西安事变期间张、杨发表的通电、声明、讲话，都没有提到和平解决方针，甚至连"和平解决"四个字也找不到，和平解决西安事变的明确方针是中共中央提出的，是中国共产党的历史功绩。

二 关于共产国际与中共中央和平解决西安事变方针的关系问题

在中国共产党制定和平解决西安事变方针的过程中，共产国际起了什么作用？这是近年来西安事变研究中争论较多、分歧较大的问题。张国焘在他的回忆录中一口咬定："1936年12月13日，莫斯科'有名的和平解决的指示'到了保安，谴责张学良发动西安事变，指示中共力争和平解决事变，释蒋。"他说这份电报是斯大林亲拟的，又绘声绘色地说毛泽东曾力主杀蒋，见复电后极为气愤，通宵未眠。著名作家斯诺在《中共杂记》一书中也曾说："（中共）政治局开始是想利用它（西安事变）作为在西安建立西安抗日国防政府的手段，即使不叫蒋完全威信扫地，也要孤立他。莫斯科的突然干预（命令释放蒋）打断了他们原先的计划，使毛一时拿不出支持张学良的明确路线来。"斯诺又说："中共之所以迟至12

月19日才发通电,是因为等莫斯科的指示。"斯诺对这份著名通电所做的解释引起了重大学术争论。中共领导人为什么等了整整一星期才发表这份声明?在西方学者中普遍流行的看法是中共领导人为了等莫斯科指示。近两年来,这些说法影响到国内学术界,一些报纸、杂志刊登了十几篇持这种观点的文章。

笔者认为,和平解决西安事变方针完全是中国共产党独立自主提出的,是中国共产党抗日民族统一战线政策的发展。中国共产党抗日民族统一战线政策经历了一个由"抗日反蒋"到"逼蒋抗日"的历史发展过程。1935年的八月宣言和十二月决议确立的是建立"抗日反蒋"的统一战线;随着时局的发展,根据形势的变化,1936年8月的致国民党书,9月的民主共和国决议以及9月1日中共中央向党内发出《关于逼蒋抗日》的指示,确定的是"逼蒋抗日"方针。这个抗日民族统一战线的新政策为和平解决西安事变方针的制定奠定了政治基础。

西安事变发生的当天,张学良即电告中共中央,请共产党和红军派代表到西安共商抗日救国大计。12月13日,中共中央在保安召开政治局会议,讨论对策。中共中央首先肯定了西安事变,认为这是中国一部分民族资产阶级的代表,也是国民党中实力派之一部,不满意南京政府的对日政策,要求停止剿共、停止一切内战、一致抗日,并接受中国共产党抗日主张的结果。并指出事变的发展可能有两种前途:第一,停止内战,一致抗日;第二,导致更大规模内战,给日本侵略中国造成可乘之机。为了争取"停止内战,一致抗日"的前途,中共中央作出了"在政治上不与南京政府对立"的决策,以稳定及争取黄埔系、CC派、元老派、欧美派团结抗日。《中共党史大事年表》对保安会议的结果作出如下表述:"中央正确地分析了当时错综复杂的政治形势,经过反复研究,确定了和平解决的方针。"

为贯彻会议精神,统一全党思想,12月14日,中央书记处在致北方局负责人胡服(即刘少奇)的电文中又指出:"我们还不要同南京处于对立,仍应采取督促与推动他们中的抗日派及中间派走向抗日的方针。"12月15日,以毛泽东、朱德等15名红军将领名义又发出《关于西安事变致国民党国民政府电》,再次表示红军愿与国民党军队"联袂偕行,共赴民族革命之战场。"其中虽有"罢免蒋氏,交付国人裁判"之语,但纵观全文,不难看出,其与南京政府和解而非对立的基本立场是非常明确的。

然而，和平解决西安事变的关键是对蒋介石个人的处置问题，在这个问题上，中国共产党在策略上确实有一个变化过程，即由"审蒋"，到"保蒋安全"，再到"释蒋"。12月13日至15日保安出版的《红色中华》及致南京政府电中有"交付人民审判""我们要求把蒋介石交给人民公审""罢免蒋氏，交付国人裁判"的要求。既然已经确立了"逼蒋抗日"政策，为什么又要"公审"他？有的学者以此为依据，否认中共在事变之初主张和平。事实上，中共中央和平解决西安事变方针的实质，就是旨在通过对事变的处理达到"停止内战，一致抗日"的目的。不论是最初的"审蒋"还是其后的"保蒋安全"以至"释蒋"，都是为这一目的服务。事变之初，为了拥护张、杨的革命行动，为了争取各地方实力派、南京政府中的亲英美派对西安事变的谅解，为了获得人民的广泛支持，同时也为了逼使蒋介石从"攘外必先安内"的误国政策中反省，促其改弦更张，停止内战，一致抗日，有必要揭发蒋介石对外投降卖国、对内镇压民众抗日运动的罪行。

中共中央在12月14日致北方局负责人胡服（刘少奇）电中有一项是"揭发蒋介石对外投降、对内镇压民众及强迫其部下坚持内战之罪状，拥护张、杨之革命行动"。

当周恩来17日到达西安了解各方面情况后，认识到保证蒋介石安全是和平解决事变的重要环节，保证蒋介石安全，和谈才能进行，国内和平才能实现。依据保安会议时确立的和平解决原则，周恩来首先提出了"保蒋安全"的策略思想，进一步完善了中共中央和平解决西安事变方针。第二天（18日），中共中央发表公开宣言，呼吁和平解决西安事变。19日，又依周恩来提供的情况和建议，发出了《中央关于西安事变及我们任务的指示》，除继续坚持反对新的内战，主张南京与西安之间在团结抗日的基础上和平解决外，对蒋介石的态度及其处置办法也作了调整，由主张"审蒋"变为"保蒋安全"以至主张"释蒋"。至此，中共中央和平解决西安事变方针正式形成。历史证明，在处理西安事变的全部过程中，中共中央自始至终都是主张和平的。从和平解决方针的形成和完善有个短暂的过程来看，笔者认为，该方针的制定，正是中国共产党"逼蒋抗日"政策的体现，是中国共产党从中国实际出发，正确分析政治形势的结果。

至于共产国际的电报，迟至16日才发到保安，而不是张国焘所说的

13 日。由于电码错乱，复电译不出来，于是中共中央 18 日给共产国际电，请"即检查重发"。19 日，中共中央准备通电全国公开表态，毛泽东在扩大政治局会议上曾说："我们准备根据这样的立场发表通电，国际指示还未到，或者要隔两天再发。"这证明了在 20 日之前，中共中央没有见到共产国际复电。由此可见，中共中央和平解决西安事变方针，不是根据共产国际和斯大林的意见制定的，而是先于共产国际电报，独立自主做出的，中共中央书记处在 21 日给共产国际的复电也充分说明了这一点。复电称："来电于 20 日才收到，同意你们的意见，我们也已经基本上地采取了这种方针。"

至于中共中央为什么等了整整一个星期才发表公开声明，笔者认为，拖延的原因绝不是像斯诺所说，是等莫斯科指示，其真正原因是为了要等中共代表团从西安发来进一步消息。由于西安事变发生前，张、杨没有与中共领导人商量，因此中共中央对于张学良要使事态往哪个方向转尚不清楚，保安又偏僻闭塞，许多情况难以预料。西安事变是震惊中外的大事，蒋介石虽然被扣，但他的实力原封不动，西安与南京已经处于对立地位。这次事变会导致几种可能结局，一切取决于有关方面采取什么决定和行动，而中国共产党处于举足轻重的地位。因此，中共中央在没有了解事态的发展，在还没有摸清张学良的想法前，是不会贸然表态的。中共中央必须郑重考虑政策的可行性及可能产生的后果。

三 关于共产国际和平解决西安事变方针与中共方针是否一致的问题

对这个问题，史学界争论较多。有的学者认为，两者是一致的，都是和平解决方针。有的学者认为，共产国际也主张和平解决，但与中国共产党的方针不同。

笔者认为，中共中央确定的和平解决西安事变的方针，在时间上先于共产国际，在内容和实质上二者也毫无共同之处。

苏联和共产国际之所以主张和平解决西安事变，主要是从它自身的狭隘民族利益出发。众所周知，十月革命后，社会主义苏联一直处于帝国主义包围之中，到 1936 年前后，这种形势尤为严峻。在欧洲，希特勒正疯狂地扩军备战，妄图消灭苏联。在远东，日本也把苏联作为"当然的敌人"，所以日本侵略中国东北后，苏联感到边界不安宁。特别是1936年11月德国和日本签订了《反共产国际协定》，更使苏联感到有腹背受敌的危险。为了防止造成东、西两线作战的被动局面，苏联希望中国能长期拖住日本，使日本无力进攻苏联，这样苏联就可以集中精力对付欧洲法西斯的侵略。由于看不到中国人民和中国共产党的巨大抗日力量，苏联把对华政策的支点移向蒋介石，由支持中国共产党推翻蒋介石统治的政策，改为安抚、联合蒋介石以牵制日本的政策。为了保护苏联自身利益，在对待国共两党关系问题上，很少顾及中国共产党和中国人民的切身利益。虽然苏联和共产国际提出了"联蒋抗日"方针，但与中国共产党的"逼蒋抗日"和后来的"联蒋抗日"方针在实质上完全不同。苏联和共产国际无条件的"联蒋抗日"，是从苏联与南京政府改善外交关系出发的，实质上是"靠蒋抗日"，就是一切依靠蒋介石，要求中国共产党和中国人民屈居在国民党政府周围，一切听从蒋介石指挥，以蒋介石为主体来造成全国统一抗战的局面。共产国际和苏联对西安事变的态度就是"靠蒋抗日"政策的继续。

中国共产党主张和平解决西安事变的出发点则是其一贯倡导的"逼蒋抗日"方针。就是从民族利益出发，以人民军队和人民力量为后盾，联合一切可以联合的力量，逼蒋抗日，以达到建立抗日民族统一战线的目的。对抗日民族统一战线，中国共产党与苏联也有不同理解。中国共产党坚决地认为，工人、农民、城市小资产阶级才是抗日的基础；各地方实力派、民族资产阶级、开明士绅则是中国共产党抗日的同盟者，而以蒋介石为代表的英美派大地主、大资产阶级，既有可能抗日的一面，又有妥协、动摇甚至投降的一面。因此，中国共产党必须坚持独立自主原则，必须坚持党的统一战线的倡导者和组织者的地位，以"逼蒋抗日"策略达到"联蒋抗日"的目的。中国共产党已经从历史的血的教训中深刻地认识到，如果放弃原则，按苏联和共产国际指示空谈"联蒋抗日"，甚至一味"靠蒋抗日"，必然会重蹈第一次大革命时期陈独秀右倾错误的覆辙，必然会断送中国"停止内战、一致抗日"的前途。

由于二者的出发点不同，所以对西安事变性质的认识也就不同。中国共产党肯定西安事变是革命的、抗日的，没有任何帝国主义背景，而且给张、杨以积极的、实际的支持。苏联政府由于西安事变不仅急剧地变动了中国的政治形势，也打乱了苏联对华政策的实施，所以它看不到西安事变的正义性质,把张、杨的爱国壮举说成是"叛变""利用抗日运动进行投机"。并认为"臭名昭著的日本走狗汪精卫的名字同陕西省发生的张学良部兵变紧密相连"。更进一步诬蔑张、杨是为日本帝国主义效劳的"叛徒""强盗"。直到蒋介石被释放时,《国际通讯》还说:"叛徒张学良在陕西的叛乱已经可耻地结束了,这是导致破坏中国人民团结的日本阴谋的真正失败。"① 周恩来后来对此评论说:"西安事变张学良、杨虎城把蒋介石抓起来,共产国际公开说张是日本帝国主义的走狗,抓蒋介石是适应日本的要求。这个判断是完全错误的。"②

就二者的具体内容来说也有区别。由于苏联政府要"靠蒋抗日",所以主张无条件释蒋,甚至支持南京"讨伐派"进攻西安。当何应钦打起"讨逆"旗号,命令中央军开赴潼关,派飞机滥炸渭南、赤水车站时,《国际通讯》却称赞南京"讨逆"是值得赞扬的形势变化。而中国共产党对待蒋介石则经历了"审蒋""保蒋安全""释蒋"这一发展过程,主张在逼使蒋介石转变了"攘外必先安内"的误国政策、接受"停止内战、一致抗日"的基本条件下释蒋。事实证明,中国共产党的和平解决方针是正确的、完善的,是符合中国实际的,所以最终达到了"停止内战、一致抗日"的目的。而如果按照共产国际所谓的"和平"方针,在没有逼使蒋介石思想观念发生转变之前,在蒋介石还没有放弃"攘外必先安内"错误政策之前就轻易放蒋,只会大大增加事态的复杂性,西安事变也决无和平解决的可能,更无法达到"促其反省""停止内战、一致抗日"的目的。

原载《党史研究与教学》1996年第6期

---

① 《一周外事述评》,《国际通讯》第58期,1936年12月25日。
② 《共产国际和中国共产党》,《周恩来选集》(下卷),人民出版社1984年版,第311页。

周恩来与西安事变研究述评

房成祥 兰 虹

西安事变是我国由内战到抗战的转折点。在西安事变期间，周恩来率中共代表团奔赴西安，协助张学良、杨虎城妥善地处理了西安事变，为中华民族解放事业建立了不朽功勋。到目前为止，已发表有关文章200多篇，专著20余部。现根据已有材料，作一初步评述。

一 研究概况

关于周恩来与西安事变的研究，大体可分为两个阶段。1978年以前的研究，主要散见于各种回忆录中，论文极少。1978年以后，回忆性文章主要有罗瑞卿、吕正操、王炳南撰写的《西安事变与周恩来》，廖其康撰写的《随卫敬爱的周副主席》，中国人民政治协商会议全国委员会文史资料研究会编辑的《西安事变亲历记》，西安事变史领导小组编著的《西安事变简史》，房成祥著《西安事变史话》，等等。从理论上对此问题加以探究的论文不断涌现，突出的论文有李海文撰写的《周恩来对和平解决西安事变的贡献》，房成祥撰写的《论周恩来在西安事变期间对中国革命的贡献》等。目前，史学界关于周恩来与西安事变的研究，主要包括以下几方面。

（一）论述周恩来对中共中央和平解决西安事变方针制定的贡献。综观学者们的论述，主要有以下几点。

第一，延安会谈，促成中共中央"逼蒋抗日"总方针的确立。大多数论者都赞同，在中共中央由"反蒋抗日"转变为"逼蒋抗日"的过程中，周恩来与张学良1936年4月9日的延安会谈起了很大作用。李海文认为：这次会谈对双方都很重要，增进了了解。周恩来阐述了中共抗日民族统一战线政策及对法西斯的批判,坚定了张学良联共抗日的立场;张学良的"抗日不反共、联共不反蒋"的主张使中共中央更有信心逼蒋抗日。①尹书博认为:"这次会谈不仅对于张学良走上联共抗日的道路具有决定性意义的作用,同时对于党的抗日民族统一战线政策,也是一件极大的出于原来意料之外的收获。"②

第二,12月13日的保安会议,力主在政治上不要与南京对立。许多文章都认为,保安会议在中共中央制定和平解决西安事变方针的过程中占有重要位置。《中共党史大事年表》对该会议结果作出如下表述:"中央正确地分析了当时错综复杂的形势,经过反复研究,确立了和平解决西安事变的方针。"③张魁堂指出:保安会议时,大家一致肯定西安事变,但在对形势的估计和对蒋介石如何处置问题上存在争论。周恩来在发言中分析了事变后错综复杂的形势,提出为防止日本变南京为傀儡政府,我们在政治上不要与南京对立。对蒋的处置则要看张、杨的态度。会议同意了周恩来的分析和主张。④

第三,赴西安后,协助中共中央完善和平解决西安事变方针。许多论著都谈到,周恩来17日晚同张学良的通宵会谈,当晚,周恩来致电中共中央和毛泽东,通报西安方面情况,建议中央在蒋介石处置问题上可采取"保蒋安全"策略。第二天,中共中央第一次公开发表宣言,呼吁和平解决西安事变。19日,又依周恩来提供的情况和建议,发出了《中央关于西安事变及我们的任务的指示》。对蒋介石的态度也由主张"审蒋"变为"保蒋安全"以至主张"放蒋"。李海文认为:"周恩来对中央这一系列决策的制定,起了十分重要的作用。"⑤

(二)论述周恩来对巩固西安事变成果的贡献。根据学者们的论述,主要有以下几点。

第一,争取宋子文接受和平条件,逼蒋抗日。许多论者认为,在这个问题上,周恩来充分表现出了无产阶级革命家原则的坚定性和斗争的灵活

---

① 李海文:《西安事变与第二次国共合作》,《人民日报》1991年12月12日。
② 尹书博:《周恩来与第二次国共合作的形成》,《探索》(哲学社会科学版)1986年第4期。
③ 中共中央党史研究室编:《中共党史大事年表》,人民出版社1987年版,第47页。
④ 张魁堂:《中共中央和平解决西安事变方针的制定》,《近代史研究》1991年第2期。
⑤ 李海文:《周恩来对和平解决西安事变的贡献》,《红旗》1987年第1期。

性。周恩来站在全民族抗战的立场上,一方面支持张、杨的八项主张,一方面又向蒋、宋作必要的妥协,以争取他们接受和平条件。由于周恩来因势利导,两天谈判期间,促成西安和南京双方达成六项协议。李海文还指出:24日晚,周恩来见了蒋介石,蒋介石当面作了承诺,答应停止剿共,联红抗日。① 至此,中国共产党"逼蒋抗日"的目的终于达到。

第二,在释蒋问题上,对各方面人士做工作。许多文章谈到,为了在释蒋问题上取得一致意见,周恩来会见各界人士,以争取他们的支持。首先是与张学良17日晚的通宵会谈,坚定了张学良内求和平、外求抗战和对蒋"保其安全、促其反省"的信心。其次是说服杨虎城将军。针对东北军、十七路军一部分军官对释蒋有抵触情绪,周恩来与他们会见、谈话,启发他们以民族大局为重。徐彬如还谈到,对于释蒋主张,当时在西安的一些地下共产党员和社会进步人士思想也不通。周恩来做了大量细致的工作,从而保证了中国共产党和平解决西安事变方针得以实现。②

第三,协助杨虎城处理西安事变善后。许多文章谈到,放蒋以后,西安面临着更加纷繁复杂、变化莫测的形势。为了协助杨虎城,周恩来尽力之所及,发挥巨大作用,在西安协调各方面关系,稳定三位一体局面,促使宁陕双方用和平手段解决了西安事变善后。吴天威认为:"在放蒋后出现的那些事件中,周恩来在处理上的果断,无疑是明显的。"③ 亲身参与这次事变的罗瑞卿、吕正操、王炳南在《周恩来与西安事变》一书中这样评价:当时如果"没有周恩来在西安,毛泽东、党中央和平解决西安事变的方针就很难得到贯彻,内战可能再起,西安事变和平解决的初步胜利就无法巩固。周恩来为党的革命事业,为中华民族建立了不朽功勋!"④ 应该说,这个评价是公允的。

二 学术观点的分歧

关于周恩来与西安事变的研究,十多年来随着档案资料逐步公开,学

---

① 李海文:《第二次国共合作建立的历史过程》,《文献和研究》1985年第4期。
② 中国革命博物馆党史研究室编:《党史研究资料》第一集,四川人民出版社1980年版,第406—407页。
③ [美]吴天威:《关于西安事变的新材料》,《党史通讯》1986年第11期。
④ 罗瑞卿、吕正操、王炳南:《周恩来与西安事变》,人民出版社1978年版,第48页。

术界的探讨日见深入,对许多问题的认识已趋于一致,目前主要在以下几个问题上还存在分歧。

1. 关于共产国际与中共中央和平解决西安事变方针的关系问题。

在中国共产党制定和平解决西安事变方针的过程中,共产国际起了什么作用?这是直接关系到对周恩来在西安事变中的地位与作用评价的重要问题,也是近年来西安事变研究中争论较多、分歧较大的问题。目前在理论界主要存在以下几种观点。

第一种观点认为,和平解决西安事变方针完全是中国共产党独立自主提出的,周恩来对此做出了重大贡献。国内大部分学者持此观点,国外一些学者也表示赞同。如美国南伊利诺大学历史系教授吴天威认为,中共对解决西安事变的态度是由他们一直强调的抗日民族统一战线的指导原则决定的。①

第二种观点认为,和平解决西安事变方针是中共中央参考了苏联和共产国际意见制定的。因为中共中央在 13 日以后已通过电讯广播了解到苏联政府对事变的公开态度,加之以往共产国际"联蒋抗日"策略对中共提出和平解决西安事变方针也是有影响的。如日本的石川忠雄教授持此种观点。他认为,中国共产党在确定西安事变对策时受到了莫斯科的影响。②

第三种观点认为,中共中央和平解决西安事变的方针是根据苏联和共产国际指示制定的。大部分前苏联学者持此种观点,斯诺说:"中共之所以迟至 12 月 19 日才发通电,是因为等莫斯科的指示。"③ 斯诺对这份通电所作的解释引起了重大学术争论。中共领导人为什么等了整整一星期才发表声明?西方学者中颇为流行的观点是中共领导人为了要等莫斯科的指示。近两年来,这些说法影响到国内学术界,报纸、杂志刊登了十几篇持这种观点的文章。

笔者赞成第一种观点。至于中共中央为什么等了整整一星期才发表公开声明?西安事变突然发生,震惊中外,蒋介石虽然被扣,但他的实力却原封未动,西安与南京已经处于对立状态。这次事变会导致怎样的结局,

---

① [美]吴天威:《关于西安事变的新材料》,《党史通讯》1986 年第 11 期。
② [日]石川忠雄:《中国共产党史研究》,《庆应通信》1984 年版。
③ [美]埃德加·斯诺:《中共杂记》,美国哈佛大学东亚研究中心,1974 年。

一切取决于有关方面采取什么决定和行动，而中国共产党处于举足轻重的地位。因此，中共中央在没有摸清张学良、杨虎城的想法、在没有了解事态全部情况之前，中共中央必须慎重考虑政策的可行性及可能产生的后果。正因为这些原因，保安决策时才决定授权全权代表周恩来到西安后相机行事，在此之前，中央暂不发表宣言。因而中共中央制定和平解决西安事变方针有一个短暂过程。对蒋介石个人的处置在策略上也有一个变化过程。从12月13日至15日保安出版的《红色中华》及致南京政府电中有"交付人民审判""我们要求把蒋介石交给人民公审""罢免蒋氏，交付国人裁判"的要求。当周恩来17日晚了解了6天来国内局势发展及国内外反应，对蒋介石的处置成为能否和平解决事变的关键，首先提出"保蒋安全"的策略思想。第二天（18日），根据周恩来提供的情况和建议，中共中央便发出了致国民党中央电，19日，又发出了党内指示。对蒋的处置也由"主张""审蒋"变为"保蒋安全"以至主张"放蒋"。至此，中共中央和平解决西安事变方针正式形成。这些事实也可以进一步证明，周恩来的分析和报告，对于中共中央和平解决西安事变方针的制定起了多么重要的作用。

2. 在西安事变和平解决过程中，谁起了决定性作用？

第一种观点认为，以周恩来为首的中共代表团在和平解决西安事变过程中起了决定性作用。张学良、杨虎城发动西安事变后，面对错综复杂的形势束手无策。一些论者认为，西安事变爆发时，张学良、杨虎城是主角，而事变发生后，周恩来是和平解决西安事变的决策者。

第二种观点认为，张学良、杨虎城两将军在和平解决西安事变过程中起了决定性作用。理由如下。①张、杨是发动西安事变的最高、最直接的决策者和指挥者。②事变后，张、杨提出的解决事变八项政治主张就反映了和平解决思想。③张、杨捉住蒋介石后，立即发表对时局的通电，明确提出了对蒋"保其安全、促其反省"原则。④张、杨对南京"讨逆军"采取防御立场，力主和平。⑤在扣、放、送蒋过程中，突出表现了张、杨的决定性作用。

第三种观点认为，苏联的态度对西安事变的和平解决产生了决定性影响。苏联学者持此种观点者颇多。一些文章认为，苏联的态度不仅对中共领导有特殊作用，而且对蒋介石和张学良有特殊作用。

笔者赞同第二种观点。西安事变之所以能够和平解决，有复杂的社会历史原因。但其中一个最主要的原因,就是事变的发动者张学良、杨虎城坚持"内求和平、外求抗战"的宗旨和"保其安全、促其反省"的原则。张、杨二将军始终是西安事变的领导者。周恩来在西安是张、杨和蒋、宋之间居于客位的调停者,也是西安和南京间的调停者。事实上,周恩来明确表示他是前来与张、杨及有关各方共商国是,是来协助工作的。

3. 张学良匆忙送蒋回宁,周恩来事先是否知道?史学界存在一些不同说法。

第一种观点认为,张学良没有征求中共代表周恩来的意见,甚至事先也没通知周恩来就单独决定释放蒋介石,并亲自送蒋回宁。《西安事变与周恩来同志》《杨虎城将军在西安事变前后》《张学良传》等书持此种观点。

第二种观点认为,张学良决定12月25日送蒋回宁,事先没有同周恩来协商,但周恩来同张学良一起去了机场送蒋。如:迪克·威尔逊持此种观点,他在《周恩来传》中认为,张学良之所以随蒋一同回宁,是因为在机场时周恩来对张学良的匆忙释蒋表示了不满。

第三种观点认为,张学良25日释蒋,中共中央和周恩来是事先知道并同意的。如徐彬如持此种观点。他在回忆录中还谈到,是毛泽东同意蒋以人格担保履行所承诺的条件,可以不签字,并同意25日释蒋。①

事实到底是怎样,当然还要进一步搜集证据,加以考证。就笔者来说倾向于第三种观点。周恩来在纪念西安事变二十周年座谈会上谈到:捉蒋以后再杀是困难的,因为那时就全国局势来说,杀蒋不如放蒋有利,至于早放晚放关系不大,晚放也可能出别的枝节。可见周恩来对放蒋时间是没有异议的。关于张学良送蒋被扣问题,周恩来说:张汉卿亲自送蒋走是个遗憾,我那时听说张送蒋走了,赶紧追到飞机场想再劝阻不要去送,但我到飞机场时,飞机已经起飞了。可见周恩来所遗憾和不同意的是张学良亲自送蒋回宁。

三 展望

近年来的研究,取得了丰硕成果。但仍有不足,如历史事实的叙述仍

---

① 中国革命博物馆党史研究室编:《党史研究资料》第一集,四川人民出版社1980年版,第406—407页。

占了很大比重,在理论分析方面的研究者还比较少,深层次理论问题研究的文章不多。笔者认为,在今后研究工作中需要注意以下问题。

第一,在研究方法方面,应本着实事求是的原则,进一步解放思想,拓宽思路。应继续挖掘、出版文献史料,并在此基础上客观公正地加以研究、探索,而不是满足于简单陈述。

第二,对学术观点方面有意见分歧的问题,应作进一步探究,以求获得符合历史事实和事物发展规律的共识。

第三,近年来,港、澳、台以及外国学者有关这方面的著述日益增多,对我们有启示。但也应该看到,由于思想、意识形态等多方面的不同,再加之史料掌握不全,这些著述中存在一些谬误的地方,我们必须加以澄清,不能全盘吸收。

总之,在这个研究领域仍大有可为,只要我们潜心研究,持之以恒,一定会有新成果问世。

原载《党的文献》1996年第4期

近年来西安事变若干问题研究概述

任 元

今年是西安事变六十周年纪念。史学界对西安事变的研究已取得不少成果。本文仅就近年来,尤其是20世纪90年代以来,关于西安事变某些问题的研究加以归纳综述。

一 关于张学良陪送蒋介石回宁问题

这个问题一直是西安事变研究的热点。近年来,史学界对张学良陪送蒋介石回宁的举动作了较为全面而客观的分析和论证,其主要观点如下:

1. 张学良亲自送蒋回宁的原因

有的学者认为,张学良对蒋的处置问题上,与杨虎城发生严重分歧,僵局无法打开。这是他争取突然手段放蒋的原因之一。其理由是:西安事变发生后,在张、杨面前,事实上只有两种选择:一是不顾一切杀死蒋,其后果必然导致全国性内战,这当然不可取;二是"不留痕迹"地放蒋,其后果必然是牺牲东北军、十七路军两个团体的利益。那种两方面兼得的想法是不现实的。张学良正是看清了问题的症结,才毅然采取"不留痕迹"的放蒋方法。这是处置蒋的最佳选择,绝非轻率之举。①

有的学者认为,张学良之所以亲自送蒋,其一,是有历史渊源和思想基础的。西安事变是张拥蒋抗日思想的继续和发展,逼蒋是拥蒋的特殊手段;其二,是当时国内外条件促成的。首先,由于日本帝国主义灭我中华

---

① 张学继:《对西安事变几个问题的再探讨》,《抗日战争研究》1992年第4期。

的事实，使国内各种矛盾降为次要，蒋介石也可能考虑准备抗日。这是张学良送蒋的前提。其次，国内外舆论的主流拥护张、杨主张，并呼吁保证蒋的安全，和平解决事变。再次，张躬亲送蒋返宁是和平解决事变的重要环节。①

有的学者认为，张决定释蒋的重要原因之一，还在于张扣蒋后检视了蒋的机密文件，从中发现了国民政府1935年初开始的对日备战工作的论述。这个发现使张考虑到在"停止内战"的前提下释蒋，是有利于对日备战工作，有利于抗日大局的。②

有的学者还具体分析了张匆忙送蒋回宁的缘由是：1. 为了平息纷乱局面，以利国家民族；2. 避免夜长梦多，节外生枝；3. 共产国际和苏联对张、杨的责难；4. 张自认能够返回西安；5. 相信了宋氏兄妹和蒋介石本人的担保；6. 为了国家民族，将个人生死荣辱置之度外。③

2. 张学良陪送蒋回宁之举的后果

有的学者对此举的得失作了评析。所谓"失"：一是东北军和三位一体的被瓦解；二是张学良从此终生陷于囹圄。所谓"得"：一是促进国共两党再度合作，共御外侮；二是给蒋介石留下面子，保护了东北军、西北军其他官兵的安全。当然，张学良为此付出了惨重代价，但他付出的牺牲不是徒劳的，以个人之失，换来民族之得。历史已证明，此举不仅促进了西安事变的和平解决，在某种意义上说，也扭转了中国历史。④

有的学者认为，西安事变"善后失误"不是张学良送蒋回宁之过，其重要原因是由于：东北军内部少数高级将领片面理解和平解决西安事变的精神，对蒋介石的进逼，一味妥协退让，放弃了争取张获释的条件，丧失了有利时机；东北军内部发生严重分歧，以及相互残杀，使蒋介石得以各个击破。如果离开当时各种因素和力量的相互作用，把一切不幸后果，都归结于张学良送蒋的账上是不公平的。⑤

有的学者对张学良之所以被幽禁是由于他送蒋回宁这一"感情用事"

---

① 张友坤：《对张学良送蒋返宁的再认识》，《近代史研究》1994年第1期。
② 许今强：《西安事变前国民政府对日备战工作述评》，《青海大学学报》1993年第2期。
③ 唐若玲、陈封春：《张学良为何陪送蒋介石回南京》，《海南师院学报》1992年第2期。
④ 熊靓：《张学良陪蒋回宁得失评析》，《湖南教育学院学报》1994年第4期。
⑤ 陈民：《西安事变善后失误再认识》，《近代史研究》1990年第4期。

之举造成的观点持相反看法。认为，就当时的历史背景和事变的性质，张学良送蒋回宁不仅是不可避免的，而且还是和平解决西安事变的必要环节。这是由于张、杨发动事变的目的和动机以及他们和蒋介石在事变中所处的地位决定的，同时，也是国民党专制统治的必然产物。①

二 关于西安事变中的"讨伐派"问题

1. 所谓"讨伐派"及其在西安事变中的作用

有不少学者认为，过去把南京方面主张讨伐张、杨的势力统称为亲日派是不科学的，当时政治分野，如果以"主和派""主战派"来区分是比较合适的。②

有的学者提出，认为西安事变发生后，国民党统治集团内部形成以何应钦为代表的亲日派"主战"，以宋氏兄妹为首的亲英美派"主和"的说法，是不妥当的。论者认为，南京政府在西安事变问题上，没有形成根本对立的"主战""主和"两派。其根据如下。（1）南京政府得知西安事变的当夜，虽然决定由军政部长何应钦指挥调动军队，但因不了解西安方面详情，未敢轻举妄动。后得知西安方面不会加害蒋介石，救蒋有希望时，才作出讨伐西安的决议，任命何应钦为讨逆总司令，调集军队讨伐，并派飞机轰炸。说明南京政府这样做的目的是以武力对西安方面施加压力，以保证蒋之安全，达到救蒋的目的。（2）蒋在"手令"中，不是让何应钦"停战"，而是让其"暂停轰炸三天"，并向张学良提出三天之内放他回去。可见，蒋以何的武力讨伐这张牌作为向西安方面讨价还价的本钱。说明南京政府及何应钦对西安诉诸武力，只是为营救蒋介石所采取的一种策略。（3）从事变后，蒋对其部署、特别是对何应钦的态度上，继续信任和重用，说明南京政府对于西安事变的处置上，只是策略有别，救蒋目的别无二致。（4）西安事变所以能够较快地得到和平解决的原因之一，就是由于国民党政府内部没有发生分裂，意见比较统一，同意接受和

---

① 朱谷生、杨唐清：《张学良陪蒋回宁是和平解决西安事变的必要环节》，《曲靖师专学报》1991年第4期。
② 鱼汲胜、姚鸿：《纪念西安事变50周年学术讨论会学术观点述要》，《党史研究》1987年第2期。

平解决的方针。①

有的学者认为，笼统地谈论"讨伐派"，不加区分地将其视为铁板一块，是不妥当的。论者认为"讨伐派"之中是有区别的，其作用也是不同的。（1）以何应钦、汪精卫为首的亲日派，是"讨伐派"的中坚。从何应钦得知西安事变后的种种表现，从何、汪一贯的对日态度和反共立场上看，断难说明他们的目的是为了救蒋。他们的真正目的是打着"救蒋"旗号，与日勾结，企图通过"讨伐"而"除蒋""代蒋"。（2）戴季陶、居正等国民党元老派，是"讨伐派"的最强有力的支柱，尤以戴季陶为急先锋。他们的主张既不同于何、汪"亲日派"，又不同于宋、孔等"主和派"。对于西安事变的和平解决起了一定的积极作用。（3）"讨伐派"的另一支重要力量是黄埔系少壮派。效忠蒋介石是他们的行为准则，也是他们坚决主张讨伐的根本动机。然最终部分地接受宋美龄的主和劝说，他们的军事行动一定程度上配合了"主和派"的政治谈判。对西安事变的和平解决也起了一定的积极作用。②

有的学者认为，对"讨伐派"做深入的具体分析与区分是有道理的，但将何应钦与汪精卫同列一派，相提并论似有不妥；而将黄埔系少壮派视为铁板一块的一个整体不加区分，更是不符历史实际的。论者认为，西安事变发生后不久，黄埔系少壮派及其核心组织复兴社与力行社内部，在其首领与核心人物中间，分裂为营救蒋介石，主张和平解决的胡宗南、戴笠等与拥护何应钦武力"讨伐"的邓文仪等两派。"主和派"是少数，其首领人物是胡宗南。由于他重兵在握，又驻军西北，因而对西安事变的和平解决发挥了重要作用。③

2. 何应钦在西安猝变期间有无乘机消除蒋介石，取而代之的问题

传统观点是持肯定的看法。

目前，有的学者则提出不同看法，认为此说不能成立。理由如下：（1）主张武力讨伐最力的是国民党元老派的戴季陶和黄埔系少壮派；（2）国民党中央也一直没有放弃武力讨伐的主张；（3）"主和派"也不

---

① 侣洁志：《南京政府在西安事变问题上未形成根本对立的两派》，《山东医科大学学报》（社会科学版）1990年第3期。
② 陈希亮：《也论西安事变中的讨伐派》，《史学月刊》1993年第4期。
③ 经盛鸿：《西安事变中黄埔系的内部分歧》，《史学月刊》1995年第6期。

否认在一定程度上有采取军事解决的必要；（4）论资历、声望、实力何应钦难与汪精卫、李宗仁之辈相比，即使蒋死，何也无取而代之的可能；（5）何力主武力解决，但不完全反对政治解决，曾给宋氏兄妹以相应的配合。① 还有的学者提出如下观点。（1）何主张武力讨伐的目的，不是"除蒋"而代之，而是对西安显示武力，以保证蒋之安全而"救蒋"。这正符合蒋的意图。（2）从蒋在事变后对何的态度上，反证何在西安事变中的表演，从总体效果上，正是帮了蒋介石的忙。②

三 关于西安事变及其和平解决的历史功绩问题

史学界对西安事变的历史功绩一向评价较高，最近，有些学者提出一些新见解。

1. 关于西安事变对于国民党统治集团对日政策的作用问题

有些学者认为，西安事变对于国民党统治集团对日政策转变所起的作用，只是外部条件，即没有西安事变的爆发，国民党蒋介石也会走上抗日道路的。其理由如下。第一，过去研究的结论集中表现在一个"逼"字，似乎蒋介石对日政策由妥协退让转变为抵抗完全是外部力量逼出来的，尤其是西安事变这一致命的"逼"，才使其转变的。实际上，国民党统治集团对日政策转变的根本原因在于日本侵略者扩大了对中国的侵略，危及国民党统治集团的统治，使它从本质上有了抗日的愿望和要求。从事变后，蒋介石所作"六条"允诺中唯有"停止内战，一致抗日"这一项基本兑现的事实上，可以说明其政策的转变是日军出兵华北逼成的，而不是西安事变逼成的。③ 第二，不可否认蒋介石政策的转变是被迫的，但在西安事变短短十几天里，能够如此快地改变一个如此重大的国策，如果没有原有的思想基础是不可能的。因此，要从蒋介石的主观因素即其在西安事变前后的思想状况和政治态度中去探求其转变的内在原因。蒋介石之所以在西

---

① 曲峡：《西安事变人物研究的回顾和展望》，《石油大学学报》（社会科学版）1992年第2期。
② 侣洁志：《南京政府在西安事变问题上未形成根本对立的两派》，《山东医科大学学报》（社会科学版）1990年第3期。
③ 张仲良：《西安事变新论》，《江汉论坛》1989年第7期。

安事变中完成其政策的转变,一方面固然是局势发展的必然结果,另一方面是蒋介石一贯的民族主义感情发展的自然产物。西安事变的作用只是加速其转变的催化剂作用。① 第三,基于当时国内外形势和国民政府决策人维护自身利益的考虑,于1935年初,国民政府已开始了对日备战工作。尽管这些备战工作是极其不充分的,又是高度保密的,但是,这些备战工作本身的存在,说明西安事变前,蒋介石已有了抗战的考虑和准备。②

有的学者对上述观点持相反的看法。认为,虽然蒋介石统治集团有一定的抗日愿望和要求,但是,没有西安事变及其和平解决,国民党蒋介石集团是不会由对日妥协走上抗日道路的。因为,国民党对日妥协与对内"剿共"的政策,是一个有机的整体,对内"剿共"决定对日必定妥协,而对日妥协又是服务于对内"剿共"的。在"剿共"和抗日问题上,蒋介石坚持把"剿共"作为内外政策的中心。大量事实证明,没有西安事变,蒋介石决不会放弃"剿共"政策,国民党统治集团也就不可能由对日妥协走上抗日道路的。③

2. 对西安事变的发动与西安事变的和平解决的评价问题

最近,有的学者认为,对西安事变不能笼统谈论,应将事变的发动和事变的和平解决区分开予以评价。张、杨发动西安事变是出于爱国,主观上是为了逼蒋抗日,但客观上不仅没有取得什么丰硕成果,反而使中国人民蒙受一场虚惊,给日本扩大侵略以可乘之机,给亲日派提供了一次挑起内战的机会。即客观效果与主观动机相违背。西安事变的和平解决,则为事变争得了前途,避免了一场内战,是真正具有重大的历史意义的。④

有的学者则与上述观点相反,认为西安事变的客观效果与主观愿望是一致的,起到了逼蒋抗日、挽救民族危亡的历史作用。那种认为西安事变使中国人民蒙受一场虚惊的观点是缺少根据的。至于说西安事变客观上给日本扩大侵略以可乘之机;给亲日派提供一次挑起内战的机会,则要作具体分析。日本帝国主义扩大侵略是其帝国主义侵略本性和既定国策决定

---

① 王青山:《论西安事变中蒋介石转变的主观因素》,《社会科学家》1988年第6期。
② 许今强:《西安事变前国民政府对日备战工作述评》,《青海大学学报》(哲学社会科学版)1993年第2期。
③ 李佩良:《对西安事变研究中几个问题的探讨》,《南京政治学院学报》1991年第3期。
④ 张仲良:《西安事变新论》,《江汉论坛》1989年第7期。

的。汪精卫之流对日妥协，处处兴风作浪，挑起内战，也是由其媚日卖国的反动本性所决定的。这些都不能看作是西安事变的必然后果。①

四 关于西安事变中几个重要人物的历史作用问题

1. 张闻天与西安事变

最近，有的学者撰文论及张闻天在西安事变中的历史作用，认为他在我党制定正确的和平解决西安事变的方针上有着重大的贡献。过去讲中共和平解决西安事变的作用时，只讲毛泽东、周恩来，根本不提张闻天，实际上，他是党中央内部最早明确和平解决西安事变的方针的。表现在以下两点。（1）事变爆发后的第二天，张闻天就在中共中央政治局常委扩大会上发表了讲话，他清醒地分析了事变后可能出现的前途，明确地提出我党的总方针应是把"局部的抗日统一战线，转到全国性的抗日统一战线"。在策略上，他指出"不采与南京对立的方针"；提出尽量争取"南京正统"的独到见解。这就为中共和平解决西安事变定了基调。2. 1936年12月19日中共政治局扩大会议上，张闻天首先明确"我们的方针应确定为争取成为全国性的抗日，坚持反对内战，一致抗日的方针"。他批评了公审蒋介石的主张，围绕"不再恢复反蒋"这一关键问题，对政策的正确性及其策略思想作了系统地阐述；并为中央起草了《关于西安事变及我们任务的指示》，至此，中共中央才得以提出并完善了和平解决西安事变的方针。②

2. 彭德怀、任弼时与西安事变

近年来，有的学者论及中共除在政治上参与西安事变和平解决的工作外，军事上也起到了有力的策应和后盾作用。这当中彭德怀、任弼时功不可没。表现在以下两点。（1）冷静思考，全面分析时局，表现出他们在政治上的远见卓识。对于事变的性质、处置蒋介石的态度以及军事部署等

---

① 李佩良：《对西安事变研究中几个问题的探讨》，《南京政治学院学报》1991年第3期。
② 张魁堂：《中共中央和平解决西安事变方针的制定》，《近代史研究》1991年第2期；《历史上的张闻天》，《人民日报》1991年3月31日。

基本问题的看法,与党中央的分析基本一致。张学良被扣后,二人对当时的复杂时局,同样与党中央基本一致地做出正确地分析。彭、任在这些重大问题上同党中央不谋而合,是很有助于和平解决西安事变的。(2)西安事变前后,在军事方面做了大量工作,其作用在于:第一,使红军在思想上、政治上、行动上同党中央及军委保持一致,保证党对红军的绝对领导。尤其难能可贵的是彭、任对党中央及军委的指示、命令并不盲目执行,而是以高度的革命责任感,根据战场实际情况,直抒己见,协助党中央和军委完善军事战略方针。第二,使红军同东北军、第十七路军保持"三位一体"。在其指挥下的军事行动和军事步骤,壮己声威,威慑敌军,有效地配合西安方面与南京政府、蒋介石的政治谈判。①

原载《史学月刊》1996 年第 6 期

---

① 宋毅军:《西安事变前后的彭德怀和任弼时》,《中共党史研究》1992 年第 3 期。

近十年来西安事变重大问题研究述略

曾祥健　朱喜来

　　西安事变是我国现代史上的一次重大历史事件，近十年来，西安事变的研究进入了一个崭新阶段，广大学者从各个不同侧面、不同角度对西安事变进行研究，展开讨论，取得了辉煌的成就，现将其中存在争议的几个重要问题作一简要综述。

一　关于西安事变后的舆论反响问题

　　对这一问题，主要存在两种不同的意见。

　　一种意见认为，西安事变发生后，当时国际国内的舆论是对张、杨的是劝、谴责和警告，一致指出其莽撞发动事变可能带来恶劣的后果。理由如下。（1）国际上，首先，苏联政府对西安事变进行了激烈的抨击，苏联政府机关报《消息报》连日发表社论，苏共《真理报》也发表社论和评论员文章，认为事变是张学良和汪精卫合作搞起来的，甚至说张是受日本煽动，利用反日口号反对南京政府。其次，英美等国都声称事变为"叛变"，认为"这次事件与其说增强无宁说削弱中国抗御外侮的力量"。再次，日本因为"恐怕对于中国民众抗日激昂的感情有火上添油的危险"，对事变不便表示出过分高兴的情绪，但其反对事变和平解决的态度则是十分露骨的。（2）当时的国内舆论也是普遍反对西安事变的。各地方实力派的表态大同小异，都要求释放蒋介石，和平解决。许多一贯反蒋的民主人士也不赞成发动事变，例如马相伯。①

---

①　张仲良：《西安事变新论》，《江汉论坛》1989年第7期。

另一种意见认为，西安事变后，国际、国内的舆论回响应作具体分析。理由如下。（1）当时国际、国内的舆论，并不是一致对张、杨发动西安事变持规劝、谴责和警告。国际上，虽然日、苏、英、美等国没有支持张、杨的举动，但态度并不一致，有对事变持谴责态度的，如苏联；有对事变持幸灾乐祸并希望从中渔利的，如日本；有对事变希望和平解决的，如美、英。国内持反对态度的多是国民党集团和依附国民党政府的反动文人，而广大爱国群众和学生甚至许多国民党地方实力派如李宗仁、白崇禧、李济深、刘湘、宋哲元等都支持西安事变。（2）就国际、国内部分对西安事变表示反对、谴责的舆论来说，也应作具体的分析。持谴责态度的，有的是出于本集团的利益，有的是因为何应钦为首的亲日派封锁消息和乘机造谣、歪曲事变真相，使许多人产生误会。①

二　关于和平解决西安事变方针的首倡者问题

这个问题一直是有争议的，经过学者们的热烈讨论，目前主要形成了有代表性的两种意见。

一种意见认为，西安事变和平解决方针首先是中共独立自主决定的。理由如下。（1）在未接到共产国际指示之前，中共已经提出了和平解决事变的五个步骤。（2）中共发布的一系列电报均证明其力举和平解决。（3）中共在提出和平解决方针的过程中，否定了共产国际的某些错误分析和看法。②

另一种意见认为，西安事变和平解决的首倡者无疑应该是发动事变的当事人，而不应该也不可能是其他任何人。直而言之，张学良才是西安事变和平解决的首倡者。理由如下。（1）事变发生前，张学良"爱护介公，八年如一日"。他总觉得"抗日不应该反蒋"——这就为事变的和平解决埋下了伏笔。（2）事变过程中，张学良千叮咛万嘱咐："千万不要伤害委员长"。并采取各种措施"保其安全"——这无疑为事变的和平解决创造了前提。（3）事变发生后，张学良首倡和平解决，力促早日放蒋，并亲自陪蒋回宁复职——这是为和平解决事变迈出的具有决定意义的一步。所

---

① 李佩良：《对西安事变研究中几个问题的探讨》，《南京政治学院学报》1991年第3期。
② 张魁堂：《中共中央和平解决西安事变方针的制定》，《近代史研究》1991年第2期。

以，捉蒋——事变由他首义；放蒋——和解由他首倡。①

三 关于西安事变是否推动蒋介石走上抗日道路问题

这个问题是史学界一直争论的问题，也是研究西安事变的一个重要问题，目前大致存在着两种对立的观点。

一种观点认为，国民党集团由对日妥协走上抗日道路，其根本原因是它有抗日的要求愿望，即使没有西安事变，国民党蒋介石集团也会走上抗日道路。认为，外因是变化的条件，内因是变化的基础，外因通过内因起作用。西安事变前，国际国内的政治形势发生巨变，从而引起国内阶级关系的变动，蒋介石转向抗日有其必要性和可能性。首先，出乎蒋的预料，日军侵占东北之后，并未将矛头指向苏联，而是进占华北，日蒋矛盾激化。其次，日本进军华北，打破了帝国主义列强在中国的势力平衡，损害了美、英在华利益。再次，蒋介石在第五次"围剿"红军中取得胜利，同时打击了国民党内部分裂势力，巩固了个人的独裁统治。从华北事变开始，蒋的"攘外必先安内"政策已经作了修改，抗日已被提上议事日程。而在西安事变中，蒋介石并没有签订什么书面条约保证实行抗战，如果他不愿抗战，反悔轻而易举，就是蒋临行前许下的六项口头允诺，唯独"停止内战，一致抗日"一项兑现，其他的完全翻悔。所以说，蒋介石走上抗日道路不是西安事变逼成的，而是日军出兵华北逼成的。②

另一种观点则认为，没有西安事变的推动，国民党蒋介石集团绝不可能走上抗日道路。理由如下。（1）九一八事变后，民族危机日益加剧，蒋介石面对共产党的存在和日本的入侵，不顾全国人民抗日的强烈要求，而把"剿共"作为时局的关键，灭共是蒋介石最强烈、最为迫切的愿望。（2）在蒋介石的主张里必须先消灭共产党，尔后才能抗日，而共产党又确难"剿灭"，共产党不消灭，蒋介石就不可能停止"剿共"战争，"剿共"战争不停止，蒋介石就不会抗日，蒋介石集团的抗日要求和愿望就不会转变为抗日的实际行动。（3）蒋介石的"剿共"决心至死不变，张

---

① 蒋文祥：《"西安事变"和平解决首倡者新探》，《唯实》1987 年第 5 期。
② 张仲良：《西安事变新论》，《江汉论坛》1989 年第 7 期。

学良在发动西安事变前对蒋介石的多次劝谏失败充分证明了这一点。就是在西安事变中,蒋介石被扣后的一段时间内,他仍然一度顽固地认为自己的"剿共"政策是正确的,而西安事变和平解决,蒋介石被迫答应停止内战、一致抗日的六项条件后,仍一度要撕毁在西安的承诺,继续其"剿共"政策,并企图镇压西安事变的发动者,再次挑起内战,只是由于国际国内舆论的强大压力和宋子文的坚决反对,内战才没有重新爆发。因此,没有西安事变,蒋介石就不会放弃"剿共"政策,国民党蒋介石集团因此也不可能由对日妥协走上抗日道路。①

四 关于西安事变是否给亲日派提供了一次兴风作浪挑起内战的机会问题

对于这个问题,目前史学界也形成了两种完全对立的观点。

一种观点认为,张、杨主观上是为逼蒋抗日,挽救民族危难,客观上却使中国人民蒙受了一场虚惊,担心陷入动乱和内战,给日本扩大侵略以可乘之机。理由如下。事变爆发后,南京政府内部形成主战、主和两派,主战派何应钦等力主武力讨伐张、杨,扩大事态以便浑水摸鱼;主和派宋美龄等则坚持和平解决。但事变初期主战派占了上风,何应钦取得调动军队大权后,立即积极调遣军队组成东西两路集团军,准备发动对西安的进攻,并于16日布置就绪。同日,何应钦就任"讨逆军总司令",调动大批部队进攻西安,并出动飞机轰炸渭南、富平一带,内战一触即发。西安事变的发动客观上给了亲日派一次兴风作浪、挑起内战的机会,这是张、杨所始料未及的。②

另一种观点认为,西安事变的客观效果达到了逼蒋抗日,挽救民族危亡的历史作用,实现了张、杨发动西安事变的初衷。认为,尽管蒋介石并非心甘情愿,但他毕竟是在各种力量的综合作用下,被迫答应了张、杨"停止内战、一致抗日"的主张,为实现国共合作,推动挽救民族危亡的全民族抗日战争的发动创造了前提条件。论者进一步指出,那种认为西安事变客观上给日本扩大侵略以可乘之机,给亲日派提供了一次兴风作浪挑

---

① 李佩良:《对西安事变研究中几个问题的探讨》,《南京政治学院学报》1991年第3期。
② 张仲良:《西安事变新论》,《江汉论坛》1989年第7期。

起内战的机会要作具体分析。理由是：西安事变发生后，日本帝国主义确实妄图借机挑起中国更大的内战，从而扩大对中国的侵略。这是日本帝国主义的侵略本性和既定国策决定的，即使没有西安事变，他们也总是寻找事端，制造借口，从九一八事变以来的步步侵略和一次次挑衅，日本帝国主义都是依据这一逻辑发展的，而以汪精卫为首的亲日派对日妥协，不惜出卖中华民族的根本利益，甘愿充当日本帝国主义的走狗，处处兴风作浪，挑起内战，也是他们媚日、卖国的反动本性所决定，他们有风作浪，无风也要作浪。因此，亲日派的所作所为，不能看作是西安事变的必然结果。①

五 关于中国共产党在和平解决西安事变中的作用问题

关于这个问题，台湾学者与大陆学者存着很大分歧。台湾学者的观点归纳起来大致有下面三种。（1）一种意见认为，西安事变之所以能够和平解决，是因为蒋介石"不可动摇的伟大人格所感召"，是因为宋美龄对周恩来、张学良等的"反复开导"和"劝告"，共产党在西安事变的和平解决中不起什么作用。②（2）另一种意见认为，西安事变发生后，中共并非心甘情愿地主张"和平解决"，"实际上却想于和平解决西安事变的过程中施展谋略，以期获得最大利益"③。（3）还有一种意见认为，中共之所以要和平解决西安事变，是因为中共濒临灭绝边缘，为了保全自己，避免被国民党消灭。

大陆学者对这个问题的意见基本一致，认为西安事变和平解决的方针，是中国共产党独立自主制定的，以周恩来为代表的中共代表团在促进西安事变的和平解决中起了关键的作用。理由如下。（1）和平解决西安事变的方针，是中国共产党根据国内国际紧张复杂的形势，独立自主制定的。（2）以周恩来为首的中共代表团前往西安，既巩固了与张、杨的三方联合体制，也协调了西安与南京的关系，从而促成了西安事变的和平解

---

① 李佩良：《对西安事变研究中几个问题的探讨》，《南京政治学院学报》1991年第3期。
② 《传记文学》第40卷第4期，第96页。
③ 李云汉：《西安事变始末之研究》，中国台湾近代中国出版社1982年版，第7、233页。

决。(3)中国共产党的根本立场是从民族大义出发,抛弃旧怨,轻内争而急国难,坚决反对内战,力争和平解决事变。(4)蒋介石接受中共和平解决西安事变的基本条件,同意中共和张、杨"停止内战,一致抗日"的要求。所以,中国共产党在和平解决西安事变中所起的作用是关键的,是任何人都无法抹去的。①

六 关于西安事变是否是"时局转折点"问题

对于这个问题,绝大多数研究者认为,西安事变的和平解决,是由国内战争转变为全民族抗日战争的转折点,是国共两党实行重新合作的重要起点,是时局的关键,开辟了抗日战争的新局面,因而是"时局转折点"②。

另一种观点认为,西安事变不是"时局转折点","时局转折点"应是八一三事变。理由如下。(1)西安事变和平解决后,局势并未好转,反而急剧恶化,红军西路军全军覆没,三位一体联盟被拆散,南京国民政府继续坚持反共独裁战略。(2)国民党五届三中全会通过的《宣言》虽然承认和平统一"为全国共守之信条,此后惟当依据和平统一之原则,以适应国防,且以奠长治久安之局",但同时又说中国共产党"破坏国民革命,以暴力手段危害民国,无论用何方式,必须自力使赤祸根绝于中国"。(3)1937年8月13日,驻沪日军以租界为依托,突向闸北进攻,八一三事变爆发。侵略者将战火烧到国民党政治的心脏,迫使蒋介石走上动员全国一切力量抵抗侵略之路,遂使时局朝着有利于共产党的方向迅速转变。在八一三事变的促动下,8月18日蒋介石同意红军改编为国民革命军第八路军,僵持已久的红军改编后的指挥和大事问题终于获得解决,第二次国共合作正式实现,中国出现了全民族抗战的新局面。八一三事变后,国民党修改《危害民国紧急治罪法》,释放一大批中共党员和进步人士,允许人民有一定的抗日自由权,并和苏联缔约,获取外援。抗日战争

---

① 秦兴洪:《试论中国共产党在和平解决西安事变中的作用》,《广州师院学报》(社会科学版)1987年第1期。

② 傅建文:《中国现代史上的一个重大历史转折点》,《河北大学学报》(哲学社会科学版)1987年第2期。

爆发后，共产党和八路军、新四军充分发挥在抗日民族统一战线中的主体作用，努力扩大武装，建立根据地，打击日本侵略者，三年中，取得极大的发展，一举超越了十年内战和建党16年取得的成果，伟大的全民族抗战使共产党和红军起死回生，由小到大。所以说，时局的转折点是八一三事变而不是西安事变。①

七 关于西安事变对中共历史发展提供的机遇问题

对于这个问题，台湾学者和大陆学者也存在很大的分歧。台湾学者认为西安事变为中国共产党的发展提供了极好的机遇，可以说，没有西安事变，就没有中共和红军的发展与壮大。理由如下。（1）西安事变前，中共与红军第五次反"围剿"失败，被迫长征，而在长征过程中，红军在国民党军队的围追堵截下，损失惨重，虽到达陕北，但势力已难与以前相比，处境困难。（2）中共与红军到达陕北后，一反常态，改变一贯倡战作风，提出停战议和，以求自身发展。所以，中共的发展与西安事变所提供的机遇密切相关，没有西安事变，就没有中共的发展。②

大陆学者就台湾学者的观点提出了不同的看法。他们认为西安事变给中共历史发展所带来的机遇是极为有限的。中共的迅速发展是因为它将自己的命运置于历史发展的客观规律的基础之上，而并非西安事变提供的机遇造成的。理由如下。（1）西安事变前，中共就已具有继续生存和发展的主客观条件，中共在陕北的绝望处境在西安事变前已结束。中共虽然处境仍很艰难，但经过长期反"围剿"斗争的磨难和伟大的战略转移，已具有更强的适应艰苦环境的能力，并开辟和巩固了今后得以继续发展的根据地，前景是乐观的。（2）中共在西安事变前向国民党呼吁停战议和，是从中华民族抗日救亡的大局出发，绝不是惧怕内战。（3）西安事变虽带偶然性因素，但隐蔽其后的必然性是举国上下的抗日要求与蒋介石"剿共"政策的尖锐矛盾，这一矛盾即使不在西安事变中爆发，也要通过

---

① 白杰：《八一三事变才是时局转折点》，《山西大学学报》（哲学社会科学版）1994年第1期。

② 《传记文学》第40卷第4期，第96页。

其他形式表现出来，中共的发展置于历史规律之中，是由历史发展推动的，关键是中共对机遇的把握。①

八 关于张学良送蒋返宁问题

这一问题是近几年史学工作者研究的重点，也是一个热点，论者各抒己见，分歧较大。归纳起来，主要有五种不同观点。

第一种观点认为，张学良送蒋返宁，是和平解决西安事变的必要环节，是由张学良发动事变的目的、动机，以及他和蒋介石在该事变中所处的地位决定的，一句话，是应肯定的。理由如下。（1）张学良陪蒋回宁是逼蒋抗日的继续，是要督促蒋实现其承诺，共同抗日。（2）张学良陪蒋回宁是为了挽回蒋介石的声誉，以进一步联合国民党左派，争取中间派，孤立亲日派，推动全民族的抗日。（3）张学良陪蒋回宁有利于进一步澄清他们发动西安事变的动机，使人们不为亲日派所制造的烟幕迷惑，自觉支持抗日运动。所以张陪蒋回宁在和平解决西安事变中发挥了极为重要的作用，是其必要环节。②

第二种观点认为，张学良陪蒋回宁是西安事变的一个曲折，是一个令人遗憾的结尾，一句话概之，是错误的。理由如下。（1）张学良陪蒋回宁离开西安，不仅使他本人遭致被扣，而且引起东北军的内乱和东北军、十七路军的迅速瓦解，三位一体随之解体，杨虎城将军被迫出国，归国后长期被囚最后惨遭杀害。（2）假若张不陪蒋回宁，而是留在西安善后，就能统一东北军的思想，协调三方的认识，三位一体的联盟得到加强，蒋必不轻易以调防、改编来吞并东北军和十七路军，也不敢用武力解决。这样，东北军和十七路军不会瓦解，三位一体不会被拆散，张学良、杨虎城和东北军、十七路军将为团结抗日做出更大的贡献。（3）张学良陪蒋回宁并不是为宣传事变的内幕，以消除人们对事变的种种疑虑，而是为给蒋挽回面子，维护蒋的威信，去负荆请罪的。就是张真心为揭露蒋，替西安方面造舆论而去南京，客观上也不可能有那样的条件，南京是蒋氏的天

---

① 王真：《西安事变与中国共产党的历史发展》，《教学与研究》1994 年第 2 期。
② 朱谷生、杨唐清：《张学良陪蒋回宁是和平解决西安事变的必要环节》，《曲靖师专学报》1991 年第 4 期。

下，除了去"认罪"和"忏悔"外，绝容不下一个反叛者有半点言论和行动自由的。所以，张陪蒋回宁是令人遗憾的，是个画蛇添足的败笔。①

第三种观点认为，对于张学良送蒋返宁问题应从张的爱国拥蒋抗日的历史渊源出发，站在历史发展的宏观角度及和平解决西安事变的关键环节上来分析，指出张学良送蒋返宁，是为和平解决西安事变，不惜牺牲个人一切的义无反顾的行为，这一牺牲赢得了停止内战，实现了国共联合抗日，为取得我国近百年来第一次反侵略战争的彻底胜利奠定了基础。理由如下。（1）张学良送蒋返宁有着历史渊源和思想基础，张学良爱国抗日但不反蒋，拥蒋抗日是他一直所坚持的。（2）张学良送蒋返宁，和平解决西安事变，是由当时国内外的各种条件促成的。首先，日本帝国主义妄图灭我中华的严酷现实，迅速使国内各种矛盾降为次要；其次，西安事变爆发后，国内外舆论的主流是拥护张、杨八项主张，反对内战，呼吁张保证蒋介石的安全，送蒋返宁，和平解决西安事变；再次，张之所以发动兵谏，纯粹出于爱国、救国、爱领袖，为蒋所逼而成，并无真伤害蒋之意。②

第四种观点认为，张学良送蒋返宁是经过深思熟虑的，与张、蒋之间笃厚的私交感情密切相关。理由如下。（1）张数次挽救蒋于危难之间，与蒋感情极深。九一八事变，张集家仇、国难于一身，在全国人民的"坚决抗日"呼声中，却听从蒋的号令，依然率东北军入关，替蒋背上了"抗战不力，丢失东北"的黑锅，使蒋"舍车保帅"，维持了蒋的领袖地位。（2）张旅欧回国后，受法西斯主义影响，笃信蒋的武力统一政策，就任"豫鄂皖剿匪副总司令"，把自己装扮成一个蒋介石最忠实的信徒。即使是思想转变，接受共产党提出的抗日统一战线的主张后，仍坚持抗日不反蒋。（3）张发动西安事变，并非报复蒋介石，而是他的爱国、拥蒋、抗日思想逼出来的，是他爱国拥蒋抗日思想的综合表现，他说："我们绝不是反对蒋委员长本人，是反对他的主张和办法，也促使他反省，正是爱护他。"（4）一心拥蒋使张学良不顾各方反对，毅然躬亲送蒋返宁，在送蒋至洛阳时，蒋曾暗示说："汉卿，南京有人对你不理解呀，你还是回去

---

① 谷丽娟：《西安事变的一个令人遗憾的结尾——也评张学良陪蒋回宁》，《党史资料与研究》1987年第1期。

② 张友坤：《对张学良送蒋返宁的再认识》，《近代史研究》1994年第1期。

吧。"但张仍坚持送蒋到宁。所以，张送蒋返宁绝不是一时冲动，感情用事，而是在他的忠诚拥蒋抗日的思想指导下，经过深思熟虑做出的，其中一个主要原因是张与蒋的笃厚的私交之情。①

第五种观点认为，西安事变中张学良送蒋返宁之举，功过得失，要作全面的分析评价。指出：有得亦有失，得失相较，各占其一。论者认为，张陪蒋回宁，客观上造成东北军群龙无首，西安局势混乱，最后导致东北军和"三位一体"的联盟完全瓦解，而张学良本人也被推上审判台，终生陷于囹圄，结束了其政治生涯，这是失；得处则表现为陪蒋回宁给蒋留下了一个绝大面子，保护了东北军、西北军和其他官兵的安全，最重要的是终于促成了国共合作，成为扭转时局的关键。②

原载《历史教学》1996 年第 7 期

---

① 刘红旗：《也谈张学良送蒋返宁》，《社科信息》1994 年第 11 期。
② 熊靓：《张学良陪蒋介石回宁得失评析》，《湖南教育学院学报》1994 年第 4 期。

纪念西安事变60周年学术讨论会综述

梁星亮　王宝成

  由全国政协文史和学习委员会、陕西省政协、西安事变研究会、西北大学联合举办的纪念西安事变60周年学术讨论会，于1996年12月7日至10日在西安举行。会议的主题是"纪念西安事变与弘扬爱国主义"。与会的海内外学者90余人，提交论文60篇，对西安事变的一些重大问题进行了广泛的研讨。现将其主要观点综述如下。

  唐德刚、张梅玲指出，西安事变具有重要的历史意义和作用，它是中国由内部纷争向团结抗战的转折点，中国之所以能在1937年奋起抗战，西安事变实为契机。房成祥针对国内有人认为西安事变"是历史的悲剧""得非所值"的论点，指出：西安事变的最大作用是国内和平的实现和全民族对日抗战的发动，这是中国一个极大的进步。蒋介石通过长达十年之久的内战没有能消灭红军，统一中国，而西安事变期间中共向蒋介石做出必要让步，赞助他统一中国。蒋介石答应抗日，也缓解了同各地方实力派及其他政治派别的矛盾。因而蒋介石在事变中得到了以前想得到而始终未能得到的东西。

  西安事变的和平解决是事变各方发扬爱国民族精神的胜利。丁胜利、牛桂云、房成祥等指出，西安事变得以和平解决是西安、南京、延安三方面合力作用的结果，体现了一种民族团结、共御外侮的爱国精神。翁有为指出，张、杨的爱国思想是西安事变发动与和平解决的关键因素。

  关于毛泽东、张闻天、潘汉年在和平解决中的作用，叶心瑜认为，在西安事变中，毛泽东是中共提出并实行和平解决西安事变方针的最关键、最核心的人物。郭志民认为，在和平解决西安事变的总体框架下，当时在党内"负总责"的张闻天有针对性地提出了对日、对苏、对蒋、对张四个具体方针,使总方针条理化、科学化和可操作化。王秦认为,在西安事变的前前后后,潘汉年肩负重任,历经艰难险阻,出色地完成使命,为促进西安事变的和平解决,为促进第二次国共合作的建立与发展,立下了不可磨灭的功勋。

蒋文祥认为,西安事变中蒋介石被迫反省,客观上对事变的和平解决起了有益的配合作用;事变和解后,蒋介石部分地信守了自己在西安的"诺言",终于停止了剿共内战,实现了一致抗日,是值得赞许的。李秀芳认为,宋美龄在和平解决西安事变中的作用有三:(一)消释南京方面的三次讨伐浪潮,稳定南京方面的政局;(二)派端纳去西安探明真相,宁陕开始对话,为解决事变打开了通路;(三)宋到西安后,影响了蒋介石态度的变化,并同张、杨、周恩来等进行谈判,达成了协议。熊宗仁、李仲明对以往史著中认为以何应钦为首的"主战派"在西安事变中之所以力主"讨伐",是企图置蒋于死地并取而代之的观点提出质疑,认为何应钦主战的动机主要是以救蒋脱险,惩治张、杨和反对联共抗日为目的,亦是"以战逼和"并乘机瓦解东北军、十七路军的策略,而非阴谋篡权,取蒋而代之。

梁星亮、邢建榕对冯玉祥、端纳为和平解决西安事变作出的努力作了论述。对马占山在西安事变前后的活动,史学界过去尚无专文论述。王宝成对马占山在西安50余天的言行进行了全面考察,认为事变初发,他审时度势,鼎力支持张、杨的八项主张,并力主和平解决事变;事变之中,他被委以重任,积极参与西安方面重大的军政部署;事变后,为和平解决善后问题奔走斡旋,充分表现了这位抗日名将的爱国情怀和胆识。

关于西安事变引起的国际反应,郑德荣认为:苏、日、英、美、法、德、意虽均有反应,但以日、苏为甚。关于日本,我国学术界传统观点认为日本妄图乘机挑起中国内战,以坐收渔翁之利。其实并不尽然。日本最担忧的是南京政府以容共为条件与张学良妥协,同时,也不敢轻举妄动,怕会遭到欧美国家的谴责,故日本以所谓"静观"的态度对待西安事变。关于苏联,他认为,事变中苏联既遭到日本的猜疑与非难,又遭到南京政府的猜疑。它对此特别恼火与焦虑。于是既斥责张、杨,又不满南京政府而提出抗议。张庆瑰论述了共产国际和中共中央在西安事变爆发后在对事变性质的判断和具体处理事变的方法曾有原则上的不同。

吴天威等学者们认为,西安事变史的研究过去有很大进展,但有许多研究领域尚需开拓,许多薄弱领域仍需加强。会上,陈铁健对杨奎松《西安事变新探》一书作了评论,并就史学研究如何突破"禁区"的问题,发表了意见。与会学者还希望有关部门尽快开放西安事变的档案资料,尽快建立一座现代型的西安事变纪念馆。

原载《抗日战争研究》1997年第1期

西安事变研究之介绍与批评

[美] 吴天威

内容提要 本文对西安事变爆发后直至20世纪90年代,海内外西安事变研究的重要成果进行了扼要的概述和评介。其中首先涉及澳大利亚、美国、法国等西方国家学人的研究成果,以及中国香港、中国台湾地区的研究成果和状况。同时,文章对新中国成立以来大陆的主要研究成果做了综合概述和充分肯定,并对研究中的某些问题和方面提出了批评和建议。

一

西安事变爆发后,正在北平的澳洲年轻新闻记者詹姆斯·柏察慕(Jamus Bertram)与在事变前被西安当局放逐的苗剑秋二人搭伴离平,经太原辗转于12月27日抵西安。蒋介石虽亦被释放返京,但西安事变并未结束。在以后月余的变幻莫测的紧张局面里,二人均悉心参与不同的活动,直到"二二事件"的发生。柏氏将其目睹的西安事变真相立即成书,以《中国的危机》为题于1937年在纽约出版,对事变作全面之报道。翌年全书稍加修整再以《中国的第一幕》出版。西安事变及张、杨两将军已渐为西方媒体所熟悉。战后不久,另一澳洲人赛勒(Earl Albert Secle)又发表《端纳与中国》一书。

战后,在学术研究方面,由于集中于中国共产党之研究,西安事变未引起学术界之瞩目。至60年代,因西安事变与中共之兴起有关,始逐渐引起一些学者之注意,但主要还是在讨论国共关系和国共第二次合作当中而涉及西安事变,在这方面当首推美国斯坦福大学教授所著之《朋友与敌人》一书。继而有法国巴黎大学毕仰高及美国乔治城大学王冀先后以《西安之危机》和《一九二八——一九三一年之少帅张学良》所作之博士学位论文；以后又有傅虹霖女士在纽约大学的博士学位论文（后经辽宁人民出版社译成中文出版）。纽约哥伦比亚大学喜德邻以《一九二八——一九三六年张学良之政治生涯》为其硕士学位论文。及至 1976 年吴天威所著之《西安事变：中国近代史之转折点》一书问世，因系全面地讨论西安事变，迄今尚为西方所公认的一客观的学术研究。在撰写该书当中笔者虽专访过缪澂流、董延平、王铁汉等一些东北军将领，但所获极微，唯数度访问前共产党人项乃光及马绍周获益良多。再有在数度访问张国焘及毛庆祥受益匪浅。缘于对张、毛两位之访问是在纽约及多伦多进行，彼等可以无所顾忌，得以畅谈。访东北军将领系在台湾，当时西安事变尚为"禁区"，同时笔者当时并不明了缪在事变中之立场。

据云在蒋介石撰写《苏俄与中国》一书之际曾令张学良写一对西安事变之回忆，即所谓《西安事变忏悔录》，在高层军政要人中传阅。不意于 1964 年 7 月 1 日与军方有关之《希望》杂志创刊号竟将此文发表。当时《希望》立被查封，唯该文已流传至香港。《明报》月刊将其分期连载。"忏悔录"所述之西安事变今日看来，是真假参半，唯当时确道出一些新内容，引起海内外华人知识分子对于西安事变之兴趣，尤以香港为甚。

抗战期间流亡香港之张学良将军部下为争取张之自由积极活动。何镜华于 1941 年出版《双十二与民族革命》。1941 年时代批评社出版《张学良自由问题》一书。战后周鲸文、鲁泌（似为应德田）等于 1948 年出版《论张学良》（其中有周南著《爱护他们到几时》一文）。及至 1955 年，曾因有出版《活路》嫌疑而被捕于西安事变后陪同宋子文赴陕的郭增恺，曾于《热风》半月刊连载《西安事变》（第三十期至四十六期）。后于 1962 年郭又出版《西安事变三忆》（澳门大地出版社）。1968 年香港春秋出版社编辑姚立夫根据唐君尧、苗剑秋、彭昭贤及负责看管张将军的人员（可能是许颖或熊仲青）口述资料编了西安事变珍史三小册：《骊山迎蒋的欢呼与泪痕》《西安事变的前因后果》及《张学良幽居生活实录》，对于使西安事变在海外通俗化有些影响。

由于蒋介石父子对西安事变的厌恶，学者对此重要课题多不问津。但幸赖《传记文学》发行人刘绍唐，系东北人，尤其毕业于东北中山中学，关心西安事变及张将军本人，故不断刊载参与或亲睹西安事变的回忆文章，如李金洲的《西安事变亲睹记》、顾祝同之《西安事变忆往》及张玉荪之《华清池之旅》等，均有史料价值。以后《传记文学》又出版一些有关西安事变及张将军的书籍，有司马桑敦的《张学良评传》和《张老帅与张少帅》，王禹廷之《细说西安事变》。台湾也出版了一本孔祥熙讲演集，内有一些有关原始资料。

张将军九秩华诞获全面自由后，《传记文学》又出版刘心皇所编之《张学良进关秘录》及郭冠英著《张学良》侧写。再有较早沈云龙主编、佚名编之《西安事变史料》，由台北文海出版社出版，但无出版日期，唯印刷不清，难以应用。自1979年以来，大陆出版很多有关西安事变的著述。台湾官方有中国近代史专家李云汉（时任国民党党史委员会副主任委员），参考"大溪档案"撰写《西安事变始末之研究》，于1982年出版。翌年，该会出版《西安事变史料》两册（即《革命文献》第九十四、九十五两辑）。国民党元老陈立夫先生亦数度为文论述西安事变，有时因年迈而回忆不尽准确，引起争议。近年来，国史馆朱文原编纂《西安事变资料》三册（自1993年后出版），但"大溪档案"有关西安事变之全部资料尚付阙如。现该档案已拨交国史馆，该馆计划于1996年年底全部公开以利研究。

二

大陆方面对西安事变的研究，笔者见到的最早可以说是申伯纯的《回忆双十二》，载于胡华主编《中国新民主主义革命史参考资料》（1951年）。1956年，在西安事变20周年纪念座谈会上号召有关同志写稿。申于1959年夏季写成了一百段的初稿，1962年完稿，分送有关方面征求意见，1972年再次修正，这就是1979年出版的《西安事变纪实》。至于由中共中央发起的西安事变研究，始于1961年，周恩来提出成立"七人小组"，指定刘鼎、申伯纯、南汉宸、高崇民、杨明轩、阎宝航、赵寿山参加。翌年，高崇民建议增加刘澜波和吕正操而改称"九人小组"，由高崇民负总责。至1965年已搜集200多万字的资料，计划于西安事变三十周年纪念时将史料公诸于世。继而受"文化大革命"冲击，原七人小组人员多卒于秦城监狱，被周恩来指定西安事变史稿总其成的林枫及周本人亦逝世。同时很显然的，毛泽东对西安事变不感兴趣，对九人小组成员也无何好感，西安事变史之撰写随之中断。

随国内之开放，研究小组于1979年恢复，重新组成，其成员为刘鼎、刘澜波、吕正操、栗又文、解方、平杰三、童小鹏、宋黎、万毅、杨拯民、汪锋、阎揆要、孔从周、高杨、史永等（至1986年二刘、栗、解已逝世），此领导小组于西安事变50周年纪念之际出版《西安事变简史》。但1979年以来，西安事变及张学良、杨虎城两将军之研究与著述及电影和话剧之制造，如春笋丛生，"蔚然成风"。首先有西北大学历史系、西安地质学院中共党史组及八路军西安办事处合编之《西安事变资料选辑》（1979年于西安出版）。全书凡538页，收集118件原始文件，及一件回忆文章。1980年中国社会科学院出版《西安事变资料》两册，其第二辑包括徐彬如、高崇民、栗又文、孙达生等人之回忆，对了解西安事变之起源甚为重要。

　　以西安事变或以张、杨为专题成书最早者当推曾任杨虎城秘书10年的米暂沉先生。他于西安事变40周年前由天津市政协出版一本《回忆杨虎城先生》小册子。"文革"结束后，米修整补充小册子而成《杨虎城传》于1979年问世，1986年米书再行扩编充实内容，由米鹤都整理出版，同时出版英文译本。几乎在米暂沉写杨虎城传之同时，杨中州受申伯纯在50年代所写"回忆双十二"一文的影响，于1960年即开始写西安事变，1974年再加修改，后于1979年出版。

　　一部严谨的西安事变著作亦于1979年写就，作者为西北大学李云峰先生。但直至1981年始由陕西人民出版社出版，书名为《西安事变史实》。该书对西安事变作全面有系统详尽的报导，书中也透露了前所不知的新资料，如张、杨于12月8日决定兵谏（笔者认为早于8日，因是日王以哲及宋文梅已知）捉蒋的决心，及9日晚十七路军误认兵谏于当晚发动而派兵包围易俗社剧院的一场虚惊。该书并首次登载1936年12月15日中共致南京国民政府宣言，要求"罢免蒋氏，交付国人裁判"。

　　中共中央于1983年至1986年先后出版《抗日民族统一战线文件选编》3册，其中册为1935年至西安事变前之文件，多与西安事变有关。1986年为纪念并庆祝西安事变50周年，国内有大批有关西安事变之著述问世，其中《西安事变亲历记》（中国文史出版社）及《西安事变研究》（陕西人民出版社）两书使笔者受益匪浅。

　　十余年来，高存信、白竟凡夫妇对西安事变之探讨研究锲而不舍，从《张学良开始联共时间的探讨》《张学良与杜重远会见考证》，对王以哲的研究，对应德田及孙铭九的批判，特别是《西安事变与二二事件》（1995年香港同泽出版社出版）等有关西安事变的专题研究有独到的贡献。

张魁堂先生研究西安事变有年，其所写有关西安事变文章散见各报章杂志，澄清不少疑问，尤以刘鼎与延安会议。但亦报导一些有争议的问题，迄今尚无满意的解答。1991年更发表其《张学良传》。张魁堂先生突于1994年因病逝世，为我学术界之莫大损失。

三

1989年自《周恩来年谱》问世以来，西安事变之研究再度提高，有关书籍不下十种。但在此应特别提出的是年轻学者杨奎松出版之《西安事变新探——张学良与中共关系之研究》，因系在台出版，引起学术界之讨论，如蒋永敬、李敖及苏澄基均分别在著述中讨论。杨书最突出一点是张学良要求加入共产党，其证据：《中共党史研究》1988年第二期转载共产国际1936年8月15日给中共中央的电报明确指出"共产国际不能同意中共中央根据张学良要求准备发展其入党的提议"。至于张之作此要求是基于刘鼎6月30日给中共中央的电报，其中有"日（杨指为张学良代号）要求入我党耳，求专人训练"一句。这句下半句"求专人训练"当然指的并非张个人。因刘鼎已提到张很注意学习共产主义之理论且经刘数月之熏陶，再者张在武汉期间，在著名共产党员、曾译马克思《资本论》的潘文郁指导下学习马列主义，当然无须再派专人训练，他指的是东北军团体。同时张既然提出"和红军一起打游击"，他也可能提到加入共产党。这只不过是当时他气愤时所说，中共中央并未予注意。因张要同"红军一起打游击"而于7月5日至7日召开的安塞会议，并未提出张要求入党的问题，相反地，毛泽东说：

> 张学良敢在肤施与恩来商谈，回去宣传抗日是大好事……宣传抗日很不容易，有一些高级军官想不通，甚至反对是可以想见的……东北军内部分化，张学良竟准备和红军一起干，这是个了不起的转变。我们党对东北军不是瓦解、分裂或是把它变成红军，是帮助、团结、改造他们，使之成为抗日爱国的力量，成为红军可靠的友军。

离开安塞前，毛还找刘鼎嘱咐他："当前我党对东北军的方针是争取团结，联合抗日，任何不符合这个方针的都是错误的。"那么，"张学良想把队伍拉出去，能拉多少算多少，和红军一起干"，当然不符合这个方针，争取他入党当然也是错误的了。同时毛又说："你不要怕年轻，也不要怕没经验，我们都在做张学良的工作呀！"这无形中说明刘对张学良的想法和认识尚嫌不足。

1936年7月份中共中央直到27日始举行政治局会议，决定加强对东北军的宣传工作，并成立白军工作部，由周恩来主持，但并未讨论张之入党问题，唯共产国际1936年8月15日致电反对吸收张入党一事，必有其来源。今杨奎松提出张闻天总书记是年7月2日致国际电为证："（张自宁）回来后，即要求加派领导人才去为其策划，并要求加入我们的党。我们拟派叶剑英、朱理治去，并将来拟许其入党，因为这是有益无损的……目前我们与蒋介石争夺东北军到了最后决斗的时期，我们客观与主观的条件都好过蒋介石，但还要用一把很大的力量，国际的援助是一个重要条件……东北军在西北的发动决不容缓。我们计划至迟到8月应该发动。"张闻天这封电报主要目的是争取莫斯科或斯大林的援助，所以尽量说张学良和东北军的好话，但并未要求批准张入党。

杨书提出的另一问题："据刘澜波告刘向三，王以哲日内态度不佳，蓝衣社有三人经常包围他，故最近拒绝与左翼人接近。蓝衣社提出倒张拥王口号，并声言东北军反蒋无出路，力言张当初拥蒋，今又反蒋，是无信义，他绝不赞成。"此8月19日潘汉年给中共中央的报告，导致毛泽东作书给王以哲鼓励王切勿为流言所惑，动摇联共之决心。

潘所听到王以哲动摇之流言源自刘向三。刘为最早被派至王以哲六十七军之联络人，与王部交往至深，对王之行动知悉最详。刘于1988年写《忆王以哲将军与红军的联合》一文，兹引起数段于后：

  王以哲将军得知我们苏区的困难，对我军的军需物资尽可能地给予支持。他曾派人送一包东西给我，内有法币十万元，我立即送到苏区党中央所在地保安。而且经王将军同意，我曾几次将六十七军送给我们的枪支、弹药和有关物资运往苏区。

  我在六十七军工作期间，王以哲将军主要派王政来帮助我工作，他是王以哲最可靠的心腹，是我工作、生活的好伙伴，也是我结交的诚挚的同志和朋友。除了特殊的党的工作情况外，许多事情我都和他商量办。

一九三六年秋末冬初，为了给苏区红军筹集军服，由王政经手，从同合军服厂取过两次服装，每次都是用多辆大卡车送往苏区的。事后才知道，这些货都是由六十七军留守处结账的。

六十七军军械处处长范长庚把存在洛川的两千多支步枪运给红军。事隔不久，他又从设在肤施的军械库中提了账外70万发子弹给红军，我用20多匹骡子驮了两次都没运完。

另外一位曾被派往六十七军的中共代表、现健在的刘培植撰文纪念王以哲将军，其中一段：

一九三六年五、六月间我又一次去洛川（三月至五月曾去两次），王（以哲）军长，刘（多荃）师长告诉我，东北军要全部撤离陕北苏区，要西开，叫我尽快把此消息转告周副主席……派我返洛川，随六十七军和一〇五师一同行动。做为中共的联络员，到甘宁后受彭德怀同志领导……十月彭总命我去平凉邀请王以哲、刘多荃来前线会见。我陪同两位将军由平凉去前方，到三营子，王奉电令回西安，未能见彭总。根据彭总的指示：由我和刘多荃商定打假仗，我为督战代表，由刘多荃指挥了这次打假战……这时王以哲将军的处境最为艰难。蒋介石的命令他不敢不执行，为保护抗日力量，不能打红军，可他又不便对下级明言。他只好命令所统率的六个师，以保存实力，准备打回老家收复失地为由，避免同红军冲突。

为阻止张国焘、徐向前、贺龙所率之红四及红二方面军由西康北上经草地在甘肃会宁一带与陕北红军会师，蒋介石以胡宗南及王以哲所部组成两路纵队并进，期一举击溃红军。至于王以哲在蒋之十年"剿共"之国共最后一战中如何处置，请参阅1986年4月27日《人民日报》载王秦《为促进第二次国共合作献身的爱国将领——王以哲》一文：

为配合红军行动，王与红军司令员彭德怀天天函电交驰，他冒着"以法论罪"的严重危险，将自己所部及胡宗南等部的进军路线，行止时间……通报彭，并按彭要求，想尽办法阻滞东北军和胡宗南部的前进，帮红军赢得时间。由于王部的拖延，胡宗南孤军深入，十一月二十一日在山城堡中红军埋伏，三个师被击溃，一个半旅被全歼。

按当时情形，蒋曾急电王以哲驰援胡军，电讯中断，王未作覆。西安事变前夕，蒋约见王及刘多荃，曾质问王为何不解救胡军之山城堡之围，要军法处置，已现杀机。

今天看来，潘汉年奉共产国际之命返国，抵西安与张学良会谈，于8月19日、25日及9月1日给毛泽东、张闻天三个报告。潘所述王以哲的动摇恰与继他来西安的东北军工作委员会书记朱理治的观察相反。朱说："王以哲想多种方法来和我们接近……王因左的方面对他很冷淡。"孙达生于1993年写《艳晚事件》一文，其中对潘之三次报告有所批评：

> 张学良在八月初由上海回西安，给党中央去电，请派负责同志常驻西安，共商大计。中央复电安排三个同志，即肇英（叶剑英），肇治（朱理治），肇年（潘汉年）前来，最先来的是潘汉年。现在档案中有潘给毛泽东、张闻天的三份报告，日期为八月十九日、八月二十五日、九月一日。他对"艳晚事件"在报告中说：刘澜波等人在东北军中的工作，完全垮了。又说上海孙（指我）他不认识，可能是上海、天津政治垃圾人物……刘鼎到西安后，他也随之到了，刘鼎的行动，敌人知之甚详，与上海孙也有关，又说孙可能是敌人训练好，派回来的叛徒。他在报告中，也说了刘鼎一些坏话，如说刘把夫人的捐款，挥霍不少，应查账，又说刘与应、孙一样满足于作张学良的幕僚，不可能指望他为党工作了。他是预备接替工作的，因张学良不欢迎，只得调回保安，他的报告，中央也未深信。

潘汉年以其来自莫斯科代表国际，不明西安方面及东北军之情况而信口发言，造成误解。

四

西安事变60年后的今天，从事研究的人员有丰富的资料，自由的环境，无个人利害和恩怨，对于西安事变的后果及影响，人们所发生的感情成分已淡薄，及张学良将军的喜剧性的结局，使我们更能客观地研究西安事变的问题。历史毕竟不是自然科学，由于每个研究人员的生活环境、文化背景不同，虽然都抱科学的态度，所得的分析结论仍难免有所分歧，经过客观研究所得到的分歧也是我们研究的成果和真理。多年以来就所读的国内出版关于西安事变著述所得的印象，不论其正确与否，愿在此提出供诸位学者参考，并且亦可视为未来研究之题目。

（一）中国共产党在国内战争之胜利，致使对西安事变之研究以"中共必然胜利"先入为主成见的影响，未尽客观地反映当时中国的国情和国际形势。

（二）"统一战线"这个法宝为中共在国共斗争中胜利之重要因素之一，但1935—1936年的学生运动和救国运动不应加重为统一战线的影响，正如在中共建立之前之"五四"运动，并非受中国共产党运动之影响。"一二·九"和"一二·一六"运动主要是自发的学生运动，固然黄敬、宋黎等共产党员甚为活跃，但中共要员如刘少奇、杨尚昆等尚未抵平津。

（三）"西安事变"的和平解决和蒋的释放，过于加重中共的和平解决政策的影响。周恩来所率之中共代表团于12月17日晚抵西安时，和平解决的趋势已定。而周与张在西安的首次谈话中，周提出"西安之变"属于"军事阴谋"，即亦无形中显露张事先未与中共商讨而发动西安事变，不尽满意。冷静分析，张、杨发动"西安事变"主要是"抗日救国"，可能亦掺杂自救保全实力的动机。但刻不容缓必须"兵谏"，迫使蒋停止第六次"围剿"，联共抗日，否则红军有被消灭之虞。换言之，"西安事变"之近因是"必须拯救红军免被消灭"。

（四）对于蒋介石在西安被拘之两周多加以丑化。事实上，蒋之个性如顽固、倔强、自爱欲等是获得早日释放的因素之一。

（五）"西安事变"之和平解决，宋子文、蒋夫人及澳人端纳皆有功，但鲜见讨论蒋夫人及端纳之贡献。

（六）"西安事变"之和平解决固与苏联的态度有关，但极少学者讨论英、美、意三国的态度及影响。

（七）汪精卫、何应钦对蒋解决西安事变善后问题之影响尚缺乏讨论。

（八）"二二事件"之发生与中共之责任应予探讨，如中共在东北军中之活动，周对少壮派之态度，及周之1月30日云阳会议缺乏与东北军上层沟通，亦未能防范少壮派暴动于未然，故负有相当的责任。

（九）东北军与红军联合局面之得以形成，进而发动西安事变，王以哲之功实仅次于张、杨，今后应予更加褒扬。但王未能尽与少壮派调和领导之责，以致酿成"二二事件"，亦须加以检讨。

（十）张慕陶问题。迄今为止，所有著述几乎全篇一律骂张为"托派汉奸"。托洛茨基与斯大林之争，孰是孰非，孰是真正马列主义者姑且不论，中国的反托派主要始自王明。1931年1月被王明推翻的原中央决定成立临时中央，旋于1月18日何孟雄等十余人被国民党捕杀，罗章龙、王克全等再成立"中国共产党中央非常委员会"，其中中央委员之一即为张金刃，亦即张慕陶。张曾两度被中共开除党籍。张于1926年冯玉祥自莫斯科返国，在五原誓师（9月1日）后即任冯之政治处长。当时在冯军中服务的有邓小平、刘志丹、高岗、刘伯坚等。西安事变时张慕陶是杨虎城将军派员到太原把张请来的（见申伯纯1962年《西安事变纪实》稿第195—196页），周恩来也同他见过面。抗战伊始，延安到处还贴着标语："打倒张慕陶"。这样重要问题，不应只说他是"托派汉奸"在学术上能交代的。

（十一）张国焘在西安事变中的态度。西安事变发生时，渡河由徐向前所率之西路军虽于11月中在古浪受阻但尚未垮，同时随张与中央红军汇合的红四方面军12000人左右还保持完整，同时他身为红军的政治委员，加以他是斯大林及国际比较熟悉的人。当时中共所发出之重要文件都有他签名，包括2月4日，毛、朱、张三人悼唁王以哲家属电。

（十二）毛泽东的崛起与西安事变尚未见有何研讨。就中共党内而言，西路军的瓦解自然导致张国焘的垮台，但西安事变前毛之一手经办和领导统战，特别是对张学良和东北军及西北军奠定其对外对内的权威，逐渐成为党内之一尊。

笔者所知有限，谨以抛砖引玉之心，希我国众多学者能继续努力加紧研究，把西安事变的历史完整地流传于后代，永垂不朽。

原载《史学月刊》1997年第6期

国外和台港关于西安事变
研究的特点和趋势

张注洪

1936年12月12日,在全国人民抗日爱国运动和中共抗日民族统一战线政策的影响和推动下,国民党爱国将领张学良、杨虎城发动了西安事变,扣押蒋介石,逼迫他停止内战,一致抗日。在中共和张学良、杨虎城等各方努力下,事变得以和平解决,从而促成国共两党重新合作,成为中国从内战转向抗战的转折点。此事变不仅当时在国内外激起强烈和复杂的反响,而且其后60年间不断为国内外学者和各方人士关注与研究。① 近年来对国内大陆的研究多有介绍和评论,而对国外和台港研究动向似少论及;现特将国外和台港研究概况略作简述,使大家了解研究特点和趋势并对国内外研究进行比较,以利研究的深入开展。

一 西安事变的国际反响与外国
人士的采访和参与

西安事变的国际反响与外国人士的采访和参与,实际上是国外研究这一事件的最初开端;亲临其境而又严谨求实的报道,具有较高的真实性。

当时各国的态度比较复杂。事变后苏联政府迅速介入。1936年12月13日,苏联电台播发了《真理报》《消息报》关于西安事变的报道。14日《真理报》发表了社论。苏联的基本政策是希望事变早日得到和

---

① 根据西安事变60周年撰写此文初稿时的初步统计,国外有关西安事变的论著、专著5部(美1,英1,法1,日2),附带论及者31篇(俄11,美9,日8,加1,法1,德1),论文重要者18篇(俄7,美2,日9);台港论著、专著7部,附带论及者6篇,论文和回忆重要者50篇。

平解决，同时又违背事实斥责张学良、杨虎城的爱国行动是叛逆行为，诬蔑张、杨与亲日派有密切关系。在英、美方面，亦声称事变为"叛变"，为了使蒋介石继续统治下去，以便在他们的操纵下可以对日本进行某种抵制，故支持和平解决的主张。英、美大使馆与宋子文、宋美龄、孔祥熙保持密切联系，并由作过孙中山、张学良顾问，此时已改任蒋介石顾问的澳大利亚新闻记者 W. H. 端纳出面积极活动。在日本方面，宣布张、杨已经"赤化"，声明日本不能容忍南京同西安妥协，极力支持何应钦打内战，同时勾结希特勒支持汪精卫回国与何应钦组织亲日卖国政府。

而在当时目睹西安事变且又参与某些工作的外国记者为美国的 A. 史沫特莱和英国的 J. M. 贝特兰。史沫特莱是这年 9 月到达西安逗留数日后移住临潼而又于 12 月 7 日返回西安的。双十二事变后，周恩来到西安曾与她交谈。在好多天里，她每晚从张学良的司令部进行 40 分钟的英语广播，概要地阐述当天西安事态的发展，并报道了张学良与杨虎城的会见。翌年 2 月 13 日，她在美国《民族》杂志上发表了有关事变真相的文章，正如本人所说："事变的次日，我完全沉浸在新奇的想法中，我是历史演变的见证人。""西安事变本有可能成为一次局部性的失败，但它终于成了全国性的胜利。"① 贝特兰于 12 月 27 日到达西安，正是蒋介石被释返回南京的第二天。翌年元旦，他即与史沫特莱一起在西安广播电台用英语广播新闻，冲破国民党政府的重重封锁及其炮制的各种谣言，把这里的真实情况报道给外界群众。他告诉人们，西安事变不是几个将军私人的冲突而是由于民族敌人无厌的侵略所激起的伟大政治斗争的焦点。②

此外，如前所述，曾亲历事变并且参与解决事变问题的 W. H. 端纳在劝蒋接受和平解决方面起过一定作用。端纳 1946 年临终前口授由厄尔·艾伯特记录写成《中国的端纳》一书，全书 25 章。其中第 23 章《在西安穿针引线的人》讲到他亲身经历或亲身所闻的西安事变的内幕和动因。文中引用事变时端纳致友人书说："少帅不是举事的首要分子，虽

---

① [美] 艾格尼丝·史沫特莱：《中国的战歌》，江枫译，作家出版社 1986 年版，第 160 页。
② [美] 詹姆斯·贝特兰：《中国的新生》，林淡秋译，新华出版社 1986 年版，第 260 页。

则他对此事要负完全的责任。他不得不亲自保卫委员长,防人伤害他。……少帅……一点也不后悔而且非常高兴他提出的要求都被采纳。首要的事情是停止对共产党人作战。"① 寥寥数语也透露出端纳对事变的基本看法。

以上所述外国人士的报道,特别是贝特兰当时采访后据此写成的《西安兵变真相》,② 不仅记录了事变的详细经过,而且揭示了事变发生的远因和近因,指出事变是全国人民,特别是西北军民反日运动最尖锐的政治表现。这对向全世界介绍西安事变真相和性质起了积极的作用。

二 苏联和俄罗斯对西安事变的研究

苏联和俄罗斯对西安事变的研究远不如事变当时的特别关注;已有成果大都停留在一般现代史著作中的顺便提及或个别论文的阐述。专门的著作可说没有。论文观点长期有片面性,近年开始改变。

从40年代至60年代初,苏联出版的中国现代史、革命史著作主要有尼基弗洛夫、爱伦堡、尤里耶夫的《中国人民的革命》(1953)、彼烈韦尔太洛等的《中国现代史略》(1959)以及《世界通史》第9卷《中国人民抗日民族解放战争》部分等都基本采用当时中国史学界的观点,对张学良、杨虎城发动事变和中共处理事变的方针持肯定态度。如说:"由于共产党人的努力,西安事变就这样不但未成为重新爆发内战的导火线,反而成为共产党和国民党达成团结全国人民力量共同抵抗日本帝国主义的协议的基础。"③

60年代中期至90年代初,苏联出版的有关西安事变的论文有K.B.库库什金的《共产国际和中国共产党的抗日民族统一战线策略》(载《共产国际和东方》,1978),A.C.季托夫的《中国抗日民族统一战线问题上两条路线的斗争》和《西安事变的和平解决》(均载《为建立中国民族统

---

① 1937年1月端纳致哈罗德·霍赫布尔德的信,引自〔美〕厄尔·艾伯特·泽勒《端纳与民国政坛秘闻》,符致兴译,湖南出版社1991年版,第338页。
② 此书全名《中国的危机:西安兵变真相》,1937年英国版,翌年美国版改名《中国的第一幕:西安兵变》,1939年上海中译本出版,易名《中国的新生》。
③ 〔苏〕苏联科学院:《世界通史》第9卷,中译本下册,吉林人民出版社1975年版,第553页。

一战线而斗争（1935—1937）》，1981年版），A. M. 格里戈里耶夫的《共产国际对中共的政策——实践中的无产阶级国际主义》（《近现代史》1982：2），Е. Ф. 科瓦廖夫的《共产国际在思想理论上对中国共产党的援助》（《苏共历史问题》1985：7），А. Г. 克雷莫夫（郭绍棠）的《季米特洛夫与西安事变》（载《一个中国革命者的历史回忆录》，1990年，莫斯科科学出版社）等。其主要观点与60年代中期以前有了明显不同。其一，尽管苏联学者认为当时对西安事变采取和平解决的途径是正确的，但对西安事变的发动是责备的，甚至一概否定张学良的爱国行动，并认为西安事变的发动与中共有直接关系。① 其二，强调中共和平解决西安事变的方针主要是在共产国际帮助下提出的。认为由于共产国际在事变关键时刻和释放蒋介石之后一再提出建议，中共始逐步克服"左"倾关门主义错误，最后成功地解决了西安事变并同国民党建立了抗日民族统一战线；② 绝口不谈中共实际收到国际指示的时间和此前中共已经确定的联蒋抗日及和平解决事变的基本方针。其三，强调西安事变的和平解决是苏联起了决定性的作用，认为蒋介石知道，如果不同中共和解，他就不能指望从苏联方面得到急需的援助和支持。蒋介石很关心中苏关系的改善，因此他不能继续实行其消灭共产党的政策。③ 绝口不提当年苏联对西安事变的性质和张学良本人所持的否定态度。

1991年9月苏联解体后，俄罗斯改变了国家政治制度，客观上促使俄国史学家开始放弃对共产国际和苏共的辩护立场，对过去的研究成果做出反思，并以发掘档案资料和当事人回忆入手纠正过去的片面性。现在能见到的文献集有：俄罗斯现代历史与文献保管中心和德国柏林自由大学东亚研究会联合编辑的《联共（布）、共产国际与中国》的出版（1994），这对俄、中研究苏联关于西安事变的态度和认识都有颇大的帮助。至于俄国专门研究西安事变的著述至今尚未见到。

---

① ［苏］季托夫：《中国争取建立民族统一战线的斗争》（1935—1937），转引自《党史通讯》1996年第11期。
② ［苏］A. M. 格里戈里耶夫：《共产国际对中共的政策——实践中的无产阶级国际主义》，［苏］《近现代史》1982年第2期。
③ ［苏］季托夫：《中国争取建立民族统一战线的斗争》（1935—1937），转引自《党史通讯》1996年第11期。

三 美国对西安事变的研究

美国对西安事变的研究，除一般中国现代史著作以及蒋介石、张学良、毛泽东、周恩来传记多有涉及外，曾较早和陆续有论著发表。研究重视引用中文史料和综述研究状况，唯对史料深入研究稍差。

在40年代和50年代发表的论著。一是1943年A.史沫特莱所著《中国的战歌》，对西安事变的经过做了记述。她称赞西安事变是一次全国性的胜利，"一个统一的中国，虽然缓慢而且伴有剧痛，终于在逐渐产生"。二是1957年E.斯诺的《红色中华散记》中所公布的关于西安事变的新材料。内容包括保安寄来的明信片、同某君一席谈、莫斯科在学良问题上的错误、苗剑秋的故事、博古谈西安事变等。他认为中共开始想利用西安事变作为在西安建立西北抗日国防政府的手段，即使不叫蒋完全威信扫地，也要孤立他。莫斯科的突然干预（即所谓斯大林的电报），打断了原来计划，使中共拿不出支持张学良的明确路线来。此观点为后来的研究者所否定。

在60年代和70年代发表的论著。一是范·斯莱克的《中国共产党历史中的统一战线》（1967）一书中的"西安事变"一节。他不同意斯诺根据新材料提出的看法，认为"毛泽东和其他高级领导人经过一段时间的犹豫后决定，力主释放蒋，同时又尽可能保持策略的灵活性。所以这一决定主要是他们自己做出的，而又是因为莫斯科有指示"。二是吴天威的《西安事变：现代中国史的一个转折点》（1976）。全书从张学良及其时代、双十二事变、南京的意图和政策、中共态势诸方面作了事实考证和具体分析。书后还引用贝特兰和台湾作者的话作为结束语，即"在外部世界看来，西安事变好像失败了，但实际是胜利了。中国人再也不打中国人了。中国建立了新的团结，在这种团结需要时间以形成与加强前，日本迅速和阴险地发动了大规模战争"。"西安事变是中共取得全国的根源。"文中还探讨了中共12月19日文件所以迟迟发表的原因。三是关于蒋介石、张学良的九本传记中涉及对西安事变的评价。布赖恩·克罗泽的蒋介石传记《失去中国的人》有专章写到西安事变，认为事变的结果是复杂的。"国共两党不再处于战争状态。""几乎可以肯定，西安事变加快了日本对中国进行全面战争的步伐。"

在80年代和90年代发表的论著。一是吴天威的《关于西安事变的新材料：书目评论》（1984年，《近代中国》1月号）。作者收集了他认为是新的材料87件（其中我国在粉碎"四人帮"后发表的56件），逐一介绍材料的作者、出处和发表时间，并按专题标以"老问题新看法"作出评述。专题有中共与"一二·九"学生运动、中共在陕西的工作、论杨虎城、关于东北军和红军建立友好关系问题、东北军和西北军的友好关系、双十二事变、周恩来与中共、战还是和的问题、二月第二次政变、共产党问题、张、杨命运。这一新材料对学者研究上述问题还是颇有启发的。二是《剑桥民国史》（1986）中对西安事变的论述，认为"大众反日的情绪、中日关系恶化、中俄关系改善以及中共对蒋态度的软化等因素"促成事变的发生；终于在"以前的仇敌和未来的朋友、统一和斗争、革命和反革命之间作出和解"。

四　日本对西安事变的研究

日本对西安事变的研究一直比较重视，已有不少论著问世。60年间出版论文著作多种，近年研究逐渐深入，能重视具体考证和提出疑问。但对国际形势和中日关系变化的宏观考察未尽准确。

早在事变翌年，《满支时事汇报》曾陆续发表过《西安事变事件》《西安事变与日本的态度》等材料，多为日本军国主义张目。在其50年代的中国现代史著作中对事变偶有涉及。

在60年代和70年代发表的论著有石川忠雄的《抗日民族统一战线的形成与西安事变》（1963，西摩书房）、《西安事变前后美国的中共观》（1965，外务大臣官房国际资料部）、波多野善大的《西安事变中张学良与中共的关系》（1973，载《中国近代军阀研究》）、长野广生的《西安事变：中国现代史的转折点》（1975，三一书房）、野原四郎的《有关西安事变的争论》（1979，载《中国革命与大日本帝国》）等。其主要观点如下。（1）关于西安事变的发动与中共的关系。冈田丈夫对斯诺在《红色中华散记》中所写"中共是在接到共产国际释放蒋介石的命令才做出决定的"一点提出异议，并对波多野善大在《西安事变中张学良与中共的关系》中把中共说成好像是西安事变的发动者的观点进行了反驳。长野广生在《西安事变》一书中对此做了更深入的探讨。

野原四郎则仍认为不足:对共产国际的文献与中国方面文献的对照不够全面,没有吸取美国学者对中国问题的研究成果,而且忽略了西班牙战争对中国统一战线运动的影响等。(2)关于中共和平解决西安事变方针的提出与共产国际的关系,波多野善大根据斯诺和张国焘的记述,认为中共串通张学良,逮捕并囚禁了蒋介石,要交予人民审判后处理(所谓杀蒋抗日)。接到斯大林的"命令"后改为和平处理的方针,释放了蒋介石。野原四郎认为可以根据大量材料得出与之相反的符合实际的结论。(3)关于西安事变的和平解决与苏联的关系。野原四郎不同意波多野善大的中共完全按苏联的指示行事,而是独自作出的方针。中共14日是否接到斯大林命令姑置勿论,而一周后19日才发通电显然是在进行专门讨论的基础上决定的。

在80年代以后研究更进一步深入。此时发表的论著有波多野善大的《围绕西安事变的人际关系》(1981)、石川忠雄的《西安事变考——关于莫斯科与中共的关系》(1984,载《中国共产党史研究》)、伊达宗义的《西安事变成中国历史的转折点》(1988)等。石川忠雄指出:西安事变这种突发事态的出现,给中共党员带来很大冲击。他们经历了多年的内战,在感情上憎恶蒋介石,要使全体党员彻底理解共产党的统一战线政策中对蒋态度的转变,亦非易事。故"事变之初在他们中间甚至党中央里出现杀蒋的说法或近似的见解并不足奇"。但并不能因此笼统断言作为党的方针,而说中共中央采取了杀蒋的立场。"共产党在事变前就已认识到如不把蒋争取过来就很难让国民党参加统一战线。"因此事变当日党中央复电张、杨,务必保护蒋的性命,是可信的。可以看出作者的认识比以前更前进一步。

五 台港对西安事变的研究

新中国成立前夕,国民党将大量档案移至台湾,这就使台湾学者可能根据丰富史料撰写有关西安事变的论著。台港出版的此类论著和回忆为数颇多。唯所持论点论据海峡两岸学者差距颇大。近年来渐趋缩小。

在60年代和70年代出版的专著有孔祥熙的《西安事变回忆录》(1960年再版)、刘健群的《银河忆往》(1966)和《西安事变珍史》(1968,香港,1—3辑)、李金洲的《西安事变亲历记》(1972)、司马桑敦的《张学良评传》（1973）等。发表的论文和回忆录有《西安事变善后殉难的王以哲》（王盛涛）、《西安事变》（王天从）、《西安事变身历记》（万耀煌）、《西安事变善后问题处理经过纪事》（曹振）、《西安事变前的东北军》（张义举）、《参加抗战准备工作之回忆》等，均不同程度披露了一些有关西安事变的情况，并提出若干独到的见解。但总的来说，视张、杨为"叛变"并大多持严厉批判态度，为蒋的消极抗战积极反共行动多方辩解，抹杀中共在和平解决西安事变中的重要作用，渲染蒋介石"精神感召"作用，声称蒋停止"剿共"是由于中共向国民党"投诚乞和"。至于在史料方面如张学良《西安事变忏悔录》（国内外学者对此稿曾否被篡改说法不一）的发表，对张与中共的联系，张发动事变的心态，杨在发动事变中的作用，事变发生与中共的关系等均有一定的参考价值。

在80年代和90年代，台、港对西安事变的研究有了进一步的发展。专著有李云汉的《西安事变始末之研究》（1982）、秦孝仪的《西安事变史料》（1983）、姚立夫的《西安事变珍史》（1988，1992初再版）、王爱飞的《张学良的幽禁岁月》（1995）等。论文回忆有《西安事变六一事变50周年》（唐德刚）、《西安事变50周年感言——史学界应澄清若干不实的记载与传说》（沈云龙）、《西安事变关系中国命运——力行社营救蒋委员长》（邓文仪）、《由七七事变50周年回忆影响这次运动的西安事变》（蒋伟江）、《西安事变原因之研究》（肖良峰）、《西安事变酿成巨祸》（王禹廷）、《张学良三次秘密派我去陕北共区》（周相臣）、《西安事变前的张学良与共产党》（苏澄基）等。无论从披露史料或对问题的分析都比以前有所进步。例如秦孝仪主编的《西安事变史料》上、下二册计百万字，收入总统府机密室和国民党中央党史会收藏的大量档案和原始资料，不少系首次发表。此中如周恩来1936年9月1日致陈果夫、陈立夫的信和中共主张和平解决西安事变通电，在台湾能发表此类文件尤具重要意义。又如李云汉在其专著《西安事变始末之研究》中承认"西安事变乃共产党实施统战政策所产生的成果"，中共"原则上主张谋取和平解决"，"周恩来进入西安，且为'谋主'，当张、杨发生意见分歧时，乃由周恩来在座解围"。书后所附中共文件，对其日期不详者，还作了必要的如实的考证。凡此尊重史实的记述和力求反映历史本来面目的做法均值得肯定。台湾一名历史学者提出："我们史学界应该……不含糊，不回避，将'西安事变'的事实真相，毫无隐讳地还它个本来面目，把多年不敢、不愿的'谜'揭开，向千秋万世的历史作一个忠实的交代。"① 这应该是海峡两岸的史学家都希望这样做而能够共同努力做到的。

六　几点认识和看法

通过对国外及台港关于西安事变研究进程的考察和评析，可以获得以下认识和启示。

一、几十年来国外和台港对西安事变的研究，与国内大陆同样都有了很大的发展，表现在史实渐趋准确，认识颇有认同。其原因不外乎研究者不同程度地尊重历史真实，而且不同程度地相互取长补短。有的研究者把有关事变的最新史料和观点及时综合分析、比较研究，达到较全面地了解情况认识问题；而若抱残守缺坚持一隅之见便很难克服片面性，获得对历史的正确了解。

二、历史事实是客观存在，是不容伪造也伪造不了的。比如西安事变事先中共中央并不知道，只要从张、杨来电与中共回电即可看得十分清楚。又如事变后中共多次电告共产国际，16日共产国际始回电告知处理方针，因电码差错无法译出，经电请重发，20日始到；而19日中共在收到国际来电前已完整提出和平解决西安事变的基本方针，此即充分说明中共独立地制定了和平解决事变的方针。

一些研究者的误解和争论就是因不谙此史实引起的。

三、研究历史应该历史地辩证地看问题，始可科学地认识事物发展的规律。有的国外及台港研究者就以《红色中华报》在西安事变次日登载过把"蒋介石交付人民审判"，15日中共中央通电提出"罢免蒋氏，交付国人裁判"，忽略对蒋介石个人处理问题在策略上有个发展过程，即由"审蒋"到"保蒋安全"到"释蒋"的变化。同样我们也不应忽略苏联对张学良的认识也有个发展过程。这样始能认识全面。

四、尽管国外和台港研究西安事变有进展，但亦有史实不准或论述不当之处。由于海内外历史溯源、世界观、价值观各异，研究者出现诸多分

---

① 《传记文学》第49卷第6期，1986年12月。

歧是必然的。要使研究进一步发展，除了需有正确的理论指导以求真的态度按历史本来面目进行研究外，还需要进行国内外海峡两岸的交流和讨论。1986年在美国伊利诺伊大学召开的西安事变50周年首届国际学术研讨会，美、法、加和海峡两岸学者多人参加，会上"摒弃个人成见，开诚布公，坦挚交换意见"①即收到良好效果。经过此类讨论和交流，海峡两岸以至国外的学者和人士，将更好地深入了解西安事变的真相和因果规律；这对于以史为鉴，实现第三次国共合作完成祖国统一大业，无疑可以起到有益的甚至重要的促进作用。

原载《北京党史研究》1998年第2期

---

① 《传记文学》第49卷第6期，1986年12月。

90年代关于西安事变研究综述

杨 青

西安事变始终是学术界研究的一个热点,进入20世纪90年代后,研究领域更加宽泛,成果显著。许多专家、学者从不同角度、不同侧面进行了探讨,其中既有对以往问题的深入研究,又有对新的方面、新的问题的认识,基本上涉及以下几个方面。

一 西安事变发生的原因及历史地位

1. 西安事变发生的原因

有的研究者认为,西安事变的爆发决不是张学良、杨虎城一时冲动下的偶然之举,而是中国30年代社会各种矛盾尤其是中日民族矛盾尖锐化的必然结果;张、杨发动西安事变的目的是为了制止内战,实现国内和平,发动全民族的抗战。

有的研究者认为,中国共产党抗日民族统一战线的政策和策略,对张、杨逐渐接受联共抗日主张,起了直接的、重要的推动作用。对张、杨采取非常方式,扣蒋兵谏,逼蒋实现抗日主张,亦起了间接的、重要的推动作用。理由如下。第一,从1935年8月到1936年4月,中国共产党积极主动地开展统战工作,直接推动张学良、杨虎城走上联共抗日道路。第二,从1936年5月到9月,随着中共逼蒋抗日方针的逐步确立和抗日民族统一战线工作的更广泛开展,中国共产党进一步推动张学良、杨虎城坚定地走上联共抗日道路,实现了红军与东北军、西北军"三位一体"的联合抗日局面。第三,从1936年10月至12月初,随着蒋介石欲图大举围剿"红军,压迫张学良、杨虎城剿共"的严重内战行动,中共从挽救民族危机出发,有力地推动张、杨担负起制止内战,逼蒋抗日的重要历史责任。

有的研究者认为，民主党派组织发动的抗日民主爱国运动是推动西安事变发生的一个重要原因。如果说"七君子事件"是西安事变的诱因之一，那么，由西北各界救国会组织发动的"一二·九"运动一周年纪念活动就是西安事变爆发的导火索。而民主党派参与策划领导的"两广事变"，则为张、杨发动西安事变提供了历史契机。

还有的研究者从张学良、蒋介石的政见分歧，说明西安事变必然发生。理由如下。第一，张学良和蒋介石是从不同的途径走上政坛的，他们以各自的方式逐步形成了两种根本对立的政治思想。张学良形成的是以爱国主义为主流的政治思想体系；蒋介石形成的是对外靠帝国主义，对内实行独裁专制的政治思想体系。第二，张学良和蒋介石都主张中国要统一，并力行实现。但在如何去实现统一以及在对待日本帝国主义的入侵和对待中国共产党的态度等问题上，存在着严重的分歧。当矛盾双方的斗争，发展到事物所不能容纳的极限时，为了国家和民族的根本利益，张学良、杨虎城最后不得不采取兵谏的办法。

2. 西安事变的历史地位

有的研究者认为，西安事变及其和平解决在中国社会发展史上占有重要的历史地位，对中国社会发展起到了无可替代的作用。理由如下。第一，西安事变是中国社会矛盾的转折点，以西安事变的和平解决为标志，中国社会主要矛盾由国共两党代表的不同阶级之间的矛盾转变为日本帝国主义与中华民族的矛盾。第二，西安事变及其和平解决是中国由内战到抗战的转折点。第三，西安事变及其和平解决是中华民族由涣散、分裂到团结、统一的转折点。它促成了国共两党的第二次合作，并结成了广泛的抗日民族统一战线，为抗日战争的胜利奠定了坚实的基础。第四，西安事变及其和平解决是中国社会政治由专制独裁到逐步民主的转折点，激发了全国人民参政议政的积极性，为建立独立、自由、民主、统一和富强的新中国准备了条件。第五，西安事变及其和平解决是中国共产党由"非法"到"合法"的转折点。西安事变后，中国共产党不仅在中国社会中取得了合法地位，而且伴随着抗日民主运动的深入，促进了自身建设，日益走向成熟，为中国社会发展指明了方向和光辉的前景。这一系列转折，奠定了抗日战争胜利的基础，拉开了中华民族解放和振兴的序幕，确立了中国共产党在中国社会发展中的领导地位。

在西安事变与中国共产党的发展问题上，有的研究者认为，第一，西安事变的爆发缓解了中共和红军面临的危难局面，从客观上为中国革命的大发展保存了力量；第二，西安事变从客观上提高了中国共产党的威信，壮大了革命力量，并为最后打倒日本帝国主义和推翻蒋家王朝奠定了基础。

有的研究者对此提出了不同的看法，认为西安事变给中国共产党历史发展所带来的机遇是极为有限的，中共的迅速发展是因为遵循了历史发展的客观规律，而并非西安事变提供的机遇造成的。理由如下。第一，西安事变前，中共虽然处境仍很艰难，但经过长期反"围剿"斗争的磨炼和伟大的战略转移，已具有更强的适应艰苦环境的能力，并开辟和巩固了今后得以继续发展的根据地，前景是乐观的。第二，中共在西安事变前向国民党呼吁停战议和，一致抗日，是从中华民族抗日救亡的大局出发，绝不是惧怕内战。第三，西安事变虽带有偶然性因素，但隐蔽其后的必然性即是举国上下的抗日要求与蒋介石"剿共"政策的尖锐矛盾，这一矛盾即使不在西安事变中爆发，也要通过其他形式表现出来。中国共产党正是对此深有洞察，才因势利导地处理了事变，西安事变也才因此起到推动历史前进的作用。

关于西安事变与国民党蒋介石走上抗日道路的关系，研究者进行了分析，认为没有张学良、杨虎城发动的西安事变及其和平解决，国民党蒋介石集团是不可能由对日妥协走上抗日道路的。

二　张学良送蒋返宁问题

近年来学术界对张学良送蒋返宁的原因及后果，作了较为全面而客观的分析和论证。关于张学良送蒋返宁的原因，目前学术界有以下几种说法。

张学良送蒋返宁是不可避免的，是和平解决西安事变的必要环节。研究者指出，第一，张学良陪蒋回宁是由他发动西安事变的目的和动机决定的。首先，张学良陪蒋回宁是逼蒋抗日的继续。张以自己的人质身份向蒋讨债，迫使他将抗日诺言变为行动。其次，张学良陪蒋回宁是为了挽回蒋介石的声誉，以便进一步联合国民党左派、争取中间派、孤立亲日派，推动全民族的抗日。再次，张学良陪蒋回宁有利于进一步澄清他们发动西安事变的动机。第二，张学良陪蒋回宁是张、蒋在事变中的处境决定的。西安事变中，张将自己的"委员长"扣留起来，意味着他对蒋介石有着控制权，也就是有任意处置蒋介石的权力。但是，这种控制权是相对的、有条件的，只要蒋介石离开西安回到南京，这种控制权就不复存在。相反，蒋介石则保留着对张学良绝对的控制权。第三，张学良陪蒋回宁是专制体制的产物。

张学良、杨虎城之间关于放蒋条件的争执，是促使张学良采取突然手段放蒋的一个重要原因。研究者认为，西安事变后，张、杨在如何处置蒋介石的问题上存在着明显的分歧，僵局无法打开。当时在张、杨面前，事实上只有两种选择：一是不顾一切杀死蒋，其后果必然导致全国性内战，这种结局是不可取的；二是"不留痕迹"地放蒋，其结果必然是牺牲东北军和十七路军两个团体的利益。那种既要放蒋，又要保全张、杨及东北军和十七路军利益的想法是不现实的。张学良正是看清了问题的症结，才毅然采取"不留痕迹"地放蒋方法。这是处置蒋的最佳选择，绝非轻率之举。

张学良逮捕蒋介石之后，在检视蒋介石的机密文件时，从中发现了有关对日备战工作的记述，这是张学良决定释放蒋介石的重要原因之一。对此研究者进行了分析，认为1935年初，国民政府在军事上已开始进行高度保密的对日备战工作，到1936年，对日备战的速度有所加快，规模也有所扩大。尽管这些备战工作是极不充分、极不完备的，但是这些备战工作本身的存在，使张学良考虑到在停止内战的前提下释放蒋介石，有利于对日备战工作，有利于抗日大局。

研究者认为，张学良之所以要亲自送蒋回宁，既有其思想根源，又有外部因素的刺激。理由如下。第一，敦促蒋介石实现停止内战、一致抗日的诺言；第二，挫败以汪精卫、何应钦为首的亲日派的阴谋；第三，东北军内部不稳；第四，张学良认为有"三位一体"的团结、蒋介石的十几位军政大员和几十架飞机作交换条件及他与蒋、宋、孔的良好关系和蒋、宋的诺言，蒋介石绝不会对他采取非常措施，会放他回西安；第五，送蒋回南京是日后去南京与蒋介石共事的最好形式；第六，张学良希图通过送蒋回南京，既可以维护蒋介石的威信和领袖地位，又可以通过蒋介石放自己回西安，体现蒋介石政治家的风度，以进一步提高蒋介石在国民党和全国人民中的威望。

对张学良送蒋返宁的评价，有的研究者从张学良此举的得失方面进行了分析，认为所谓"失"，一是东北军和"三位一体"的瓦解；二是张学良从此结束了政治生涯，终生陷于囹圄。所谓"得"，一是促进国共两党再度合作，共御外侮；二是给蒋介石留下面子，保护了东北军、西北军其他官兵的安全。当然，张学良为此付出了惨重代价，但他付出的牺牲不是徒劳的，是以个人之失，换来民族之得。历史已证明，此举不仅促进了西安事变的和平解决，在某种意义上说，也扭转了中国历史。

有的研究者认为西安事变"善后失误"不是张学良送蒋回宁之过。导致张学良长期被幽禁的原因：一是东北军内部少数掌握实权的高级将领，片面理解和平解决西安事变的精神，对蒋介石的进逼，委曲求全，一味消极退让，放弃了争取张获释的条件，丧失了有利时机；二是东北军内部发生严重分歧，以至相互残杀，使蒋介石趁机各个击破，分化了东北军和十七路军。

三 促使西安事变和平解决的各种力量及主要人物的作用

关于西安事变的和平解决，目前学术界认识较为一致，认为是诸多方面的因素相辅相成，相互作用，共同促成的结果，但说法却不尽相同。

1. 各种政治力量的作用

（1）共产国际、苏联和中国共产党与西安事变的和平解决。《中国共产党历史》（上卷）认为，中国共产党关于和平解决西安事变的方针，是独立自主地制定出来的。理由是：1936年12月16日，共产国际总书记季米特洛夫曾就西安事变致电中共中央，因电码错乱完全不能译出。中共中央要求共产国际重新拍发电报。中共中央关于和平解决西安事变的决策，是在20日收到共产国际电报之前作出的。

有的研究者认为，西安事变发生后，共产国际和中共中央对事变性质的判断上，存在着原则性的分歧，但在和平解决事变的方针上基本是一致的。共产国际认为，西安事变是为日本帝国主义效劳，是日本帝国主义的阴谋，因此，严厉地谴责了张、杨。中共中央则认为：西安事变"是中国一部分民族资产阶级的代表，也是国民党中的实力派之一部，不满意南京政府的对日政策,要求立刻停止'剿共',停止一切内战,一致抗日,并接受了共产党抗日主张的结果。因此,这次发动是为了抗日救国而产生的,是要以西北统一战线去推动全国抗日统一战线的开始"。同时,也指出:"这一发动多少采取了军事阴谋的方式"。中共中央确定和平解决西安事变方针,在时间上先于共产国际,在内容上与共产国际的方针有两点不同:第一,在改组南京政府问题上,共产国际的方针是只派"若干代表参加政府的方式改组政府"。第二,对张、杨的态度不同,进而对西安事变的性质判断上有原则性的区别。

  有的研究者分析了共产国际、苏联与中共在和平解决西安事变问题上的异同,认为共产国际、苏联和中共虽然都主张和平解决西安事变,但根本出发点和指导思想却是不同的。中共主张和平解决是为了促进以中共为领导的全国抗日民族统一战线的迅速建立,挽救民族危亡。而共产国际及苏联对西安事变的态度,一方面是责难西安事变,另一方面又主张和平解决西安事变,是为了在中国建立以国民党为主体的抗日民族统一战线,拖住日军后腿,以武装保卫苏联。因此,共产国际和苏联力主和平解决西安事变。由于共产国际及苏联与中共在和平解决西安事变问题上的出发点不同,因此,在如何处理蒋介石的具体问题上,两者又是不同的。中共主张"有条件"释放蒋介石,即迫使蒋介石答应中共的"停止内战,一致抗日"为中心内容的解决西安事变的六项条件。而共产国际及苏联则主张无条件释放蒋介石。它们认为,要迅速推动中国全面走向抗日,除了蒋介石,似乎没有其他人可供选择,想以无条件释放蒋介石来换取中国抗日民族统一战线的建立。但是,共产国际及苏联提出的和平解决西安事变的主张是起了有益的作用的。主要表现在以下两点。第一,共产国际和苏联的这个主张,坚定了中国共产党和平解决西安事变的决心,使中共中央的思想更加统一,对和平解决方针不再产生任何动摇,不再去寻求其他解决事变的方式。同时,共产国际和苏联的这个主张还促使中共中央加速了和平解决事变的进程。第二,共产国际和苏联始终主张释放蒋介石,这对中共中央在确定如何处理蒋介石的方针时起了重要作用。

  (2)国共两党提出的和平主张在事变解决中的作用。研究者认为,西安事变的解决,是以中共和平方案为主体内容,在国民党亲英美派的一些具体实施方法辅助下而实现的,两种和平主张的合力作用,是事变得以结束的关键。但国共两种和平主张存在差异,即:在对待内战问题上,国共双方虽然出发点不同，但在消除国民党内争，阻止亲日派控制南京政权等问题上存在共识；在对待抗日问题上，中共明确主动，国民党亲英美派被动、含糊，由于内战问题上存在共识，必然导致双方最终在抗日问题上达成一致，亲英美派在中共和西安方面的压力下，终于接受"迅速抗战"的主张；在对蒋处置问题上，双方都主张不杀蒋，保其性命。但中共主张有条件地放蒋，而亲英美派则主张无条件地释蒋。由于国共两种和平主张上的差异，使它们对事变的善后解决起着不同的作用：中共和平解决方案在周恩来为首的中共代表团的倡导和实施下，成为解决事变的主体内容，为事变的最终解决奠定了稳固的基础；国民党亲英美派的和平解决措施对稳定时局，促进中共、西安和南京三方的和谈起到了积极的作用，在客观上加速了事变的解决。

（3）国际动因与西安事变的和平解决。研究者分析了日本、英国、美国、苏联、意大利、德国等几个主要国家对西安事变的态度后，认为对西安事变的和平解决起作用最大的是英国与苏联。英国的态度是：主张双方采取妥协让步的态度以和平解决争端。其原则是既维持蒋介石现有的全国统治地位，又必须接受张、杨提出的停止内战联合抗日的政治条件，并保证事后张、杨个人的生命安全。在英国人眼里，不论是亲日派上台，还是联共派掌权，都不是英国资产阶级最愿意看到的结局。苏联政府在获悉事变消息之后，立即对张学良采取指责的态度，并断定这是日本帝国主义的阴谋。苏联在事变后的一个重要策略是竭力维护和赞扬蒋介石。在苏联政府眼里，张学良不可能成为全国领袖，而又极不愿看到中国亲日派汪精卫等上台掌权，因而，斯大林迫切希望蒋介石能够恢复原有的最高统帅地位。莫斯科给中共的电报中说："中国共产党应该尽其最大努力，促进西安事变的和平解决，释放蒋介石，并利用各种机会与之接近。"于是，在事变解决过程中，端纳表面上是宋美龄邀请的调停使者，实际上是执行英美两国旨意的，而周恩来作为中共代表是一定要贯彻共产国际和斯大林的指示的。他们两人的重要作用恰恰反映了英国与苏联对事变和平解决的巨大影响。

2. 主要人物的作用

（1）中共主要领导人对和平解决西安事变的作用。研究者认为，西安事变爆发后，毛泽东基于对蒋介石的正确分析和对全国形势的清醒认识，及时地将最初主张惩蒋和平解决方针改为保蒋和平解决方针而后又改为拥蒋和平解决的方针。这一正确方针的确定，使西安事变真正实现了和平解决。

对周恩来在西安事变和平解决过程中的作用，中共中央文献研究室编的《周恩来传》中进行了具体阐述：第一，周恩来提出了中国共产党人应采取的对策。他在中共中央政治局会议上提出，对当前的紧急问题，在军事上应该准备迎击南京方面对西安的夹击；在政治上不采取与南京对立，应努力争取蒋之大部；要深入群众运动，巩固我们的力量；等等。第二，周恩来受党和人民的重托来到西安，并一直置身于这个巨大风暴的中心。为了贯彻中共中央和平解决西安事变的方针，他积极努力地为打开同南京政府谈判的途径，多方做工作。张学良送蒋返宁后，面对西安方面的混乱局面，周恩来从容镇静地留在西安，冷静地处理着复杂的问题。第三，为中共中央作出和平解决西安事变的决策提供了准确消息，致使中共中央放弃"审蒋"主张，制订了"保蒋安全"的策略。

关于张闻天在和平解决西安事变中的作用，研究者认为，第一，张闻天是中共力主和平解决西安事变方针的决策者之一。事变爆发后的第二天，张闻天即在中共中央政治局会议上明确地提出，党的方针应是"把局部的抗日统一战线，转到全国性的抗日统一战线"。具体任务是："我们不采取与南京对立的方针"，"尽量争取南京正统，联合非蒋系队伍"等，这就为中共和平解决西安事变定了基调。在12月19日中共中央政治局扩大会议上，张闻天首先提出和平解决西安事变的方针，并且不主张审蒋、反蒋。第二，1937年1月2日，张闻天在中共中央政治局会议上，正确地估计了蒋的"动摇"与向抗日方向转变的可能，坚持和平解决西安事变的方针，力争通过"斗争与活动"逼蒋"脱离右派转向抗日"。这对于稳定局势，统一全党的认识，坚定"停止内战，一致抗日"的决心，起到了重要的作用。

（2）张学良、杨虎城与西安事变的和平解决。研究者认为，张学良、杨虎城是和平解决西安事变的首倡者，他们坚持以"内求和平、外求抗战"的宗旨和对蒋介石"保其安全、促其反省"的原则来和平解决西安事变。西安事变发生后，张、杨发表对时局通电，提出抗日救国八项政治主张，就反映了和平解决事变的思想。特别是在处置蒋介石的问题上，对蒋采取"保其安全"，既有利于分化南京政府中英美派和亲日派，促使英美派迅速地转变到抗日战线方面来，又有利于击破南京政府中讨伐派发动内战、取蒋而代之的阴谋。

（3）宋子文、宋美龄与西安事变的和平解决。研究者认为，宋氏兄妹在和平解决西安事变过程中，起到了不容低估的重要作用。理由如下。第一，西安事变发生后，宋美龄的活动有力地制约了讨伐派对西安采取的军事行动，客观上缓和了事变后南京政府与西安的极端对立。宋子文在事变发生后，与宋美龄、孔祥熙一直保持着密切联系，并为和平解决事变而努力。第二，宋子文从西安回到南京后，向孔祥熙、宋美龄详细报告了一行的所见所闻，并到处宣传蒋介石很安全，同时赞美周恩来，这使极力主张"讨伐"的人的嚣张气焰顿然收敛，从而和谈之门洞开。第三，宋美龄、宋子文到西安后，为事变的和平解决展开了积极的调解活动。经过宋美龄、宋子文的努力，蒋介石转变了拒不谈判的态度，并委托宋氏兄妹作为全权代表，同张、杨及中国共产党进行谈判。

（4）端纳与西安事变的和平解决。研究者认为，端纳，一个外国人，以他特殊的身份，对和平解决西安事变发挥了一定的作用。主要表现在：第一，端纳在西安事变中两次入陕，有效地调解了张学良、蒋介石之间的矛盾，给西安事变的和平解决争取了宝贵的时间，为和平解决事变铺平了道路。而蒋介石态度的转变，在一定程度上应归功于端纳的调解。第二，端纳为西北"三位一体"与南京和谈进行了斡旋。在整个谈判过程中，端纳始终充当着一个重要角色，他既为蒋、宋顾问，出面向张、杨提供种种保证，又做张、杨的谋士，居间调停，为事变的最后和解继续发挥其特殊作用。第三，端纳为让世界了解西安事变的真相作出了一定贡献。端纳到达西安后，迅速向《纽约时报》和路透社等通讯社发出新闻电报，一方面介绍西安事变的真相，另一方面以一个老记者的机警，将此事冷处理，使国际社会感到中国的局势并不像想象得那么严重，还有挽回的可能。于是，英、美、苏等国积极推动和平解决西安事变。

除了以上几个方面，专家、学者的研究还涉及西安事变的历史下限，西安事变是否是时局的转折点，西安事变后张、杨何时通电全国等方面，由于篇幅所限，本文不一一赘述。

主要参考文献：

1. 赵修成、李梦红：《论西安事变发生的社会原因及其意义》，《石油大学学报》（社会科学版）1996年第4期。

2. 杨颖奇：《论抗日民族统一战线与西安事变的发生》，《学海》1994 年第 3 期。

3. 马成碧：《从张、蒋政见分歧谈西安事变发生的必然性》，《学术论坛》1993 年第 3 期。

4. 刘培平：《论西安事变的历史地位》，《文史哲》1997 年第 4 期。

5. 王真：《西安事变与中国共产党的历史发展》，《教学与研究》1994 年第 2 期。

6. 张学继：《对西安事变几个问题的再探讨》，《抗日战争研究》1992 年第 4 期。

7. 朱谷生、杨唐清：《张学良陪蒋回宁是和平解决西安事变的必要环节》，《曲靖师专学报》1991 年第 4 期。

8. 许今强：《西安事变前国民政府对日备战工作述评》，《青海师范大学学报》1993 年第 2 期。

9. 罗玉明：《张学良送蒋回宁原因新探》，《人文杂志》1996 年第 4 期。

10. 熊靓：《张学良陪蒋回宁得失评析》，《湖南教育学院学报》1994 年第 4 期。

11. 陈民：《西安事变善后失误再认识》，《近代史研究》1990 年第 4 期。

12. 中共中央党史研究室：《中国共产党历史》第 1 版，上卷，人民出版社 1991 年版。

13. 张庆瑰、赵彩秋：《共产国际与西安事变的和平解决》，《沈阳师范学院学报》1996 年第 3 期。

14. 范敏华、孙锡平：《论共产国际及苏联对西安事变的态度》，《苏州大学学报》1997 年第 4 期。

15. 苏丽：《试析西安事变中国共两党提出的和平主张》，《学术研究》1995 年第 3 期。

16. 朱超南：《浅析"西安事变"和平解决的国际背景》，《学术界》1993 年第 6 期。

17. 许冠亭：《毛泽东与西安事变的和平解决》，《江苏社会科学》1997 年第 1 期。

18. 中共中央文献研究室编：《周恩来传（1898—1949）》上，中央文献出版社 1998 年版。

19. 张伟：《"审蒋"无法和平解决西安事变》，《抗日战争研究》1997 年第 2 期。

20. 郭旭东：《张闻天与西安事变》，《历史教学》1997 年第 4 期。

21. 房成祥、兰虹：《对西安事变研究中几个问题的探讨》，《党史研究与教学》1996 年第 6 期。

22. 李昕：《宋氏兄妹与西安事变》，《人文杂志》1996 年第 6 期。

23. 葛桂莲：《端纳与西安事变的和平解决》，《兰州大学学报》1997 年第 2 期。

原载《教学与研究》1999 年第 7 期

"西安事变实证研究国际学术讨论会"综述

李仲明

由西北大学、华清池旅游有限责任公司主办，杨虎城纪念文化教育基金会、西安邮电学院、西安八路军办事处纪念馆、西安事变纪念馆协办的"西安事变实证研究国际学术讨论会"，于8月3—5日在西安举行。中国、日本、韩国学者80余人与会，提交论文60多篇。现将会议讨论情况简述如下。

西北大学西安事变研究中心主任李云峰的《历史观、方法论与西安事变实证研究》一文指出：西安事变的研究和史料整理虽然已取得较为丰硕的成果，但是以扎实的史实考证和个案研究为前提的、采用多学科手段进行综合性研究的专著尚十分鲜见。研究者应提倡自由研究的风气；应在西安事变的研究中进一步更新观念，加强史学理论修养和研究方法的创新；应在全面掌握马克思唯物辩证史观的基础上，综合百家之长，通过具体的历史实践和理论思考形成各自独特的研究风格；应抓好第一手资料和其他资料的搜集、开掘、考证、辨伪等工作，大力开展西安事变的实证研究。

江苏电视台邓伍文、南京青年干部学院罗健合作的《西安兵变与前共产党人》引起与会学者重视，文章评述、分析了以黎天才为首的"前共产党人"，吴雨铭、李希逸、潘文郁等"中央非常委员会"北方区的成员，于西安事变前几年陆续进入东北军机要部门后，建立了"非委"的地下支部。他们在张学良的要求下讲解马克思学说，并深得张的信任；同时，黎天才、吴雨铭等与在河南大学任教的罗章龙保持着秘密联系，促成张学良同罗章龙的两次秘密会晤；黎天才亦于1936年夏，借口受到孙铭久等人的排斥，"一怒而归返故乡"，其实是到青岛与罗章龙秘密会晤；

回西安后，黎天才力阻张学良要杀特务以解怨；"兵谏"前黎被蒋介石召见时的沉着应对；"兵谏"后黎执笔救国八项主张，后来受到周恩来称赞。学者们认为：有关罗章龙同当年四中全会的关系，"非常委员会"成立的前前后后及黎天才等"前共产党人"的历史状况，至今尚未完全清晰，应继续深入研究。

西安事变纪念馆研究室李敏的《关于张学良开发西北构想与当今西部开发之思考》，陕西国防科技工业系统郝建生的《从"抗日反蒋"到"逼蒋抗日"——论红军东征与西安事变的关系》等文章，也引起热烈讨论。

有关西安事变实证研究的文章，是这次讨论会成果最丰富的一部分。

长期以来，中国大陆的学者据1968年香港《明报》刊布的张学良《西安事变忏悔录摘要》，并参照国民党中央党史会编辑出版的《革命文献》第94辑《西安事变史料》中有关这段摘要中所没有的文字，提出"非全然伪造""从文字和内容上看，显然经过删节或改动"的疑问。

中国社会科学院近代史研究所杨奎松的《张学良西安事变回忆材料的比较与考察》一文，回答了这个问题。作者比较了台湾《历史》月刊1999年1月号张之宇，和同年香港《明报》月刊第12期郭冠英的文章，指出两文来源相同，但前者"具体说明了张学良此文写作之经过，并披露了张最初写给蒋介石这一长函开头部分的文字"；后者"根据同一资料来源，撰文披露了前遭删节的重点"。"两文均具体说明，张文乃应蒋介石要求所作，虽有检讨反省之意，但最初并不为蒋满意，且并无标题，仅以长函方式复呈"。作者随后又进一步比较了台湾《国史馆馆刊》1999年第26期，发现国史馆张鸿铭根据《蒋经国总统档案》第〇九〇四号档所存，已经删去信函内容，成为"反省录"形式的这一材料。

作者依据上述考察，认为张学良所写的这篇文字到目前为止人们至少可以看到4个版本：

> 第一个版本，是张根据蒋意起草并以函件形式上呈，即经张之宇、郭冠英部分披露者；第二个版本是经过初步修改，即张鸿铭根据蒋经国个人档案所发表者；第三个版本是经过台湾官方进一步修改后在军队将领内部传阅，即60年代《希望》杂志发表，而为世人所熟悉者；第四个版本则是国民党中央党史会根据蒋经国请人在《希望》

稿的基础上，再做修改后印发给与会者参考的单行本，在《革命文献》加以刊布者。根据张之宇的看法，第一个版本与第二个版本似乎没有太大的区别。但第二个版本和第三、四个版本之间，却仍有较多删改，因此内容上的差别相当明显。

作者按照4个版本披露全文后，分析张氏原文的删改主要集中在4个方面：一是文字上为行文或逻辑着想；二是事涉其他仍在位之重要人物避免负面影响；三是涉嫌过分张扬自己容易引人同情之处；四是基于政治考量纯为宣传效果者。经过对比分析，作者得出结论："我们过去所了解的所谓《西安事变忏悔录》，确曾受到相当程度的删改，有些修改对其原意也确有某种损害，但也仅此而已，与所谓'伪造'无涉。严格地说，虽然经过删改，其基本内容以及张当时对此一事变发生经过和原因的基本认识，并未因此而受到扭曲。故新的全本的出现，不会根本改变以往《西安事变忏悔录》所留给我们的印象和看法。"

作者最值得重视的观点在于，通过对上述文本的分析和张获得自由前后言论的比较，指出张当年虽应蒋之要求极力检讨中共之影响，但其回忆中的说法"未必都是反映他内心深处的想法的。就内心深处而言，张对西安事变大概从未真正有所'悔过'"。不仅如此，"以张相当特殊的经历、教育背景和草莽性格，其显然更愿意把自己看成是一世雄杰，而非历史罪人"。

西安航空技术高等专科学校苏志伟的《中国共产党与东北军、十七路军洛川三方会晤考述》指出，一般人对1936年2月李克农、王以哲洛川会谈，1936年3月李克农、张学良洛川会谈和1936年4月周恩来、张学良延安会谈了解较多，但对1936年5月上旬中共、东北军和十七路军三方会晤知者甚少，在已公开的有关资料中尚未记载和出现。对此，作者有5点考证：1. 杨虎城的随从参谋苏济吾回忆：他在1936年4、5月间从西安到韩城再到洛川后，曾亲眼见到周恩来、林伯渠与张学良、杨虎城在一起的情景。2. 张学良部下一一五师师长熊正平证实说，"关于1936年洛川三方会晤一事，此事不但有，还确实"。3. 米暂沉《杨虎城将军传》所述："杨对中国共产党与张学良将军所建立起的合作关系已有所闻，于是主张提出举行中共、东北军和十七路军的三方会谈。"米暂沉是杨虎城多年的秘书，掌握杨的直接材料较多，其记述当为洛川三方会晤的又一佐证。4. 张学良在台湾被解禁后，接见日本广播协会电视台记者采访时，明确地谈到他在1936年与周恩来在洛川的会谈。5. 三方会晤是形势发展的需要和结果。

作者又根据苏济吾回忆从洛川（约一周后）到延安得知刘志丹牺牲的时间推断，和张学良、杨虎城分别到洛川的行期，认为洛川三方会晤的时间应是1936年5月上旬；三方会晤的代表，中共是周恩来、林伯渠，东北军是张学良，十七路军是杨虎城；三方会晤涉及团结抗战和军事协作。指出对洛川三方会晤问题只作了初步探讨。会晤的真实性问题、时间问题、中共代表问题以及内容和细节问题，尚待多方面资料的进一步探讨。

南京海军指挥学院史滇生、福建高等商业专科学校史习基合作的《西安事变前后中日海军的动向》，对西安事变时期中日两国海军的反应和事变前后两国海军的动向作了探讨。指出日本海军由事变前的咄咄逼人，经事变发生时的观望，到事变后的蠢蠢欲动，加快侵略步伐。中国海军由事变前对日本海军加强戒备，经事变发生时的关心时局和观望并存，到事变后针对日军的演习和挑衅，做出三方面的抗战准备：第一，修订中国海军对日作战方案；第二，加强海军武器装备和防卫设施建设；第三，加强海军实战训练和演习。

辽宁省档案馆孙乃伟的《西安事变与日本》一文，利用该馆所存日本东洋协会调查会1937年1月编写的《西安事变全貌》《西安事变后中国工农红军的动态》（同年5月编）和总裁室弘报课1937年1月编的《西安事变的经济影响与中国币制的重要性》等资料，对日本的军政界、新闻舆论界和调查情报机构的动向、反映和活动进行了分析，并认为：利用侵略者自己形成的档案资料，来揭露日本帝国主义的侵略活动更具有实证意义。

上海东华大学人文学院徐有威的《西安事变中的力行社》、西安联大历史系张天社的《西安事变释蒋问题研究》、陕西省教育学院历史系刘东社的《关于杨虎城将军几个问题的考证》、西北大学社科系刘建平的《西安事变下限新探》和陕西师范大学出版社张军孝的《张慕陶与西安事变》、陕西社科院宗教所张应超的《西安事变中黄念堂被杀原因探疑》、中共如皋市委党校蒋文祥的《陈端与西安事变》等论文也引起会议关注。

原载《抗日战争研究》2000年第3期

西安事变若干问题研究综述

黄 艳

西安事变是我国现代史上一次震惊中外的重大事件，它结束了十年内战，促成了第二次国共合作，开辟了全民族抗战的新局面，从而成为时局转换的枢纽。其研究一直颇为国内外学术界瞩目。近年来，随着学术争鸣日趋活跃，研究者们从不同视角、多层面对其进行了剖析与审视，有力地推动了西安事变研究向纵深发展。兹就近年西安事变研究中一些与中学历史教材密切相关的问题作一综述。

一 西安事变发生的原因

对此，学术界主要有以下三种观点。

1. 中国社会矛盾激化说

杨拯民认为，西安事变的发生绝不仅仅是张、杨两位将军一时冲动下的偶然之举，而是中国三十年代社会各种矛盾发展、激化的一必然环节。① 施文魁亦指出事变发生的原因是：第一，从根本上说，是日本帝国主义对我国的侵略，引起国内阶级关系的新变化；第二，红军对东北军的打击，使张学良感到继续"剿共"毫无出路；第三，蒋介石一向利用"剿共"来消灭杂牌军，使张逐渐觉醒；第四，东北军士兵要求打回老家去的强烈愿望影响张的转变；第五，共产党政策的积极影响，促使张放弃"剿共"转向抗日。②

---

① 杨拯民：《论西安事变的历史必然性》，《党史研究》1986年第6期。
② 施文魁：《西安事变爆发原因及张学良在事变中的作用》，《沈阳师范学院学报》（社会科学版）1985年第1期。

2. 国民党内部矛盾发展说

姬天舒指出:"西安事变的发生,国民党内部矛盾的斗争和发展是其内在原因,它既是国民党内部抗日派、左派同以蒋介石为首的右派、亲日派相互斗争的产物,又是国民党阵营中'嫡系'和'杂牌'之间矛盾尖锐激化的结果。"① 马成碧从张学良、蒋介石的政见分歧说明事变发生的必然性。张和蒋从不同的途径走上政坛,他们以各自的方式逐步形成了两种根本对立的政治思想。张形成的是以爱国主义为主流的政治思想体系;蒋形成的是对外投靠帝国主义,对内独裁的政治思想体系。两人都主张中国要统一,并力行实现,但在如何实现统一以及在对待日本帝国主义的入侵和对待中国共产党的态度等问题上则存在分歧,当矛盾双方的斗争发展到事物所不能容纳的极限时,为了国家和民族的根本利益,张、杨采取了兵谏的方式。②

3. 抗日民族统一战线说

杨颖奇认为中国共产党抗日民族统一战线的策略,对张、杨逐渐接受联共抗日主张起了直接的、重要的推动作用,对张、杨采取非常方式扣蒋兵谏,逼蒋实现抗日主张,亦起了间接的、重要的推动作用。理由如下。第一,从1935年8月到1936年4月。中共积极主动地开展统战工作,直接推动张、杨走上联共抗日道路;第二,从1936年5月到9月,随着中共逼蒋抗日方针的逐步确立和抗日民族统一战线工作的更广泛开展,中共进一步推动张、杨坚定地走上联共抗日道路,实现了红军与东北军、西北军"三位一体"的联合抗日局面;第三,从1936年10月至12月初,随着蒋介石欲图大举"围剿"红军,压迫张、杨"剿共"的严重内战行动,中共从挽救民族危机出发,有力地推动张、杨担负起制止内战、逼蒋抗日的重要历史责任。③

随着研究视野的逐步拓展,近来有学者开始从不同的角度来重新诠释西安事变发生的原因,如徐林祥认为中国30年代社会各种矛盾的发展和

---

① 姬天舒:《试论国民党内部矛盾斗争和发展与西安事变的关系》,《理论学刊》1987年第5期。
② 马成碧:《从张、蒋政见分歧谈西安事变发生的必然性》,《学术论坛》1993年第3期。
③ 杨颖奇:《论抗日民族统一战线与西安事变的发生》,《学海》1994年第3期。

激化不只存在于西安,同时也存在于全国。他认为当时国民党情报失误是事变发生的重要原因之一。其表现是:第一,国民党情报掌握失真、行动决策失误;第二,国民党特工组织混乱、应变指律失灵;第三,国民党秘密电讯中断、通信联络受阻。① 王杉以现代化为视角,认为事变是在现代化的众多因素的合力作用下发生的,是中国人关注中国命运的产物,是近代以来中国人追求民主政治的又一次尝试。她指出近代中国人由"传统人"向"现代人"的转变,民族主义意识由传统走向现代,以及政治生活中一定程度的民主化是事变得以发生的前提条件。② 李云峰等则从文化层面着眼,指出张、杨进步统一观的形成,显然是受到了中国共产党人和爱国进步人士的影响,从这个角度来说,他们在深受传统文化影响之外,西方文化传统与苏化传统的潜移默化功不可没,他们的统一观与蒋介石以传统文化消极部分为主要基础构成的统一观相比较,其进步性不言自明。两种统一观的互相对立、冲突,发展到正常手段不能解决时便有了异乎寻常的西安事变的爆发。③

二 西安事变和平解决的原因

西安事变和平解决的原因一直是西安事变研究中的热点,学术界主要有三种观点。

1. 中共抗日主张作用说

李新认为,和平解决西安事变的方针是中共中央根据抗日斗争的需要作出的。党首先肯定了事变的进步性质,认为这是"中国一部分民族资产阶级的代表,也是国民党中实力派之一部,不满意南京政府的对日政策,要求立即停止'剿共',停止一切内战,一致抗日并接受了中共抗日主张的结果"。根据当时国内外的斗争形势,共产党中央深刻指出事变可能有两种前途:一种是爆发大规模内战,另一种是停止内战一致抗日。共

---

① 徐林祥:《国民党情报工作的失误是西安事变发生的重要原因之一》,《安徽大学学报》1998年第1期。
② 王杉:《略论西安事变与中国的现代化》,《史学月刊》1997年第6期。
③ 李云峰、刘东社:《西安事变的文化阐释》,《西北大学学报》(哲学社会科学版)1998年第1期。

产党应当"采取联合国民党左派、争取中间派、孤立亲日派的策略，竭力制止新的内战爆发，敦促南京和西安之间，在团结和抗日的基础上和平解决事变。"① 房成祥等亦强调：中国共产党在事变和平解决中起了重要的作用，在党的抗日民族统一战线政策的指导下，中共中央不仅独立自主地制定了和平解决事变的方针政策，还协助张、杨妥善处理了事变。②

2. 国民党内部矛盾激化说

姬天舒认为：西安事变的和平解决是国民党内部矛盾和斗争发展的必然趋势。其主要依据如下。第一，张、杨发动事变的目的就是为了停止内战，一致抗日，他们主张和平解决；二，国民党内部实力派，即以宋美龄、宋子文、孔祥熙为首的亲英、美派坚决主张和平解决；第三，当时在南京的国民党左派，如冯玉祥等人从大局着眼，主张和平解决事变以避免内战、共同抗日；第四，国民党内部最有实力的地方实力派也主张和平解决事变。尽管何应钦等亲日派和某些地方实力派为了自身利益，企图利用事变来发动内战，但他们只是矛盾的次要方面。③

3. 合力作用说

这种观点目前为学术界普遍接受，研究者们认为事变的和平解决是多方因素相互作用、共同促进的结果，只是表述不尽相同。（1）关于共产国际和中共中央在事变和平解决中的作用。张庆瑰等认为，共产国际和中共中央对事变性质的判断存在原则性的分歧，但在和平解决事变的方针政策上基本一致。中共中央确定和平解决方针在时间上先于共产国际、在内容上也存在不同之处。④ 范敏华等亦指出二者在和平解决事变的方针上基本上是一致的，但根本出发点和指导思想是不同的，由此导致了在如何处理蒋介石的具体问题上出现了分歧，共产国际主张无条件释蒋换取中国抗

---

① 李新：《西安事变初探》，《历史研究》1979 年第 11 期。
② 房成祥、兰虹：《论中国共产党在和平解决西安事变中的作用》，《党的文献》1996 年 6 期。
③ 姬天舒：《试论国民党内部矛盾斗争和发展与西安事变的关系》，《理论学刊》1987 年第 5 期。
④ 张庆瑰、赵彩秋：《共产国际与西安事变的和平解决》，《沈阳师范学院学报》（社会科学版）1996 年第 3 期。

日民族统一战线的建立，这无异于支持蒋的反共内战方针。①（2）关于国共两党在和平解决事变中的作用。苏丽认为西安事变的解决是以中共和平方案为主体内容，在国民党亲英美派的一些具体方法辅助下实现的，两种和平主张的合力作用是事变得以结束的关键。②郑德荣亦指出，事变得以和平解决是西安、南京、延安三方面诸因素合力作用的结果。任何片面强调某一方面而忽视或否认其他方面作用的观点都是不符合历史实际的。③季云飞对直接参与谈判的各方政治代表进行了作用评估。他认为以张学良为首的国民党爱国将领是事变和平解决的基本因素；以周恩来为首的中共代表团是事变和平解决的决定因素；代表蒋介石意志的宋子文、宋美龄是事变和平解决的关键因素。④（3）国际力量与和平解决西安事变的问题。朱超南分析了几个主要国家对事变的态度，认为起作用最大的是英国与苏联。英国主张双方采取妥协让步的态度以和平解决争端，其原则是既维持蒋介石现有的统治地位，又必须接受张、杨提出的停止内战联合抗日的政治条件，并保证事后张、杨个人的生命安全。苏联政府获悉事变后立即对张学良采取指责态度，并断定这是日本帝国主义的阴谋。苏联竭力维护和赞赏蒋介石，希望蒋能恢复原有的最高统帅地位。⑤李佩良指出，虽然日、苏、英、美等国没有支持张、杨的举动，但上述国家的态度并不一致，应对事变后的国际舆论作具体分析。⑥

三 西安事变作用的评价

近年来学术界对这一问题的研究主要体现在以下三个方面。

1. 西安事变与中国社会进程问题

刘培平认为西安事变及其和平解决在中国社会发展史上占有重要的社

---

① 范敏华、孙锡平：《论共产国际及苏联对西安事变的态度》，《苏州大学学报》（哲学社会科学版）1997年第4期。
② 苏丽：《试析西安事变中国共两党提出的和平主张》，《学术研究》1995年第3期。
③ 郑德荣：《西安事变的若干问题的新思考》，《中共党史研究》1997年第1期。
④ 季云飞：《和平解决西安事变诸因素作用评估》，《求索》1996年第4期。
⑤ 朱超南：《浅析"西安事变"和平解决的国际背景》，《学术界》1993年第6期。
⑥ 李佩良：《对西安事变研究中几个问题的探讨》，《南京政治学院学报》1991年第3期。

会地位。理由如下。第一，事变是中国社会矛盾的转折点，以西安事变的和平解决为标志，中国社会主要矛盾由中（应为国）共两党代表的不同阶级之间的矛盾转变为日本帝国主义与中华民族的矛盾；第二，事变及其和平解决是中国由内战到抗战的转折点；第三，事变及其和平解决是中华民族由涣散、分裂到团结、统一的转折点；第四，事变及其和平解决是中国社会政治由专制独裁到逐步民主的转折点；第五，事变及其和平解决也是中国共产党由"非法"到"合法"的转折点。这一系列的转折，奠定了抗日战争胜利的基础，确立了中国共产党在中国社会发展中的领导地位和核心地位。① 王杉从现代化的角度出发强调：西安事变的和平解决不仅促进了中国人民族意识由直觉阶段向自觉阶段的转变，加速了中国人与现代社会的接轨，而且使中国的政治民主化程度在抗战初期有了进一步的提高；另外，它也使南京国民政府的各个部门得以正常运转，使其在抗战爆发后，能够迅速组织力量面对突变的时局，其挽救和发展经济的举措，为未来新中国的经济发展的有序有效创造了条件。②

2. 西安事变与国民党统治集团对日政策的问题

对此，目前形成了两种对立的观点。张仲良认为国民党集团由对日妥协走上抗日道路，其根本原因是它有抗日的要求和愿望，即使没有事变，它也会走上抗日道路。事变前，国际国内的政治形势发生巨变，蒋介石转向抗日有其必要性和可能性。是日军出兵华北逼蒋走上抗日道路。③ 李佩良不同意上述观点，认为虽然蒋介石统治集团有一定的抗日愿望和要求，但是没有事变的推动，他们是绝对不会由对日妥协走上抗日道路的。因为，国民党对日妥协与对内"剿共"的政策是一个有机的整体，对内"剿共"决定对日必定妥协，而对日妥协又是服务于对内"剿共"的。在"剿共"和抗日问题上，蒋介石坚持把"剿共"作为内外政策的中心。④

3. 西安事变与中国共产党的发展问题

学术界对此亦有不同的看法。王真认为，事变的爆发缓解了中共和红

---

① 刘培平：《论西安事变的历史地位》，《文史哲》1997 年第 4 期。
② 王杉：《略论西安事变与中国的现代化》，《史学月刊》1997 年第 6 期。
③ 张仲良：《西安事变新论》，《江汉论坛》1989 年第 7 期。
④ 李佩良：《对西安事变研究中几个问题的探讨》，《南京政治学院学报》1991 年第 3 期。

军的危难局面，从客观上为中国革命的大发展保存了力量；而且事变提高了中国共产党的威信，壮大了革命力量，并为最后打倒日本帝国主义和推翻蒋家王朝奠定了基础。① 张学继认为事变给中国共产党的历史发展所带来的机遇是极为有限的，中共的迅速发展是因为遵循了历史发展的客观规律而并非事变提供的机遇造成的。理由如下。第一，事变前，中共虽然处境很艰难，但经过长期反"围剿"斗争的磨炼和伟大的战略转移，已具有更强的适应艰苦环境的能力，并开辟和巩固了今后得以继续发展的根据地，前景是乐观的。第二，中共在事变前向国民党呼吁停战议和，一致抗日，是从中华民族抗日救亡的大局出发，绝不是惧怕内战。第三，事变虽带有偶然性因素。但隐蔽其后的必然性是举国上下的抗日要求与蒋"剿共"政策的尖锐矛盾，这一矛盾即使不在西安事变中爆发，也要通过其他形式表现出来，中国共产党正是对此深有洞察，才因势利导地处理了事变，西安事变也才因此起到推动历史前进的作用。②

原载《中学历史教学》2000 年第 7 期

---

① 王真：《西安事变与中国共产党的历史发展》，《教学与研究》1994 年第 2 期。
② 张学继：《对西安事变几个问题的再探讨》，《抗日战争研究》1992 年第 4 期。

80年代以来的张学良研究

焦润明

一

张学良作为中国近代史上富于传奇色彩的历史人物，由于他对民族的卓越贡献和被幽禁半个多世纪的不幸遭遇，而受到海峡两岸以及海外学者的广泛关注。数十年来，有关张学良的论著、小说、报道可谓汗牛充栋。据笔者查阅资料，早在1925年7月23日，《满洲报》就对25岁的张学良进行了报道，1929年1月1日《新民晚报》还刊登了介绍张学良及夫人于凤至的合传。不过，新闻界对张学良的关注主要集中在他被蒋介石幽禁之前，张被囚之后，报道渐少。据笔者初步统计，在中华人民共和国成立前，有关张学良的报道计有652篇之多。

张学良发动"西安事变"，扣压蒋介石，促成了第二次国共合作和全国抗战局面的形成，有功于中华民族，但却因此获罪于蒋介石，被其监禁终身。所以在蒋介石统治期间，张学良问题就成为极其敏感的政治问题，自然也成为学术研究的禁区。到新中国成立前，仅有寥寥数种论著面世，其中，王卓然的《张学良到底是个怎样的人?》（北京东方书店1937年版）最值得一提。该书以"经无数刺激认清了敌人，以抗日救国为唯一宗旨"为核心观点，站在国家和民族的角度去看待张学良，对张学良的评价较为公允，是民国时期不可多得的张学良研究著作。但总的来看，在新中国成立前，有关张学良问题主要以新闻报道为主，涉足这个领域的也多为新闻记者或各种历史事件的参与者，他们提供的只是张学良生平的一些线索，具有史料价值。所以这个阶段，只能说是张学良的新闻报道阶段，还不能称之为张学良的学术研究阶段。

新中国成立后，张学良作为一位民族英雄得到肯定，然而相关的历史问题却由于政治原因（因为张学良作为共产党的同盟者发动西安事变，担心开展研究会对张学良不利），研究工作开展迟缓。1954年周恩来提议在全国政协中成立西安事变资料征集组，规定凡发表与西安事变有关的文章皆须交领导小组审定。此后，由于国内政治运动及其他一些原因，至80年代前，从学术角度去研究张学良这一历史人物的工作，基本上没有得到实质性的开展。据笔者检索上海图书馆编的《全国主要报刊资料索引》，有关张学良研究的文章只有9篇，而且其中绝大多数都不是以张学良为主，以张为论述对象的文章只有发表于"文革"刚刚结束时的潘喜廷、武育文《张学良将军与东北易帜》（《社会科学辑刊》1979年第1期）一文。严格地讲，该文是1949年以后专门研究张学良的第一篇学术文章。

进入20世纪80年代以后，发表的有关张学良及相关历史问题的学术文章日渐增多，特别是思想解放的启动以及祖国统一问题备受关注，促使有关张学良的研究也逐渐升温。并且，张学良问题也真正进入到了学术研究阶段。仅1984年发表的有关张学良的文章就有18篇之多，此后更是逐年递增。据笔者初步统计，自1980年到本文定稿时为止，发表有关张学良研究方面的学术论文共907篇。① 论文大体分布如下：论述张学良与西安事变的论文最多，计有264篇；② 论述张学良的爱国思想以及品行、人格方面的论文113篇；张学良与其他历史人物关系等方面的文章140篇；论述张学良与"九一八"事变方面的论文62篇；③ 论述东北易帜、郭松龄反奉、调停中原大战、杨常事件、中东路事件等方面的论文有102篇；有关张学良访欧及武汉时期的论文14篇；有关张学良与东北现代化建设方面的论文有74篇；有关张学良被囚后的经历的文章41篇，其他难以归类的文章97篇。

与此同时，这方面的学术著作也开始相继出版。武育文、王维远、杨玉芝等著的《张学良将军传略》（辽宁大学出版社1987年版）是大陆学者研究张学良生平事迹的第一本学术专著。不过因这本书写作时间较早，所

---

① 这里仅限于学术论文，不包括文学作品、采访录以及一般性介绍文章。统计数字主要参考了上海图书馆编《全国主要报刊资料索引》、历年《近代史研究》第5期刊发的"论著目录索引"，以及张学良研究会档案资料。
② 这里不包括杨虎城及宏观论述西安事变的文章。
③ 不包括宏观论述"九一八"事变的文章。

以没有采用多少原始档案资料，基本上是根据当事人的回忆录连缀而成。当然作为第一本，其开拓之功也是显著的。由张德良、周毅主编的《东北军史》（辽宁大学出版社1987年版），是国内外第一部东北军全史，虽侧重于对军史的研究，但对其统帅张作霖、张学良的功过都作了真实的描写与公允的评价。由美籍华人傅虹霖撰写，王海晨、胥波翻译，1988年5月辽宁大学出版社出版的《张学良的政治生涯———一位民族英雄的悲剧》一书，是国内较早出版的海外研究张学良的学术著作。该书立论公允，超越了把张学良写成"横看成岭侧成峰"的人物的狭隘视线，在论述上较为成功。由于上述原因，这本书出版后，就在国内外产生了良好反响。此外，张魁堂所著《张学良传》（东方出版社1991年版），孙景悦等撰《张学良与辽宁教育》（香港，同泽出版社1993年版），王贵忠所著《张学良与东北铁路建设———二十世纪初叶东北铁路建设实录》（香港，同泽出版社1996年版），方庆瑛著《对张学良评论———还给他一个公道》（香港，同泽出版社1996年版），[日] 西村成雄著《张学良》（中国社会科学出版社1999年版），陈崇桥、胡玉海著《张学良外传》（江西人民出版社1988年版），王益知著《张学良外纪》（香港，南粤出版社1989年版），司马春秋著《张学良传奇：少帅张学良悲壮岁月》（台北，群伦出版社1987年版），刘恩铭著《张学良将军》（中国文联出版社1988年版），李敖著《张学良研究》（台北，李敖出版社1988年版），易显石著《"九一八"事变史》（辽宁大学出版社1981年版），郑重、程世荣著《西安事变》（陕西人民出版社1979年版），杨中州著《西安事变》（上海人民出版社1979年版），李云汉著《西安事变始末之研究》（台北，近代中国出版社1985年版），司马桑敦著《张学良评传》（台北，传记文学出版社1989年版），杨奎松著《西安事变新探———张学良与中共关系之研究》（台北，东大图书公司1995年版）等，都是张学良研究的重要著作。

80年代以后，有关张学良以及相关历史事件的回忆、当事人的口述，尤其是鲜为人知的档案史料也大量出版。其中主要有申伯纯的《西安事变纪实》（人民出版社1979年版），全国政协文史资料研究会编的《中国现代革命史资料丛刊———西安事变资料》第1、第2辑（人民出版社1980年、1981年出版），应德田的回忆录《张学良与西安事变》（岳龙、王秦整理，中华书局1980年版），《西安事变资料选编》第3辑（中国文史出版社1987年版），辽宁省政协文史资料编辑委员会编

《张学良将军资料选》(《辽宁文史资料》第 18 辑,辽宁人民出版社 1986 年版),沈阳市政协文史资料编辑委员会编《张学良将军史料专辑》(《沈阳文史资料》第 11 辑,1986 年印行),辽宁省政协文史资料编辑委员会编《在同张学良相处的日子里》(《辽宁文史资料》第 17 辑,辽宁人民出版社 1986 年版),何柱国著《张学良的往事和近事》(岳麓书社 1986 年版),《张学良囚禁生涯》(河北人民出版社 1986 年编辑出版),中国第二历史档案馆编《西安事变档案史料选编》(档案出版社 1986 年版),《西安事变与第二次国共合作》(陕西旅游出版社 1986 年版),吴福章编《西安事变亲历记》(中国文史出版社 1986 年版),孟凡主编《民族功臣张学良》(辽宁人民出版社 1988 年版),漠笛编《张学良生涯论集》(光明日报出版社 1991 年版),〔日〕松本一男著《张学良与中国》(北京师范学院出版社 1991 年版),辽宁省政协文史资料编辑委员会编《九一八纪实》(《辽宁文史资料》第 31 辑,辽宁人民出版社 1991 年版),《九一八前学校忆顾》(《辽宁文史资料》第 33 辑,辽宁人民出版社 1991 年版),《张学良在一九三六——西安事变内幕纪实》(光明日报出版社 1991 年版),《张学良的东北岁月——少帅传奇生涯纪实》(光明日报出版社 1991 年版),毕万闻主编《张学良文集》第 1、2 卷(新华出版社 1992 年版),张友坤、钱进主编《张学良年谱》(社会科学文献出版社 1996 年版),董慧云、张秀春编《张学良与东北新建设资料选》(香港,同泽出版社 1998 年版),周毅主编《张学良文集》上下卷(香港,同泽出版社 1996 年版)等。

有关张学良研究活动走向繁荣的另一个标志,是研究张学良及相关事件的学术团体的相继成立以及学术活动的频繁开展。到目前为止,成立的与张学良有关的学术研究组织和学术团体主要有:西安事变研究会、① 张学良暨东北军史研究会、② 西安事变研究中心、③ 洛杉矶美国张学良研究中心、④ 美国夏威夷张学良国际研究中心。⑤ 在上述学术团体中,"张学良

---

① 1985 年下半年成立。
② 1988 年 8 月 7 日成立。
③ 1999 年 8 月成立于西北大学。
④ 1999 年下半年成立。
⑤ 2000 年 6 月成立,辽宁大学历史系、张学良暨东北军史研究会、西北大学西安事变研究中心、美国研究中心、日本东北亚研究中心,都是它的团体会员。

暨东北军史研究会"（简称张学良研究会）是国内唯一的一个专门从事张学良与东北军史学术研究的学术团体。该研究会自成立以来，在推动张学良研究方面做了大量工作，从1988年至2000年共召开了9次国内或国际的规模较大、学术探讨较有成效的专门研讨张学良的学术讨论会。此外，该会还出版了《张学良暨东北军史系列丛书》33种。

二

张学良作为中国近代史上一位重要的历史人物，许多重大历史事件都与他有密切的关系，如东北易帜、中东路事件、武装调停中原大战、"九一八"事变、西安事变等。因此，如何评价张学良在这些事件中的地位和作用，这既是研究中国近代史无法回避的问题，也是学术上论争、分歧较大的问题。20世纪80年代以来的张学良研究也主要围绕上述问题展开讨论。

1. 关于东北易帜问题

1928年12月29日"东北易帜"是中国近代史上的重大事件，历来受到历史学者的重视，也是研究张学良不可绕过的重要问题。1999年12月16日，张学良研究会主持召开的"东北易帜暨东北新建设国际学术研讨会"以及会后出版的论文集，集中展示了80年代以来研讨东北易帜问题的成果。在学术成果不断涌现的同时，对这一事件也产生了不同的评价。

（1）"统一于蒋介石"还是统一中国

"统一于蒋介石"之说，实质上是否定张学良的东北易帜。其说主要有两条：第一，张学良的易帜只表明他"由亲日转向亲英美，转向蒋介石这边"，但他还是一个军阀。第二，易帜是反革命的统一，"统一起来是为了屠杀共产党人，镇压全国人民"[①]。显然，这种观点认为东北易帜是国民党新军阀完成中国统一的象征[②]。90年代末期学术界仍有人持这一观点，认为"东北易帜在客观上增强了南京国民政府力量，给中国共产

---

① 李新：《对民国史若干问题的看法》，《江海学刊》（文史哲版）1985年第2期。
② 张德良、周新主编：《东北军史》，辽宁大学出版社1987年版，第111—112页。

党带来了极大不利"①。这种认为易帜是统一于蒋介石,是"反共"的观点,所利用的主要资料是张学良在1928年7月17日《与某外人谈时局》、1928年7月23日《与某记者谈时局》、12月29日《东北易帜通电》、1929年1月10日《关于军政党务问题的谈话》等原始文献,其内容皆含有反共言论。

肯定说则认为易帜是张学良"成长为一个伟大爱国者的重要标志,是他为祖国为民族建树的一大功勋"②。《国闻周报》第13卷第30期载有张学良语"日方欺我甚,我誓死易帜,即死于青白旗下,吾亦甘心"。从这类史料中,很容易得出张学良东北易帜是维护国家统一的爱国主义的观点。还有的学者批驳了"东北易帜"是使东北统一于蒋介石,无任何进步可言的观点,认为它是片面的,"没有看到张学良在'东北易帜'中所表现出的高度反日爱国精神和高贵的民族气节"。甚至认为"东北易帜"后,"张学良将军已由封建军阀将领开始转化为民族资产阶级的代表人物了"③。有的学者提出:"东北易帜的主要目的正是谋求全国统一,全力对外。所以从这一点来说,东北易帜是符合中共民主革命纲领的。"④ 还有人认为,东北易帜"结束了军阀割据,促成了中华民族的统一"⑤。朱汉国也指出,易帜"维护了中国领土的完整,这在当时特定的历史环境中具有积极意义"⑥。张魁堂则认为,张学良一向有国家民族观念,"张学良要求与南京政府和平统一,是从有利于维护民族独立和国家统一的愿望出发的"⑦。另有学者认为,不能说东北易帜是"军阀的改朝换代",而应视作以"和平方式实现全国统一"⑧。"在当时历史条件下,张学良主张东北服从国民政府乃是历史的必然。"⑨ 张学良"自行结束了北洋军阀在东北

---

① 王维远:《东北易帜新论》,《东北易帜暨东北新建设国际学术研讨会论文集》,同泽出版社1998年版,第133—135页。
② 毕万闻:《张学良、蒋介石和东北易帜》,《张学良暨东北军新论》,华文出版社1993年版,第143页。
③ 常城:《略论张学良将军》,《东北师大学报》1986年第6期。
④ 钱进:《张学良与东北易帜新释》,《民国档案》2000年第4期。
⑤ 丛广玉、倪廉洁:《张学良"东北易帜"辨析》,见《张学良暨东北军新论》,华文出版社1993年版,第104页。
⑥ 朱汉国:《东北"易帜"探析》,《江海学刊》1986年第1期。
⑦ 张魁堂:《张学良传》,东方出版社1991年版,第31—32页。
⑧ 韩信夫:《二次北伐与东北易帜》(下),《东北地方史研究》1990年第2期。
⑨ 陆锦华:《论东北易帜》,《张学良暨东北军新论》,华文出版社1993年版,第724页。

的 16 年统治，开创了和平统一、和平建设的新局面"①。甚或认为，东北易帜是张学良为祖国为民族所建树的一大功劳。② 在 90 年代，肯定东北易帜的观点逐渐占了多数。这些学者所用史料颇为广泛，其中，认为东北易帜符合中国共产党根本利益观点的学者，所采用的最重要一条资料就是《中国共产党第二次代表大会宣言》。③

（2）易帜与张学良的爱国主义思想

在东北易帜问题研究中，分析、论述张学良东北易帜思想基础的文章较多。有人认为东北易帜"是他的抗日思想由萌芽、产生发展到成熟的主要标志"④。有人认为东北易帜是张学良的一大历史功绩，"证明他试图以发展经济，富国强民，维护国家的独立为己任"⑤。有的学者认为东北易帜是张学良爱国思想的实践，他这样做，除了国仇家恨的因素外，还因为他具有长期的爱国御侮、厌战主和、体恤民众的思想基础。⑥ 为了论证东北易帜与张学良国家统一信念的关系，学者们使用的史料主要有刘鸣九的《我所知道的常杨事件（一）（二）》，⑦ 张学良的《与某记者谈时局》(1928 年 7 月 23 日)、⑧《与驻奉天日本新闻记者团的谈话》⑨ 及《东北易帜通电》(1928 年 12 月 29 日) 等。此外，反映张学良在易帜前后抵制日本威胁利诱的史料主要有：1928 年 8 月 9 日张学良携秘书王家桢赴日本总领事馆回访林权助的谈话、⑩《吉林省路权自主宣言》⑪《张学良在东北

---

① 周毅：《东北易帜——中国和平统一的创举》，《东北易帜暨东北新建设国际学术研讨会论文集》，同泽出版社 1998 年版，第 15 页。
② 毕万闻：《张学良、蒋介石和东北易帜》，《张学良暨东北军新论》，华文出版社 1993 年版，第 143 页。
③ 参见《六大以前》，人民出版社 1980 年版，第 9 页。
④ 王维远：《简论张学良抗日思想的形成》，《东北地方史研究》1991 年第 4 期。
⑤ 张梅玲：《张学良从东北易帜到西安事变的思想转变》，《辽宁大学学报》（哲学社会科学版）1988 年第 5 期。
⑥ 李仲明、刘丽：《试论张学良东北易帜的思想基础》，相从智主编：《中外学者论张学良杨虎城和阎锡山》，人民出版社 1995 年版，第 45 页。
⑦《辽宁文史资料》第 15 辑。
⑧《京报》1928 年 7 月 26 日，见张友坤、钱进主编：《张学良年谱》上册，社会科学文献出版社 1996 年版，第 199 页。
⑨《新民晚报》1929 年 2 月 6 日。
⑩ 筱园：《皇姑屯惨案与奉天易帜》，《国闻周报》第 13 卷第 30 期，1936 年 8 月 3 日。
⑪ 1923 年 10 月 30 日，辽宁大学中国现代史研究室存件。

大学讲演》①《吉垣易帜传单》② 等。

在肯定张学良的爱国主义思想的同时，也有许多学者认为，东北易帜虽然有利于民族的统一，但却是有条件的爱国主义而非无条件的爱国主义。如海外华人学者傅虹霖就提出，东北易帜是"合作分治"，是有条件的统一。她指出，早在1928年7月，东北谈判代表团已就东北易帜问题向蒋介石提出了自己的条件；甚至，"他同日本人的关系"，也成了他"与南京政府进行谈判时讨价还价的筹码"③。傅虹霖为论述此观点，采用了大量中外文报刊，美、日等国档案及一些当事人的回忆资料。④ 另外也有一些学者主张易帜后东北仍保持着相当大独立性，认为，"东北易帜是国家联邦形式的统一"，是在大的统一的前提下，保持相对的独立性。⑤尽管张学良承认了国民党组织在东北的合法性，"但他以自己的实力事实上控制了这个组织，使这个组织姓张而没有姓蒋"⑥。他们主要采用了荆有岩《张学良执政时期东北、华北财经状况》，⑦1929年1月10日张学良《关于军政党务问题的谈话》⑧ 等史料。

2. 关于中东路事件

1929年7月，张学良命令中国军队接收中东路，随后，苏联出兵，中苏关系极度恶化，这就是震惊中外的"中东路事件"。围绕着这一事件大致有如下几点分歧。

（1）张学良挑起此事件是"反苏反共"还是"维护国家主权"

苏联史学界凡提到中东路事件，莫不指责是中国的"过错"，认为是张学良"在帝国主义指使下挑起的反苏事件"，是为了"反共反苏"。实

---

① 1928年11月12日，辽宁大学中国现代史研究室存件。
② 辽宁大学中国现代史研究室存件。所属日期为1928年11月8日。
③ 傅虹霖：《张学良的政治生涯》，辽宁大学出版社1988年版，第37页。
④ 其中主要有《张学良与日本人》，载《亚洲研究期刊》第20卷（1960年）第1号；"民众请愿书"，载1928年7月15日出版的《国闻周报》第2版；1928年6月29日、7月9日林久治郎致田中的电文；1928年7月3日麦克穆雷致凯洛格的电文；1928年6月20日和7月7日出版的《华北通报》。
⑤ 祖伟：《评东北易帜》，《张学良暨东北军新论》，华文出版社1993年版，第111—114页。
⑥ 郭正秋：《东北地区国民党组织的建立与蒋张关系》，《史学月刊》2000年第3期。
⑦ 辽宁省文史研究馆与辽宁省人民政府参事室编：《文史资料》1982年号。
⑧ 《新民晚报》1929年1月11日。

际上，在事件刚刚发生之际，共产国际就为之定了性。它所出版的刊物称，"这是世界帝国主义对苏联进行新的进攻的一个组成部分"①。共产国际执委会则向各国共产党发出《共产国际为帝国主义及国民党进攻苏联宣言》，②共产国际同时发出《告中国劳苦群众、太平洋各国劳苦群众书》，号召他们起来反抗中国军阀在国际帝国主义者指使下向苏联的进攻。③ 在共产国际的上述宣言和电报的指示下，中共中央在中东路事件发生后，即开始把拥护苏联和保卫苏联作为党的中心任务。1929年7月12日，中共中央发出《反对国民党帝国主义进攻苏联》的宣言，1929年7月24日又发出题为《动员广大群众反对进攻苏联》的第42号通告。④ 这一时期有关文献，如中共中央机关报《红旗》《中共中央政治局给中共驻共产国际代表诸同志的信》（1929年11月2日）皆持同样观点。

80年代以前，这一观点对中国史学界影响较大，研究者多持类似看法。⑤ 及至后来，他们仍坚持认为，"关于此事件的反苏反共性质及中共在事件中采取的立场和策略，世人已有定评"⑥。有的学者虽然也认可中东路事件具有"反苏反共性质"，但同时又强调"中东路路权未归还中国则是其原因"⑦。他们认为，"张学良当时有反共反苏的情绪，但他为了维护国家主权而与苏联进行适当的斗争还是可以肯定的"⑧。

自20世纪80年代中后期开始，学术界逐渐有较多的人肯定张学良在中东路事件中是"爱国的""维护国家主权"的，并成为主流。有学者认为"中东路事件的性质是为了收复国家主权，这是它的主流和本质"⑨。持此观点的学者进而指出，中东铁路立法监督权的丧失、中苏双方人员组成和待遇不平等，都是促使张学良收回中东路的因素。此外，还有不少学者把中东路事件定性为中苏民族冲突，提出张学良收回中东路主权代表了

---

① 《共产国际》第10卷第29—30号，1929年。
② 《国际新闻通讯》（德文版）第9卷第64、68期，1929年。
③ 《红旗》第34期，1929年7月27日。
④ 《红旗》第34期，1929年7月27日。
⑤ 王维礼主编：《中国现代史》，辽宁人民出版社1984年版，第206—207页；王桧林主编：《中国现代史》，北京师范大学出版社1991年版，第233—234页。
⑥ 杜连庆、陆军：《张学良与"中东路事件"》，《北方论丛》1987年第2期。
⑦ 李嘉谷：《十月革命后中苏关于中东铁路问题的交涉》，《近代史研究》1989年第2期。
⑧ 毕万闻：《张学良研究之我见》，《近代史研究》1989年第2期。
⑨ 冯国民：《评"中东路事件"》，《世界历史》1986年第12期。

广大中国人的愿望,①认为张学良要收回中东路是正当的,因为"当时社会舆论要求接管中东路"②。这种观点有许多历史文献的支持,如1927年7月5日张学良《致张景惠吕荣寰电》,③ 1927年10月苏、日秘密签订的两国分享在华权益的《中东路草约》。另外,加拉罕、越飞、李维诺夫的言行及有关书籍资料,也表明苏联继续站在沙俄时代立场上,维护自己的既得利益。

(2)张学良是否被蒋介石利用

在中东路问题研究的论著中,认为张学良在中东路问题上是被蒋介石利用的居多数。这些学者从不同角度论证说,素有民族意识的张学良一向对苏联侵犯中国主权及苏方的宣传不满,同时又受到蒋介石的鼓励,在不听从各方面劝告的情况下采取强行收回中东铁路的措施,引发了"中东路事件"。《东北军史》的作者就强调,"蒋介石和国民党中央政府的唆使是张学良发动中东路事件的重要原因"④。还有人认为,蒋介石唆使张学良对苏开战,是为了使东北遭受军事、外交困难,以便驾驭张学良,控制东北,达到"以外交解决东北"之目的。⑤或强调,蒋为实行独裁,"自张学良易帜后便实行用外力削弱东北军的政策,而中东路战争就是这种政策的具体实施"⑥。关于蒋介石鼓动张学良收回中东路的史料,学者们使用较多的是王泽久的《1929年中东路事件的回忆》⑦和《张学良年谱》中的有关史料。不同意这一观点的学者则认为,对于蒋介石怂恿和唆使的目的,张学良已有所察觉,但发动这一事件的大权毕竟操于张手,"因此,主要责任不在蒋而在张自己身上"⑧。

(3)关于事件的后果与影响

在有关中东路事件后果方面,一种观点认为,此事件使日本了解了苏联和东北军的各自实力,导致了日本关东军对苏联的重视和对东北军的蔑视,并加速了对东北武装占领的步伐。支持此观点的史料大都为海外特别

---

① 王凤贤:《评"中东路事件"》,《学术交流》1997年第2期。
② 刘萍华:《中东路事件是非评议》,《北方论丛》1989年第5期。
③ 周毅等主编:《张学良文集》上卷,同泽出版社1996年版,第182页。
④ 张德良、周新主编:《东北军史》,辽宁大学出版社1987年版,第151页。
⑤ 张魁堂:《张学良传》,东方出版社1991年版,第60页。
⑥ 郑志廷:《蒋介石逼张学良下野新探》,《河北大学学报》1993年第1期。
⑦ 孟凡主编:《民族功臣张学良》,辽宁人民出版社1988年版。
⑧ 毕万闻:《张学良研究之我见》,《近代史研究》1989年第2期。

是日文资料。主要有：渭山生《围绕东支铁道俄支两国的纠葛》（《偕行社记事》第663号，1929年12月）；《苏维埃联邦事情》第3卷第8号（1932年8月）；神田正种少佐发自哈尔滨的报告《关于苏联邦对东支事件进行宣传及其阴谋的观察》（参谋本部，1929年11月）；川俣雄人大尉发自满洲里的报告《东支回收事件（其十三）·西部国境方面赤支两军战斗详报》（参谋本部第二部，1930年1月25日）；《在俄支抗争中俄实力的活跃》（《偕行社记事》第666号，1930年5月）；《列强苏联邦的军备》（《偕行社记事》第668号，1930年5月）；松树知胜《关东军参谋副长的手记》（芙蓉书房1977年版）等。

有的学者认为，在中东路事件这个问题上，张学良最大的失误是选错了敌人。①另有学者认为，中东路事件不但助长了日本的侵华气焰，同时"削弱了东北军尤其是张学良反抗外国侵略的信心"②。持这种观点的人指出，东北军在中苏战争中的惨败给张学良以很大的刺激和教训，"因此，在面对'九一八'事变时，张学良就不愿重蹈中东路事件的覆辙，而贯彻执行蒋的对日不抵抗政策也就是自然而然、顺理成章的事了"③。日本学者土田哲夫也认为，中东路事件后，"中苏关系的恶化使'九一八'事变后中国的'联俄制日'战略失去可能"。④

3. 关于武装调停中原大战

学术界对于张学良武装调停中原大战一事，历来评价不一。在改革开放之前，否定说是学术主流，即使到80年代，这一观点仍占重要地位。持否定说的学者认为，张学良参加中原大战，表示站在蒋介石一边，是在蒋的收买下采取的；其危害是"使蒋介石得以坐镇南昌，集中力量围剿红军"，"为日本发动'九一八'事变，造成了可乘之机"⑤。傅虹霖在这个问题上倾向于强调张学良为东北集团谋利的观点，虽然她承认张学良珍惜和维护国家统一，"与一般旧军阀不同"，但认为蒋介石对他的许愿，

---

① 张德良、周新主编：《东北军史》，辽宁大学出版社1987年版，第152页。
② 毕万闻：《张学良研究之我见》，《近代史研究》1989年第2期。
③ 李云峰、王爱萍：《张学良与中东路》，《张学良国际学术研讨会论文集》，同泽出版社2000年版，第223页。
④ [日]土田哲夫：《中东路事件与日本的反应》，《张学良国际学术研讨会论文集》，同泽出版社2000年版，第258页。
⑤ 常城：《略论张学良将军》，《东北师大学报》1986年第6期。

"也颇使他动心"①。还有学者认为，张学良是这场战争的受益者。②

无论是"被蒋介石收买"说，还是"为东北军事集团谋利"说，都是对张学良武装调停中原大战持否定倾向的学术观点。目前学界主要利用如下一些资料加以论证。其一，南京方面给张学良提供了1000万美元作为他的军费开支。③ 另据李宗仁讲，蒋和阎都曾提供过大量报酬来换取张学良的帮助。李认为蒋给张提供了600万美元现金。④ 其二，蒋介石与张学良达成了军事与政治方面的9条协议，张由此得以就任中华民国陆海空军副司令，并获得了东北军政党务最高权力，以及黄河以北的军务权力，东北建设也受到国民政府全力支持。其三，张学良大发战争财，1930年6月30日、7月9日《盛京时报》对此有报道，辽宁省档案馆藏奉天省长公署档案也有相关军火买卖及数额证明。⑤ 从上述几份材料来看，说张学良调停中原大战是站在东北集团的立场上也不为过。

不过，在20世纪80年代后半期，肯定张学良武装调停中原大战，认定是维护国家统一的正义之举的观点，在学术界逐渐流行。持肯定说的学者往往引用张学良当时的函电、通告等文件及演说、答记者问等材料来说明张的动机，并认为，"张学良在制止中原大战的同时，也制止了国内各派军阀的混战"，而这符合他"维护国家的统一"的"平生一贯的主张"⑥。有的学者更指出，张学良武装调停中原大战，"合乎历史潮流，符合民心"⑦。有的学者不同意张学良督兵进关，造成东北兵力空虚，为日本关东军发动"九一八"事变带来可乘之机的观点，认为，张学良带兵入关"绝不是东北沦陷的根本原因"，张学良盲目听从蒋介石的不抵抗命

---

① 傅虹霖：《张学良的政治生涯》，辽宁大学出版社1988年版，第68页。
② 赵焕林等：《中原大战中的张学良》，《民国档案》1993年第4期。
③ [日]关宽治、岛田俊彦：《满洲事变》，王振锁、王家骅等译，上海译文出版社1983年版，第245页；穆尔给凯洛格的电文，1930年10月16日，美国国家档案馆，893.00/409。
④ 见广西政协文史研究委员会编《李宗仁回忆录》下册，1980年内部出版，第604—615页。
⑤ 见赵焕林等《中原大战中的张学良》，《民国档案》1993年第4期。
⑥ 张秀春：《张学良与国内军阀混战结束初探》，《张学良暨东北军新论》，华文出版社1993年版，第160页。
⑦ 路梦辉：《试论张学良在中原大战中的武装调停》，《张学良暨东北军新论》，华文出版社1993年版，第170—175页。

令才是东北沦亡的内在原因。① 还有学者肯定了张学良的动机,却否定了他的行动,认为张学良"卷进了内战的旋涡,造成了不幸的后果"②。

面对学术界出现的全面肯定张学良武装调停中原大战的观点,仍有学者继续坚持传统观点,认为"新说""有违史实";更认为"助蒋并非为东北集团一己私利"的结论"未免过当"。张学良入关是为以张为首的东北集团着想,而不是为民众,目的是"想坐收渔人之利"③。还有学者强调,蒋介石是最大受益者,同时"张学良也是这场战争的受益者"④。

4. 张学良与"九一八"事变

张学良与"九一八"事变是评价张学良功过的两大热点问题。围绕着张学良在"九一八"事变中的所作所为,学术界一向有不同观点,主要集中在张学良是否忠实地执行了蒋介石的不抵抗政策,以及"不抵抗中之抵抗"等问题。

(1) 是否忠实地执行了蒋介石的"不抵抗政策"

过去,史学论著在论述"九一八"事变时,都认定张学良忠实地执行了蒋介石的不抵抗政策。这种观点在很长时间里成为学术界的主流。不过,近年来学术界在这种"认定"的基础上,又开始深入分析张学良执行"不抵抗政策"的原因,试图把他与蒋介石在本质上区分开来。⑤ 还有的学者指出,"蒋介石才是绝对不抵抗政策的炮制者、发明人","张学良并非不抵抗政策的炮制者,而是执行者"⑥。并有学者进一步对张学良忠实执行"不抵抗政策"问题提出了异议,认为张学良是蒋介石"不抵抗政策"的牺牲品,这个政策是蒋介石为张学良设置的陷阱,是有极其险恶用心的,其目的是"企图利用日本力量驱走东北军,然后梦想依赖国联的力量,将东北变成蒋的天下"。因此,"实际上不抵抗政策仍是内战

---

① 王希亮:《东北军武装调停中原大战之再认识》,《张学良暨东北军新论》,华文出版社1993年版,第184页。
② 郑志廷:《中原大战期间蒋介石对张学良的引诱和争取》,《历史教学》1989年第9期。
③ 毕万闻:《张学良研究之我见》,《近代史研究》1989年第2期。
④ 赵焕林等:《中原大战中的张学良》,《民国档案》1993年第4期。
⑤ 常城:《略论张学良将军》,《东北师大学报》1986年第6期。
⑥ 孙向远、孟森:《"九一八"事变前后的蒋介石和张学良》,《辽宁大学学报》(哲学社会科学版)1991年第6期。

削藩政策的继续"①。

这样就产生了两种对立的观点,一种是强调张学良在"九一八"事变中忠实地执行了蒋的不抵抗政策;另一种则强调张的执行蒋之不抵抗政策,不过是由于上下级关系不得不执行,以及受蒋的蒙蔽糊里糊涂地执行。争论双方都运用了大量史料来支持自己的观点。主张张学良在"九一八"事变中是忠实地执行了蒋介石的不抵抗政策观点的学者指出,7月发生"万宝山事件"后,蒋介石反对反日运动,命令"隐忍自重",张学良复电同意。8月发生"中村事件"后,蒋介石的铣电(8月16日)称:"无论日本军队此后如何在东北寻衅,我方应予不抵抗,力避冲突,吾兄万勿逞一时之愤,置国家民族于不顾。希转遵照执行。"张学良9月6日转电臧式毅、荣臻:"务须万方容忍,不可与之反抗"②。张学良又于同日致电张作相:"特急。吉督署张督办:奉密电令:我国遵守非战公约,不准衅自我开。特令遵照。张学良。"③ 9月19日上午,张学良在讲话中说:"吾早已令我部士兵,对日兵挑衅,不得抵抗。故北大营我军,早令收缴军械,存于库房。"此外,9月24日张学良致蒋介石王正廷电和1935年8月张学良在汉口某次宴会上之讲话,④都表明张学良的确执行了蒋介石的不抵抗政策。平心而论,争论双方对于这一点并无分歧。但相比较而言,持相反观点的学者则更强调"九一八"事变发生前,对于日军寻衅事件,蒋介石即已下达了不准抵抗的禁令。9月12日,蒋介石与张学良在石家庄会晤,蒋要张严令东北军,凡遇日军进攻"一律不准抵抗",提交国联和平解决。事变发生后,9月19日夜11时,蒋介石在南昌亲笔起草了给张学良的加急电报。⑤ 9月23日蒋介石发布的《国民政府告全国民众书》中说:"政府现时既以此次案件诉之于国联行政会,以待公理之解决,故已严格命令全国军队,对日避免冲突,对于国民亦一致告诫,务必维持严肃镇静之态度。"⑥

日本学者土田哲夫不同意在中国大陆学者中较流行的因张执行了蒋的命

---

① 郑志廷、徐玉增:《蒋介石逼张学良下野新探》,《河北大学学报》(社会科学版)1993年第1期。
② 周毅主编:《张学良文集》上卷,同泽出版社1996年版,第488页。
③ 毕万闻主编:《张学良文集》(1),新华出版社1992年版,第480页。
④ 孙德沛:《不抵抗政策与张学良将军》,大风编:《张学良的东北岁月》,光明日报出版社1991年版,第269—271页。
⑤ 司马桑敦:《张老帅与张少帅》墨迹电稿之二,传记文学出版社1988年版。
⑥ 《暴日占据东北痛史》,上海联友出版社1931年版,第79页。

令，故东北军采取不抵抗政策的观点，认为"张学良的东北政权具有相当的独立性"，所以，"张学良避免与日本冲突，采取不抵抗方针并不能认为是南京政府所命令的结果"①。这一观点事实上论证了张学良应对东北沦陷承担责任的问题，成为学术界中较为独特的观点。支持土田哲夫观点的资料很多为日文档案②，但是也有中文资料，如1931年7月18日北平副司令员致东北政务委员会电及张学良给日本《大阪每日新闻》的文章等。

（2）关于不抵抗中之抵抗问题

近年来，认为张学良在"九一八"事变中采取的是"不抵抗中之抵抗"的观点，为愈来愈多的人所采用。张德良是较早阐述这一观点的学者。他指出："在局部抗日战争中，张学良和东北军爱国官兵以及华北各将领与士兵始终坚持'全国抗战论'的观点，并且在抗日实践中推动全国抗日理论向前发展。他们没有完全执行蒋介石的'绝对不抵抗主义'。'九一八'之夜实行的就是'不抵抗的抵抗'，随后迅即抛弃了蒋介石的不抵抗主义。"③ 此后，许多学者支持这一观点。有的学者强调，"九一八"事变后，张学良曾进行了艰苦卓绝的抗日斗争，"当时黑龙江、吉林、辽宁、热河4省的抗战，都是在张学良将军的领导和支持下进行的"④。还有学者认为，"救国会始终受到了张学良的暗中保护和多方支持"，他还"在组建义勇军抗战等斗争中发挥了重要作用"⑤。该文引用史料翔实，对"不抵抗中的抵抗"这一观点给予了有力的支持。

5. 西安事变与张学良

西安事变是中国近代史上重大的历史事件，因张学良在西安事变中的特殊地位，故探讨他与西安事变的关系也就成为张学良研究中的热点之

---

① ［日］土田哲夫：《张学良与不抵抗政策》，《南京大学学报》（哲学社会科学版）1989年第3期。
② 如关东军参谋部《东三省支那军事调查》（日本旧陆军省档案《密大日记》1929年第5册）、《张学良与其王国满蒙政权之解剖》（时代出版社1931年版）、园田一龟《奉天省财政研究》（盛京时报社1927年版，第89—92页）、《东北年鉴》（东北文化社1931年版，第278—285页）等资料。
③ 张德良：《张学良与"九一八"事变》，《社会科学辑刊》1991年第5期。
④ 马越山：《"九一八"事变后张学良抗日斗争评述》，《张学良暨东北军新论》，华文出版社1993年版，第357页。
⑤ 王生杰、周志强：《东北民众抗日救国会与张学良的关系》，《抗日战争研究》1997年第1期。

一。同时，改革开放以来，有关资料不断问世，使张学良与西安事变的历史事实更加清晰和完整，这也直接推动了相关历史问题的研究。于是，这方面的学术成果大量出现，不同学术观点的交锋和争鸣随之产生。

（1）关于张学良发动兵谏的原因

学术界大都认为，张学良发动"兵谏"的原因是多方面的，尤其离不开当时的社会背景。郑德荣认为，一是日本侵华深入，中华民族处于存亡关头；二是国民党政府置民族危亡于不顾，顽固坚持、继续推行其先安内后攘外方针和剿共内战政策；三是全国抗日救亡运动的高涨；四是张奉命进攻陕北红军受挫，遭蒋冷遇和排斥；五是中共的统战政策和西北大联合的形成。①

尽管学者述及多种原因，但侧重则或有不同。郑德荣等人认为，张、杨决心抗日与蒋介石威逼张、杨"剿共"的尖锐矛盾，是西安事变即"兵谏"发生的直接原因，支持其观点的材料为《张学良对总部全体职员训词》和1936年12月16日张学良《在西安市民大会上的讲演词》。有的学者强调，面对日本的步步进逼，蒋介石不仅不决心抗日，反而坚持武力"剿共"。这样，张、杨同蒋之间就产生了政治意见上的冲突。当冲突到了无法化解的程度时，"于是，张、杨不得不发动兵谏"②。或者说，兵谏"是张学良为'逼蒋抗日'而万不得已采取的举措，是他实现'抗日救国'主张的最佳抉择"③。另有学者认为，张学良"兵谏"是为了防止在内战中耗尽自己的实力，因而也就是为了维护他们自身的利益。④

对于张、杨与蒋的矛盾，杨奎松分析得更为具体和精确。他利用1936年12月张学良致中共中央和国民党各政要的函电，张学良在各种场合的训话、谈话、讲演等第一手资料，⑤《徐永昌日记》第3册（台北"国史馆"1994年版）以及蒋介石在国民党五届二中全会上的报告中做出的一旦到"最后关头"一定抗日的表示，综合在一起进行论证。他指出，

---

① 郑德荣：《西安事变若干问题的新思考》，董继昌主编：《西安事变研究新论》，陕西人民出版社1998年版，第207—208页。
② 房成祥：《关于西安事变和平解决的几个问题》，《西安事变研究新论》，陕西人民出版社1998年版，第145页。
③ 季云飞：《张学良"临潼兵谏"抉择之探析》，《江海学刊》1996年第4期。
④ 《西安事变五十周年学术讨论会论点概述》，载《西安事变研究》，陕西人民出版社1988年版，第1—2页。
⑤ 均载毕万闻主编的《张学良文集》（2），新华出版社1992年版。

张学良对于蒋准备抗日早就一清二楚，但另一方面，二人之间确实又存在着"政见之争"，即"攘外必先安内"与"非攘外不足以安内"之争。"从根本上说，双方的冲突并不是抗日不抗日，而是什么时候抗日，也就是先抗日还是先统一的问题"，如果按照蒋的政策打下去，东北军将难以保全。因此离开了这一基本的利害关系问题，"论定张学良对蒋介石的'忠诚'，高于他对东北军的重视，这是有违历史真实的"①。

港台和国外有一种比较盛行的说法，认为张学良发动事变是受人欺蒙，直到扣蒋后方才发现自己之幼稚、鲁莽，因而悔悟，更有人称张"兵谏"是受共产党的欺蒙。支撑这一观点的资料主要是蒋介石《西安半月记》中记述的张学良的言论。这样一些说法还可以在蒋鼎文的回忆、李云汉著《西安事变始末之研究》等文章和书中找到。此类说法虽有张学良50年代发表之《西安事变忏悔录》等可为参照，但因蒋、张两文均系事后特殊背景下的产物，且有由人捉刀之嫌，其可靠性颇值得怀疑。

长期以来，学术界有一个通行的说法，即张学良主张抗日但并不反蒋，即使采用"兵谏"逼蒋抗日，也绝无害蒋、杀蒋之意。杨奎松在《张学良反蒋问题之探讨》一文中，引用1936年4月11日周恩来就9日晚至10日凌晨与张学良在延安会谈的内容致张闻天、毛泽东、彭德怀电文，1936年4月27日和30日刘鼎就张学良谈话内容致李克农函等资料，论证张学良早在西安事变发生前的1936年4月份就有公开抗日反蒋的计划。由此，以抗日反蒋为内容的西北大联合计划也提上了中共中央的议事日程。

关于"兵谏"时间，有的学者根据王炳南的《关于"西安事变"》②和张学良的《西安事变回忆录》③认为，张学良、杨虎城1936年11月初开始酝酿，最后确定兵谏日期是12月9日，前后长达一个月时间。这一说法将不同资料放在一起，互证、比较、分析，似较为可信。

（2）关于张学良联共抗日问题

张学良不仅有反蒋的意图和计划，而且还要与红军"合在一起干"。毕万闻认为："张学良大约是在1936年9月上旬提出要与红军'合在一

---

① 杨奎松：《张学良反蒋问题之探讨》，《历史研究》1997年第6期。
② 王炳南：《关于"西安事变"》，《西安事变资料选辑》，第279页。
③ 载《明报月刊》第33期，1966年9月，收入周毅等主编《张学良文集》下卷，同泽出版社1996年版，第543页。

起干'的要求"。只是由于形势变化,蒋介石已开始做联苏准备,遂采取逼蒋抗日的方针。① 杨奎松认为,张学良早在1936年4月9日与周恩来在延安进行秘密会谈前,"就已经有了与蒋介石分道扬镳的思想倾向",他在《活路》小册子里鲜明提出反蒋抗日、联俄联共的政治主张。杨还具体地分析了西安事变中张杨提出的八项政治主张,指出这些主张"几乎是直接了当地呼吁取消国民党一党专政,废止蒋介石先安内后攘外的既定国策……他之所以一再强调蒋之自由必以主张实现为前提,并反复劝蒋接受条件,正显示他除了'兵谏'以外,确实还有其他的考虑和准备"②。

对于中共从反蒋抗日的策略转变为联蒋抗日,或张学良与中共到底是谁说服谁逼蒋抗日的问题,学术界有完全不同的观点。传统观点认为是中共在肤施会议时接受了张学良的有力劝说。但此观点所依据的主要是回忆史料,如台湾学者更多的是依据张学良在《西安事变忏悔录》中的说法,而大陆学者主要依据的是吴福章编《西安事变亲历记》、申伯纯的《西安事变纪实》等回忆史料。这种史料由于年代久远或因个人的立场、利益关系等问题,有可能与历史真实相距甚远,所以说服力较差。杨奎松即对此提出异议,其所用资料为1936年4月1日《周致张、彭、毛电》,1936年4月13日《周恩来给贾拓夫的密写信》等原始资料。③ 杨认为,肤施会议时,"更多的是周恩来劝说张学良离开蒋介石,和共产党一起实行'抗日反蒋'"④。

关于张学良联共的时间和途径,高存信、白竟凡等人通过研究《王化一日记》以及《日本外交年表及主要文书(1840—1945)》⑤ 等资料后,对过去的说法提出了质疑,并提出了自己的观点,认为张学良了解到

---

① 毕万闻:《张学良与红军——从新发现的写给周恩来的亲笔密函谈张学良何时要与红军"合在一起干"》,《社会科学战线》1996年第6期。
② 杨奎松:《张学良与西安事变之解决》,《中国社会科学》1996年第5期。
③ 中国人民解放军国防大学党史党建教研室编:《中共党史教学参考资料》第17册;《周恩来致汉卿先生书》(1936年4月22日),《周恩来书信选集》,中央文献出版社1988年版,第87页;《曾希圣致彭德怀、毛泽东、周恩来电》(1936年5月5日);《朱理治致张闻天、毛泽东、周恩来、彭德怀电》(1936年5月7日)。
④ 杨奎松:《究竟是谁说服了谁?——关于1936年延安会谈结果的再讨论》,《抗日战争研究》1996年第1期。
⑤ [日]日本外务省编:《日本外交年表及主要文书(1840—1945)》下卷,原书房1969年第2版,第310—314页;另见南开大学马列主义教研室中共党史教研组编《华北事变资料选编》,河南人民出版社1983年版,第322页。

蒋介石已接受了日本外务大臣广田弘毅秘密提出的灭亡中国的三原则之后，遂忿而走上联共之路。他们还提出，张学良在国民党四届六中全会期间去上海秘密会见了东北义勇军将领李杜，而不是杜重远；时间不是1935年12月，而是11月上旬。此外，高存信等也对张联共原因的传统说法进行了修正和补充，否定了张学良在陕北受了三次战役打击后才去找中共的说法，认为"是蒋介石逼迫他联共的"①。

关于张学良加入中共问题，最早是由于苏联公布的一份共产国际文件，即1936年8月15日共产国际执委会书记处给中共中央书记处的一封电报②而引起有关研究者注意的。这一文件见于苏联科学院远东研究所出版的《共产国际与中国革命文献资料汇编》中，1988年前后被译成中文。它说明，当年确实存在过有关张学良入党的问题。杨奎松在此基础上又提出两份佐证，其一是刘鼎致中共中央的电报，1936年6月30日发出；其二是以洛甫（张闻天）的名义于7月2日发给共产国际的一封电报③。杨奎松的结论是，1936年6月底，张学良曾经提出想要加入共产党的愿望。其后，共产国际虽然没有同意中共吸收张学良入党的请求，但张学良仍始终和共产党保持着密切的合作关系。④

（3）张学良在和平解决西安事变中的作用问题

长期以来，史学界在评价张学良在和平解决西安事变中的作用时，总是强调这样一种观点，即西安事变发生后，在中共代表的说服下，张学良接受了中共提出的和平解决西安事变的方针。⑤

对于上述观点，近年来史学界出现了完全不同的看法。张学君认为，这种说法"与事实不符"。他认为张学良不仅是"西安事变的主要发动者和组织者"，而且也是"和平解决西安事变的决策人"。为此，他用大量

---

① 高存信、白竟凡：《张学良开始联共时间的探讨及其作用浅析》，《张学良暨东北军新论》，华文出版社1993年版，第442—443页。
② 见马贵凡译《苏联新发表的共产国际有关中国革命档案文献（之二）》，《中共党史研究》1988年第2期。
③ 这封电报保存在莫斯科俄罗斯当代历史保管与研究中心档案中，全宗号492，目录号74，卷宗号282。
④ 杨奎松：《有关张学良加入中共问题的探讨》，《近代史研究》1996年第4期。
⑤ 胡华：《中国革命史讲义》上册，中国人民大学出版社1979年版，第416页；魏宏运主编：《中国现代史》上册，黑龙江人民出版社1980年版，第521页；王维礼主编：《中国现代史》，辽宁人民出版社1984年版，第375页。

史实论述了这个观点,指出:"和平解决西安事变的方针,是张学良本人的决策,不是来自别人的说服。"① 还有学者认为,"在西安事变发动和解决的过程中,张学良起了主要决策人的作用"②。有的学者认为,从扣蒋到放蒋、送蒋,突出地表现了张学良的作用。③

进入 90 年代以后,多数研究者在分析了 1936 年 12 月 12 日《张杨对时局宣言》,张学良 1936 年 12 月 12 日《致孔祥熙电》,12 月 13 日张学良《对总部全体职员的训词》,宋美龄《西安事变回忆录》和周恩来 12 月 25 日给中共中央的电报等史料后认为,和平解决西安事变系由于各方面努力,而以张学良为主。这种观点在突出张、杨作用的同时,也强调中共的作用,甚至也不否认宋氏兄妹和蒋介石的作用。④ 有的学者认为,西安事变和平解决"是西安、南京、延安三方面诸因素合力作用的结果"⑤。

(4) 关于张学良送蒋返宁问题

有的学者依据申伯纯的《西安事变纪实》等材料,认为,张学良在送蒋问题上不够慎重,也不与有关方面商量,心血来潮,临时决定亲自送蒋,最后造成了终身监禁的悲剧。⑥ 有的学者认为,张学良对当时国民党内部斗争的复杂性,对事变在人们情绪、心理上的影响,以及东北军高级将领的思想动向缺乏正确分析和把握。⑦ 还有学者提出,"西安事变之释放蒋,莫斯科起了决定性的作用。"其理由是苏联从自身利益考虑支持蒋介石抗日,对张学良施加压力,从而促使张放蒋。⑧ 吴天威也对张学良送蒋回宁持否定态度,认为他这样做是错了一着,是一个轻率的举动,"这一举动使他从捕人者变为被捕者,纯粹是为了满足他个人的堂·吉诃德式

---

① 张学君:《张学良与西安事变的和平解决》,《近代史研究》1985 年第 1 期。
② 李淑:《试评西安事变中几个人物的历史作用》,《南京师大学报》(社会科学版) 1987 年第 1 期。
③ 房成祥:《论西安事变期间张、杨的八字宗旨》,《西安事变研究》,陕西人民出版社 1988 年版,第 165 页。
④ 房成祥:《关于西安事变和平解决的几个问题》,《西安事变研究新论》,陕西人民出版社 1998 年版,第 140 页。
⑤ 郑德荣:《西安事变若干问题的新思考》,《西安事变研究新论》,陕西人民出版社 1998 年版,第 213 页。
⑥ 金封:《张学良陪送蒋介石回南京之谜》,1988 年 8 月 3 日《解放日报》第 6 版。
⑦ 李传信:《论张学良送蒋及被"管束"的前因后果》,《张学良暨东北军新论》,华文出版社 1993 年版,第 519—520 页。
⑧ 朱永德:《西安事变与世界大局》,《西安事变研究新论》,陕西人民出版社 1998 年版,第 69—70 页。

的自我主义的心理状态"①。张魁堂认为，张学良放蒋显然是出于善良的愿望和不切实际的幻想：第一，以为蒋介石是要守政治信用的。第二，以为有"三位一体"的实力作后盾。第三，宋氏兄妹及端纳都保证他去南京的安全。吴天威对送蒋回宁的后果也持消极看法，认为张"贸然亲送蒋介石回南京铸成大错，不但使西安事变的成果，濒临完全丧失的边缘，而且他自己为此付出了沉重的代价"②。另外，也有学者不同意张送蒋是"感情冲动""心血来潮"，认为这一行动"符合张学良性格心理特征，甚至可以说是具有办事果断或独往独来的少帅风范"③。

进入 90 年代以后，学术界肯定张送蒋回宁的行动渐成主流。研究者除利用《张学良文集》及各种回忆录外，尤其重视张学良送蒋离陕前留下的手谕，原文为："弟离陕之际，万一发生事故，切请诸兄听从虎臣孝侯指挥。此致，何、王、缪、董各军各师长。张学良　二十五日　以杨虎臣代理余之职。"④ 这种观点不仅否定了此举是"一时感情冲动的鲁莽之举"的看法，也否定了"政治上幼稚"的观点。他们认为，张送蒋不是一时冲动，"而是经过反复思考的，他送蒋的念头，实际是早在西安事变爆发初期，就已萌发了"⑤。有的学者指出，张学良采取"不留痕迹"的放蒋方法，是处置蒋的最佳选择，绝非轻率之举。⑥ 张友坤认为，第一，张学良躬亲送蒋返宁的思想早就存在；第二，是为了给蒋介石恢复威信，以便领导全国抗日；第三，是向全世界表示，西安之举完全是为了中华民族的利益，绝无私心杂念，使亲日派无话可说；第四，为了使蒋介石对所答应的条件不致反悔，力求尽早一一兑现。⑦ 陈崇桥也认为，张学良放蒋是"从维护蒋介石的威信、以利今后的抗日大局出发的"⑧。还有的学者认为张躬亲送蒋"是他在

---

① ［美］吴天威：《关于西安事变的新材料》，《近代中国》1984 年 1 月号。
② 张魁堂：《张学良传》，东方出版社 1991 年版，第 219 页。
③ 张志强：《张学良送蒋返宁的心理探析》，《千秋功业——纪念西安事变六十周年文集》，辽宁人民出版社 1997 年版，第 51 页。
④ 见刘希金《张学良送蒋离陕前手谕石印件的发现经过》，1984 年 12 月 9 日《光明日报》第 2 版。
⑤ 范克明：《关于张学良历史悲剧的思考》，《张学良暨东北军新论》，华文出版社 1993 年版，第 537 页。
⑥ 张学继：《对西安事变几个问题的再探讨》，《抗日战争研究》1992 年第 4 期。
⑦ 张友坤：《对张学良送蒋返宁的再认识》，《近代史研究》1994 年第 1 期。
⑧ 陈崇桥：《张学良爱国主义思想之发展》，《西安事变研究》，陕西人民出版社 1988 年版，第 299 页。

爱国主义思想指导下拥蒋抗日和逼蒋抗日的继续"①。

除了以肯定的态度探讨张学良送蒋返宁动机外，一些学者还从其他角度探讨了这个问题。有人认为，张学良敢于送蒋有四张王牌，一是东北军、十七路军和红军三位一体的团结；二是他有回西安的条件，即十几个军政大员及几十架飞机；三是他与蒋、宋、孔的良好关系；四是蒋、宋的诺言。更多的人则对送蒋返宁的后果表示出积极肯定的观点。有的学者强调指出，没有张学良躬亲送蒋回南京之举，"西安事变后停止内战、团结抗日的局面将很难尽快实现"②。有的学者认为"张亲自送蒋，对张个人来说，确实不利，但从全局来看，是有利于最终实现事变和平解决的"③。还有的学者认为，张学良"以个人之失，换来民族之得"，实现了逼蒋抗日，"为抗日救国做出了重大的贡献和牺牲"④。张友坤认为，张学良送蒋返宁，是为和平解决西安事变，不惜牺牲个人一切的义无反顾的行为。"这一牺牲赢得了停止内战，实现了国共联合抗日，为取得我国近百年来第一次反侵略战争的彻底胜利奠定了基础。"⑤

6. 关于张学良生平思想及其他

（1）关于张学良一生的评价

对于张学良，学术界一致给予了很高的评价。张魁堂认为，"张学良将军是我国现代史上一位有重大贡献的民族英雄"，"张学良并不是个悲剧人物。他追求的团结一致，驱逐日寇，复兴中华的大业是成功了，他是中华民族的英雄，是永垂历史的千古功臣，无待盖棺而可以论定了。"⑥张德良、周毅认为，"张学良是军人，但并非一介武夫，他是集军事家、政治家、实业家、教育家于一身的民族英雄，他是中国现代化的先驱者之

---

① 任振河：《张学良躬亲送蒋原因之我见》，《西安事变研究》，陕西人民出版社1988年版，第327页。
② 同上书，第335页。
③ 侯雄飞：《西安事变和平解决原因新探》，《西安事变研究》，陕西人民出版社1988年版，第70页。
④ 林云生：《张学良陪送蒋介石回宁问题初探》，《张学良暨东北军新论》，华文出版社1993年版，第512页。
⑤ 张友坤：《对张学良送蒋返宁的再认识》，《近代史研究》1994年第1期。
⑥ 张魁堂：《张学良传》，东方出版社1991年版，第257页。

一"①。有的学者概括张学良一生"蒙受两大耻辱","三次影响历史走向","赢得个人四项辉煌"②。有学者认为,"张学良对中国二十世纪和平统一、现代化建设、抗日战争的三大伟业的参与和创造,为中华民族的复兴大业立下了世纪性的不朽功勋"③。

(2) 关于张学良的爱国主义

认为张学良是一个伟大的爱国者,是一位民族英雄,这已是学术界一致的看法。不论是 70 年代、80 年代还是 90 年代,这种评价都是一贯的,就连日本学者也认为张学良是"典型的集建设近代国民国家（救国）和救中华民族（救亡）双重课题于一身的政治家"④。有的学者认为,张学良的爱国思想有三个特点:一是抵御外侮,必须有一个统一的国家,二是带有某种程度的国家主义色彩,三是当他的爱国思想与促进社会进步的强烈愿望相结合时,就会毅然决然地献身。⑤ 当然,也有学者在肯定张学良爱国主义的同时还指出他的爱国主义有局限性,"爱国与忠君融为一体,毕竟是张学良爱国主义思想的局限"⑥。

关于张学良的抗日思想,有的学者认为,这是张学良思想的主旋律之一,前后经历过三个阶段:第一阶段是抗日思想的产生和形成时期,主要由帝国主义侵略和国内各派军阀混战促成;第二阶段是抗日思想的进一步坚持和发展时期,时间在 30 年代前期,具体表现在"九一八"事变后他的对日斗争上;第三阶段是抗日思想发展到高峰时期,时间大体在 1935 年以后,其主要特点是由反共拥蒋抗日发展到联共逼蒋抗日,发动了震惊中外的西安事变。⑦ 还有的学者通过研究张学良的收回旅大交涉、支持日本政友会总裁床次竹二郎竞选等事件指出,张学良不但是个抗日者而且也

---

① 《论民族英雄张学良》,《张学良暨东北军新论》,华文出版社 1993 年版,第 11 页。
② 胡玉海:《张学良政治生涯述评》,《东北易帜暨东北新建设国际学术研讨会论文集》,同泽出版社 1998 年版,第 342—349 页。
③ 张德良:《世纪老人的世纪性功勋》,《东北易帜暨东北新建设国际学术研讨会论文集》,同泽出版社 1998 年版,第 4 页。
④ [日] 西村成雄:《张学良》,中国社会科学出版社 1999 年版,第 3 页。
⑤ 张友坤:《爱国何所罪、青史有定评》,《张学良暨东北军新论》,华文出版社 1993 年版,第 633 页。
⑥ 裴烽、董群:《张学良哲学思想初探》,《张学良暨东北军新论》,华文出版社 1993 年版,第 749—750 页。
⑦ 王维远:《论张学良的抗日思想》,《张学良暨东北军新论》,华文出版社 1993 年版,第 647—656 页。

是中日合作的构想者,"张学良是在构想破灭,试探失败的情况下,才被迫走上坚决反抗日本侵略的道路的"①。

(3) 关于张学良的现代化建设思想

研究张学良的现代化思想是张学良研究的新动向,这方面的论文集中收入《张学良暨东北军新论》和《东北易帜暨东北新建设国际学术研讨会论文集》两本论文集中。学者依据的资料甚多,大致可分为以下几类:一是宏观反映张学良现代化理论与实践的资料,如董慧云、张香春选编的《张学良与东北新建设资料选》(香港,同泽出版社1978年版)。该书大部分是第一手资料,系统地反映了张学良主政东北后(1928年至1931年)在努力刷新政治、发展经济建设、力行开源节流、重点培养高等专业人才等方面所做的贡献。其他还有很多,在《张学良文集》中就可看到不少张的训词、讲话、讲演及函电等,真实反映出他渴望息战和平、注重经济建设和人民生活。例如,1928年7月,张学良就任东北保安总司令所宣布的对内对外政策的基本宗旨就是息兵罢战,整顿经济,集中全力建设新东北:"若非他方危害,侵及生存,绝不轻言战争",以建设东北,"励行兵农政策,开源节流,蠲除苛捐杂税,以利民生";对外,"将以最诚恳的态度与友国(按:日本)相周旋,求达共存共荣的目的"。另一类是张学良保护、支持民族工业发展的资料,其中较为典型者如1930年2月18日《张学良为肇新窑业公司免征五年统捐的训令》,1930年8月7日《东北政务委员会为议决辽吉黑热实行火柴专卖的训令》等。此外,在辽宁省档案馆藏日文档案资料、"满铁档案""铁路情报档案"中,也有不少反映张学良力图独立建设东北铁路与日俄抗衡的资料。反映张学良注重国民文化素质教育,兴办学校,力倡男女同校的资料主要集中在《张学良文集》《辽宁文史资料》《辽宁教育史志资料》《奉天通志153卷》等书中。

上述资料的发掘有力地推动了关于张学良现代化建设思想的研究。有学者评论说,张学良是东北现代化建设的先驱者。在从他主政到"九一八"事变退出东北的几年里,在现代化建设方面他创造了十个全国第一。②"张学良是中国现代化建设的先驱,是反帝爱国实业家,是中国民

---

① 舒英华:《张学良对日思想新探》,《张学良暨东北军新论》,华文出版社1993年版,第658页。

② 张德良:《东北现代化建设的中国十个第一》,《东北易帜暨东北新建设国际学术研讨会论文集》,同泽出版社1998年版,第288—300页。

族资产阶级代表人物,是带有民族资本主义色彩的中国最大的地方实力派"①。张学良主政东北以后,"将东北的现代化建设推向了高峰,同全国各地区比较,无论是工业、农业、文教、交通、邮电、广播等各业均名列首位"②。

(4) 关于张学良的哲学思想与世界观

除上述各项研究外,也有学者探讨了张学良的哲学思想,认为"他的哲学思想十分丰富,主要包括唯物论观和矛盾观,主体性思想的知行观、道德观等内容,构成了一个比较完整的哲学思想框架"。"实际上,传统文化既是张学良哲学思想和崇高人格的重要根源,又是其个人悲剧的最终原因。"③ 此外,张学良的富国观也纳入了研究者的视野。有学者指出,"强烈的国家意识""浓厚的大众意识""坚定的超越意识"是张学良富国观的思想渊源,而"和平为发展之本""国防为强国之本""实业为富国之本""教育为兴国之本""国民为复兴之本"则构成了张学良富国观的丰富内涵。④

近年来,有关张学良的人格问题也引起学术界的关注。有人认为,张学良的人格特征是"反抗与服从交织"和"仁爱宽厚"⑤。也有学者分析了张学良的人生价值观,认为如何处理个人与民族、国家的关系是其中的核心内容,"张学良的'不屈服、不卖国、不贪生、不怕死'的人生信条,被认为是处在乱世中的伟大心灵对意义和价值的拯救,因而他的形象在 20 世纪沧海桑田的变迁中,越发显得完美和可贵"⑥。还有的学者从"民族观"的角度进行了探讨,认为追求民族独立,消除民族离散力,增强民族意识与民族实力,使每个中国人都树立起"民族利益永远高于个人","民族不会亡,因为有我","假如把我的头割下来,民族能复兴,

---

① 张德良:《世纪老人的世纪性功勋》,《东北易帜暨东北新建设国际学术研讨会论文集》,同泽出版社 1998 年版,第 4—5 页。

② 张大庸:《东北现代化建设的先驱张学良将军》,《东北易帜暨东北新建设国际学术研讨会论文集》,同泽出版社 1998 年版,第 315 页。

③ 裴烽、董群:《张学良哲学思想初探》,《张学良暨东北军新论》,华文出版社 1993 年版,第 739 页。

④ 马尚斌:《论张学良的富国观》,《辽宁大学学报》2000 年第 3 期。

⑤ 陈笑迎:《张学良的人格特征评析》,《东北易帜暨东北新建设国际学术研讨会论文集》,同泽出版社 1998 年版,第 355—359 页。

⑥ 杨小红:《张学良的人生观》,《辽宁大学学报》(哲学社会科学版)2000 年第 3 期。

在所不惜"等构成了他的民族观的基本内涵。①

总起来看，学术界探讨和澄清张学良研究中具体问题较多，而从文化角度去研究张学良的人生态度、价值取向及思想方面的文章较少。这固然与张学良的个人经历有关，但更重要的是与对研究张学良思想的价值认识不足有关。笔者认为，假以时日，从文化层面研究张学良将是另一个亮点。

三

自改革开放以来，许多学者专门从事于张学良研究，在资料挖掘和整理以及论著出版方面做了大量工作。笔者认为这仅仅是张学良研究中取得的阶段性成果，今后还有大量工作可做。

第一，从总体上看，在90年代前，学术界在研究张学良这一历史人物时，主要依据的是回忆史料，许多问题似是而非，说不清楚；90年代以后，随着大量原始档案资料的挖掘和整理出版，张学良研究进展较快，许多事件的原貌逐渐变得清晰起来。当然，目前尚存在着大量难点、疑点需待档案资料解密后才可能解决。笔者认为，下一步的张学良研究还应加强资料收集和整理以及对资料本身的研究。第一，应加强对回忆性史料的互证及辨伪工作。许多当事人由于与张学良有特殊关系或与某一事件有连带关系，因此所述事件或有曲解或有隐瞒。再加上年代久远，有些事情记不清楚，造成时间、地点、人物有误，也是平常之事。因此，回忆性史料可信度较低。许多论著由于在资料运用上对回忆性史料不加区别地大量使用，从而大大降低了其学术价值，留下不少教训。所以，集中精力从事对以往回忆性史料的互证和辨伪工作，应是下一阶段张学良研究的重点问题之一。其二，继续挖掘史料，除有待国内有关档案公布外，主要应收集日本、美国、俄国等有关档案资料，这方面的潜力仍然很大。

第二，过去的张学良研究主要集中于东北、西北地区，研究人员以东北籍学者为主，有关张学良研究成果的出版和发表也以北方学术刊物为主，带有浓厚的地域特色。同时明显地存在着两大问题，第一，东北籍学者对张学良带有明显的感情倾向。东北人把张学良作为东北一百年来出现

---

① 王海晨：《张学良的民族观》，《辽宁大学学报》（哲学社会科学版）2000年第3期。

的最重要的历史人物看待并不为过,然而,当把这种以地域文化为核心建立起来的感情因素介入到学术研究中时,就往往难以进行公正评价。仅以张学良研究会主办的数次大规模张学良学术研讨会为例,在这些学术会议上,确实存在着对历史上的张学良肯定的多,否定的少,学术观点雷同的多,不同学术观点相互交锋相互争鸣的少的现象。第二,从总体上看,在过去取得的张学良研究成果中精品少,粗糙的应时之作多。从发表的刊物上看,在国家核心刊物上发表的少,在地方刊物上乃至内部文集上刊载的多。这些问题都需要在下一阶段研究中加以解决。笔者认为,张学良作为从 20 世纪中国特殊国情、特殊时代中涌现出的民族英雄,不仅是全国性人物,更是世界性人物。因此,对这样一位与中国 20 世纪诸多重大历史事件有联系的人物加以重视,并提升其研究层次,对于深化中国近代历史研究具有重要意义。张学良研究的全国性、学术的规范性,应是今后张学良研究的发展方向。

第三,从现已取得的张学良研究成果看,绝大部分集中在如东北易帜、中东路事件、武装调停中原大战、"九一八"事变、发动西安事变以及东北现代化建设等事件和问题上,而对张学良的人生态度以及政治思想、军事思想、经济思想、文化教育思想等方面的研究甚少。笔者认为,这些领域在下一阶段张学良研究中应引起学者的关注。此外,张学良对苏联、日本以及中共的认识,他晚年的宗教观等,都有深入探索的必要。

原载《近代史研究》2001 年第 3 期

西安事变研究新观点

刘东社　张天社

近年来，广大学者针对西安事变的方方面面问题，展开了深入而广泛的研究，在坚持唯物史观的前提下，研究人员更加强调应以实证研究和个案研究作为侧重点，注重求真务实，反对空泛议论。尤其要开展对历史资料，特别是第一手资料的发掘、整理和运用；从历史观与方法论的高度，倡导对西安事变进行多学科、多层次、多角度的综合性研究。《西安事变与中国抗战》《西安事变史料丛编》（第一辑）、《西安兵变与前共产党人》《张学良的后半生》《追逐红星的人们》等专著的出版，以及2000年8月"西安事变实证研究国际学术讨论会"[①]，给人们带来了西安事变研究的新视角，其观点如下。

一　拓宽研究范围

拓宽研究范围，深入研究与西安事变有关的人物，是学者们近年来在西安事变研究中一直探索的课题。上述新出版的著作和专家学者在过去研究的基础上所进行的有益探索，拓宽了人们的视野。如在对张学良的思想变化方面，有学者在考察分析了武汉时期张学良的思想演变轨迹后，认为爱国主义是张学良思想的主体，张学良虽然从抗日的角度座兵拥蒋，但却不盲从。张学良对中共的态度也在此阶段发生了微妙变化，这为他后来的联共抗日主张初步奠定了思想基础；也有学者尝试性地解读了刘鼎于

---

① 2000年8月3日至5日，由西北大学西安事变研究中心举办的"西安事变实证研究国际学术讨论会"在陕西省西安市召开，来自国内外的专家学者80余人出席了会议。会议收到论文65篇。

1936年4月下旬和5月初接连写给李克农和周恩来的几封隐语式密信，认为据此断定张学良"突然决定参加革命""决心反蒋"是不确的。另有学者则系统地探讨了张学良与20—40年代活动于冀南豫北的民间武装结社团体天门会的关系；还有学者考察了张学良的日本观及与事变发动的关系。再有，张学良对蒋介石"安内攘外"政策的认同与否定；张学良的军事教育思想；张学良的家庭出身、文化背景、社会阅历、个人性格等因素在事变中所起的作用与影响；张学良与中共统一战线政策的互动关系等问题，也都有文章进行了专门的研究与探讨，并提出了一些新的见解。

此外，在人物研究方面，还形成了三个新的特点：一是对过去未涉及或很少涉及的人物加大了研究力度。如对朱理治、宋庆龄、张寒晖、陈端、李寿亭等人，均有专文进行探讨。二是突出了对西安事变有关的国内外新闻界人士的全面研究。如：海伦·斯诺、史沫特莱、贝特兰、尾崎秀实等人，有许多文章对他们在报道西安事变方面所起的作用，以及在事变中所持的观点、立场，进行了详细的分析和论述。三是加强了对同类型人物的比较研究和群体研究。如：比较研究了毛泽东与斯大林对西安事变的认识、态度及和平解决主张之同异；比较、分析了张、杨二人在西安事变中的地位、作用和影响。在群体人物研究方面，探讨了东北爱国民主人士群体（如杜重远、高崇民、阎宝航、王化一等）与张学良的深厚情谊，以及这一群体在促成张学良思想转变等方面所起的特殊作用。尤其应指出的是，《西安兵变与前共产党人》一书中，首次系统披露了以罗章龙为首的"中央非常委员会"最后一批北方区成员有组织地策动张学良发动西安事变的重要史实，这一尘封已久的历史旧事的重新发现，引起许多学者的高度重视，该书较为全面地勾画出黎天才、李希逸、吴雨铭、张慕陶等人在西安事变前后的所作所为，以及他们左右于张学良身旁所起的作用。

二 对张、杨的定位与评价

目前，许多学者在其所发表的专著和文章中，大都认为，爱国主义是张学良、杨虎城发动西安事变的思想基础，"民族英雄""千古功臣"的称号，是对其二人恰如其分的定位与评价。在这一前提下，学者们也对一些有分歧、有争议的重大问题，进行了深入而又理智的探讨。问题集中于以下几个方面。

首先，关于张学良送蒋回南京的缘由及得失利弊问题。

长期以来，在此问题上大体有两种认识：一种意见认为，张学良送蒋介石回南京是"鲁莽之举"和错误行动，由此招致了张学良本身丧失自由，造成东北军群龙无首、"二二事件"的发生及"三位一体"的解体等一系列严重后果；另一种意见认为，张学良送蒋介石回南京是其在爱国主义思想指导下逼蒋和拥蒋抗日的继续，是张学良谋求全国一致抗日的又一爱国壮举，因而应该予以充分肯定。近期，从已出版的专著和全国性、专题性的学术讨论情况看，学者们对这一问题存有较多的争论，提出的观点大致概括为如下。（1）义气说。认为张学良送蒋介石回南京是受英雄、义气思想影响的缺乏理性的举动。（2）放弃说。西安事变发生后，全国舆论大多谴责张、杨，共产国际与苏联对张学良更是猛烈攻击，而张学良、杨虎城与中共搞西北大联合，组建"三位一体"，是以对苏联的大力支持抱有极大希望为前提的，由于苏联的态度出人意料，迫使张学良放弃以前立场，亲自送蒋介石回到南京。（3）旧道德观说。张学良受传统的忠君、正统等封建思想的影响，为表示始终效忠蒋氏，为维护"领袖"的尊严与脸面，而不得不送蒋。（4）放包袱说。张学良曾多次表示，东北军是压在他肩上一个沉重的包袱。西安事变中捉到蒋介石后，张学良犹如刺猬在手，放蒋乃是必然结局。在经过谈判后，东北军有可能在南京中央政府统一节制下参加抗战，因此，张学良匆匆放蒋，且亲身陪送至南京，是想丢掉包袱。

其次，关于中共统一战线政策与张、杨及西安事变的关系。

有文章分析认为，中共对东北军下层的争取工作始于"直罗镇战役"之后。文章在统计分析东北军"剿共"时被俘官兵的数量与去向后认为，中共成建制地释放东北军被俘官兵，为以后争取东北军联合抗日创造了条件。还有文章提出，张学良与中共统一战线政策是一种互动关系，张学良的爱国思想和民族感情是其接受统一战线主张的思想基础，而中共的统战政策的转变又与张学良有着密切的关系。为此，在近期所发表的文章中，专门探讨了红军东征时张、杨思想及中共统一战线政策的发展变化，认为这一阶段是由"反蒋抗日"向"逼蒋抗日"过渡的一个重要环节。

另外，广大史学工作者还就与西安事变有关的一些问题分别做了探讨，提出了不少新见解。诸如，西北群众统战工作问题、力行社在事变期间的活动与作用、事变前后中日海军动向、西安事变对青海地方的影响等等问题。

三 实证研究与专门考证

从上述发表的专著中和学术讨论的实际情况看,许多研究人员突出强调了实证研究的重要性。实证研究虽大多仅限于对某一事件或某一侧面的专门考证与诠释,但由于其史料基础扎实,所得俱非空论。故往往能收到执微见著、以小明大的效果。

如:有文章考证提出,1936 年 5 月上旬,张学良、杨虎城与中共代表周恩来、林伯渠曾在洛川进行过秘密会晤。另有文章考证分析了黄念堂在西安事变中被杀的背景及"理由",认为,黄念堂被杀基本上应判定为历史冤案。还有文章分析后认为,西安事变的下限时间应为 1937 年 2 月 9 日。即国民党中央军和平接防西安后,事变才告基本结束。值得一提的是,有文章对冯钦哉在西安事变中与张、杨的关系进行了细致的研究,在考证分析了冯钦哉背叛杨虎城的前因后果及其对宁陕双方军政决策的影响后认为,潼关失守固然与冯钦哉的犹豫有关,但还有其内在因素。文章说,冯钦哉并非一开始即与杨虎城彻底决裂,而是有一段"两面取巧"的投机过程。当南京政权一度形成"拉扬打张"的策略,及宁陕双方均将军事攻防重心集中于东路时,与冯钦哉在事变中态度的动摇有着非常紧密的关系。

总之,从上述专著中和近年学术讨论中所涌现出的新资料、新观点,可以看出,人们更加注重对资料的发掘和整理,强调在研究问题时的比勘与评析,讲求对于具体事例进行实证分析和考证。这将有助于在今后的研究工作中取得更加实事求是的科研成果。

原载《党的文献》2001 年第 4 期

西安事变实证研究国际学术讨论会综述

西北大学西安事变研究中心

正当西安事变研究处于低迷徘徊状态之际,由西北大学和陕西华清池旅游有限责任公司联合主办,杨虎城纪念文化教育基金会、西安邮电学院、西安"八办"纪念馆、西安事变纪念馆协办的"西安事变实证研究"国际学术讨论会于2000年8月3日至5日在西安市隆重举行。来自中、日、韩三国的学者、代表80余人出席了会议,共提交论文70多篇。大会组委会主席、陕西省政协主席安启元发表了重要讲话;大会组委会执行主席、西北大学副校长朱恪孝和陕西华清池管理处主任靳军良分别代表主办单位致辞。会上还交流了新近出版的《西安事变与中国抗战》《西安事变资料丛编》(第一辑)、《西京兵变与前共产党人》《张学良的后半生》《追逐红星的人们》等五本论著。《人民日报·每日电讯》《科学时报》《党史信息》《抗日战争研究》《民国档案》《党的文献》以及西安的有关报刊都先后对会议进行了报道。

这次讨论会是西北大学继1999年10月成立"西安事变研究中心"后的又一新的举措。它打破了以往逢"双十二"举行纪念活动兼开学术研讨会的惯例,突出学术色彩,使与会学者在自由宽松的氛围中,就西安事变的方方面面展开了热烈的讨论。同时,大会强调以实证研究和个案研究为侧重点,坚持求真务实,反对空泛议论,注重对历史资料尤其是第一手资料的发掘、整理和运用;并从历史观与方法论的高度,倡导对西安事变进行多学科、多层次、多角度的全方位综合研究。因此,这次讨论会学术气氛之浓厚,观点、资料及研究视野、角度之多、实、宽、新,实为近年来所罕见。兹将有关讨论情况概述如下。

一　细致扎实、以小见大的实证研究

为了改变以往大而化之的粗疏学风，这次大会突出强调了实证研究的重要性。实证研究虽大多仅限于对某一事件或某一侧面的专门考证与诠释，但由于史料基础扎实，所得俱非空论，故往往能收到知微见著、以小明大的功效。

会上，有学者考证提出，1936年5月上旬，张、杨与中共代表周恩来、林伯渠曾在洛川进行过"三方"秘密会晤。这一问题尚需进一步探讨。另有学者考证分析了黄念堂在事变中被杀的背景及"理由"，认为黄之被杀基本上可判定为一桩历史冤案。有人认真考察了释蒋问题，指出张学良之所以于12月25日匆忙释蒋，是因为次日为南京最后的停战释蒋期限；而释蒋则是建立在"中央军先撤走"的基础之上。还有人分析认为，西安事变的时间下限应是1937年2月9日，即中央军和平接防西安后，事变基本上宣告结束。也有学者考证分析了冯钦哉背叛杨虎城的始末及其对宁陕双方军政决策的影响，认为潼关失守固然与冯的迟疑犹豫有关，但恐怕还有其他因素在内；冯也并非一开始即与杨彻底决裂，而是有一段"两面取巧"的投机过程，而南京一度形成"拉杨打张"的策略及宁陕双方均将军事攻防重心集中于东路，均与冯之态度动摇有关。有学者尝试性地解读了刘鼎于1936年4月下旬和5月初，接连写给李克农和周恩来的几封隐语式密信，认为据此断定张学良"突然决定参加革命""决心反蒋"是不确的。该学者还详细考察了张学良加入中共的问题，指出张学良到底是否加入了中共，迄今尚是一个谜，有待于发现足资佐证的新史料。还有学者考察了张学良的日本观及与事变发动之关系。此外，张学良对蒋氏"安内攘外"政策的认同与否定，张学良的军事教育思想，张学良的家庭出身、文化背景、社会阅历、思维模式、个人性格等因素在事变中所起的作用与影响，张与中共统一战线政策的互动关系等问题，也都有学者进行了专门的研究，提出了一些新的看法。尤其值得一提的是，有学者在会上首次系统披露了罗章龙为首的"中央非常委员会"最后一批北方区成员有组织地策动张学良兵变的重要史实，较全面地勾勒出了罗章龙、黎天才、李希逸、吴雨铭、张慕陶等人在西安事变前后的所作所为及他们各自的独特风貌（除了会上的几篇论文外，另见《西京兵变与前共产党人》一书)。这一尘封已久的历史旧事的重新发现,引起了与会者的极大兴趣和高度重视。另外,有学者以张学良的《西安事变回忆录》的版本和文字窜改问题作了详细比勘与评价,颇令人有耳目一新之感。

在资料的发掘整理方面,有学者提供和考订分析了1935年11月30日张学良致张学文的一封家信及其内容,从中可以透析出事变前张对军队进行整编及对红军和十七路军的态度等内容,也能反映出张的思想状态和人格追求。另有学者提供了1937年7月18日张学良致蒋介石要求上阵杀敌函,张在信中表达了"生当陨首,死当结草"的坚定抗日决心和"任何职务,任何阶级,皆所不辞,能使我之血得染敌襟,死得其愿矣"的炽热的抗日情怀。还有学者介绍了辽宁省档案馆所藏的日本对西安事变反应的四份日文原始资料的内容,表示愿随时提供给研究者使用。

二 涉及面广、选题新颖的人物研究

对于和西安事变关系极为密切的历史人物,如张学良、杨虎城、毛泽东、周恩来、斯大林、宋美龄、宋子文、孔祥熙、阎锡山等,过去学术界已作了大量的研究。这次讨论会上,学者们仍继续做了深入的探讨分析。有学者考察分析了武汉时期张学良的思想演变轨迹,认为爱国主义是张学良思想的主体,张虽从抗日的角度拥蒋,但却不盲从,张对中共的态度也在此一阶段发生了微妙变化,这为他后来的联共主张奠定了初步的思想基础。另有学者则系统探讨了张学良与20—40年代活动于冀南豫北的民间武装结社团体天门会的关系。还有学者考察了张学良的日本观及与事变发动之关系。此外,张学良对蒋氏"安内攘外"政策的认同与否定,张学良的军事教育思想,张学良的家庭出身、文化背景、社会阅历、思维模式、个人性格等因素在事变中所起的作用与影响,张与中共统一战线政策的互动关系等问题,也都有学者进行了专门的研究,提出了一些新的看法。

对杨虎城的研究,仍主要集中在杨生平重大事件的考述、杨联共思想的形成与发展、杨与张学良关系演变过程等问题上。虽然也有人注意到了从杨的出身背景、阅历、个性等方面来评价杨在事变全过程中的地位与作用,但对杨虎城的研究总体上仍欠薄弱,尚有待进一步努力。对其他人物如毛泽东、孔祥熙、阎锡山等人的研究,基本上呈稳步深入的趋势。

此次大会在人物研究方面形成了三个新的特点或新动向。一是对过去未涉及或很少论及的人物加大了研究的力度,如朱理治、宋庆龄、张寒晖、陈端、李寿亭等,均有专文进行探讨。二是突出了对与事变有关的国内外新闻界人士的全面研究,如海伦·斯诺、史沫特莱、贝特兰、尾崎秀实等,有多篇论文对之作了专门论述。三是注意到了对同类型人物的比较研究和群体研究,如有学者比较研究了毛泽东与斯大林对西安事变的认识、态度及和平解决主张之同异,也有人比较分析了张杨二人在事变中的地位、作用与影响。群体人物研究如上述对外国新闻记者的系统研究即是一例,另有人探讨了东北爱国民主人士群体(如杜重远、高崇民、阎宝航、王化一等)与张学良的深厚情谊,及这一群体在促成张思想转变等方面所起的特殊作用。

三 综合研究稳步深入,新见迭出

与会者一致认为,爱国主义始终是张学良发动西安事变的思想基础,"民族英雄"和"千古功臣"的称号,是对张、杨二人恰如其分的定位与评价。在此基础上,学者们对一些有分歧有争议的重大问题,进行了深入探讨和热烈的讨论。

第一,关于张学良送蒋回宁的缘由和得失利弊问题,过去大体有两种观点:一种意见认为,张送蒋回宁是"鲁莽之举",是错误行动,由此而引起了张丧失自由、东北军群龙无首、"二二事件"发生及"三位一体"解体等一系列严重后果。另一种意见认为,张送蒋回宁是其在爱国主义思想指导下逼蒋和拥蒋抗日的继续,是张谋求全国一致抗日的又一爱国壮举,因而应该予以肯定。此次讨论会上,学者们对此问题仍有较多的争论,可概括为以下几种观点。(1)义气说。张之送蒋,是受英雄、义气思想影响的缺乏理性的举动。(2)放弃说。事变发生后,全国舆论大多谴责张、杨,共产国际与苏联更对张猛烈攻击,而张、杨与中共搞西北大联合,组建三位一体,是以对苏联的大力支持抱有极大希望为前提的,由于苏联态度的出人意料,迫使张放弃以前立场,亲身送蒋回宁。(3)旧道德观说。张受传统的忠君、正统等封建思想的影响,为表示始终效忠蒋氏,为维护"领袖"的尊严与脸面,而不得不送蒋。(4)放包袱说。张曾多次表示,东北军是压在他肩上的一个沉重的包袱。捉蒋后,张犹如刺猬在手，放蒋乃必然的结局。在西安谈判后，东北军有可能在南京中央统一节制下参加抗战，张匆匆释蒋，且亲身陪送，以放掉包袱。

第二，中共统一战线政策与张杨及西安事变的关系。有学者分析认为，中共对东北军下层的争取工作始于直罗镇战役之后。另有人统计分析了东北军"剿共"被俘官兵的数量与去向，认为中共成建制释放东北军被俘官兵，为以后争取东北军联合抗日创造了条件。还有学者提出，张学良与中共统一战线政策是一种互动关系，张的爱国思想和民族情感是其接受统一战线主张的思想基础，而中共的统战政策的转变又与张有着密切的关系。有的学者则专门探讨了红军东征时期张杨思想及中共统一战线政策的发展变化，认为这一阶段是由"反蒋抗日"向"逼蒋抗日"过渡的一个重要环节。

第三，其他有关问题的研讨。会上，学者们还就西北群众统战工作与西安事变的关系、力行社在西安事变前的活动及其作用、事变前后中日海军的动向、西安事变对青海的影响等许多问题，分别做了深入的探讨，提出了不少新的见解。

总之，此次大会由于讨论之问题广泛深入，新观点、新资料大量涌现，莅会代表里中青年学者所占比例甚高，使人们对打开西安事变研究的新局面充满了信心。不少专家学者认定，西安事变的研究，不仅学术队伍后继有人，而且正处于方兴未艾之势，21世纪之初将是走向繁荣的最佳切入点。

原载《西安事变实证研究》，陕西人民出版社2001年版

"纪念杨虎城诞辰110周年学术研讨会"综述

李 敏

由陕西省文物局主办、西安事变纪念馆承办的"纪念杨虎城诞辰110周年学术研讨会"于2003年2月26日至28日在西安市青年路止园饭店召开。省内外、香港等地学者，杨虎城将军的亲属、部旧100余人与会。提交论文、纪念文章80多篇。现将会议情况简述如下。

西安事变纪念馆馆长林道琦主持大会，陕西省政协副主席田源讲话阐述了研究纪念杨虎城将军的现实意义与历史价值。

杨虎城与中国共产党的关系是这次研讨会的重要议题之一，其中涉及许多新的论题。有学者提出，以往过于拔高杨虎城与中共关系和他的思想，而对他除了民族大义之外，个人、团体和当时的基本生存问题忽略不谈；过多地侧重政治历史，而对人文历史价值发掘研究不够；对十七路军精英群体团队作用在研究中很少涉及。认为应该把杨虎城生平研究置于他所率领的群体当中，这样才能客观地反映出杨虎城在历史发展过程中的作用。

访美学者米鹤都把他数年收集整理的大量历史文献向与会者展示。西安教育学院刘东社认为，杨虎城始终有在西北形成半独立局面的设想，但由于形势变化，"西安事变"后为实现全国联合抗日，杨虎城和中国共产党最终放弃了这一计划。西北大学历史系李云峰分析了杨虎城在"西安事变"善后处理的艰难状态与复杂心境，肯定了杨虎城为和平解决"西安事变"做出的自我牺牲的崇高品质。

陕西省档案馆刘玉川在会上介绍了陕西省档案馆收藏杨虎城与"西安事变"的档案情况，分析研究新发现杨虎城在"西安事变"后不久所发表《兵谏的意义》一文的历史意义。八一电影制片厂杨鹏介绍新近发现的《53年前杨虎城逝世的布告》史料，分析研究了"布告"史料的利用价值和研究价值。如皋市蒋文祥据史料论证了杨虎城是"西安事变"的主要策划者、发动者和善后处理者，认为杨虎城是"西安事变"主角。

杨虎城早期革命和对地方建设的贡献，以及杨虎城对陕西开发建设的重大贡献亦是与会者谈的比较多的问题。宋新勇《论杨虎城将军主持陕西政务的方略》、李敬谦《重视教育尊重人才的杨虎城将军》、李晓春的《略论杨虎城对陕西农业的贡献》、李旭《杨虎城将军与近代著名水利专家李仪祉》等发言，对杨虎城主持陕西军政期间延揽人才、释放政治犯、实行开明政治、赈济灾民、发展医疗卫生事业、关心民生、发展农业生产等都给予了高度的评价。此外，张应超等论述杨虎城对陕西靖国军的贡献，雷云峰论述杨虎城坚守西安围城的意义，袁文伟等论述杨虎城"山东剿匪"的功绩。

杨虎城的爱国爱民思想，也是讨论会重要议题，曹军《西安事变与杨虎城的爱国主义思想基础》、王天唏《对千古功臣杨虎城将军救国生平的探讨》、梁仲明《杨虎城将军教育救国的伟大实践》、傅壮《杨虎城将军革命思想之浅论》、李晓建和高慧琳《浅谈杨虎城追求三民主义的思想过程》等发言，探讨杨虎城反帝爱国、民主革命、联俄、联共的思想渊源及其发展过程，认为爱国思想主导了杨虎城的一生。

原载《抗日战争史研究》2004年第1期

"西安事变"策动者研究述要

黄海绒

1936年12月12日,张学良、杨虎城在西安发动了震惊中外的"西安事变",逼迫蒋介石停止内战,联共抗日。经过中国共产党和张、杨两将军的共同努力,蒋介石被迫接受停止内战、一致抗日的正义主张。"西安事变"促成了第二次国共合作,推动了中国从长期内战到全面抗日的重要历史转折。发动"兵谏",逼蒋抗日是杨虎城首先提出,张、杨两将军共同商定、共同执行的,这是目前史学界普遍接受的观点,那么,采取"兵谏"逼蒋抗日是杨将军的个人主张,还是其他方面策划的结果?张学良方面事先是否就逼蒋抗日也做了策划与酝酿?史学界对此有如下几种不同的说法。

第一,中共西北特别支部策动说。中共地下组织西北特别支部的捉蒋筹划是"兵谏"计划的真正源头,他们的主张通过杨虎城青年智囊团成员王炳南转达给杨虎城,由杨虎城向张学良提议的。

中共西北特别支部是"西安事变"时期中共在西北地区影响最大的一个地下组织。关于西北特支与"西安事变"的关系,一般的论著都论及西北特支通过西救会广泛发动工人、学生、农民等各界群众,开展抗日救国运动。但张天社在《中共西北特别支部与西安事变关系考》[①]一文中则认为,最早提出扣蒋建议的是中共西北特别支部,"西北特支的捉蒋筹划才是西安兵谏计划的真正源头"。

该文首先引用了张学良在《西安事变忏悔录》中的回忆:"迨至良从洛阳返来,心情十分懊丧,对杨谈及蒋公难以容纳余等之意见,该时良对蒋公发有怨言,并问计于杨,彼有何高策可以停止内战,敦促蒋公领导实

---

① 张天社:《中共西北特别支部与西安事变关系考》,《唐都学刊》2004年第5期。

行抗日之目的。杨反问良,是否真有抗日决心?良誓志以对,杨遂言待蒋公来西安,余等可行挟天子以令诸侯之故事。良闻之愕然,沉默未语。"据此提出杨虎城首先向张学良提出在西安扣蒋的主张,进而根据王炳南《关于西安事变》的回忆,提出:"杨虎城的捉蒋主张原是王炳南建议的",并再次根据张学良的回忆,提出"挟天子以令诸侯"的创意者不是杨虎城,也不是王炳南的个人主张,而是那些"小家伙们"即杨身边的青年智囊团的计策。

关于这个青年智囊团的主要成员,文章认为,除了中共驻国产国际代表团派回专做杨虎城工作的王炳南之外,还有童陆生、王根僧、金闽生、谢晋生、宋绮云等,他们都是中共地下党员,并且都参与中共西北特支的工作。最后,文章介绍了西北特支负责人李木庵在《西安事变纪实》中的回忆:"不久,蒋介石来西安之确讯传来,西北局势,顿觉紧张,因为知道蒋介石此来,必是撤换张、杨,内战将延长,中华民族的危机也将更加严重。中共西北特别支部的党员,闻此消息,急筹对策。支部中之在职军界者,首先提议,谓要挽救非常时局,不可不用非常举动,蒋介石如来西安,即将他活捉,逼迫他下令将围攻共产党的军队悉数调援绥远,停止内战,一致对外,舍此别无他法,首先赞成者,亦为军界中的同志。"同时还指出李木庵回忆中提到的"支部中在职军界者"即杨的智囊团人物王根僧、童陆生、金闽生、谢晋生等人,他们在西北特别支部急筹对策,提出捉蒋主张,得到其他人的赞成,王炳南肯定也对此深表赞同并将此意见传达给了杨虎城,由此得出了"杨虎城智囊团的捉蒋计策实际上就是西北特支的主张"的结论。

第二,杨虎城部将赵寿山主张说。杨虎城十七路军旅长赵寿山向杨虎城建议发动"兵谏",逼蒋抗日,杨虎城采纳其建议并向张学良主张实行"兵谏"。

杨虎城将军之孙杨瀚,多年来搜集研究有关"西安事变"的资料,曾两次面见张学良将军。在"西安事变"70周年之际,杨瀚推出了《杨虎城大传》一书。在《西安晚报》记者金石、吴飞撰写的《杨虎城后人眼中的"西安事变"》[①]一文中,杨瀚在接受记者采访时认为"'捉蒋'

---

① 金石、吴飞:《杨虎城后人眼中的"西安事变"》,《西安晚报》2006年11月21日第10版。

的主意最早是由杨虎城的部下赵寿山在 1936 年 10 月前提出,杨虎城当时并未立即表态,而是日后将这一动议告诉张学良的。"

《华商报》记者王瑞强在《决意扣蒋,张、杨如何行动?》① 一文中,也认为捉蒋主张是赵寿山的主意。文中说:

"1936 年初,十七路军旅长赵寿山前往上海治病。其间,日军侵华形势严峻,各地军队抗战情绪不稳定,华北正处于沦陷边缘。10 月,返回西安的当天,赵寿山便急欲找杨虎城密谈,建议他联共抗日反蒋,救国于败亡之边。杨虎城对此并不反对,但表示要慎重考虑。"

"此时,蒋介石'剿共'步伐骤然加紧,赵寿山再次找到杨虎城,开门见山地说:'看蒋介石最近调兵遣将的举动,是要对红军大举进攻,并且要把我们也拉入内战漩涡,以便消灭我们,因此,是否可以考虑,蒋如果来西安,必要时我们把他扣起来,逼他联共抗日。"

……

"事后,杨虎城的秘书米暂沉曾回忆,杨虎城虽然没有反对,但对赵寿山起了责备,'你在外面转了一圈,回来脑子发热了,这样的大事岂能随便乱说?'在赵寿山第三次提及此事,要杨当即决断时,又被杨斥责为'不正常'。私下里,杨虎城对身边人说,'寿山变了'"。

但是,最终杨虎城接受了赵寿山的主意,于 12 月初,张学良到洛阳劝谏蒋介石失败后,向张学良提出了"挟天子以令诸侯"的主张。两位将军最终就发动"兵谏",逼蒋抗日达成共识。

第三,张学良东北军中"前共产党人"策动说。张学良与其身边的谋士,主要是东北军中的一批"前共产党人"事先已策划着一盘兵变大局,试图以军事实力抵制南京政府,控制西北为抗日根据地,实现救国之大业。他们的策划不等同于 12 月 12 日的"兵谏",但是在一定程度上促成了"兵谏"的发生。

无文在《西京兵变与前共产党人》② 一书中,认为"西安事变"的发生,与东北军中"前共产党人"的"影响"与策动"有着直接的渊源关系"。"当时对'西安'方面,尤其是对张少帅施以重要影响的,有一个数年以来'自觉'行动着的秘密群体,……这就是活动于东北军中的

---

① 王瑞强:《决意扣蒋,张、杨如何行动?》,《华商报》2006 年 11 月 26 日 A3 版。
② 无文:《西京兵变与前共产党人》,银河出版社 2000 年版。

一批前共产党人。这批神秘人物并非听命于陕北的中共中央,由于种种原因,他们已先后失去了中共党员的身份,并且都没有再回到共产党组织中,故在这里称之以'前共产党人'"。作者这里所称的"前共产党人"主要有黎天才、李希逸、吴雨铭等。大多是党的六届四中全会开除的反对派"中央非常委员会"的主要成员,而黎天才则是在1927年秋,就叛变党组织投靠了奉系。这些人在脱离中共组织后,进入东北军机要部门工作,成为张学良的心腹谋臣。

黎天才是这些"前共产党人"中的主要人物,是中共建党初期的党员,曾任北平市委书记。投靠奉系后,黎天才为张学良执掌机要,"西安事变"时任西北"剿总"政训处副处长,少将军衔。该书《序》作者李锐在《序》也认为"其中最主要的人物黎天才,被认为是在张学良身边'唯一主张造蒋介石反的人',是'西安事变'的主要策划者与参与者"。事实上,黎天才作为张学良的心腹谋士,深得张学良信任,"西安事变"发生后,黎天才是西安方面设计委员会委员兼宣传委员会常务委员,是张、杨"八项通电"的起草者,其作用的确非同一般。

关于"前共产党人"对"兵变"的策划,书中介绍,黎天才按张学良授意,找研究马列主义的学者来西安,他正式推荐了罗章龙等,"以讲学为名,实际请他们来参加我们的政治工作"①,为"前共产党人"开展秘密组织活动提供了便利,黎天才劝导张学良"做狮子,不做绵羊",背着党国"领袖"大力推行自己的主张。黎天才还根据张学良的授意,秘密策划"独立政党活动"方案,包括"什么党纲政策以及战时政府组织"②,都由黎写具体方案,而黎则是会同身边的"前共产党人"集体商议,由吴雨铭和李希逸往返于西安、开封,直接和罗章龙秘议,瞄准兵变寻思谋略。他们初步拟定了一个改变当前时局的建议和实行方案:

"其一为兵变方案:动员全体官兵自上而下独立自主,自力更生实行兵变,拒绝独夫一切命令视同非法,并以武力逮捕元凶,迫其就范。兵变完成后,即通电全国讨贼,联合全国各界民众力量成立全国民主政府,对内实行民主政治。对外联合各省军政实力,出兵抗日,收复东北失地。

---

① 黎天才:《黎天才自传》,1949年8月,载《西京兵变与前共产党人》,银河出版社2000年版。

② 同上。

"第二步为建设方案：主要以重兵分据陕甘四川地区，利用关中、汉中、河西、成都殷庶人力物力，实行改革内政，发展经济文化，达成富国强兵，经济自给自足，争取成为全国政治经济模范重要地区，如此进可以战，退可以守。"①

可以看出，这一策划的核心思路，第一步是"兵变独立"，试图以军事实力抵制南京政府，下一步是"长期抗战"，控制西北为坚实的抗日根据地，联合各方力量，挽救危亡。但是，他们所精心策划的"兵变方案"不是1936年12月12日的捉蒋计划。尽管张学良早有西北联合的意图和"兵变"策划等各项准备，但是到1936年11月底，尚未决定要采取捉蒋的军事的行动。直到12月上旬，东北军围剿红军失败，蒋介石亲自坐镇西安围剿红军以及从蒋介石方面传出的调换将帅的部署，才使张学良下定了发动"兵谏"，逼蒋抗日的决心。12月12日发生的"兵谏"，以及此后张学良送蒋回京不归的局面，也才使这批"前共产党人"精心策划的"兵变方案"悄然画上了一个无奈的句号。该书作者认为，这一方案的策划和酝酿在一定程度上促成了"西安事变"的发生。"黎天才和他的前共产党人同伴在其中的作为，不仅表现出他们强烈敏锐的政治目力，也促发了张学良挽救危亡的义举。"

此外，还有一种说法，直接看上去似乎与"兵谏"无多大关系，但是，认真想来，对事变的发动也不能说没有影响，这就是顾颉刚西安之行动员说。

顾颉刚先生是我国著名的历史学家，毕生从事古代历史、历史地理和民俗学方面的研究，留下了丰富的学术遗产。据王振乾在《顾颉刚先生的西安之行》②一文中回忆，1936年，在燕京大学任教的顾颉刚曾来西安动员张学良抗日。文中介绍，1936年9月1日，党中央根据全国局势的变化，发表《中央关于逼蒋抗日问题的指示》，适时地放弃了"反蒋抗日"的口号，采取了逼蒋抗日的策略。这时，中共地下组织"平津学联"得知著名学者顾颉刚先生等将在11月赴西安参加陕西考古会年会，而且顾先生此行存有劝说张学良将军抗日的打算。认为这对于推动张学良、杨

---

① 罗章龙：《大革命时期中共军运工作纪略》，未刊稿。
② 中国政协北京市文史资料委员会编：《文史资料选编》（第十二辑），北京出版社1982年版，第1—10页。

虎城两将军坚决抗日很有利，也和我党当时的政策相符合，便决定帮助这些学者和张、杨联络，遂指派中共地下党员、时在"东北大学学生抗日救亡工作委员会"工作的王振乾陪同顾颉刚等来到西安，并由王振乾把他们介绍给张学良。关于顾动员张学良抗日的情况，王振乾在文章中说："我因只是个学生代表，没有参加他们的活动。但在和顾先生的接触中，我听到一些他们的观点。他们听说张学良那时正学宋史，就以讲宋史为名，向张灌输'促蒋抗日'的思想。他们劝说张要学民族英雄岳飞，要汲取岳飞抗金失败的教训，争取全面的团结抗战，不要孤军作战和孤注一掷；力量要集中，不要抵消；准备要充分，不要轻举妄动。……顾颉刚离开西安后，张学良在金家巷1号C楼找我个别谈。他的言论很进步，满口马列主义。……他要我们相信他最终是要打日本的。他表示很欢迎三位学者来西安讲学，他决不辜负教授们对他的期望……"

关于顾颉刚西安之行的意义，王振乾认为"'平津学联'当时对这些文化界名人的统战工作是有成效的，顾先生所宣传的论点，很符合张学良将军当时所愿意接受的政治主张。后来我党和平解决'西安事变'的根本指导思想也是团结抗战。此次西安之行，顾先生们起了积极作用"。

面对70年前所发生的这一震惊中外的历史事变，作为后来者，我们无法还原当时的所有情景，更不要说谁是这一计划的策动者等其中隐秘的细节。所以，对于以上几种说法的可靠性，笔者不敢妄加评说，在此只能做一介绍。不过，以上说法所给予我们的几点启示是值得总结的。

第一，发动兵谏，逼蒋抗日，是有关方面积极策动，张学良、杨虎城审时度势而做出的抉择。虽然此举最初不是张、杨两位将军的个人主张，但是，在中华民族的危难时刻，他们从民族大义出发，不计个人得失，毅然决然地做出了他们在当时最应该做出的选择，促成了抗日民族统一战线的形成，挽救了中华民族覆灭的命运。他们在紧要关头所表现出的非凡的胆识、魅力和牺牲精神，是"西安事变"发生的关键。他们无愧于"中华民族功臣"的盛名美誉。

第二，以上说法反映出"兵谏"计划由多方策动的可能性是存在的。策动者既有我党地下组织，也有国民党爱国将士，还有爱国知识分子及所谓的"前共产党人"。他们虽各自行动，互不联络，但目的都是逼蒋抗日，说明在民族存亡的紧要关头，逼蒋抗日已成为所有爱国志士的共识和唯一选择，抗日救国已成为全国民众的共同呼声，"西安事变"的发生具有广泛的社会基础。

第三,"西安事变"的发生,看似一件震动寰宇的"偶然事件",实际上是有其发生的客观必然性的。日本侵华步伐的加快,民族危机日益深重,中国面临亡国灭种的危机,而蒋介石顽固坚持其"攘外必先安内"政策,是"西安事变"发生的根本原因。所以,"西安事变"的发生,是近代中国历史发展的必然结果,是中华民族在面临危机时自醒、自救、自强的自觉行动。"西安事变"为"九一八"后各种爱国力量的聚合提供了契机,彻底扭转了中国社会蹒跚前行的历史,在很大程度上改变了中华民族的命运和国家的历史走向。

原载《西安档案》2006年第3期

纪念西安事变七十周年暨张学良逝世五周年国际学术研讨会在东北大学召开

2006年10月14日至15日，由"张学良教育基金会"发起，东北大学张学良研究中心、张学良暨东北军史研究会、辽宁省政协学习和文史委员会、辽宁省社会科学院、张氏帅府博物馆和张学良教育基金会等单位共同组织的"纪念西安事变七十周年暨张学良逝世五周年国际学术研讨会"在东北大学召开。来自中国大陆和台湾、香港地区以及美国、日本、韩国的100余位海内外专家学者及张学良将军的亲属出席了研讨会。

10月14日上午，研讨会开幕式在东北大学汉卿会堂举行。开幕式由张学良教育基金会秘书长魏向前主持。东北大学副校长王宛山教授在致辞中高度评价张学良将军与杨虎城将军毅然发动的"西安事变"为联共抗日，结束10年内战，促成第二次国共合作，实行全民族抗战做出的历史性贡献，以及张学良兼任东北大学校长期间捐资兴学，倡导教育强国的爱国思想。从1928年至1936年，张学良担任东北大学校长，并于1993年至2001年出任东北大学名誉校长和校董会名誉主席。

辽宁省政协原主席孙奇出席开幕式并讲话，他认为张学良将军是中国近代史上的一颗耀眼的巨星，他的一生是光明磊落、敢作敢为的一生。张学良将军的政治生涯虽然短暂，但其所作所为却影响了中国历史发展的轨迹。西安事变是其政治生涯的闪光点和转折点，是他和平统一爱国思想的集中体现。

张学良四妹张怀卿的长子岳钦尧先生代表张家亲属一行九人在开幕式上发言。

开幕式结束后，与会专家学者围绕"西安事变与张学良国家统一观"主题作了大会专题报告。东北大学文法学院名誉院长彭定安教授认为，张学良祖国统一思想具有三个方面特点：一是抵御外侮、反抗强权；二是在人民拥护、得民心的政权下实现统一；三是个人利益服从祖国利益。彭定安教授还提出了采用整体研究、综合研究和长时段研究等方法来拓展西安事变与张学良研究领域，使有关研究工作更真实、更全面、更深刻。吉林省社会科学院毕万闻研究员认为，张学良实现和平统一以便举国御外的爱国思想，是其复杂多变的社会实践在观念上的结晶，其国家统一观主要有四大特色：国家民族利益高于党派和群体的利益；淡化或超越意识形态及政治体制的对立；圣洁无私的自我牺牲精神；浓重的救亡色彩。辽宁大学张德良教授、日本大阪外国语大学西村成雄教授、台湾中国文化大学历史系陈立文教授则分别就"张学良的中国传统文化现代版""张学良执政三年与民族主义政治凝聚力""东北与张学良在近代中国历史的重要性"等主题作了专题报告。

　　本次研讨会共分为专题报告、分组讨论、分组总结和大会总结四个阶段，研讨会确定的"西安事变与张学良国家统一观"主题明确，专家学者的专题报告立论有深度，观点有创新。在对张学良与西安事变研究方面许多专家还提出了要开展整体研究、比较研究、系统研究与专题研究、宏观研究和微观研究等方法。与会代表一致认为，西安事变结束了张学良轰轰烈烈的政治生涯，但他为中华民族及中国统一大业所做出的贡献，他的和平统一思想所产生的巨大影响，将永载史册。其崇高的爱国主义思想，过去是鼓舞中国人民争取民族解放的一面光辉旗帜，今天则是激励中国人民实现祖国和平统一和民族伟大复兴的强劲动力。

原载《东北大学学报》（社会科学版）2006年第6期

近十年西安事变研究述评

廖良初　郭燕海

2006年是西安事变七十周年。这一影响近代中国历史进程的重大事件一直是人们关注的话题。近十年来,学术界对西安事变从不同角度进行了全方位多层次的研究,形成了许多不同的学术观点,丰富和拓展了当代史学界对此领域的研究。本文收集、整理、研究近十年学术界的成果并加以述评,以纪念这一重大事件。

一　关于西安事变发生的原因

西安事变发生的原因历来是史学界研究的热点,近十年,学术界对这一问题的探讨,更趋全面和深入。

学术界通说认为,西安事变的爆发决非张、杨两将军一时冲动下的偶然之举,而是中国20世纪30年代社会各种矛盾尤其是中日民族矛盾尖锐化的必然结果。如有学者认为事变的根本原因是张杨"坚持停止内战、联共抗日的强烈主张同蒋介石'剿共'内战政策尖锐对立的总爆发"[①]。

还有学者着重从张学良的角度来阐述西安事变的原因。(1)强烈的息争御侮的爱国思想和自我牺牲精神促使张学良毅然发动西安事变。第一,以国家利益为重平息内争抵御外侮是张学良的一贯思想。第二,危机关头,无私无畏的英雄气概促使他毅然发动西安事变。(2)民族危亡加剧,张学良对蒋介石政策的认识有了质的变化,张、蒋矛盾激化。原因是:第一,对"攘外必先安内"政策的看法逐渐改变;第二,对蒋介石牺牲东北集团利益,削弱异己政策有了新的认识。(3)中国共产党统战

[①] 郑德荣:《西安事变若干问题的新思考》,《中共党史研究》1997年第1期。

政策的感召及全国抗日救亡运动的推动。①

有学者在分析原因时更为细化,认为"九一八"事变促成了中华民族的觉醒,这是西安事变的直接动因;蒋介石的误国方针是促成西安事变的另一动因;张学良最早提出的拥蒋联共抗日主张是西安事变的思想基础。②

从必然性和偶然性的角度来研究西安事变发生的原因,把对西安事变的研究提升到了一个新的高度。周循认为:"发生在近代中国的西安事变,是一个震惊中外的偶然事件,但这个偶然事件又反映着当时中国社会发展的历史必然性。"作者进一步说明在西安事变之前,"结束国内的纷扰,停止内战,一致抗日成为中华民族的呼声和国内的潮流。西安事变就是这种迅猛发展的国内潮流中的一个巨大的浪花。""但蒋介石对这种局面(西北联合)极为恼火,亲赴西安督促张、杨剿共"。西安事变发生后,"无论从西安看,还是从全国来看,和平力量大于战争力量,主张事变和平解决是形势的主流"。西安事变和平解决后,"历史必然性以其不可阻逆的趋势把中国推到全民族抗日的新阶段"③。

有的学者认为从西安事变爆发的形式看是偶然的,但从深层次看,西安事变的爆发有其必然性。"九一八"事变,使得阶级矛盾降为次要矛盾,而中华民族与日本帝国主义的矛盾上升为主要矛盾,抗日救亡的思想和运动成了历史发展的必然趋势,即必然性。这一观点其实就是说日本的侵略是西安事变爆发的根本原因。毕万闻则在综合考察了西安事变"偶发"说、"预谋"说各自不容否认的史实依据的基础上得出:"张、杨的对蒋策略,一直是软硬两手准备","软的,就是劝说蒋氏联共,硬的,先是'另立西北新局面'(建立联共联苏的西北新政权),后来就变成了'扣蒋'。""在一定意义上说,这两手是一个事情的两个层面。于是,'横看成岭侧成峰',只看一面的两种人便得出了相反的结论。"④

---

① 廖义军:《张学良发动西安事变原因之浅析》,《郴州师专学报》(综合版)1997年第1期,第8—11页。

② 张友坤:《西安事变的动因与影响再探索》,《山东社会科学》1999年第2期,第76—77页。

③ 周循:《历史的必然性与偶然性》,《西安建筑科技大学学报》(社会科学版)1999年12月第18卷第2期,第24—26页。

④ 毕万闻:《西安事变研究中的几个有争议的重要问题》,《社会科学战线》2002年第6期。

有的学者从社会心理方面来考察西安事变发生的原因。他认为当时"危亡情绪已经积郁到不可忍耐的程度,成为一种惶惶不可终日的巨大忧思"。"抗日救亡的社会心理正在酝酿着巨大的冲击力量"。作者认为在当时停止内战、一致抗日已经成为公众的意见,而蒋介石仍然顽固地坚持剿共,这时"中国爱国将领和民众必将作出更为明显的攻击性反应",所以酿成了西安事变。①

最近几年对此问题又有了新的观点,如黄道炫认为导致西安事变发生的关键因素不在于是否抗战,而在于如何抗战,蒋介石与张学良、中共之间最根本的分歧在于两条抗战路线,即全面抗战路线和片面抗战观念上的冲突。正是由于西安事变在一定程度上扭转了蒋介石自我中心的内外政策,才大大促进了全民族团结抗战的进程。

二 关于西安事变以及和平解决的历史意义

对西安事变以及和平解决的历史意义能否持正确的态度,不仅是我们秉承唯物史观来研究历史的必然要求,而且对于新时期解决如何在更大范围上实现民族的共同利益具有参考价值。近年来对此问题的研究成果是趋向肯定的,大致有如下观点。

有学者认为西安事变首先缓解了中共和红军面临的危难局面,从客观上为中国革命的大发展保存了力量。因为,当时红军仅45000人(其中有许多新兵),刚经过长征,装备极差,经济也很困难。如从"围剿"开始,由于双方力量极度悬殊,红军的势力至少很难不受重大损失,甚至有失利的危险。其次,西安事变的爆发及其和平解决,使面临危亡的中华民族实现了由内战到抗战的历史转变。再次,西安事变的爆发及其和平解决提高了我党的威信,壮大了革命力量,并为最后打倒日本帝国主义和推翻蒋家王朝奠定了基础。②

张梅岭从宏观角度把西安事变看作中国近代历史的转折点。原因如下。第一,西安事变是中国国民党由"安内攘外"向联共抗日的转折点;

---

① 孟庆春:《西安事变发生原因还应有社会心理方面》,《齐齐哈尔师范学院学报》(哲学社会科学版)1996年第6期,第63—64页。
② 赵新安:《浅析西安事变的历史作用》,《延安大学学报》(社会科学版)1995年第3期第17卷,第31—32页。

第二，西安事变是中国共产党由弱到强、由小到大的转折点；第三，西安事变是国共两党由兵戈相见向联合抗日的转折点；第四，西安事变是中国由内部纷争向团结抗战的转折点。① 在认同西安事变是中国近代史的转折点这个观点的基础上，有学者将研究的领域放得更宽些，将西安事变和中国的民主进程联系起来，认为：西安事变及其和平解决是中国社会政治由专制独裁到逐步民主的转折点，激发了全国人民参政议政的积极性，为建立独立、自由、民主、统一和富强的新中国准备了条件。② 在西安事变与爱国主义方面，有学者认为西安事变表明：中华民族是一个具有爱国主义光荣传统的伟大民族，在民族危难之时，强烈的爱国主义可以冲破任何阶级的隔阂或对立，而使全民族团结一致，同舟共济，共御外敌，爱国主义情操正是中华民族之魂。

西安事变改写了世界历史。有学者在"纪念西安事变60周年学术研讨会"上撰文指出：中国之所以能在1937年奋起抗战，西安事变实为契机。西安事变引起中国国内政局的一大变动就是全国军民、男女老幼、朝野上下真心诚意的投入民族解放运动。而中国的抗日战争，改变了日本"南进""北进"之争的方向，终于把日本军阀拖入泥淖，不能自拔。其结果便是日本舍北向南，因此它把历史的方向也就全部改变了。③

杨奎松则从张学良方面为切入点，透彻分析了张发动西安事变的目的是否已经达到。"张学良发动事变的基本政治诉求，即是张、杨在事变当日公开通电中提出的八项政治主张"，除了改组政府和令中央军离开西北这两点事实上难以实现以外，蒋在西安承诺的条件也大都陆续得到了落实。内战停止了，联红容共实行了，上海救国会的爱国领袖释放了，召集国民大会的相关法令颁布了，谋求与苏联合的外交谈判也切实进行了，甚至张学良和他的东北同胞期望的对日抗战，也在事变结束半年之后迅速开始了。因此可以说，张学良虽然身陷囹圄，然而他的目的基本上达到了。④

---

① 张梅玲：《西安事变：中国近代历史的转折点》，《山东社会科学》1997年第1期，第65—67页。

② 刘培平：《论西安事变的历史地位》，《文史哲》1997年第4期，第85页。

③ 梁星亮、王宝成：《纪念西安事变60周年学术讨论会简述》，《历史教学》1994年第4期，第55页。

④ 杨奎松：《张学良与西安事变之解决》，《中国社会科学》1996年第5期。

郑德荣在充分肯定西安事变重大历史意义的同时，认为由于蒋介石和南京政府背信弃义，将张学良长期扣留，实际上剥夺了他的人身自由，使其不能驰骋疆场与日军作战，去亲手实现自己积蓄多年的爱国夙愿。同时，张的东北军也被调往河南、安徽等异地他乡，被蒋介石分化瓦解。杨虎城则被撤销职务，受遣出洋考察，后又遭长期囚禁，乃至最终惨遭国民党特务杀害而永不瞑目，他的部队也被调离或拆散。蒋介石正是以此"善后处理"，达到了排除异己的目的。这是事变的结局不尽人意之处，没有完全实现事变发动者的初衷。显然，这是由蒋介石和南京政府一手造成的。

三　关于西安事变和平解决的国际国内力量

在西安事变发生与和平解决过程中，国际国内力量的立场与趋势如何也是近十年研究热点之一，充分体现了国家利益是制定外交政策的最高准则，国家利益是决定国家外交政策和外交行为的根本因素。研究成果有如下一些方面：

张庆瑰、赵彩秋认为西安事变发生后，共产国际和中共中央在对事变性质的判断上，存在原则的分歧，但在和平解决事变的方针上基本是一致的。共产国际认为，西安事变是为日本帝国主义效劳，是日本帝国主义的阴谋。因此，严厉的谴责了张、杨。中共中央认为：西安事变是中国一部分民族资产阶级的代表，也是国民党中的实力派之一，不满意南京政府的对日政策，要求立刻停止"剿共"，停止一切内战，一致抗日，并接受了共产党抗日主张的结果。作者认为关于和平解决西安事变的主张，中共要早于共产国际。也就是说中共独立自主的提出和平方针。共产国际和中共在改组南京政府和对张、杨的态度上进而在对西安事变性质的判断上有原则的区别。[①]

有学者专门撰文就共产国际反对西安事变的原因进行分析，使这一问题得以深化。作者认为：对中国国情的不了解是苏联政府产生错误判断的主要原因；对事变动机不明和对事变前景的悲观，是苏联政府产生错误判

---

① 张庆瑰、赵彩秋：《共产国际与西安事变的和平解决》，《沈阳师范学院学报》（社会科学版）1996年第3期，第19—20页。

断的直接原因；苏联谴责西安事变，也是摆脱战争威胁的策略手段。文章最后指出：如果把西安事变放在整个世纪的全局角度看，作为当时世界上唯一一个社会主义国家，面临的意识形态上的敌人几乎包括了全世界所有的国家，在没有朋友，孤军奋战的情况下，苏联政府对这种有可能导致自己后院起火的西安事变进行谴责的行为，我们还是可以理解的，更不能因西安事变中的错误态度而否定苏联对促使事变和平解决的巨大作用。从这里可以看出，作者对苏联的评价还是很高的。①

有学者对苏联的极端的利己主义作出了批评。认为：苏联歪曲事实真相，意在保护自己免遭德日攻击；吹捧蒋介石，意在利用国民党武力保卫苏联。综上所述，苏联对西安事变的态度及和平解决事变的主张，都是为了服从苏联外交政策的需要，其出发点是极端的民族利己主义。②

也有学者对共产国际和苏联在西安事变中的方针和态度提出了严厉的批评。认为苏联主张和平解决西安事变的出发点是"苏联利益中心"，同时对蒋介石一厢情愿的期望。所以说：苏联人对蒋介石的重视和对张学良的仇视一样都是非理性的，是以自我为中心、极端重视本民族利益的结果。并认为共产国际和苏联西安事变前后的态度是造成张学良悲剧的关键。③

有学者认为和平解决西安事变的方针完全是中国共产党独立自主制定的，是中国共产党抗日民族统一战线政策的发展。中国共产党抗日民族统一战线政策确立后，经历了一个由"反蒋抗日"到"逼蒋抗日"的历史发展过程。在"逼蒋抗日"的总方针下，中共中央和平解决西安事变方针的形成仍有一个短暂的过程，即由"审蒋"到"保蒋"，再到"释蒋"。从这个短暂的过程来看，作者认为和平解决西安事变的方针，正是中国共产党"逼蒋抗日"政策的体现，是中国共产党从实际出发，正确分析政治形势的结果。因为共产国际的电报迟至20日才到，而中共中央在此之前的19号就表态了，以此为依据，作者指出中共中央和平解决西

---

① 陈铁生、张霖：《共产国际反对西安事变原因探析》，《天中学刊》第12卷，1997年增刊，第81—83页。

② 李淑霞：《前苏联在西安事变中的民族利己主义态度——纪念西安事变60周年》，《昭乌达蒙族师专学报》（汉文哲学社会科学版）1997年第1期，第14—18页。

③ 张翼：《共产国际与西安事变新论》，《西南交通大学学报》（社会科学版）2001年第1期，第28—30页。

安事变方针，不是根据共产国际和斯大林的意见制定的，而是先于共产国际电报，独立自主做出的。并进一步提出，从现在掌握的资料看，和平解决西安事变的明确方针是中共中央提出的，是中国共产党的历史功绩。①

但有学者指出苏联政府在西安事变问题上不容置疑的态度，给实际上受其控制的共产国际以直接的影响，进而影响到与共产国际处于上下级关系的中共中央和平解决西安事变方针的迅速实施。②

有的学者观点比较温和，指出和平解决西安事变的方针虽然是中共在策略上的自我调整，自我成熟的独立自主的产物，但苏联和共产国际的态度对这一方针的确还是有一定的促进作用的。③

对于英美日的态度，学界在这方面几乎是一致的，认为英美力主和平解决西安事变，而日本则力主扩大事态，从中渔利。

四　关于主要人物在和平解决事变中的作用

周恩来的作用。中共中央文献研究室编的《周恩来传》进行了具体阐述：认为周恩来提出了共产党人应采取的对策。周恩来受党和人民的重托来到西安，并一直置身于这个巨大风暴的中心，为了贯彻中共中央和平解决西安事变的方针，他积极努力的打开同南京政府谈判的途径，多方做工作，为解决西安事变起到了实质性的作用。

张闻天与西安事变的解决。有学者提出，在中共和平解决西安事变的决策中，时任中共总负责的张闻天参与解决西安事变，着力倡导和平解决的功绩，也是不可磨灭的。文章指出，在西安事变第二天的党的紧急会议上，张闻天的发言明确了不在西安建立实质政权的主张，反而要争取南京政府正统，自然争取蒋介石，因为南京政府和蒋介石是分不开的。在当时群情高昂的情况下，张闻天能够冷静从事，提醒大家不要急躁，以免被动，可谓高瞻远瞩。文章指出张闻天在21日以中共中央书记处名义致电

---

① 房成祥、兰虹：《对西安事变研究中几个问题的探讨》，《党史研究与教学》1996年第6期，第37页。
② 祝中侠：《论西安事变和平解决的国际因素》，《池州师专学报》2001年第1期，第81页。
③ 赵全：《前苏联对待西安事变问题论析》，《西南民族学院学报》（哲学社会科学版）2002年第10期，第164页。

周恩来，提出了关于时局和释蒋的看法，对促成和谈顺利进行提供了前提条件。① 甚而有学者提出，在中共和平解决西安事变方针的制订过程中，张闻天起了决定的作用，当中共中央多数人主张"除蒋""审蒋"的时候，他始终保持了清醒的头脑，最终是由他主持，中共中央才决定采取和平解决事变的方针。②

西安事变与何应钦。有学者认为西安事变中的何应钦，力主"讨伐"目的是以军事实力救蒋介石，而非阴谋篡权，取蒋而代之。陶爱萍认为：首先，何应钦的顽固反共立场决定了他在事变中的态度，不可能赞成通过和平谈判解决西安事变。其次，何应钦不是任何地方派别，他没有自己的地盘、雄厚的兵力能够称雄一方，他为了维护自己的地位，必须借武力来压制地方实力派，防止国民政府的分裂，巩固政权。第三，何应钦与蒋介石的特殊关系也决定了何应钦的应战意图并不是想置蒋介石于死地，而是为了救蒋。第四，从当时的形势上看，即使蒋介石死了，何应钦也不可能取而代之。第五，从何应钦在西安事变中的所作所为也可证明何应钦的主战意图。第六，从西安事变后，蒋对何的态度也可反证何应钦在西安事变中的表演从总体效果上帮了蒋介石的忙。我们不能认为西安事变后何应钦的主战目的是为了讨好日本而想置蒋介石于死地，然后取而代之，其主战意图是救蒋反共。③

孔祥熙与西安事变。有学者认为他有两点值得赞扬，一是他稳定金融，安定后方，为西安事变的和平解决创造了安定的国内环境。二是抑制讨伐，力谋和平，为宋美龄、宋子文在西安和平谈判解除了后顾之忧，并提供了时间上的保证。④

有学者对端纳在西安事变中的作用进行了研究，指出端纳在一定程度上调节了蒋、张矛盾，为西北三位一体与南京的和谈进行了斡旋，让世界了解西安事变真相起了重大作用。

同时，还有学者以划分利益集团的方式对各个集团在西安事变中的作

---

① 孙彦钊：《着力倡导和平解决西安事变的张闻天》，《炎黄春秋》1996年第5期，第38—40页。

② 徐波：《张闻天在抗日民族统一战线策略形成过程中的领导作用》，《抗日战争研究》1997年第2期。

③ 陶爱萍：《析西安事变中何应钦的主战意图》，《安徽史学》1996年第1期。

④ 葛桂莲：《端纳与西安事变的和平解决》，《兰州大学学报》（社会科学版）1997年第2期，第133—137页。

用进行了探讨：季云飞认为以张学良为首的国民党爱国将领是和平解决西安事变的基本因素。首先，张学良实施"临潼兵谏"一举本身，足以表明张、杨从事变发动之日起就在争取和平解决的结果。其次，张、杨发动"兵谏"以后，立即将"抗日救国"八项主张通电全国，并将此主张交蒋介石，促其允诺。再次，和谈结束以后，张学良及时"释蒋"，并于25日亲自"送蒋返宁"，这是和平解决西安事变的最后环节。这样，较好地巩固了和谈成果。以周恩来为首的中共代表团是和平解决西安事变的决定因素。首先，与张、杨两将军深入进行会谈，统一了张、杨对和平解决西安事变的认识，使张、杨坚定了和平解决西安事变的决心和信心，统一张、杨的认识，为最后和平解决创造决定性的前提条件。其次，周恩来提出了中共和谈的六条主张，和张、杨一起与宋子文、宋美龄进行谈判。在谈判期间，周恩来又亲自与蒋会晤，促使蒋下决心放弃"攘外必先安内"的反动政策，接受和谈条件。再次，蒋离西安返京后，张被扣留，东北军内部发生混战和分裂，周恩来力挽狂澜，呕心沥血，妥善处理东北军内部主战军和主和军两派分裂和斗争，避免了新的内战的发生，终使和平解决西安事变的成果得以巩固。代表蒋介石意志的宋子文、宋美龄是和平解决西安事变的关键因素。西安事变发生之际，宋美龄竭力谋求和平解决。宋子文先行赴西安，在蒋、张之间作调停，为蒋态度进一步变化起了催化作用，也为后来和谈奠定了基础。宋子文与宋美龄代表蒋与张、杨和周恩来进行谈判，使西安事变和谈初获胜利。①

同时，王文鸾还就宋美龄在和平解决西安事变中的地位和作用进行了专门探讨，认为其起到了阻止讨伐、沟通宁陕、疏通整和的作用。

五　关于送蒋返宁

1. 关于送蒋返宁的原因

付金亭、张凤莲认为西安事变和平解决过程中，张学良送蒋回宁的思想早已存在，绝不是一时感情冲动的鲁莽之举；张学良送蒋回宁的主要目的是为了落实西安事变和平解决中蒋介石答应的条件，防止新内战爆发；张学良送蒋回宁的主要目的已经达到，他以个人之失，换来民族之得，功

---

① 季云飞：《和平解决西安事变诸因素作用评估》，《求索》1996年第4期。

不可没。①

　　杨杰对此问题作了综述，认为有以下四种观点。一、张学良送蒋返宁是不可避免的，是和平解决西安事变的必要环节。第一，张学良陪蒋回宁是由他发动西安事变的目的和动机决定的。首先，张学良陪蒋回宁是逼蒋抗日的继续。张以自己的人质身份向蒋讨债，迫使他将抗日诺言变为行动。其次，张学良陪蒋回宁是为了挽回蒋介石的声誉，以便进一步联合国民党左派、争取中间派、孤立亲日派，推动全民族的抗日。再次，张学良陪蒋回宁有利于进一步澄清他们发动西安事变的动机。第二，张学良陪蒋回宁是张、蒋在事变中的处境决定的。西安事变中，张将自己的"委员长"扣留起来，意味着他对蒋介石有着控制权，也就是有任意处置蒋介石的权力。但是，这种控制权是相对的、有条件的，只要蒋介石离开西安回到南京，这种控制权就不复存在。相反，蒋介石则保留着对张学良绝对的控制权。第三，张学良陪蒋回宁是专制体制的产物。二、张学良、杨虎城之间关于放蒋条件的争执，是促使张学良采取突然手段放蒋的一个重要原因。三、张学良逮捕蒋介石之后，在检视蒋介石的机密文件时，从中发现了有关对日备战工作的记述，这是张学良决定释放蒋介石的重要原因之一。四、张学良之所以要亲自送蒋回宁，既有其思想根源，又有外部因素的刺激。理由是：第一，敦促蒋介石实现停止内战、一致抗日的诺言；第二，挫败以汪精卫、何应钦为首的亲日派的阴谋；第三，东北军内部不稳；第四，张学良认为"三位一体"的团结、蒋介石的十几位军政大员和几十架飞机作交换条件及他与蒋、宋、孔的良好关系和蒋、宋的诺言，蒋介石决不会对他采取非常措施，会放他回西安；第五，送蒋回南京是日后去南京与蒋介石共事的最好形式；第六，张学良希图通过送蒋回南京，既可以维护蒋介石的威信和领袖地位，又可以通过蒋介石放自己回西安，体现蒋介石政治家的风度，以进一步提高蒋介石在国民党和全国人民中的威望。②

2. 关于对送蒋返宁的评价

　　有研究者认为，送蒋返宁及时消弭了列强对华的种种企图，是实现中共

---

① 付金亭、张凤莲：《张学良送蒋回宁的再评析》《鞍山科技大学学报》2004 年第 3 期，第 221—225 页。

② 杨杰：《张学良送蒋返宁的原因初探》，《教学与研究》1999 年第 7 期。（1999 年第 7 期无此文——编者注）

倡导和平解决西安事变的最佳选择；是平息南京政府内部矛盾避免大规模内战的有效办法；是张学良实践毕生奉行尊蒋信念的唯一选择。① 也有的研究者从张学良此举的得失方面进行了分析。认为所谓"失"：一是东北军和"三位一体"的瓦解；二是张学良从此结束了政治生涯，终生陷于囹圄。所谓"得"：一是促进国共两党再度合作，共御外侮；二是给蒋介石留下面子，保护了东北军、西北军其他官兵的安全。当然，张学良为此付出了惨重代价，但他付出的牺牲不是徒劳的，是以个人之失，换来民族之得。历史已证明，此举不仅促进了西安事变的和平解决，在某种意义上说，也扭转了中国历史。

六　关于西安事变的历史下限问题

有学者认为西安事变并未随张学良放蒋介石回南京而结束，而是又延续了很长时间。因为"放蒋"后，国内并没有真正的和平，西安方面为保住前一段的斗争成果跟南京进行了激烈复杂的斗争，因而这一段也就构成了西安事变很重要的一部分，这样不仅有利于人们深刻认识到在当时特殊的历史条件下建立抗日民族统一战线的艰巨性，更能使人们深刻总结西安事变的历史经验教训。②

另一学者认为西安事变的下限应划在1937年2月9日，而非1936年12月25日的"送蒋返宁"。史实清楚显示，"送蒋返宁"后西安与南京方面经历了一段曲折激烈的斗争，且这斗争关系到前一段斗争的成果是否能实现。西安方面以沉重的代价换取了西安事变的和平解决，使其历史的意义最终得以真正实现，因此应该划到1937年2月9日西安行营主任顾祝同率中央军接管西安城防、国民党陕西党部正式办公，西安事变才最终得以和平解决。③

同时，还有学者就西安事变中国共军事形势，西安事变前张学良、杨虎城有否预谋，事变过程中张学良对蒋介石的态度以及日本对西安事变的态度等问题作了详细分析。

---

① 陈九如：《简评张学良送蒋返宁》，《民国档案》1996年第4期，第93—97页。
② 张亚斌：《关于西安事变的历史下限问题》，《延边大学学报》（哲学社会科学版）1996年第2期，第53—55页。
③ 刘建平：《再论西安事变的历史下限》，《宝鸡文理学院学报》（社会科学版）2001年第3期，第68—72页。

七　研究的不足与建议

对西安事变的研究，学者们还涉及了许多方面的问题，由于篇幅所限，不能一一述及。对于近十年来的研究，笔者认为还存在着以下不足方面。

首先，研究角度的狭隘性与局限性。西安事变的研究和史料整理虽已取得较为丰硕的成果，但是以扎实的史实考证和个案研究为前提的、采用多学科手段进行综合性研究的专著尚十分鲜见。研究者应该提倡自由研究的风气；应在西安事变的研究中进一步更新观念，加强史学理论修养和研究方法的创新，敢于综合运用政治学、经济学、社会学、人类学、民族学、心理学等其他学科理论和方法进行研究；应在全面掌握马克思唯物辨证史观的基础上，吸纳百家之长，通过具体的历史实践和理论思考形成个人独特的研究风格；应抓好第一手资料和其他资料的搜集、开掘、考证、辨伪等工作，大力开展西安事变的实证研究。

其次，注重研究视野的前瞻性与实效性。史学研究的目的并非停滞盘踞于研究，而是史学今用，以史鉴今。西安事变的和平解决为国共第二次合作拉开了帷幕，新时期民族统一大业是否可从西安事变的和平解决过程中，从国共两次合作的经验中得到启示，是我们需要切实注重探索的问题。

原载《湖南社会科学》2006 年第 6 期

台湾地区对西安事变与张学良研究述评

于 丽 田子渝

1990年6月1日,台北众多社会知名人士为张学良举行九秩大庆后,台湾地区关于西安事变与张学良研究才获得了自由。尽管此前出版了李云汉的著作《西安事变始末之研究》(台湾近代中国出版社1982年版)和《革命文献》第94、95辑西安事变史料专集,但其研究是一个被官方垄断的禁区,论述均为蒋介石的《蒋委员长对张杨训词》与《西安半月记》的注释而已,绝不敢越雷池半步。台湾地区的主导观点:谴责张、杨两将军发动的西安事变是大逆不道,造成中共日益坐大,更陷国民党政权于万劫不复之地,成为千古罪人。

庆祝张学良90大寿的活动成为张学良真正获得自由的界碑,也成为台湾地区西安事变与和张学良研究的界碑。从1990年到2004年这14年时间,该领域的研究至少具有三个鲜明的特点。

第一,媒体宣传的力度比学界要大,评价较为客观与公允。张学良晚年的活动,始终是台湾媒体抢眼新闻。2000年6月反映张学良生平的电视文献片《世纪行过——张学良传》在TVBS电视台播出。该片文史并茂,真实再现了张学良传奇人生,在海外引起轰动。张学良也有意识地通过媒体,回顾历史,澄清坊间对西安事变和他本人的一些不实传闻;宣示他的人生信仰;阐释他的政治观点,渴求祖国实现和平统一;等等。1990年6月、8月张学良54年第一次打破沉默,接受了日本广播协会电视台(NHK)采访。这次采访以《张学良有话要说》150分钟的节目于1991年2月27日开始在台湾华视播放,反映十分强烈。

报刊还不时发表评论,袒露论者的心声。这些评论多半出自新闻人之手,从历史学角度,所披露的历史虽非严谨,但仍不失重要的成果,以供研究者之参考；其评论多半公允，较为客观，实比台湾史家先进。如《中国时报》1991年3月11日发表《张学良影响历史的三件大事》，以"东北易帜　促成全国统一""挥军入关　结束中原大战""西安事变　改写现代历史"为小标题，评介了张氏最闪光的历史。作者论道："意志坚定，个性中洋溢自由、无悔热情的张学良，一生中面临三次扭转乾坤的选择，也作成了三件改写历史的大事，回首他青年时期激荡风云，血泪交织，中年以后幽居读史，虔信宗教，晚年有耄耋体健，得见清白，固然令人涌起无限的感慨，但他充满历史无奈，命运拨弄的传奇一生，以及他所创造影响过的历史，却是不可能被遗忘的。"

第二，与台湾传统理念不同的海外著述在台湾发行，突出的有美籍华人学者傅虹霖著作《张学良与西安事变》（台北时报文化公司1992年版），内有旅美著名学者唐德刚写的序，客观公允地评价了张学良的一生，曾得到张本人的肯定。出版了大陆学者杨奎松的《西安事变新探——张学良与中共关系之研究》（台北东大图书股份有限公司1995年版）和翻译出版了日本学者臼井胜美著的《张学良与日本》（联经出版公司1994年版），以及旅美学人张之宇的新作《口述历史之外——张学良是怎样一个人》（历史智库出版股份有限公司2002年版）。值得注意的是，台湾地区对大陆、海外学者有关西安事变研究的新成果时有反映，刊登了大陆学者杨奎松、毕万闻、李仲明、王书君等，海外学者唐德刚、吴天威、朱永德、徐乃力、傅虹霖、张之宇、西村成雄等文章。他们的史学观与台湾同行有很大区别，无疑对台湾学人更全面了解、研究西安事变与张学良是有益处的。

第三，台湾学者有了自由发言的空间，其间展开了两次影响较大的活动。一次是西安事变60周年，台北中华民国史料研究中心首次举办"西安事变六十周年学术研讨会"，提交论文11篇。一次是2001年10月张学良谢世，台北近代史学会主办了"张学良与西安事变学术座谈会"，有6位知名学者发言。令人注目的是大陆学者第一次出席会议，对共产国际与西安事变的关系发表了评论。应该指出台湾同行至今对西安事变与张学良的历史作用基本上是依然维护传统，不脱偏见窠臼，但他们再也不是简单地为蒋介石定论背书，而是努力寻找新史料，对传统观点进行修补。

台湾地区有学术价值的著作，尚没有看到，但文章较为活跃，据《传记文学》《近代中国》《国史馆馆刊》《历史》月刊和《中央研究院近代史研究所集刊》等5家杂志统计，1996年至2004年，发表了有关文章80余篇，其研究触角向更深的领域延伸，给历史学人留下了无限的遐思与空间。这些新成果与大陆学者的研究互为补充，推动了西安事变研究向前发展。

（一）真实的史料是史学生存与发展的必备条件，是正确评价历史和臧否人物的基础。在史料的保存与整理方面，台湾优势明显。众所周知，台湾保存了国民党方面有关西安事变较完整的档案。台湾在资料整理方面最显著的成果，是朱文原整理出版的《西安事变史料》，有6大册，3102页，于1993年至1997年由台北"国史馆"印行。该史料"乃以'国史馆'现藏之《国民政府档案》《阎锡山档案》等史料为主，辅以事变当时之报章杂志的报道资料，间以参酌有关西安事变之论著文献，汇编而成"①。时间断限上，自1936年12月12日始，至1937年2月28日止，分"重要函电""大事纪要"两大部分。"重要函电"分"西安事变的前因""西安事变的爆发""蒋委员长脱险回京""西安事变的善后"和"西安事变对交通外侨暨金融的影响"等五章。"大事纪要"编纂时间从1936年12月12日西安事变始，至1937年1月15日止，其取材主要以西安事变发生时国内外各大众媒体，如中央通讯社、南京中央日报、天津大公报、伦敦泰晤士报、美国华盛顿邮报、苏联真理报等，并辅以西安事变各有关当事人之日记、回忆录；"间亦参酌时人之专著论文，取其菁华，弃其糟粕，以史事发生之时间为经，以史事之内容性质为纬，作有系统地分类排比，汇编成册"②。最后，张学良1956年写的回忆录、宋美龄的回忆录和冯玉祥的日记（1936年12月12日至1937年2月27日）作为附录收入书中。编纂者承认未将中共与中间势力的相关史料收录为"一大缺憾"③。

随着蒋介石档案（大溪档案）的解密，蒋氏保存有关西安事变的史料也逐步公布于世。1998年台北"国史馆"刊印了《蒋中正总统档案目录》（筹笔），内有涉及西安事变的电报，研究者可以按图索骥，到台北县新店北宜路二段406号"国史馆"查阅。2002年10月，"国史馆"制

---

① 朱文原：《西安事变史料》"内容提要"，台北"国史馆"1993年印行。
② 朱文原：《西安事变史料》第3册"内容提要"，台北"国史馆"1993年印行。
③ 朱文原：《西安事变史料》第5册"序言"，台北"国史馆"1993年印行，第6页。

作了大溪档案的系列光碟，内有"西安事变"，收录文件近117份，时间由1936年12月12日至1937年5月1日。大致有四个方面的内容：一是西安事变爆发后，蒋介石给宋美龄的函（12月15日）、孔祥熙为解决西安事变给蒋介石的多封函电、张学良给蒋介石的信（12月16日）等；二是蒋介石离开西安后，发表的相关文件，如对张学良、杨虎城训话（12月25日）、蒋介石发表西安事变对新闻记者书面谈话（12月26日）、蒋介石引咎辞文（12月29日）等；三是蒋介石侍卫人员11人，根据蒋介石的要求写的有关西安事变的报告，这部分史料尚没有看到学者利用；四是西安事变善后文件，其中有蒋介石的军事部署和对中共、东北军、西北军谈判的要点。蒋介石指示顾祝同与周恩来接触的策略与谈判底线的信件引人注意。近年来，"国史馆"还将蒋介石有关西安事变的日记开放。台北《近代中国》第153期（2003年3月）刊布了刘维开先生整理的蒋介石自1936年12月11日至26日的日记。根据蒋氏日记与相关记事等资料汇编的《事略稿本》也陆续由"国史馆"出版。2004年4月美国斯坦福大学胡佛研究所公开了宋子文档案，《近代中国》第157期（2004年6月）则将宋子文1936年12月20日至25日的日记（原件为英文稿，发表为中文）发表，日记对宋氏在事变中的重要作用，以及全面解读事件，具有不可替代的史料价值。

此外孔祥熙、李金洲等亲历者对西安事变的回忆录、《徐永昌日记》（台北"中央研究院近代史研究所"1992年出版）、阎锡山档案（"国史馆"馆藏）等，均提供了有关西安事变的新资料。

自西安事变60周年以来，台湾方面整理张学良史料最突出的成绩就是公布了张氏三份回忆录式的史料。第一份是张氏1956年11月撰写的西安事变资料。它最初以《西安事变忏悔录摘要》的标题于1964年7月1日在台北《希望》创刊号上刊登，接着台北《民族晚报》1964年7月7日转载。由于《希望》遭到查禁，摘要连同杂志悉数收回，因而引起流言四起。1984年3月中国国民党中央委员会党史委员会出版的《革命文献》第94辑刊登的《西安事变反省录》，该版本复收录在朱文原先生编的《西安事变史料》。以上两个版本大体相同，但有明显的增删，且题目也由"忏悔"改为"反省"。在海外引起颇多疑问，使回忆录变得扑朔迷离。

谜团直到1999年才揭开，有五篇文章涉及谜底。它们是张学良"口述历史"最后整理者，张之宇在台北《历史》月刊1999年1月号发表的

《关于张学良的西安事变回忆录》和《〈西安事变忏悔录〉疑云》(刊于《口述历史之外——张学良是怎样一个人》、台湾学者张鸿铭在《国史馆馆刊》(台北)复刊第26期(1999年6月)发表的《张学良〈西安事变反省录〉》、汪士淳的《张学良〈西安事变反省录〉实录》(《历史》2001年11月号)和台北"新闻局"秘书郭冠英在香港《明报》1999年第12期发表的《公开张学良〈西安事变反省录〉删节重点》。由此知道,张氏这份回忆录是1956年11月至12月奉蒋介石之命而写,最初以复蒋介石长函的形式出现;所谓《西安事变反省录》是经蒋经国等精心修改过的,原稿一万字出头,现收藏在"国史馆""蒋经国'总统'档案"内。《国史馆馆刊》复刊第26期,刊印了这份"反省录"。张之宇在《〈西安事变忏悔录〉疑云》中除对这份回忆录的一些疑点作了订正外,最大贡献就是将张氏长函开头发表时被删除的一大段文字给予了公布。

第二份是1957年1月至4月张氏写成的自传体的《杂忆随感漫录》草稿。在后叙中,作者表明写作动机之一:"我近十年来使我觉着历史上的记载疑案重重,就如我这个人还活着的,对于有关我这个人的记述,我所听到的、看到的,多不正确。我这个性格毫不护短,我有我的缺点劣点,我有我短处,我自己知道。我自己的事,我所听见外间记载、传闻我的事情,常使我大笑不止……忽然我就感觉到我自己为什么不把我自己的事,外间所未明了或误解真实,或外人不知之事,确确实实的记述下来,这不也就是我小小的贡献吗!"① 可惜这是一份虎头蛇尾的回忆,特别是在西安事变戛然停步,草草结束。这份资料一直密封在主人的寓所,直到2002年张之宇校注后,由历史智库出版股份有限公司在台北出版,才为世人所知。

出于同样的动机,1957年6月29日,张学良收到蒋经国转送的蒋介石的《苏俄在中国》一书后,写了《恭读〈苏俄在中国〉书后记》。这份读后感主要由"孙中山联俄容共""中东路事件""九一八事件",对马克思主义、苏俄、中共的认识,"西安事变"等节组成,可以视为张氏对上面两篇回忆录的补充。这份资料是根据蒋经国建议,为公开发表而撰,但文章送出后,没有下文。事隔45年之后,由张之宇将手稿整理在

---

① 《杂忆随感漫录——张学良自传体遗著》,台北历史智库出版股份有限公司2002年版,封底。

台北《历史》月刊2002年11月号上发表。

对这三份史料的真实性,张之宇是深信不疑的。她在相关的文章中,称第一份回忆录是"张学良的得意之作",《杂忆随感漫录》真实记载了张氏的"心路历程",《恭读〈苏俄在中国〉书后记》则是作者的"刻肌刻骨之作"①。它们果真是张学良的"由衷之言"?事情恐怕没有这样简单。至少有二点疑问:其一,这三份资料全是张学良为了满足蒋介石、蒋经国需要而写的。根据张学良这一时期的日记及相关资料表明,1956年至1957年间张氏一度希望得到蒋介石的宽容,获得自由。鉴于这两个主因,张氏积极写了这三份资料。在写作过程中,张氏一再表示不够"满意",请蒋介石指示以作修改。这已经十分清楚,蒋介石在台湾刚稳住阵脚,需要张学良这个"反面教员"的"忏悔",来鼓舞所谓"反共抗俄"的士气。张氏奉旨,于是就有了以上资料。对张氏而言,不排除他写作动因的复杂性,但主因是为迎合蒋介石的政治需要,以求获得自由则是不争的事实。当自由无望时,他也就停笔,终止了回忆录。很显然,在刀俎下表露"心迹"的真实性是值得怀疑的。

其二,张学良获得完全自由后,在回答记者询问和作系统的口述历史中,有些说法与以上资料相当抵牾,那么究竟相信哪一种呢?很显然,无论是这三份文字资料,还是张氏口述历史,利用者必须很仔细地做一番去伪存真的工作。

张学良晚年做过两次"口述历史"。一次是20世纪80年代末对"行政院新闻局"官员郭冠英、王翼,一次是1990年对唐德刚所作,一次是对美国哥伦比亚大学口述历史部,具体负责的是张之丙、张之宇两姐妹。第一次,郭、王分别发表了文章。第二次唐有11盒录音,精华以《张学良口述历史首次曝光》的标题,在台湾《联合报》2001年10月30日上刊登。后者有145盒录音,长达4837页,共约96万字。这些珍贵资料美国哥伦比亚大学珍本和手稿图书馆于2002年7月1日开放。据哥大提供的资料显示,张氏"口述历史"的内容不是按编年顺序,很多情况下有一些重复,在同一谈话中把几个不同的主题混合在一起,总共有60多个

---

① 分见张之宇《口述历史之外——张学良是怎样一个人》,台北历史智库出版股份有限公司2002年版,第92、5页;张之宇:《张学良一份未公开的资料——〈恭读〈苏俄在中国〉书后记〉》,《历史》月刊2002年11月号。

不同的单元。大体上有七个方面内容。第一部分是关于西安事变。第二部分是关于张氏家族、1931年张学良在九一八事变以前的主要经历。第三部分是关于西安事变前后，张学良与中国地方军阀、蒋介石、国民党和中国共产党的关系。第四部分是关于张的政治思想、哲学观、个人信仰、个人所接受的教育；张到欧洲旅行后所受到的影响和被软禁后的思想等。第五部分是关于张氏对近代中国发展的思考。第六部分是探讨西安事变后，他的软禁生活；他对蒋介石及国民党其他高官，以及蒋经国等的看法。第七部分是讲他对自己家庭、个人爱好、与哥伦比亚大学学习现代中国历史的学生在一起的情况等。

以上史料，与大陆公布的中共与共产国际（苏联）的相关珍贵史料互为补充，使西安事变史实变得从来没有现在这般清晰，给研究者提供了前所未的有利条件。相信中国学者在充分利用这批资料基础上，全面研究西安事变的扛鼎之作当会出现。

（二）九一八事变的研究。研究西安事变的成因，离不开九一八事变。台湾的史学工作者对此研究得较多。在九一八事变中，究竟谁应对不抵抗日军负责这个焦点问题上，他们与大陆学者存在明显分歧。以往大陆史学界几成定论九一八事变是蒋介石制定"安内攘外"不抵抗政策的结果，张学良之所以下令东北军不抵抗是听命于蒋介石，为此背上了黑锅。台湾学者则普遍持有异议。蒋永敬先生可谓代表人物，早在1965年他就发表了《九一八事变中国方面的反应》，其研究从来没有间断，直到2002年还可以看到他这方面的言论。他的主要观点：在九一八事变前后，对日采取不抵抗政策，蒋介石与张学良并不一致。国民政府的"不抵抗"，并非始终如此，而地方军人，包括张学良在内，对于中央之号令不服从，亦为重要原因之一。九一八事变后，国民政府制定了"全国防卫计划"，将全国划为五个防卫区，即为抵抗证据之一。事变后，南京政府因人事变化（蒋介石下野），对日政策形成了申诉国联，准备抵抗；直接交涉；一面抵抗，一面交涉三个阶段。至于"安内攘外"，台湾学者有他们自己的解释，"'九一八'事变后的'安内攘外'和'七七'事变后的'抗战到底'两个口号，最足代表国民党和蒋中正先生的抗日政策，前者是做抗日的准备，后者是抗日的实行"①。黄自进撰写的《蒋中正先生与九一八

---

① 蒋永敬：《浮生忆往》，台北近代中国出版社2002年版，第184页。

事变——不抵抗责任的探讨》①以开阔的视野探讨了这个问题。他考察了日、苏、英、美等国对九一八事变前后的基本外交战略，考察了国内各主要政治势力的纵横捭阖，得出结论：认定日本政府不致于干冒破坏九国公约之大不韪，侵略中国，是蒋介石在九一八事变前夕对中日局势的判断。基于此一认知，他采取了以下两项对应：一是以反共为号召，在向日本大量购买武器"剿共"等推动下，与日本陆军建立起战略伙伴关系；二是实施不抵抗政策。这个政策是针对九一八事变前夕中日两国层出不穷的冲突案例，国民政府与东北当局共识下所决定的应对准则。但九一八事变后，张学良不抵抗，三个多月丢失了东北，"难辞其咎"。张学良丢失锦州，与孙科内阁"倒蒋去张"、企图牺牲张学良来换取日本和议有密切关系。东北原非国民政府直接管辖地，因而东北的不抵抗，蒋自然不需为此负责。张学良口述历史的公布，终使海峡两岸对张学良在"九一八"不抵抗责任的争论尘埃落定。张氏说得十分清楚：不抵抗的命令是我下的，与国民政府和蒋介石无关。"我是封疆大吏，中东路，九一八事件，对苏、日关系，平时我有自主权，不能说有了事，推卸责任。外间传说我有蒋（介石）先生不抵抗手谕存在于凤至手中，是扯淡"②。问题在于台湾同行在评论这个事件和西安事变中往往用两种标准，对张学良则百般指责，对蒋介石则多有维护，缺乏史家的客观与公允。

（三）西安事变的原因。大陆公布了中共方面的有关档案，及共产国际、苏联资料的解密，推动了台湾对西安事变研究的发展：有的学者据此调整了自己的观点。蒋永敬认为张学良与蒋介石政见不一，蒋主张"安内攘外"政策，认为攘外必先安内，统一方能御侮；张则主张"攘外安内"政策，认为安内必先攘外，御侮方能统一。由于张没有充分进谏的机会，不能竭诚以告，蒋亦难以虚心接纳，"此实为造成蒋、张二人间意见冲突之症结"③。苏墱基在"张学良与西安事变学术座谈会"的发言，观点最为激烈，批评以上认识"失之太浮面，太单纯了"④。认为最重要的原因是中国共产党对张学良的影响，对西安事变产生了重大的催化作

---

① 载《近代中国》第 152 期，2002 年 12 月。
② 转引自曾景忠《张学良自述：不抵抗命令是我下的》，《炎黄春秋》2004 年第 1 期。
③ 朱文原：《"西安事变六十周年学术研讨会"纪实》，《"国史馆"馆刊》复刊第 21 期，1996 年 12 月。
④ 同上。

用。他在《张学良·共产党·西安事变》一书中，认为西安事变不是因日本帝国主义侵略中国逼出来挽救时局的爱国事件，反而是苏联、共产国际和中国共产党对张学良的影响促成西安事变，成了"促成日军侵略步伐加速，提前抗日战争爆发"而不该发生的罪行。① 苏的观点引起了讨论，林桶法认为苏联、共产国际对张学良的影响有限，就他的立场国民政府"似乎对张学良更具有影响力"②。陈永发认为张学良基本是两手策略，与共产党合作，有时也相信蒋介石。陈存恭认为西安事变的原因甚多，有日本的进逼、中共的统战、朝野对抗日的呼应、东北军地方军系的性质，以及张学良的个性等。苏云峰则提示，促成西安事变的一个不可忽视的原因就是在民族主义激荡下的学生运动，"学生运动与反帝爱国运动要求抗日，让张学良深受刺激"。"张学良出身军阀，但是又有一些新思想，因此对于揭橥抗日的学生运动不会视若无睹"③。

（四）西安事变的人物研究。台湾同行研究西安事变人物的呈现多元。西安事变的主角蒋介石始终是台湾史家关注的对象，文章不少。近年对蒋氏批评之声渐可听到，虽然很客气与微弱。蒋介石与张学良的关系，以往成果均按照蒋介石的观点作诠释，了无新意。近来有所突破，有学者从当时中国动荡的社会、蒋介石与张学良交往的历史、蒋介石与张学良的性格和心理变化等多角度来探讨他们之间近40年的恩怨。长期以来，学界根据陈布雷的《回忆录》，断定蒋介石的《西安半月记》并非根据蒋氏日记所作，而是陈布雷闭门造车的产品。刘维开依据蒋介石西安事变期间的日记，以及陈布雷日记中关于起草《西安半月记》的记事等资料进行考证、分析，发现《西安半月记》与蒋介石西安事变的日记摘抄大同小异，不过前者侧重宣传，后者重在记录史实。"《西安半月记》虽然不是蒋介石在西安事变期间的原始日记，而是事后经过增删整编的日记，而且在内容上，为了顾及当时的政治环境，对于某些敏感的问题亦加以隐讳，但是其终究是根据蒋氏事变期间的日记、事后的口述，已经由蒋氏亲自审

---

① 苏墱基：《张学良·共产党·西安事变》，台北远流出版公司1999年版，第46页。
② 任育德：《"张学良与西安事变"学术座谈会记录》，《近代中国》第146期，2001年12月。
③ 同上。

阅修正完成的一份亲身经历，其史料价值仍应值得肯定"①。

台湾方面对西安事变相关人物研究比大陆起步早，内容更丰富。《宋氏兄妹与西安事变》根据历史文献全面反映了宋子文、宋美龄兄妹在西安事变中扮演的重要角色。文章认为："西安事变的和平解决，是由社会和历史的合力所交互激荡而成，其中包括宋氏兄妹的私人外交的因素在内，尤其是宋美龄期间所表现出的沉毅果决和超人的说服力，更是解决问题的关键所在。"② 西安事变时，汪精卫是国民党第二号人物，以往对他在西安事变的作用只在整体研究中有所涉及，没有专论。《西安事变前后之汪精卫》则将汪精卫作为研究主体，作者并未因汪后来成为大汉奸，而对其进行脸谱化，而是透过对史料的梳理，再现了他在事变前后的思想演变。早在淞沪停战协定未成立前，汪精卫劝张学良在关外向日军反攻。九一八事变后，他是"一面抵抗，一面交涉"方针的制定者。在庐山会议中，与蒋介石确定"先安内后攘外"作为国民党中央基本国策。西安事变发生，他不仅反对"联共抗日"的主张，认为中共的威胁要大于日本，而且对"广田三原则"中之共同防共协定改采保留态度。事变后反对"联共"，对抗日持消极，感叹"时不我待"和"抗战即牺牲"。文章结论："西安事变之结束，无论就权力分配或政策趋向言，均加深汪精卫之政治困境，直接促成抗战期间'和平运动'之出现。"③ 如果说《西安事变与抗战前夕中央与地方关系变化》④ 与《从地方军系的角色谈西安事变的爆发》⑤ 是从整体上探讨地方势力与中央围绕西安事变所展开的错综复杂的关系的话，那么《龙云、刘湘与西安事变》⑥ 则通过西南两个具有代表性"个案"的研究来反映西安事变的一个重要的侧面。此外台湾学人对何应钦、冯玉祥、胡汉民、孔祥熙、蒋百里等重要人物均有研究成果。

最近美国斯坦福大学胡佛研究所公布了蒋介石的大部日记、宋子文的档案，加上哥伦比亚大学已经公开的张学良档案，这些西安事变主要当事

---

① 刘维开：《蒋中正〈西安半月记〉之研究》，（台北）《政治大学历史学报》第20期，2003年5月。
② 见朱文原《"西安事变六十周年学术研讨会"纪实》，《"国史馆"馆刊》复刊。
③ 同上。
④ 同上。
⑤ 见《近代中国》第148期，2001年12月。
⑥ 见朱文原《"西安事变六十周年学术研讨会"纪实》，《"国史馆"馆刊》复刊。

者的档案、日记的公布，为研究西安事变和蒋介石、张学良、宋子文及宋美龄提供了权威史料，相信学人只要仔细地研究，将会有新的发现和突破。

原载《抗日战争研究》2009年第3期

近十年来和平解决"西安事变"中的人物研究综述

化世太

1936年12月12日发生的西安事变,迫使蒋介石为首的南京政府改变了"攘外必先安内"的政策,停止内战,开始容纳社会各派力量共同抗日,成为扭转时局的"枢纽"①。为了进一步深入研究西安事变,近十年来,国内众多学者致力于有关和平解决西安事变的重大人物研究,对西安事变中的重要人物有了不同的见解。

一 张学良、杨虎城

陈玉娥指出:在西安事变的历史时刻,张学良在中共代表的帮助下,对内力排众议说服少壮派过"左"要求,对外和蒋介石及南京方面的代表进行审慎谈判,在取得蒋介石联共抗日的基本保证后,即断然放蒋介石回南京,使西安事变得以尽快的和平解决,张学良不但发动事变有功,在和平解决事变方面,也是有功的。②张天社通过实证研究,认为1936年12月25日,在西安事变谈判取得一定成果,在南京停战期限的最后一天,在西安内部严重分歧的时刻,在蒋介石下令撤兵的条件下,张学良才当机立断,于当天下午送蒋介石回南京,从而使西安事变得以和平解决。③罗玉明、温波指出张学良的态度是西安事变和平解决的第一因素。为了避免内战,通过释蒋而达到停止内战,一致抗日的目的,张学良力排

---

① 毛泽东:《论联合政府》,《毛泽东选集》第3卷,人民出版社1991年版,第1037页。
② 陈玉娥:《浅谈张学良在西安事变中的历史作用》,《长白学刊》2001年第6期。
③ 张天社:《西安事变张学良于12月25日释放蒋介石的原因》,《西安联合大学学报》2002年第2期。

众议，果断地采取一系列措施，试图把西安事变引向和平解决的方向。①樊丽红指出张学良从决定发动事变之始，已有和平解决的想法，而非受中共或外界的影响，事变的和平解决与张学良的极力斡旋和巨大的牺牲是密不可分的。张学良作为西安事变和平解决的主体地位以及发挥的决定性作用，他作为和平解决西安事变的首位倡导者和实施者的历史地位，是应该给予充分肯定的。②

程利、王晓丹通过对杨虎城的个性分析认为，在怎样放蒋的问题上张、杨存在分歧时，杨虎城顾全大局，表示"既然张副司令同中共意见一致，我无不乐从。"从而可知，杨虎城的同意与否，直接关系到蒋介石的命运和西安事变的结局乃至抗日的前途。③罗玉明指出：史学界历来认为，在西安事变中，杨虎城希望蒋介石交付人民审判或借中共之手杀蒋，其实是一种误解。实际上，杨虎城从事变一开始就有捉蒋后放蒋的思想。不过，杨虎城是有顾虑的，担心放蒋后，蒋会报复他。但是，由于形势的发展，杨虎城置个人生死利害于不顾，放弃了有条件放蒋的主张，慨然同意张学良及早送蒋回南京，促成了事变和平解决。④

二　中国共产党人

中国共产党和平解决西安事变这一历史性的决策，是党中央领导集体充分发扬民主、集中集体智慧的结果，是使事变和平解决的一个重要原因。

朱慧敏指出中国共产党从全国人民的利益出发对西安事变的性质和前途做了科学的分析，分别于1936年12月15日和19日两次通电全国，对张、杨予以政治上的支持，坚持反对亲日派发动内战。同时，中共还发布了《关于西安事变及我们任务的指示》，对蒋介石的态度及处置办法也做了调整，由"审蒋"变为"保蒋安全"以至主张"放蒋"。至此，中共和平解决西安事变的方针就确定下来，这一认识促进了西安事变的和平解

---

① 罗玉明、温波：《张学良与西安事变的和平解决》，《武汉大学学报》（人文科学版）2001年第4期。
② 范丽红：《论张学良在西安事变和平解决中的地位和作用》，《东北大学学报》（社会科学版）2007年第3期。
③ 程利、王晓丹：《杨虎城的个性与西安事变》，《保山师专学报》2002年第6期。
④ 罗玉明：《杨虎城与西安事变的和平解决》，《安徽史学》2001年第2期。

决并朝着有利于团结抗日的方向发展。①

程中原在文章中写到：张闻天于西安事变后曾多次主持常委扩大会议和政治局扩大会议，分析西安事变的两种前途，确定"和平调解"与"防御战"作为和平解决西安事变的基本方针，并于1936年12月21日提出六项条件，确立"放蒋"方针。② 李义彬分析指出：在1936年12月13日的中央政治局常委扩大会议上集体讨论西安事变时，张闻天保持清醒的头脑，坚持党此前已确定的"逼蒋抗日"方针，他在会议没有赞同"审蒋"、"除蒋"主张，并明确表示"不采取与南京对立的方针"，不成立与南京对立的政权组织，"尽量争取南京政府正统"，"在军事上争取防御，在政治上采取进攻"，"我们的方针，把局部的抗日统一战线，转到全国性的抗日统一战线。"可以说，张闻天的这些思想为中共制定和平解决西安事变的方针奠定了基础。③

袁本文认为，对周恩来在中共和平解决西安事变方针的确定过程中的重要作用没有给予足够的评价。西安事变爆发后，周恩来提出不采取与南京国民政府对立的政策及周恩来了解西安事变爆发后的局势，明确提出要保证蒋介石的安全，逼其抗日，最终促成中共和平解决事变方针的确立，从而可知周在西安事变和平解决中的地位无人可代。④ 童广俊也持同样态度。周恩来主张释放蒋介石，和平解决西安事变，进一步完善了中共中央解决西安事变的方针。作者进一步指出，周恩来多方斡旋，努力促成国共和平解决事变并果断处理事变后的棘手问题，保持和平解决西安事变的伟大成果，为第二次国共合作做出了不朽贡献。⑤

刘杰认为任弼时率领红军，实施积极的军事行动，使中共不仅在政治上积极参与了西安事变的和平解决，而且在军事上也起到了有力的策应和后盾作用，从而得出任弼时以其特殊的地位所作出的特殊贡献是不可忽视的。⑥

卜鼎焕认为，在西安事变后，叶剑英以参谋长的身份协助张学良，杨虎城做好对付亲日派军事进攻的军事部署，积极参加谈判和其他工作，对

---

① 朱彗敏：《论中共在和平解决西安事变中的作用》，《黑龙江科技信息》2007年第1期。
② 程中原：《张闻天与西安事变的和平解决》，《党史文汇》2006年第12期。
③ 李义彬：《中共和平解决西安事变方针的制定》，《中共党史研究》2007年第1期。
④ 袁本文：《周恩来对中共确立和平解决西安事变方针的贡献》，《北方工业大学学报》2000年第2期。
⑤ 童广俊：《周恩来与西安事变的和平解决》，《邢台学院学报》2006年第2期。
⑥ 刘杰：《任弼时在西安事变前后的历史作用》，《军事历史研究》2004年第1期。

西北军、东北军进行了大量的卓有成效的统战工作,促进了西安事变的和平解决。① 苗体军认为,叶剑英在西安事变后侧重于军事方面工作。叶剑英以参谋长身份参加西北联军参谋团,与东北军、西北军将领一起制定了抵抗亲日派"讨逆军"的作战计划和军事谈判及其他工作。叶剑英在和平解决西安事变中发挥了重要作用。②

李亮指出以中共代表身份常驻张学良公馆的红色使者刘鼎为东北军与中共共同合作抗日起了巨大的推动作用,西安事变后,他又协助周恩来妥善处理事变,为西安事变的和平解决做出了不可磨灭的贡献。③ 高中华、王双印以同样观点指出,西安事变爆发后,刘鼎协助中共代表团开展调整工作,为和平解决西安事变积极奔波,在刘鼎的联络下,红军、东北军、西北军的会谈正式举行。④

三 亲英美派

西安事变的爆发,在当时的震撼力不亚于一场重大政治地震。南京国民党当局的"讨伐派"和"主和派"围绕如何解决西安事变,各执一词,互不相让,大有一触即发之势。

西安事变发生后,南京国民政府内部以宋美龄、孔祥熙、宋子文为首的亲英美派,在具体分析张、杨发动事变的原因及目的的基础上,在南京政府内部率先确定以和平方式解决事变的方针。他们同"讨伐派"展开针锋相对的斗争,说服并争取黄埔系成员的支持,稳住争取各地方实力派,尽最大努力保持宁方内部政局的稳定。孔、宋等人极力争取国际势力对和平解决事变的支持,孔祥熙极力要求苏联驻华使馆官员促使苏联出面进行"调停",对张施压,保蒋安全,争取和平解决事变。亲英美派的这些努力在客观上促进和平解决事变的进程。⑤

蒋夫人"以其人格、智慧、坚毅、特别是道德勇气,感动了张学良,

---

① 卜鼎焕:《叶剑英在"西安事变"中的统战工作》,《吉林省社会主义学院学报》2005年第3期。
② 苗体君:《试析叶剑英在西安事变中的历史作用》,《商丘师范学院学报》2007年第5期。
③ 李亮:《红色使者——西安事变前后的刘鼎》,《文史天地》2004年第8期。
④ 高中华、王双印:《刘鼎与西安事变》,《河南广播电视大学学报》2005年第3期。
⑤ 刘家福:《亲英美派与西安事变的和平解决》,《广西社会科学》2003年第3期。

并得到了张氏的信任和尊敬,是解决这一事件的决定性因素"①。陈莉莉、梁星亮认为,宋美龄稳定南京政府、沟通宁陕对话、亲赴西安救蒋的举动,有力地促进了西安事变的和平解决,故史学界应加强对宋美龄在西安事变和平解决中所起作用的研究。②刘家福、孟翠平评论说:"在和平解决事变的过程中,宋美龄一贯坚持以和平的方式解决事变,并为之作出了最大的努力,这一点是值得肯定的。当然,我们也应该看到宋美龄'和平解决事变'的意图仍然带有浓重的阶级色彩,其出发点主要是从自身利益考虑的,目的是营救蒋介石,维持蒋的全国领导地位,这完全可以从处理事变中宋美龄的言行及蒋介石回南京后的所作所为得到证实。因此,对于宋美龄'和平解决事变'的主张和所付出的努力应做实事求是的评价,即不可完全忽视,也不可过高估价。"③

四 地方实力派及其他人物

曾湘衡、张楠楠指出西安事变爆发后,无论是"讨伐派"还是"主和派"都希望得到地方实力派将领们的支持,以壮大自身的力量。地方实力派的"声明"和"通电",以及他们的实际行动,尽管目的不一,动机不纯,但都反对挑起内战,希望和平解决事变,这就间接的促成了西安事变的和平解决。④

李自典描写冯玉祥在得知西安事变后,"莫名骇异"。冯玉祥经过对局势的审慎分析,提出了释放蒋介石、和平解决事变主张。为了避免内战,和平解决事变,冯玉祥不仅为之奔走呼告,还切实做了许多工作,对事变的最终解决起到了一定的促进作用。⑤

戚庭跃、郭丹认为,阎锡山以事变调停人身份出现在历史舞台上,又

---

① 秦孝仪:《中国跨世纪历史的伟大心灵捕手——蒋夫人》,台北《近代中国》杂志,2000年,第134页。
② 陈莉莉、梁星亮:《西安事变中的宋美龄》,《长安大学学报》(社会科学版)2005年第1期。
③ 刘家福、孟翠平:《宋美龄与西安事变的和平解决》,《阜阳师范学院学报》(社会科学版)2004年第3期。
④ 曾湘衡、张楠楠:《浅析国民党地方实力派在西安事变和平解决中的作用》,《湖南省社会主义学院学报》2007年第1期。
⑤ 李自典:《冯玉祥与西安事变》,《贵州社会科学》2003年第4期。

得到南京国民政府、西安张、杨以及中国共产党三方面的倚重,阎锡山的一系列活动,有力地推动了事变的和平解决。①

褚鸿运指出与张学良和蒋介石有特殊关系的外国友人端纳,在事变后被南京政府派往西安,成为推动事变和平解决,促进第二次国共合作实现的关键人物。1936年12月14日端纳飞抵西安,先后会见了张、杨和蒋介石。张学良对外国通讯社指出:端纳先生上星期一到来后,总司令的气愤和不愿谈话的心情稍减,他心平气和地和我讨论了目前的问题。

五 其他事变相关人物

在西安事变人物研究中,一些学者对过去未涉及或很少涉及的人物加强了研究,如对朱理治、张寒晖、陈端、李寿亭等人,均有专文进行了论讨。此外,对西安事变有关的国内外新闻界人士进行了全面的研究,如:海伦·斯诺、史沫特莱、贝特兰、尾崎秀实等人,有许多文章对他们在报道西安事变所起的作用,以及在事变中的观点、立场进行了详细分析和论述。同时对事变中的知识分子,特别是东北学生群体对西安事变的影响做了进一步的分析与探讨。

六 小结

西安事变的和平解决,是多种因素合力作用的结果。西安事变的和平解决是各方共同努力的结果,是整个中华民族利益最终战胜阶级利益的重要体现。事变中的各方能够从民族利益出发,采取相互妥协的政策,是事变取得圆满解决的关键。"在祖国遭受外来侵略,民族濒临危亡的局势下,全国各族人民表现出了高昂激扬的爱国主义精神,这是推动西安事变发生和成功解决的深厚的思想基础。"②

原载《黑龙江史志》2009年第24期

---

① 戚庭跃、郭丹:《阎锡山在西安事变爆发与和平解决中的作用》,《通化师范学院学报》2007年第1期。

② 江泽民:《在西安事变六十周年纪念大会上的讲话》,《人民日报》1996年12月13日。

研究论文索引

西安事变研究论文较多，为便于检索，析分为西安事变研究总论、张学良及其部下研究、杨虎城及其部下研究、中国共产党研究、南京政府及中国国民党研究、国际研究、其他研究等七部分，每部分按论文发表的先后时间为序。但有些论文似乎可以置于几个部分，根据其内容，择其主要内容置于某一部分。

发表于学术期刊方面的文章，依次注明文章名称、作者、期刊名称、期刊时间（年份和期刊期数），如：**《西安事变初探》，李新，《历史研究》**，1979年第6期。

发表于报纸方面的文章，依次注明文章名称、作者、报纸名称、刊发时间（年、月、日）如：**《西安事变史学术讨论会综述》，李章，《团结报》**，1987年1月17日。

对于以西安事变为研究主题的硕士学位论文、博士学位论文，我们也予以收录。虽然没有正式发表，但期刊网检索方便。硕士学位论文、博士学位论文，注明文章名称、作者、学校、年份。如：**《论西安事变对中国社会发展进程的影响》，王予卓**，辽宁大学硕士学位论文，2014年。

西安事变的学术研究实际上是从20世纪70年代末"文革"结束以后才开始的，所以论文索引主要选择从20世纪70年代末至今的论文，以大陆地区为主，原计划对台湾和香港地区的论文专设一栏，因时间仓促没有做出，仅收录了部分论文，不足以反映西安事变研究的全貌，对此深表遗憾和抱歉。

西安事变研究总论

1979 年

《西安事变初探》,李新,《历史研究》,1979 年第 6 期

1985 年

《浅论"西安事变"的发生及和平解决的历史意义》,赖城坚,《成都大学学报》(社会科学版),1985 年第 3 期

《西安事变和第二次国共合作的形成》,王荣,《学习与探索》,1985 年第 2 期

1986 年

《西安事变的历史必然性》,杨拯民,《红旗》,1986 年第 23 期

《关于西安事变的一点质疑》,阎家东,《中学历史》,1986 年第 5 期

《西安事变的和平解决成了时局转换的枢纽》,施文魁,《沈阳师范学院学报》(社会科学版),1986 年第 4 期

《党的抗日民族统一战线政策的胜利——纪念"西安事变"五十周年》,昝亚俊,《理论学刊》,1986 年第 12 期

《试析西安事变的历史经验及国共第三次合作的实现》,李曼,《青海师范大学学报》(哲学社会科学版),1986 年第 3 期

《历史的启示——纪念西安事变五十周年》,刘金江,《理论学刊》,1986 年第 6 期

《当前史学界研究"西安事变"情况综述》,史榕,《党史资料与研究》,1986 年第 1 期

《关于中国国民党西安事变研究概述——写于西安事变五十周年之际》,鱼汲胜,《党史资料与研究》,1986 年第 6 期

《西安事变部分人物简介》，戚厚杰，《民国档案》，1986年第4期
《西安事变与中国革命》，李云峰，《百科知识》，1986年第12期
《西安事变在抗战中的历史地位》，崔茂盛，《理论学刊》，1986年第11期

1987年

《西安事变部分人物简介》，史珍，《党史资料与研究》，1987年第1期
《西安事变史学术讨论会综述》，李章，《团结报》，1987年1月17日
《试评西安事变中几个人物的历史作用》，李淑，《南京师范大学学报》（社会科学版），1987年第1期
《促成西安事变和平解决的多方面因素》，米鹤都，《南开学报》（哲学社会科学版），1987年第2期
《"西安事变"述评》，冯永之、劳云展，《上饶师专学报》（哲学社会科学版），1987年第1期
《西安事变的历史背景及其教训》，党磊，《北京航空学院学报》，1987年S1期
《纪念西安事变五十周年学术讨论会学术观点述要》，鱼汲胜、姚鸿，《党史研究》，1987年第2期
《西安事变和平解决原因新探》，侯雄飞，《历史研究》，1987年第2期
《"西安事变"评议》，贺秉元、冯永之、劳云展，《辽宁教育学院学报》（社会科学版），1987年第2期
《试论西安事变中改审蒋为放蒋的原因》，邓家培、黄建权，《中学历史教学》（华南师大），1987年第3期
《福建事变与西安事变的历史比较》，刘鸿喜，《宝鸡师院学报》（哲学社会科学版），1987年第1期
《奇迹是怎样出现的：和平解决西安事变的历史必然性》，陈贵富，《党史文汇》，1987年第3期
《中国现代史上的一个重大历史转折点（西安事变述略）》，傅尚文，《河北大学学报》（哲学社会科学版），1987年第2期
《论西安事变的历史作用》，谷丽娟，《东北林业大学学报》，1987年第S5期

1988 年

《对西安事变和平解决的再认识》，刘德军、花亚纯，《山东医科大学学报》（社会科学版），1988 年第 4 期

《绥远事件与西安事变的发生》，张晓峰，《延安大学学报》（社会科学版），1988 年第 4 期

1989 年

《论西安事变发生的复杂原因》，刘宝辰，《河北大学学报》（哲学社会科学版），1989 年第 2 期

《论西安事变和平解决的主要原因》，丁胜利，《西北民族大学学报》（哲学社会科学版），1989 年第 4 期

《西安事变新论》，张仲良，《江汉论坛》，1989 年第 7 期

1990 年

《试论三位一体与西安事变》，华峻，《社会科学》，1990 年第 1 期

《西安事变善后失误的再认识》，陈民，《近代史研究》，1990 年第 4 期

《西安事变和平解决的方针研究述评》，彭建新，《社会科学述评》，1990 年第 4 期

《"双十二"功垂青史——兼评海外流谈》，范克明，《党史纵横》，1990 年第 6 期

《民族曙光——西安事变发生之后……》，史恒，《党史纵横》，1990 年第 6 期

《江泽民杨尚昆邀有关人士座谈纪念西安事变：学习前人爱国团结精神，致力祖国统一民族振兴》，范丽青、孙本尧，《人民日报》，1990 年 12 月 13 日

1991 年

《对西安事变研究中几个问题的探讨》，李佩良，《南京政治学院学报》，1991 年第 3 期

《由国内战争走向抗日民族战争的转折点——西安事变》，《军事历史》，1991 年第 6 期

《在纪念西安事变五十五周年座谈会上江泽民的讲话》,《人民日报》,
　　1991年12月12日
《西安事变解析》,郭维城,《人民日报·海外版》,1991年12月12日
《论西安事变发生的原因与意义》,毛敏修,《锦州师院学报》(哲学社会
　　科学版),1991年第4期
《前事不忘,后事之师:纪念西安事变五十五周年》,周梵伯,《陕西日
　　报》,1991年12月12日
《首都隆重纪念西安事变五十五周年》,《人民日报》,1991年12月12日
《陕西纪念西安事变五十五周年》,《人民日报》,1991年12月11日

1992年
《西安事变人物研究的回顾与展望》,曲峡,《石油大学学报》(社会科学
　　版),1992年第2期
《蒋介石同张杨矛盾激化与西安事变》,张魁堂,《抗日战争研究》,1992
　　年第4期
《对西安事变几个问题的再探讨》,张学继,《抗日战争研究》,1992年第
　　4期
《论福建事变、两广事变、西安事变的关系》,朱德新,《学术论坛》,
　　1992年第5期
《西安事变:雄壮凄婉的"史诗"》,[美]田雨时,《党史纵横》,1992年
　　第6期

1993年
《抗日战争的起点——西安事变》,黄爱军,《安徽党史研究》,1993年第
　　4期

1994年
《西安事变扣蒋成功的原因》,罗玉明,《怀化师专学报》,1994年第4期
《"西安事变"余波在奉化》,王舜祁,《世纪行》,1994年第12期

1995年
《浅析西安事变的历史作用》,赵新安,《延安大学学报》(社会科学版),

1995 年第 3 期

1996 年

《独立自主解决中国革命问题的光辉范例：纪念西安事变和平解决六十周年》，刘德熹，《安徽教育学院学报》（社会科学版），1996 年第 4 期

《和平解决西安事变诸因素作用评估》，季云飞，《求索》，1996 年第 4 期

《西安事变和平解决的现实意义》，张国文，《思维与实践》，1996 年第 6 期

《对西安事变研究中几个问题的探讨》，房成祥、兰虹，《党史研究与教学》，1996 年第 6 期

《论西安事变发生的社会原因及其意义》，赵修成、李梦红，《石油大学学报》（社会科学版），1996 年第 4 期

《有关西安事变发生经过的几个问题》，杨奎松，《民国档案》，1996 年第 4 期

《西安事变是中国革命形势的产物》，李雅琴、翟爱东，《徐州工程学院学报》，1996 年第 4 期

《西安事变前一些重要历史事件的回忆》，宋黎，《纵横》，1996 年第 12 期

《西安事变对海峡两岸中国人民的启示》，梁仁华，《吉安师专学报》（哲学社会科学版），1996 年第 4 期

《近年来西安事变若干问题研究概述》，任元，《史学月刊》，1996 年第 6 期

《近十年来西安事变重大问题研究述略》，曾祥健、朱喜来，《历史教学》，1996 年第 7 期

《关于西安事变的历史下限问题》，张亚斌，《延边大学学报（社会科学版）》，1996 年第 2 期

《战争在这里转折——纪念西安事变 60 周年》，鄂菊萍，《兰台世界》，1996 年第 12 期

《西安事变的历史回顾》，邓秀金，《国防》，1996 年第 12 期

1997 年

《从社会心理趋向看西安事变因果》，周益锋，《华夏文化》，1997 年第

1 期

《论西安事变的历史地位》，刘培平，《文史哲》，1997 年第 4 期

《西安事变和平解决的历史必然性》，宿志刚，《殷都学刊》，1997 年第 2 期

《纪念西安事变 60 周年学术研讨会综述》，梁星亮、王宝成，《抗日战争研究》，1997 年第 1 期

《纪念西安事变 60 周年学术研讨会综述》，张天社、林元，《西北大学学报》（哲学社会科学版），1997 年第 1 期

《爱国主义：西安事变的主旋律》，李云峰，《西北大学学报》（哲学社会科学版），1997 年第 1 期

《西安事变：一个仍需深入研究的历史大事件》，陈静，《北京党史研究》，1997 年第 1 期

《爱国主义是西安事变能以和平解决的核心因素》，丁胜利，《甘肃教育学院学报》（哲学社会科学版），1997 年第 1 期

《关于西安事变和平解决的几个问题》，房成祥，《山东社会科学》，1997 年第 1 期

《西安事变：中国近代历史的转折点》，张梅玲，《山东社会科学》，1997 年第 1 期

《西安事变发生及其和平解决的动因》，周凤平，《中学历史教学参考》，1997 年第 4 期

《首都隆重集会纪念西安事变六十周年——江泽民出席并作重要讲话 李瑞环主持大会》，《中国统一战线》，1997 年第 1 期

《纪念西安事变 庆祝香港回归》，张彦波，《张掖师专学报》（综合版），1997 年第 1 期

《西安事变研究之介绍与批评》，［美］吴天威，《史学月刊》，1997 年第 6 期

《略论西安事变与中国的现代化》，王杉，《史学月刊》，1997 年第 6 期

《论西安事变之魂》，王作权，《西安交通大学学报》（社会科学版），1997 年第 1 期

1998 年

《西安事变的文化阐释》，李云峰、刘东社，《西北大学学报》（哲学社会

科学版），1998 年第 1 期
《试论国内外舆论对西安事变和平解决的作用》，刘喜发、王彦堂，《史学集刊》，1998 年第 2 期
《国外和台湾关于西安事变研究的特点和趋势》，张注洪，《北京党史研究》，1998 年第 2 期
《论西安事变和平解决的决定性的因素》，薛玲仙，《人文杂志》，1998 年第 5 期

1999 年
《90 年代关于西安事变研究综述》，杨青，《教学与研究》，1999 年第 4 期
《西安事变的动因与影响再探索》，张友坤，《山东社会科学》，1999 年第 2 期
《试论西安事变的民主主义底蕴》，张晖，《人文杂志》，1999 年第 4 期

2000 年
《张学良和平解决西安事变的现实启示——兼论历史主体人物在祖国和平统一大业中的历史地位》，王海晨，《中国社会科学院研究生院学报》，2000 年第 2 期
《"西安事变实证研究国际学术研讨会"综述》，李仲明，《抗日战争研究》，2000 年第 3 期
《从国内战争走向抗日战争的转折点——西安事变的爆发及其和平解决》，马伟兰，《党史文汇》，2000 年第 9 期

2001 年
《论西安事变和平解决之合力》，左志远，《邢台师范高专学报》，2001 年第 1 期
《再论西安事变的历史下限》，刘建平，《宝鸡文理学院学报》（社会科学版），2001 年第 3 期
《西安事变爆发的偶然性、必然性及其启示：西安事变的哲学思考之一》，李海英，《聊城师范学院学报》（哲学社会科学版），2001 年第 4 期
《西安事变研究新观点》，刘东社、张天社，《党的文献》，2001 年第 4 期
《论西安事变和平解决的原因》，龙福元，《零陵师范高等专科学校学报》，

2001 年第 2 期

《历史观、方法论与西安事变实证研究》，李云峰，《西北大学学报》（哲学社会科学版），2001 年第 2 期

《西安事变研究之新进展》，刘东社、张天社，《北京日报》，2001 年 11 月 26 日

2002 年

《西安事变研究中的几个有争议的重要问题》，毕万闻，《社会科学战线》，2002 年第 6 期

《西安事变后国共两党和谈及其复杂斗争》，王玉峰，《世纪桥》，2002 年第 2 期。

《西安事变为什么能和平解决》，彭传芹，《历史学习》，2002 年第 3 期

2003 年

《论西安事变与国共关系的转折》，刘小云，《玉林师范学院学报》，2003 年第 2 期

2004 年

《浅析西安事变和平解决的历史原因》，邱美珠，《重庆工学院报》，2004 年第 2 期

《对西安事变和平解决标志的探析》，白树震、董晶，《通化师范学院学报》，2004 年第 1 期

《西安事变：不同抗战观念的冲突》，黄道炫，《历史教学》，2004 年第 3 期

2006 年

《西安事变的和平解决与抗日民族统一战线的建立》，王淑华，《辽宁省社会主义学院学报》，2006 年第 6 期

《从西安事变到中条山抗战看中华民族的抗战精神》，叶增宽、宋书云，《陕西社会主义学院学报》，2006 年第 1 期

《西安事变"善后"结局的认识》，郝银侠，《历史档案》，2006 年第 2 期

《二二六事件、西安事变和七七事变》，金卫星，《安徽史学》，2006 年第

5 期

《论西安事变对中国政治生态发展的影响和启示》，吴永，《理论导刊》，2006 年第 10 期

《西安事变和平解决中的军事因素》，张春、陈合理，《文史杂志》，2006 年第 6 期

《西安事变》，林木、云选，《党史博览》，2006 年第 12 期

《一二·九运动与西安事变》，常家树，《党史纵横》，2006 年第 12 期

《近十年西安事变研究述评》，廖良初、郭燕海，《湖南社会科学》，2006 年第 6 期

《关于西安事变中两个问题的学术争鸣》，郭小丽，《赤峰学院学报》（汉文哲学社会科学版），2006 年第 6 期

《爱国主义精神——西安事变中一面伟大的旗帜》，许红星、郭戎戈，《乌鲁木齐成人教育学院学报》，2006 年第 4 期

《论西安事变与中国民族主义》，杨昕沫，《当代经理人》，2006 年第 12 期

2007 年

《抗日民族统战工作是和平解决西安事变的重要原因》，梁嫒、屈志刚，《法制与社会》，2007 年第 2 期

《西安事变研究的新思考》，林家有，《广东社会科学》，2007 年第 3 期

《对西安事变善后处理中"二二事件"的再认识》，郝银侠，《民国档案》，2007 年第 2 期

《谁是西安事变的主角》，孟红，《文史天地》，2007 年第 5 期

《"西安事变"后国共第二次合作的形成》，马木，《档案时空》，2007 年第 7 期

《试论西安事变中新闻舆论的作用和影响》，何扬鸣，《新闻与传播研究》，2007 年第 2 期

《对西安事变后"二二事件"影响的再认识》，郝银侠，《烟台大学学报》（哲学社会科学版），2007 年第 3 期

《以军事斗争促进和谈的成功范例——西安事变和平解决的历史启示》，梁仲明、杜义朝，《唐都学刊》，2007 年第 5 期

《浅谈西安事变》，李和平，《福建党史月刊》，2007 年第 4 期

《"逼":西安事变的主线》,许德鸿,《湘潮》,2007年第12期

2009年
《台湾地区对西安事变与张学良研究述评》,于丽、田子渝,《抗日战争研究》,2009年第3期
《近十年来和平解决"西安事变"中的人物研究综述》,化世太,《黑龙江史志》,2009年第24期
《西安事变的幕后人物》,杨天石,《共产党员》,2009年第2期
《西安事变的几个待解之谜》,孙果达,《北京日报》,2009年12月14日

2010年
《浅析西安事变的历史地位》,舒燕芳,《新课程(教师)》,2010年第8期
《西安事变与中国抗战》,李云峰,《西安日报》,2010年9月7日

2011年
《西安事变:时局转换的枢纽》,刘宝东,《中国党政干部论坛》,2011年第6期
《博弈论视角下的西安事变和平解决》,刘圣陶、罗雄,《东北大学学报》(社会科学版),2011年第3期
《西安事变从"除蒋"到"释蒋"转变考》,张蕾蕾、孙果达,《军事历史研究》,2011年第3期

2012年
《浅析西安事变的和平解决及其历史地位》,刘博智,《学理论》,2012年第1期
《西安事变和平解决的主要因素》,梅春英,《河北联合大学学报》(社会科学版),2012年第6期
《西安事变新探》,杨奎松,《陕西档案》,2012年第5期
《西安事变爆发之必然性与偶然性》,郝银侠,《宝鸡文理学院学报》(社会科学版),2012年第6期
《运用历史心理学解析西安事变》,胡欣红,《历史教学》(中学版),

2012 年第 1 期

2013 年

《西安事变中鲜为人知的"泄密事件"始末》，徐世强、张新欣，《档案天地》，2013 年第 1 期

《对西安事变后"三位一体"发展瓦解过程的探析》，左锐，《山西财经大学学报》，2013 年第 1 期

《〈学生呼声〉下的西安事变》，魏宏运，《民国档案》，2013 年第 2 期

《西安事变和平解决的历史经验及启示》，崔璐，《党史博采（理论）》，2013 年第 5 期

《西安事变是中国现代历史的转折点》，杨奎松、韩福东，《江淮文史》，2013 年第 6 期

《全面认识西安事变和平解决的历史意义》，周晓辉，《中学政史地》，2013 年第 11 期

《西安事变研究中的几个重大争论》，占善钦，《光明日报》，2013 年 12 月 4 日

2014 年

《论西安事变对中国社会发展进程的影响》，王予卓，辽宁大学硕士论文，2014 年

2015 年

《和平解决西安事变两条方针之间的差异辨析》，许汉琴，《党政研究》，2015 年第 4 期

《"抗战"还是"内战"——西安事变中的抉择》，吴红玲、刘传吉、张江义，《中国档案报》，2015 年 12 月 11 日

《烟云远去 功绩永垂——西安事变与保安运筹》，樊高林，《延安日报》，2015 年 12 月 8 日

《西安爆发震惊中外的"西安事变" 历史在这里转折》，文艳，《西安日报》，2015 年 8 月 29 日

张学良及其部下研究

1979 年

《张学良将军与东北易帜》，潘喜廷、武育文，《社会科学辑刊》，1979 年第 1 期

1983 年

《图圄中的张学良（访沅陵县凤凰山）》，刘诗训、邹云，《瞭望》，1983 年 12 月 22 日

《张学良被幽禁的生涯》，宋恩夫，《历史知识》，1983 年第 4 期

1984 年

《张学良将军往事》，赵吉春口述，葛崇峰、郑友群整理，《团结报》，1984 年 12 月 15 日

《张学良在西安事变中的一份手令》，胡京春、季如迅，《文物天地》，1984 年 6 月 18 日

《张学良送蒋离陕前手谕石印件的发现经过》，刘希全，《光明日报》，1984 年 12 月 9 日

《张学良离陕手谕被发现》，《陕西日报》，1984 年 12 月 30 日

《张学良将军被囚桐梓拾遗》，庞本驹，《贵州日报》，1984 年 3 月 17 日

《囚禁中的张学良》，沈醉，《瞭望》，1984 年第 9 期

《张学良与第二次国共合作》，常城、何健沙，《近代史研究》，1984 年第 4 期

1985 年

《张学良在贵州的九年》，张明全，《贵州日报》，1985 年 6 月 26 日

《张学良幽禁南京轶事》，巴迂，《金陵百花》，1985 年第 2 期
《西安事变爆发原因及张学良在事变中的作用》，施文魁，《沈阳师范学院社会科学学报》，1985 年第 1 期
《张学良被囚修文阳明洞片段》，黄筑，《贵州日报》，1985 年 1 月 12 日
《张学良贵州被囚片段》，余湛邦，《团结报》，1985 年 12 月 7 日
《张学良将军在桐梓的日子》，赵季恒，《团结报》，1985 年 12 月 14 日
《中国共产党与张学良及东北军的统一战线》，米鹤都，《党史研究》，1985 年第 5 期
《张学良外纪》，王益知，《社会科学战线》，1985 年第 3 期。
《张学良与西安事变的和平解决》，张学君，《近代史研究》，1985 年第 1 期。
《少帅张学良（一）》，松本一氓、赵连泰，《黑河学刊》（地方历史版）1985 年第 1 期
《民众的呼声——西安事变前后在西安发行的救亡刊物》，晓勤，《延安大学学报》（社会科学版），1985 年第 2 期

1986 年

《评张学良将军的思想演变》，赵守仁，《辽宁师范大学学报》，1986 年第 1 期
《张学良在"联共逼蒋抗日"中的特殊贡献——纪念西安事变和平解决五十周年》，刘忠林，《齐齐哈尔社会科学》，1986 年第 3 期
《齐齐哈尔市党史学会召开纪念北伐誓师六十周年、长征胜利五十周年、西安事变五十周年学术讨论会》，安喜凤，《齐齐哈尔社联通讯》，1986 年第 3 期
《张学良在西安事变中的历史性贡献》，谷丽娟，《东北林业大学学报》，1986 年 2 期
《西安事变一个使人难忘的结尾——评张学良陪蒋回宁》，郭溪土，《党史资料与研究》，1986 年第 3 期
《走向抗战的东北军》，周毅，《社会科学战线》，1986 年第 4 期
《论张学良将军的革命转变》，王维远，《辽宁大学学报》（哲学社会科学版），1986 年第 5 期
《张学良与杜重远的秘密会见》，邢建榕，《上海档案》，1986 年第 6 期

《西安事变前夕的张学良》，申伯纯，《瞭望》，1986年第49期
《略论张学良将军》，常城，《东北师大学报》（哲学社会科学版），1986年第6期
《西安事变前张学良政治思想的转变》，张桂英，《历史教学》，1986年第10期
《张学良：举行诤谏与对日抗战的决心》，《档案工作》，1986年第11期
《试述张学良发动与和平解决西安事变的方针及其思想基础》，宋易风、习琳，《理论学刊》，1986年第12期

1987年
《千古功臣的千古奇冤：张学良陪送蒋介石回宁问题新探》，鱼汲胜，《党史文汇》，1987年第1期
《西安事变之后张学良的态度》，于军，《辽宁大学学报》（哲学社会科学版），1987年第2期
《西安事变的一个曲折：也评张学良陪蒋回宁》，杨泽民，《党史资料与研究》，1987年第1期
《西安事变一个令人遗憾的结尾：也评张学良陪蒋回宁》，谷丽娟，《党史资料与研究》，1987年第1期
《东北军与西安事变》，周毅，《辽宁大学学报》（哲学社会科学版），1987年第2期
《王以哲将军联共抗日思想的形成》，张玉芬，《辽宁师范大学学报》（社会科学版），1987年第3期
《论张学良送蒋》，李传信，《江汉大学学报》（社会科学版），1987年第4期
《"西安事变"和平解决首倡者新探》，蒋文祥，《唯实》，1987年第5期
《张学良走上联共抗日道路的历史探源》，张桂英，《近代史研究》，1987年第6期

1988年
《张学良是怎样走上抗日联共道路的（上）》，张魁堂，《文史杂志》，1988年第1期
《张学良是怎样走上抗日联共道路的（中）》，张魁堂，《文史杂志》，

1988 年第 2 期

《略谈张学良从拥蒋"剿共"到联共抗日的转变》，孙晓芹，《南都学刊》（社会科学版），1988 年第 2 期

《东北军抗日将领何柱国》，陈志新，《东北地方史研究》，1988 年第 2 期

《抗日战争中的东北军》，陆军、杜连庆，《辽宁师范大学学报》（社会科学版），1988 年第 4 期

《张学良在军事法庭上没有宣读蒋介石的不抵抗电报》，谷丽娟，《延安大学学报》（社会科学版），1988 年第 4 期

《一部真实、质朴、生动的传记：评〈张学良将军传略〉》，郭维诚，《光明日报》，1988 年 5 月 18 日

《张学良陪送蒋介石回南京之谜》，金封，《解放日报》，1988 年 8 月 3 日

《读〈张学良的政治生涯〉》，王海晨，《光明日报》，1988 年 7 月 21 日

《评〈张学良的政治生涯〉》，乔还田，《人民日报》，1988 年 8 月 26 日

《张学良是怎样走上联共抗日道路的》，彭洪志，《黔南教育学院学报》（综合版），1988 年第 1 期

《对张学良研究的几点看法》，毕万闻，《蒲峪学刊》（克山师专学报），1988 年第 3 期

《张学良从东北易帜到西安事变的思想转变》，张梅玲，《辽宁大学学报》（哲学社会科学版），1988 年第 5 期

《西安事变期间张、杨八字宗旨之再探讨》，房成祥，《四川师范大学学报》（社会科学版），1988 年第 6 期

《张学良杨虎城为什么能联合发动西安事变》，陆永山，《党史纵横》，1988 年第 12 期

1989 年

《评张学良"送蒋"》，蔡志方，《四川外语学院学报》，1989 年第 1 期

《张学良研究之我见》，毕万闻，《近代史研究》，1989 年第 2 期

《张学良将军简介》，晨晓，《东北师大学报》，1989 年第 3 期

《对"王以哲把和共军局部停战的情报密报给南京"问题的剖析》，白竞凡，《中共党史研究》，1989 年第 6 期

《东北军第六十七军抗日史略》，吴庆仁，《历史档案》，1989 年第 4 期

1990 年

《张学良的政治形象——他的四次转折和中国政治》，［日］西村成雄著，
　　晴雪译、张玉祥校，《东北地方史研究》，1990 年第 1 期

《洗雪国耻　复兴中华——张学良将军演讲录》，杨中州，《党史纵横》，
　　1990 年第 1 期

《论张学良的爱国主义》，莫志斌，《益阳师专学报》，1990 年第 3 期

《张学良与中共"联蒋抗日"方针的形成》，吴建新，《团结报》，1990 年
　　第 6 期

《近年来张学良研究的新进展》，鱼汲胜，《社会科学述评》，1990 年第
　　5 期

《张学良送蒋回宁初探：纪念爱国将领张学良将军 90 诞辰》，林云生，
　　《人文杂志》，1990 年第 5 期

《耿耿丹心效中华——怀念张学良将军》，卢广绩、张达明，《中国工商》，
　　1990 年第 12 期

《张学良在贵州》，徐一鸣，《电影评介》，1990 年第 12 期

《"沧海横流，方显出英雄本色"：试析张学良送蒋回宁的思想动机》，鱼
　　汲胜，《党史研究与教学》，1990 年第 6 期

1991 年

《张学良渴望访问大陆》，文选，《炎黄春秋》，1991 年第 1 期

《论张学良与杨虎城合作的思想政治基础》，武育文，《东北地方史研究》，
　　1991 年第 2 期

《爱国何所罪，青史有定评：张学良爱国获罪略析》，张友坤，《近代史研
　　究》，1991 年第 4 期

《论以张学良为首的东北抗日流亡政治集团》，张德良，《日本研究》，
　　1991 年第 3 期

《为国筹思，淡于荣利：张学良为实现全国抗战所作的贡献》，耿丽华、
　　田庸，《日本研究》，1991 年第 3 期

《近年来张学良研究述要》，沈大方，《东北地方史研究》，1991 年第 3 期

《西安事变扣蒋计划的提出》，罗玉明，《怀化师专学报》，1991 年第 3 期

《历史云雾中的张学良——史学家张友昆一席谈》，魏巍，《当代电视》，

1991 年第 3 期

《东北军对张学良被囚的反映》，文力，《军事历史》，1991 年第 4 期

《张学良将军与海伦·斯诺》，安危，《陕西日报》，1991 年 12 月 12 日

《张学良陪蒋回宁是和平解决西安事变的必要环节》，朱谷生、杨唐清，《曲靖师专学报》（社会科学版），1991 年第 4 期

《"千古功臣"张学良：纪念"西安事变"五十五周年》，陆永山，《龙江党史》，1991 年第 6 期

《西安事变后东北军的内部矛盾：二二事件的前因后果》，罗玉明、杨明楚，《人文杂志》，1991 年第 6 期

《张学良在溪口》，汪善定，《瞭望周刊》，1991 年第 51 期

1992 年

《张学良将军与东北大学的西迁》，李永森，《西北大学学报》（哲学社会科学版），1992 年第 1 期

《西安事变前后的王以哲将军》，何仁学，《军事历史》，1992 年第 1 期

《张学良四度到金陵：追忆少帅今与昔》，孙逊、平涛，《南京史志》，1992 年第 1 期、第 2 期

《西安事变张、杨命运异同论》，蒋文祥，《江海学刊》，1992 年第 2 期

《一部民族英雄的史诗——评〈张学良的政治生涯〉》，常江，《社会科学辑刊》，1992 年第 3 期

《西安事变后张、杨命运不同之原因》，鲁林，《军事历史》，1992 年第 4 期

《辽宁张学良研究述评》，吴世良，《理论界》，1992 年第 4 期

《张学良为何陪送蒋介石回南京》，唐若玲、陈封椿，《海南师院学报》，1992 年第 2 期

《化解深仇须挚友，携手抗日有幽囚——张学良与第二次国共合作》，毕万闻，《社会科学战线》，1992 年第 3 期

《峰高谷低论短长：近年来张学良研究述评》，胡国顺、杨乃坤，《党史纵横》，1992 年第 4 期

《张学良开发建设西北思想初探》，李敏，《文博》，1992 年第 5 期

《张学良改写中国现代史的三件大事》，宋淑云、单志诚，《龙江党史》，1992 年第 6 期

1993 年

《从"训词"看西安事变前张学良将军的思想轨迹》,张俊英,《文博》,1993 年第 1 期

《张学良和他的看守们》,文竹,《戏剧文学》,1993 年 Z1 期

《从"九·二二"锄奸到"八·三"事变》,万毅,《军事历史》,1993 年第 1 期

《谈张学良与东北学生的抗日救亡运动》,陈毓述,《绥化师专学报》,1993 年第 1 期

《从张、蒋政见分歧谈西安事变发生的必然性》,马成碧,《学术论坛》,1993 年第 3 期

《张学良与东北抗日义勇军》,穆景元,《锦州师院学报》(哲学社会科学版),1993 年第 3 期

《歌乐山下吊忠魂——记张学良将军的副官李英毅烈士》,金泰虎,《党史纵横》,1993 年第 4 期

《试述"活路"事件及其对西安事变的影响》,陈毓述,《绥化师专学报》,1993 年第 4 期

《蒋经国与张学良》,王爱飞,《图书馆》,1993 年第 4 期

《血肉长城第一人——抗日战争时期的黄显声将军》,张伟,《辽宁师范大学学报》,1993 年第 4 期

《千秋功罪　任人评说——〈张学良将军戎幕见闻〉读感》,张富娟,《中国图书评论》,1993 年第 6 期

1994 年

《对张学良送蒋返宁的再认识》,张友坤,《近代史研究》,1994 年第 1 期

《关于张杨西安事变通电全国的时间判定》,朱大红,《江西社会科学》,1994 年第 1 期

《张学良向蒋介石送表真相》,王舜祁,《民国春秋》,1994 年第 1 期

《张学良五访阎锡山》,任振河,《近代史研究》,1994 年第 2 期

《西安事变时"兵谏"一词的由来》,史建荣,《黑龙江档案》,1994 年第 4 期

《张学良陪蒋介石回宁得失评析》,熊靓,《湖南教育学院学报》,1994 年

第 4 期

《颂张学良将军兴办的高等军事教育——纪念西安"双十二"事变 58 周年》，解传路，《辽宁高等教育研究》，1994 年第 6 期

《张治中三探张学良》，张宗高，《党史博采》，1994 年第 10 期

《张学良受审南京城》，翟边，《海内与海外》，1994 年第 10 期

《爱国者的抉择——张学良抗日思想形成轨迹》，靳文、程田，《党史纵横》，1994 年第 12 期

《大鹏有翅愁难展——张学良囚禁中的诗》，盛永年，《党史纵横》，1994 年第 12 期

1995 年

《"西安事变"前夕东北军联共内幕险些泄露——张学良忍痛杀爱将》，毕万闻，《世纪》，1995 年第 1 期

《略论张学良在西安事变中的地位和作用》，王凤梅，《雁北师院学报》，1995 年第 2 期

《论张学良爱国统一思想及其革命转变》，靳方前，《辽宁大学学报》（哲学社会科学版），1995 年第 4 期

《张学良在凤凰山被幽囚的岁月》，杨绍泉，《纵横》，1995 年第 4 期

《打响西安事变第一枪的人》，《兰台内外》，1995 年第 4 期

《由西安事变谈张学良》，房栋，《阴山学刊》（社会科学版），1995 年第 2 期

《顺应人民意愿和历史发展：张学良联共抗日思想的形成》，温永录，《龙江党史》，1995 年第 2 期

《论张学良从新军阀到民族英雄的转变》，高景生、宋福财，《辽宁大学学报》（哲学社会科学版），1995 年第 3 期

《西安事变前张学良与陈诚的争论》，毕万闻，《民国春秋》，1995 年第 3 期

《有关张学良加入中共问题的探讨》，杨奎松，《近代史研究》，1995 年第 4 期

《张学良送蒋返宁之管见》，尹业香，《荆州师专学报》（社会科学版），1995 年第 6 期

《"二二"事件的起因究竟是什么：与李云汉，武育文等先生商榷》，丁孝

智、王明星,《甘肃社会科学》,1995 年第 6 期

《发动西安事变时的泄密事件》,毕万闻,《档案与史学》,1995 年第 6 期

《失地后的民族正气:东北救亡总会与张学良》,王子文,《党史纵横》,1995 年 12 期

《同为千古英雄:西安事变中的张学良杨虎城主张分歧初探》,陈骊,《党史纵横》,1995 年 12 期

《互疑—互谅—互信——西安事变前的张学良与杨虎城》,陈家付,《党史纵横》,1995 年第 12 期

1996 年

《论张学良爱国主义思想的发展历程》,刘国华,《安徽史学》,1996 年第 1 期

《秘送张学良去台湾》,李彬,《中国青年报》,1996 年 1 月 24 日

《张学良在和平解决西安事变中的作用:西安事变和平解决原因探讨之一》,刘玉梅、宋淑华,《辽宁大学学报》,1996 年 1 期

《论西安事变与张、杨的爱国主义》,房成祥,《人文杂志》,1996 年第 1 期

《西安事变前张学良与阎锡山秘密会议的台前幕后》,毕万闻,《民国春秋》,1996 年第 1 期

《张学良"临潼兵变"抉择之探析》,李云飞,《江海学刊》,1996 年第 4 期

《历史档案回答了张学良对长征的一个疑问》,力平,《炎黄春秋》,1996 年第 5 期

《张学良送蒋回宁原因新探》,罗玉明,《人文杂志》,1996 年第 4 期

《张学良代蒋受过》,陆茂清,《团结报》,1996 年第 9 期?应为年月日

《张学良与西安事变之解决》,杨奎松,《中国社会科学》,1996 年第 5 期

《张学良送蒋归宁是以国家民族利益为重的义举》,李昕,《陕西师范大学学报》(哲学社会科学版),1996 年第 4 期

《张学良"送蒋返京"举措之评析》,季云飞,《学术界》,1996 年第 4 期

《论张学良性格对西安事变及其晚年悲剧的影响》,周慧平,《江苏历史档案》,1996 年第 5 期

《"千古功臣"张学良——兼评李尔重同志的〈新战争与和平〉》,苏平,

《文艺理论与批评》，1996 年第 5 期

《张学良的爱国主义精神永垂史册：纪念西安事变 60 周年》，柴再项、林分云，《天中学刊》，1996 年第 3 期

《张学良在奉化》，王舜祁，《民国春秋》，1996 年第 5 期

《西安事变以前的张学良与蒋介石》，杜菊辉，《益阳师专学报》，1996 年第 4 期

《爱国主义的升华：略述张学良联共抗日的思想的形成》，温永录，《社会科学辑刊》，1996 年第 5 期

《张学良与红军：从新发现的写给周恩来的亲笔密函谈张学良何时要与红军"合在一起干"》，毕万闻，《社会科学战线》，1996 年第 6 期

《张学良与红军长征三大主力胜利会师》，牛桂云，《上海党史研究》，1996 年第 6 期

《张学良与周恩来第二次延安密谈前后》，毕万闻，《民国春秋》，1996 年第 6 期

《简评张学良送蒋返宁》，陈九如，《民国档案》，1996 年第 4 期

《从张蒋政见分歧看西安事变》，孙刚，《北京大学研究生学刊》，1996 年第 4 期

《张、杨捉蒋行动中的"倒戈将军"》，剑来、周伟芳，《上海档案》，1996 年第 6 期

《张学良与安徽》，施昌旺，《党史纵横》，1996 年第 6 期

《身在禁中心系抗日：抗战时期的张学良将军》，高晓军，《党史天地》，1996 年第 12 期

《西安事变前张学良曾向中共中央提出入党要求》，王晓东，《党史博采》，1996 年第 12 期

《别有天地在非人间：张学良将军在凤凰山》，姜宏硕、胡兰宁，《党史博采》，1996 年第 12 期

《张学良、杨虎城将军的亲属们》，曹利，《纵横》，1996 年第 12 期

《张学良扣留蒋介石的前前后后》，晏道刚，《世纪行》，1996 年第 12 期

《西安事变中的张学良》，孟庆义，《国防》，1996 年第 12 期

1997 年

《西安事变前的张学良》，刘耀德，《文史精华》，1997 年第 2 期

《张学良的个性与西安事变》，李精华，《理论探讨》，1997年第1期

《张学良与红军长征胜利会师》，牛桂云，《北京党史研究》，1997年第1期

《张学良送蒋返宁原因探析》，江春劼、叶扬兵，《文博》，1997年第1期

《试析导致西安事变后张、杨不同命运的原因》，陈选康、张小荣，《唐都学刊》，1997年第1期

《张学良发动西安事变原因之浅析》，廖义军，《郴州师专学报》（综合版），1997年第1期

《张学良的爱国壮举：纪念西安事变六十周年》，李艳玉，《文博》，1997年第1期

《西安事变张学良所谓"一二月内定有变动"何指？与杨著〈西安事变新探〉商榷一个问题》，蒋永敬，《近代史研究》，1997年第1期

《张学良与西安事变再研究》，〔美〕吴天威，《中共党史研究》，1997年第2期

《张学良将军的历史贡献》，刘耀琼、晏泽厚，《东疆学刊》，1997年第2期

《论张学良爱国主义思想的形成发展的原因》，白竹林，《信阳师范学院学报》（哲学社会科学版），1997年第2期

《从拥蒋剿共抗日到拥蒋联共抗日：论张学良全国抗战思想的转化》，尹小平，《武陵学刊》（社会科学版），1997年第2期

《历史从西安拐弯：采访张学良将军的卫队营长孙铭九追记》，朱光亚，《丝绸之路》，1997年第3期

《弥足珍贵的一封家书：张学良给张学文的信》，赵杰，《党史纵横》，1997年第3期

《张学良、杨虎城的爱国思想与西安事变》，翁有为，《民国档案》，1997年第3期

《论东北军的抗日意识与"西安事变"》，苏晓轩，《辽宁大学学报》（哲学社会科学版），1997年第4期

《在西安事变中活捉蒋介石的徐治范》，罗富，《文史精华》，1997年第4期

《史苑新篇：喜读〈西安事变新探——张学良与中共关系之研究〉》，牛桂云，《北京党史研究》，1997年第4期

《张学良与"一二·九"运动》,李淑杰、伍玉林、崔国英,《哈尔滨师专学报》(社会科学版),1997年第4期

《张学良与十一个秘密囚禁地(上)》,刘志清、訾喜升,《山西老年》,1997年第4期

《继承传统与超越传统:从西安事变看传统政治文化对张学良的影响》,王续添,《长白学刊》,1997年第4期

《张学良是如何走上联共道路的》,刘子建,《文史杂志》,1997年第4期

《珍闻:张学良要求参加共产党的前前后后》,周祖羲,《炎黄世界》,1997年第9期

《试论张学良对东北民众抗日救国会的暗中支持和援助》,孙玉娟、林迎春,《龙江党史》,1997年第2期

《浅谈张学良亲自送蒋回南京》,付江红,《贵州民族学院学报》(社会科学版),1997年第3期

《张学良"送蒋"心理分析》,陈德鹏,《南都学坛》(哲学社会科学版),1997年增刊

《张学良抗日爱国思想的形成和发展》,王传凤,《辽宁师范大学学报》(社会科学版),1997年第6期

《张学良反蒋问题之探讨》,杨奎松,《历史研究》,1997年第6期

《张学良口述历史 西安事变真相将于五年后公布于世》,铜仁,《海内与海外》,1997年Z1期

《现代亚洲的肖像——张学良(一)》,西村成雄、赵晓松,《黑河学刊》,1997年第2期

《现代亚洲的肖像——张学良(二)》,西村成雄、赵晓松,《黑河学刊》,1997年第3期

《现代亚洲的肖像——张学良(三)》,西村成雄、赵晓松,《黑河学刊》,1997年第4期

《现代亚洲的肖像——张学良(四)》,西村成雄、赵晓松,《黑河学刊》,1997年第Z1期

1998年

《现代亚洲的肖像——张学良(五)》,西村成雄、赵晓松,《黑河学刊》,1998年第1期

《现代亚洲的肖像——张学良（六）》，西村成雄、赵晓松，《黑河学刊》，1998年第2期

《现代亚洲的肖像——张学良（七）》，西村成雄、赵晓松，《黑河学刊》，1998年第3期

《现代亚洲的肖像——张学良（八）》，西村成雄、赵晓松，《黑河学刊》，1998年第4期

《现代亚洲的肖像——张学良（九）》，西村成雄、赵晓松，《黑河学刊》，1998年第5期

《现代亚洲的肖像——张学良（十）》，西村成雄、赵晓松，《黑河学刊》，1998年第6期

《张学良被囚禁、诱骗去台经过——从军统要员张严佛笔下看（上）》，斯劳泰，《犯罪与改造研究》，1998年第1期

《张学良与西安事变的善后解决》，李莉、王德桡，《烟台师范学院学报》（哲学社会科学版），1998年第1期

《略论张学良爱国思想中的矛盾及转化》，白竹林，《榆林高专学报》，1998年第1期

《张学良走上联共抗日道路的主观因素》，李精华、侯艳霞，《吉林师范学院学报》，1998年第2期

《张学良被囚禁、诱骗去台经过——从军统要员张严佛笔下看（下）》，斯劳泰，《犯罪与改造研究》，1998年第2期

《张学良将军在贵州的幽禁生活》，洪波，《贵州社会科学》，1998年第3期

《论西安事变中的东北军少壮派》，李海英，《聊城师范学院》（哲学社会科学版），1998年第3期

《张学良捉蒋、放蒋、送蒋与爱国主义》，梁星亮、尹洁，《西北大学学报》（哲学社会科学版），1998年第3期

《张学良将军与西路军西渡》，冯亚光，《甘肃社会科学》，1998年第5期

《张学良送蒋回宁的史因探析》，吕云峰，《大庆社会科学》，1998年第6期

《张学良为何迟迟不回大陆》，怀壁，《四川监察》，1998年第6期

《置自己安危于度外——西安事变"善后处理"中的张学良》，梁仲明，《党史文汇》，1998年第10期

《从华清池捉蒋到为国捐躯——记刘桂五烈士》，李新市，《党史博采》，1998 年第 10 期

《少帅幽禁雪窦山》，蒋璐，《世纪行》，1998 年第 11 期

《信使·功臣·劣势——高福源在西安事变前后》，邓沛，《党史文汇》，1998 年第 12 期

1999 年

《也谈张学良在和平解决西安事变中的作用》，张丽荣，《北方工业大学学报》，1999 年第 2 期

《直罗镇战役暨 109 师重建的若干问题——西安事变纵横考之二》，刘东社，《陕西教育学院学报》，1999 年第 2 期

《西安事变背后的惊世之举：51 军"兰州事变"始末》，忆古，《紫金岁月》，1999 年第 5 期

《中华民族的千古功臣张学良》，阎明复，《团结报》，1999 年第 6 期

《幽禁第一站张学良将军在奉化雪窦山的日子》，文楚，《海内与海外》，1999 年第 5 期

《张学良将军幽禁处：中旅社旧址》，木子，《中国文物报》，1999 年 7 月 25 日

《张学良爱国主义精神评述》，石玉平，《理论导刊》，1999 年第 9 期

《张学良爱国主义精神评述》，韩新路，《中华女子学院山东分院学报》，1999 年第 2 期

《张学良促阎谏蒋联共抗日纪实》，李蓼源，《团结报》，1999 年 9 月 11 日

《张学良拥蒋的思想演变及其原因探析》，梁雪征，《党史研究与教学》，1999 年第 5 期

《张学良幽禁贵州期间的心路探析》，熊宗仁，《贵州社会科学》，1999 年第 6 期

《张学良引为知己的中共代表刘鼎》，王光远，《炎黄春秋》，1999 年第 4 期

《张学良将军的软禁生涯》，张学俊、王闽，《中学历史教学参考》，1999 年第 8 期

《我见到了张学良将军》，杨瀚，《纵横》，1999 年第 10 期

《西安事变与王玉瓒》，宋纹缤、魏均，《中学历史教学参考》，1999 年第

12 期

《孙铭九骊山"捉蒋"历险记》,杨闻宇,《乡音》,1999 年第 12 期

2000 年

《张学良研究(专题)》,《辽宁大学学报》(哲学社会科学版),2000 年第 3 期

《张学良大义拒营救》,孔宪东、温玉堂,《纵横》,2000 年第 4 期

《张学良营救毛岸英兄弟》,王光远,《炎黄春秋》,2000 年第 5 期

《张学良与蒋经国的交往》,张春、欧阳吉平,《文史精华》,2000 年第 5 期

《略论蒋介石、张学良关系对"西安事变"的影响》,史波,《西北大学学报》(哲学社会科学版),2000 年第 2 期

《张学良护送蒋介石回宁原因之我见》,刘翠芬,《阴山学刊》(社会科学版),2000 年第 2 期

《张学良促阎谏蒋联共抗日》,李蓼源,《人民政协报》,2000 年 8 月 15 日

《弘扬张学良维护祖国统一的精神》,胡国赞,《人民日报海外版》,2000 年 9 月 28 日

《张学良与杜重远的爱国友谊》,徐建东,《党史文汇》,2000 年第 5 期

《论张学良与"西北国防政府计划"》,刘东社,《史学月刊》,2000 年第 5 期

《东北军的和谈使者——高福源》,祁州,《纵横》,2000 年第 6 期

《西安事变背后的惊人之举——五十一军"兰州事变"始末》,李云龙,《山西文史资料》,2000 年第 7 期

《张学良与西安事变的军事善后处理》,张春生,《历史教学》,2000 年第 9 期

《会审张学良内幕》,张春、欧阳吉平,《协商论坛》,2000 年第 10 期

《西安事变背后的惊人之举——"兰州事变"始末》,王燕军,《山西老年》,2000 年第 11 期

《西安事变中张学良派张政枋慰问红军》,邵桂花,《团结报》,2000 年 12 月 12 日

2001 年

《从张学良、杨虎城个性看西安事变因果》,田建军,《商洛师范专科学校学报》,2001 年第 1 期

《东北军"第二次西安事变"》,施晓晨,《党史纵横》,2001 年第 2 期

《张学良亲口释疑团》,解玉泉,《志苑》,2001 年第 2 期

《80 年代以来的张学良研究》,焦润明,《近代史研究》,2001 年第 3 期

《张学良心仪中共三代领导人》,窦应泰,《党史博览》,2001 年第 7 期

《张学良与西安事变的和平解决》,罗玉明、温波,《武汉大学学报》(人文科学版),2001 年第 4 期

《爱国将领、民族功臣:专家谈张学良将军生平》,李砚洪,《北京日报》,2001 年 10 月 16 日

《张学良在武汉时期的思想与西安事变的关系》,张春英,《江汉论坛》,2001 年第 9 期

《爱国思乡渴望统一:张学良将军历史片段》,祝母康,《团结报》,2001 年 11 月 6 日

《张学良授命王玉瓒临潼扣蒋》,邵桂花、陈志新,《团结报》,2001 年 11 月 29 日

《听傅虹霖博士谈张学良研究》,赵杰,《纵横》,2001 年第 11 期

《少帅张学良南京受审揭秘》,莫迎,《法学天地》,2001 年第 11 期

《试论西安事变发生后张学良的应变之策》,李仲明,《民国档案》,2001 年第 4 期

《千古功臣(上):张学良将军生平事略》,张连周,《党史纵横》,2001 年第 12 期

《深深怀念张学良将军:在张将军身边工作片段回忆》,宋黎,《党史纵横》,2001 年第 12 期

《浅谈张学良在西安事变中的历史作用》,陈玉娥,《长白学刊》,2001 年第 6 期

《西安事变中黄永安叛张投蒋》,邵桂花、陈志新,《团结报》,2001 年 11 月 27 日

《张学良与美国哥伦比亚大学"口述历史中心"》,赵杰,《百年潮》,2001 年第 12 期

《忆张学良将军与西安事变》，宋黎，《百年潮》，2001年第12期
《张学良幽禁雪窦山始末》，文楚，《湖南文史》，2001年第6期
《张学良南京受审详情》，王经训，《政府法制》，2001年第12期
《刘桂五将军与西安事变》，李辉、朱磊华，《兰台世界》，2001年第12期
《西安事变与兰州事变》，肖燕龙，《党的生活》，2001年第12期
《在夏威夷参加张学良老校长葬礼》，赫冀成、王宛山、魏向前，《百年潮》，2001年第12期
《张学良的政治生涯与蒋介石》，卢粉艳，《渭南师范学院学报》，2001年S1期

2002年
《张学良及其西安事变回忆录（上）：我读张学良档案之一》，杨天石，《百年潮》，2002年第9期
《张学良及其西安事变回忆录（下）：我读张学良档案之一》，杨天石，《百年潮》，2002年第10期
《张学良联共抗日思想与西安事变的发生》，路文娟，《丹东师专学报》，2002年第1期
《周恩来与张学良的初次会谈》，孙韶林，《党史文汇》，2002年第11期
《"西安事变后"对张学良的军法审判》，吴雪峰，《党史纵横》，2002年第1期
《爱国将领王以哲》，杜凯欣、赵开华、谷丽雯，《世纪桥》，2002年第5期
《以人系事以史代论再现西安事变历史——简评〈西安事变时期的东北军将领〉》，邵桂花，《辽宁大学学报》（哲学社会科学版），2002年第5期
《从对明史的研究看张学良西安事变后的心态》，吕健，《辽宁师范大学学报》，2002年第4期
《从张学良的个性看他与西安事变》，程利、王晓丹，《曲靖师范学院学报》，2002年第4期
《张学良会晤毛泽东问题的初步考察——西安事变纵横考之五》，刘东社，《陕西教育学院学报》，2002年第1期

《张学良送蒋回宁刍议》，王贺顺，《华北水利水电学院学报》（社会科学版），2002 年第 3 期

《张学良是"逼蒋"还是"反蒋"？——也谈张学良"联共"之谜》，张艳，《学术界》，2002 年第 5 期

《试论张学良与第二次国共合作》，蔡迎浩，《沈阳教育学院学报》，2002 年第 2 期

《对张学良送蒋回宁的几点认识》，殷宗茂，《皖西学院学报》，2002 年第 2 期

《我听叶剑英谈西安事变中的张学良》，纪希晨，《炎黄春秋》，2002 年第 5 期

《西安事变张学良于 12 月 25 日释放蒋介石的原因》，张天社，《西安联合大学学报》，2002 年第 1 期

《张学良说：杨虎城是西安事变主角——美国所藏档案新发现》，杨天石，《炎黄春秋》，2002 年第 11 期

《留一部信史为国人——张学良文件揭秘》，陈漱渝，《云南档案》，2002 年第 6 期

《张治中三访被幽禁的张学良》，金建明，《党史纵览》，2002 年第 4 期

《周恩来、邓颖超与张学良的旷世情缘》，窦应泰，《党史博采》，2002 年第 3 期

2003 年

《西安事变张学良释蒋送蒋的深层动因》，张天社，《唐都学刊》，2003 年第 3 期

《对张学良联共抗日思想形成的几点思考》，邱秀华、陈静，《东北大学学报》（社会科学版），2003 年第 3 期

《试析西安事变前夕张学良思想转变的原因》，刘海燕，《芜湖师专学报》，2003 年第 2 期

《张学良联共思想初探》，吕富媛，《东北大学学报》（社会科学版），2003 年第 2 期

《吕正操秘晤张学良》，《党史天地》，2003 年第 2 期

《谁打响了"西安事变"第一枪》，贾丽秋、王全有，《党史天地》，2003 年第 2 期

《真相：张学良三忆西安事变》，于丽、晓叶，《党史天地》，2003年第9期

《刘鼎与张学良在西安事变前后》，倪良端，《四川统一战线》，2003年第1期。

《张学良的口述档案》，李群、刘维荣，《档案时空》，2003年第7期

《蒋介石的不抵抗与张学良的不抵抗》，范德伟、庄兴成，《史学月刊》，2003年第9期

《从东北易帜到西安事变——张学良思想演变探析》，魏晓文、朱琳琳，《东北大学学报》（社会科学版），2003年第6期

《把张学良引向延安的人》，龚喜林，《党史天地》，2003年第4期

《真相：张学良三忆西安事变》，于丽、晓叶，《党史天地》，2003年第9期

《从东北易帜到西安事变：张学良思想演变探析》，魏晓文、朱琳琳，《东北大学学报》（社会科学版），2003年第3期

《张学良对东北军的教育及东北军的抗日贡献》，王军，《学术交流》，2003年第10期

《张学良幽禁期间给周恩来的两封密信》，常海，《党史博采》，2003年第11期

《张学良申请加入中共的新考证》，窦应泰，《党史博采》，2003年第8期

《有关西安事变前叶剑英与张学良密谈"苦迭打"一段史实》，范硕，《百年潮》，2003年第6期

2004年

《周恩来给张学良的十六字密信》，范丽红，《炎黄春秋》，2004年第8期

《周恩来、张学良交往密札读解》，朱安平，《百年潮》，2004年第5期

《论第二次国内革命战争时期张学良的心路历程》，沈升良，《浙江师范大学学报》（社会科学版），2004年第2期

《周恩来与张学良的爱国情缘》，曾昭铎，《福建党史月刊》，2004年第3期

《宋美龄与张学良》，王琴，《文史天地》，2004年第3期

《论西安事变后张、杨不同命运的原因》，李晓俊，《西北工业大学学报》（社会科学版），2004年第2期

《吕正操与张学良：八十载割不断的深情》，傅宁军，《两岸关系》，2004年第 7 期
《从张学良对中国共产党的认识看其党派观》，肖建杰，《唐都学刊》，2004 年第 3 期
《西安事变后张学良和蒋介石的"礼尚往来"》，陈刚，《党史博览》，2004 年第 7 期
《张学良送蒋回宁的再评析》，付金亭、张凤莲，《鞍山科技大学学报》，2004 年第 3 期
《蒋斌将军蒙难记》，王书君，《炎黄春秋》，2004 年第 8 期
《对张学良送蒋回宁原因的几点认识》，殷宗茂，《池州师专学报》，2004 年第 1 期
《"随护"在张学良身边的特务们》，李伟，《文史春秋》，2004 年第 8 期
《张学良的三大政治"情节"》，王锐，《炎黄春秋》，2004 年第 11 期
《千古功臣 万世流芳——读张学良于"西安事变"前后写给何柱国的两封信》，封小平，《浙江档案》，2004 年第 11 期
《张学良是否申请加入共产党》，窦应泰，《百年潮》，2004 年第 2 期
《论东北军联共抗日的特殊贡献》，赵东阜，"纪念江桥抗战研讨会"论文，2004 年 8 月

2005 年

《董道泉事件的多角透视——西安事变纵横考之七》，刘东社，《陕西教育学院学报》，2005 年第 2 期
《张学良的个性特征与西安事变》，朱正业，《淮北煤炭师范学院学报》（哲学社会科学版），2005 年第 2 期
《西安事变前张学良与阎锡山的交往——〈西园史溯〉人物续志之六》，贺德宏，《文史月刊》，年 期 再核查
《论张学良文化人格矛盾性的根源》，高蓉，《鞍山师范学院学报》，2005 年第 3 期
《张学良与"不抵抗主义"及其责任》，胡玉海，《东北大学学报》（社会科学版），2005 年第 3 期
《张学良的一次未遂兵谏》，吕春，《钟山风雨》，2005 年第 3 期
《国共两儒将 诗词志统一——张学良和吕正操的台陆唱和》，孙焕英，

《决策与信息》，2005 年第 6 期
《解读抗日战争时期张学良的往来信件》，陈红民，《抗日战争研究》，2005 年第 2 期
《张学良与红军宁夏战役》，唐洪森、叶按，《社会科学战线》，2005 年第 3 期
《周恩来与张学良的情谊》，罗青长，《世纪桥》，2005 年第 6 期
《张学良与中东路事件》，崔萍，《史学月刊》，2005 年第 7 期
《囚禁张学良的十一个秘密地点》，刘志清、訾喜升，《文史博览》，2005 年第 9 期
《张学良为什么长期不能获得自由——张学良软禁生涯解读》，张敏，《东北大学学报》（社会科学版），2005 年第 4 期
《张学良对沈阳故宫的贡献》，邓庆，《中国地名》，2005 年第 4 期
《张学良与东北易帜》，邹玉英，《兰台世界》，2005 年第 6 期
《张学良幽禁期间给蒋介石的七封信》，窦应泰，《钟山风雨》，2005 年第 5 期
《张学良离黔赴台前后的几则日记》，窦应泰，《文史春秋》，2005 年第 10 期
《张学良申请加入中国共产党的前因后果》，肖建杰，《兰台世界》，2005 年第 12 期
《张学良的一两件事——且说邵飘萍之死》，散木，《书屋》，2005 年第 11 期
《再论张学良与不抵抗政策》，阮铁英，《玉林师范学院学报》，2005 年第 4 期
《张学良爱国思想述评》，王文鸾，《宁夏大学学报》（人文社会科学版），2005 年第 6 期
《张学良的抗日爱国思想及其时代意义》，邱秀华；樊丽明；刘双，《东北大学学报》（社会科学版），2005 年第 6 期
《东北大学文法学院张学良研究中心成立》，邱秀华，《东北大学学报》（社会科学版），2005 年第 6 期
《张伯苓与张学良的忘年交》，申泮文，《炎黄春秋》，2005 年第 1 期
《蒋介石、张学良与中东路事件之交涉》，杨奎松，《近代史研究》，2005 年第 1 期

《张学良蒋介石与中东路事件——错误决策给国家带来了恶果》，肖建杰；毕万闻，《社会科学战线》，2005 年第 1 期

《张学良的日本观与其政治思想的演变》，肖建杰，《唐都学刊》，2005 年第 1 期

《张学良和中国共产党》，侯文强，《党史博采》（纪实），2005 年第 4 期

《张学良南京幽禁日记》，窦应泰，《钟山风雨》，2005 年第 2 期

《张学良与周恩来关系探秘》，张克敏，《党史纵览》，2005 年第 5 期

《"九一八"事变前蒋介石与张学良对日问题的共同方针》，洪岚，《北京电子科技学院学报》，2005 年第 1 期

2006 年

《西安事变：张学良扣放蒋介石之谜》，李永山，《人民论坛》，2006 年 12 期

《试析张学良发动西安事变的原因》，廖义军，《湘南学院学报》，2006 年第 4 期

《纪念西安事变七十周年暨张学良逝世五周年国际学术研讨会在东北大学召开》，《东北大学学报》（社会科学版），2006 年第 6 期

《张学良为何释放蒋介石——西安事变的另一种叙述》，李辉，《同舟共进》，2006 年第 4 期

《西安事变前后的张学良与父亲阎宝航》，阎明光、阎明复，《炎黄春秋》，2006 年第 12 期

《西安事变前后张学良政治思想嬗变的文化解读》，张志新、文斌，《党史文苑》，2006 年第 22 期

《张学良的现代民主意识与西安事变的历史进程》，肖建杰；崔晓麟，《广西民族大学学报》（哲学社会科学版），2006 年第 6 期

《西安事变后张学良南京受审纪实》，鹿钟麟，《春秋》，2006 年第 6 期

《西安事变及其对青海的影响》，苟格林，《青海社会科学》，2006 年第 6 期

《端纳往事：斡旋西安事变》，王宏德，《世界知识》，2006 年第 24 期

《张学良在溪口——纪念西安事变 70 周年》，王舜祁，《宁波通讯》，2006 年第 12 期

《张学良忆西安事变》，窦应泰，《工会博览》，2006 年第 12 期

《张学良教育思想论析》，肖建杰，《辽宁教育行政学院学报》，2006年第1期

《张学良在中国统一事业上的历史功绩》，傅金亭，《鞍山科技大学学报》，2006年第1期

《张学良的抗日御侮思想与实践》，周涛、随琳，《党史文苑》，2006年第6期

《国共两将军张学良与吕正操的旷世情缘》，孟红，《党史纵览》，2006年第3期

《浅析张学良与蒋介石之恩怨》，薛锋，《兰台世界》，2006年第4期

《迟到了半个世纪的重逢——吕正操赴美三晤张学良》，轶明，《党史纵横》，2006年第5期

《张学良振兴东北经济的思想与实践》，肖建杰，《理论界》，2006年第5期

《李克农与张学良》，冯晓蔚，《文史月刊》，2006年第5期

《1930年中苏会谈前莫德惠与张学良等人来往电文一组》，万安，《民国档案》，2006年第2期

《张学良与东北无线电通讯事业》，王琦，《兰台世界》，2006年第12期

《张学良在中原大战中纵横捭阖》，曲野，《兰台世界》，2006年第12期

《论张学良个人档案的史料价值》，杨晓虹，《中国社会科学院研究生院学报》，2006年第3期

《张学良西北开发思想及其启示》，王广义，《东北大学学报》（社会科学版），2006年第4期

《张学良及其〈谒延平词〉》，林友树，《统一论坛》，2006年第3期

《张学良筑葫芦岛港纪实》，张丽云，《百年潮》，2006年第4期

《张治中：三访被幽禁的张学良》，金秋，《钟山风雨》，2006年第4期

《张学良亲送蒋介石回南京原因探析》，李铁，《商丘师范学院学报》，2006年第3期

《从新公开的蒋介石日记谈张学良》，聂云霞，《档案与建设》，2006年第8期

《张学良和于凤至离婚真相》，窦应泰，《文史博览》，2006年第19期

《张学良教育思想的基本特点探析》，张忠波，《吉林省教育学院学报》，2006年第8期

《张学良与中共"逼蒋抗日"方针》，古小丹，《兰台世界》，2006 年第 17 期

《张学良签署中兴公司档案的发现及评》，安宁，《中国档案》，2006 年第 9 期

《浅析张学良和平统一观的形成与发展》，李鹤、魏向前，《东北大学学报》（社会科学版），2006 年第 6 期

《张学良与东北新建设及其启示》，樊丽明，《东北大学学报》（社会科学版），2006 年第 6 期

《张学良枪决杨宇霆、常荫槐内幕》，王春华，《文史天地》，2006 年第 11 期

《略论中共与张学良会谈对双方的影响》，古小丹，《兰台世界》，2006 年第 22 期

《张学良违抗父令保护孙中山遗体》，李毅，《文史春秋》，2006 年第 11 期

《父亲范长江与张学良副官陈大章》，范苏苏，《炎黄春秋》，2006 年第 12 期

《西安事变中解除张学良后顾之忧的解方》，郑德厚，《党史博览》，2006 年 12 期

《西安事变前张学良爱国思想的形成》，窦应泰、马永辉，《党史文汇》，2006 年 12 期

《张学良与不抵抗主义》，王建新、李延龄，《党史纵横》，2006 年第 12 期

《张学良因何与谷瑞玉离婚》，黄军，《文史博览》，2006 年第 23 期

《试论张学良爱国思想的形成及其对促成全民族抗战的重大意义》，赵东阜，《沈阳干部学刊》，2006 年第 6 期

《张学良抗日主张与行动研究再议》，孟庆春，《北京印刷学院学报》，2006 年第 6 期

《地方政权向中央政权的主动归附——评价张学良"东北易帜"的新视角》，李随安，《黑龙江社会科学》，2006 年第 6 期

《从鼓吹法西斯到攘外在先——"九一八"事变后张学良的思想演变》，沈升良，《历史教学问题》，2006 年第 4 期

2007 年

《西安事变中张学良释放蒋介石问题再探讨》，占善钦，《中共党史研究》，2007 年第 1 期

《从国家观演变看张学良发动西安事变的心结》，张同新，《陕西师范大学学报》（哲学社会科学版），2007 年第 2 期

《论张学良在西安事变和平解决中的地位和作用》，范丽红，《东北大学学报》（社会科学版），2007 年第 3 期

《试论张学良在西安事变前思想演变的原因》，王利福，《前沿》，2007 年第 8 期

《西安事变前后张学良政治思想嬗变的文化解读》，谭献民、文斌，《长白学刊》，2007 年第 5 期

《张学良回忆西安事变》，吕春，《档案天地》，2007 年第 5 期

《张学良发动西安事变的思想基础》，张丽荣，《工会论坛》（山东省工会管理干部学院学报），2007 年第 6 期

《张学良解密"九一八"与西安事变》，张学良、唐德刚，《文史博览》，2007 年第 12 期

《张学良教育救国思想及其当代意义》，邱秀华、张中波，《东北大学学报》（社会科学版），2007 年第 1 期

《论张学良的和平统一观》，薛锋，《东北大学学报》（社会科学版），2007 年第 1 期

《〈玉屑瑶华〉——东北易帜前张学良收到的七封重要来信》，王清原，《图书馆学刊》，2007 年第 1 期

《张学良、胡蝶、马君武之间的是与非》，张学继，《百年潮》，2007 年第 3 期

《张学良与张伯苓的师生情缘》，姜秀华、刘艳敏，《党史纵横》，2007 年第 3 期

《张学良离黔赴台前后的几则日记》，窦应泰，《八方史萃》，2007 年第 1 期

《张学良国家统一观的理念与实践》，胡玉海，《东北大学学报》（社会科学版），2007 年第 2 期

《张学良教育思想及其现代解读》，章毛平，《东北大学学报》（社会科

版),2007 年第 2 期

《浅析张学良亲自"送蒋回京"的必要性》,周涛,《和田师范专科学校学报》,2007 年第 1 期

《试论张学良的战争观》,薛锋,《兰台世界》,2007 年第 5 期

《丙戌年孟夏访黔灵山麒麟洞因追张学良故事有感》,陈宏,《江苏政协》,2007 年第 3 期

《张学良私人飞行员披露七十年前的一幕》,魏龙泉,《百年潮》,2007 年第 5 期

《视财富如浮云的张学良》,李军强,《党史纵横》,2007 年第 4 期

《浅谈张学良的军队教育理念》,胡移山,《东北大学学报》(社会科学版),2007 年第 3 期

《胡适三劝张学良》,卜息,《湖北档案》,2007 年 Z1 期

《张学良在台湾的幽居岁月》,张间蘅、李菁,《文史博览》,2007 年第 5 期

《张学良教育思想形成的原因探析》,章毛平、邱秀华,《理论界》,2007 年第 6 期

《张学良赴台的绝密飞行》,启明,《湖北档案》,2007 年第 5 期

《张学良研究领域的新突破——邱秀华、章毛平著〈张学良教育思想研究〉书评》,张德良,《东北大学学报》(社会科学版),2007 年第 4 期

《论张学良的东北新建设思想》,于桂荣、李正鸿,《边疆经济与文化》,2007 年第 9 期

《魂兮归来——张学良晚年遗物捐赠西安事变纪念馆》,王梅,《文博》,2007 年第 4 期

《张学良、蒋介石对锦州危机态度之差异》,邢丽雅,《齐齐哈尔大学学报》(哲学社会科学版),2007 年第 5 期

《张学良与宋美龄的初识经过》,汪睿,《文史博览》,2007 年第 8 期

《张学良的军事思想》,史滇生,《军事历史研究》,2007 年第 3 期

《谈张学良与东北沦亡之间的关系》,张本建,《成功》(教育),2007 年第 9 期

《浅析张学良的不抵抗政策》,杨晓兰,《怀化学院学报》,2007 年第 10 期

《"猎鹰行动"刺杀张学良》,王春华,《文史天地》,2007 年第 11 期

《张学良的"赤诚之心"与蒋介石的"领袖人格"》,谷雨,《广东党史》,2007年第6期

《故园长吟将军颂——为迎接张学良返乡记事》,孙奇,《炎黄春秋》,2007年第12期

《张学良与毛泽东、邓小平的神交》,窦应泰,《钟山风雨》,2007年第6期

《张学良教育思想基本内容初探》,石文斌,《科协论坛》(下半月),2007年第8期

《知情人解说张学良历史研究中的谜团——从〈张学良历史研究文集〉中看到的》,陈瑞云,《东北史地》,2007年第5期

《1946~1949年张学良的两次秘密迁移》,张间蘅、陈海滨,《纵横》,2007年第1期

《张学良何时被人称"少帅"》,邵桂花,《共产党员》,2007年第9期

《东北救亡人士与西安事变》,张万杰,《学术界》,2007年第5期

《西安事变后的事变》,胡志刚,《炎黄纵横》,2007年第1期

2009年

《西安事变中张学良和杨虎城的意见分歧》,张金翼,《武汉文史资料》,2009年第6期

《西安事变前张学良对东北军的整训》,徐祝申,《牡丹江大学学报》,2009年第5期

2010年

《"西安事变"发生后张学良缘何向中共求援?》,窦应泰,《党史文汇》,2010年第2期

《西安事变前后张学良对红军的接济(上)》,刘中刚、李新丽,《党史博览》,2010年第5期

《西安事变前后张学良对红军的接济(下)》,刘中刚、李新丽,《党史博览》,2010年第5期

《张学良与西安事变的和平解决》,张丽荣,《工会论坛(山东省工会管理干部学院学报)》,2010年第4期

《张学良的私人飞行员与西安事变》,孙果达,《纵横》,2010年第4期

《张学良与西安事变回忆录》，杨天石，《山西青年》，2010 年第 8 期

2011 年

《张学良和发妻于凤至对西安事变的不同解读》，窦应泰，《党史博览》，2011 年第 2 期

《西安事变中张学良和杨虎城比较分析》，孟悦，《辽宁省社会主义学院学报》，2011 年第 1 期

《张学良："西安事变是被逼出来的"》，张光茫，《文史月刊》，2011 年第 4 期

2012 年

《西安事变前后的张学良与于学忠》，贾作璋，《兰台世界》，2012 年第 19 期

《探析张学良联共抗日的爱国思想及实践》，安宝洋，《兰台世界》，2012 年第 1 期

《发动西安事变前张学良为何对叶剑英讲法语》，孙果达、王伟，《党史纵横》，2012 年第 5 期

《西安事变与张学良的南京之行》，张家康，《报刊荟萃》，2012 年第 2 期

2013 年

《张学良送蒋介石回南京前留下的一份手令》，缪平均，《党史纵横》，2013 年第 7 期

《张学良"告别信"考释》，郭双林，《光明日报》，2013 年 4 月 17 日

2014 年

《张学良在西安事变中的历史作用》，白树震，《池州学院学报》，2014 年第 5 期

《"西安事变"政治角逐下的张学良和杨虎城》，张立，《传承》，2014 年第 4 期

《张学良个人档案对西安事变的澄清及其价值》，黄建江，《兰台世界》，2014 年第 19 期

《张学良发动"西安事变"有诸多原因》，渠冉，《档案时空》，2014 年第

9 期
《西安事变前张学良与中共的联合——以张学良与红军来往电报为考察中心》，高劲松、高凌，《东北史地》，2014 年第 6 期

2015 年
《张学良决心发动西安事变的时间考》，孙果达，《上海党史与党建》，2015 年第 2 期
《论张学良在西安事变中的决定性作用》，白树震、张程昊，《宿州学院学报》，2015 年第 2 期
《历史转折中的张学良——以九一八事变和西安事变为例》，金镶玉、朱玉，《商》，2015 年第 4 期
《张学良幽居贵州史实考辨》，康艳华，《贵州文史丛刊》，2015 年第 4 期

杨虎城及其部下研究

1981 年
《杨虎城将军的欧美之行》，杨中州，《西北大学学报》，1981 年第 2 期

1983 年
《杨虎城将军永远活在人民心中》，屈武，《团结报》，1983 年 11 月 26 日
《杨虎城在西班牙的一天》，张志强，《北京晚报》，1983 年 11 月 26 日
《全国政协集会纪念杨虎城将军诞辰 90 周年》，《光明日报》，1983 年 11
　　月 27 日
《杨虎城将军生平简介》，《陕西日报》，1983 年 11 月 26 日
《杨虎城将军被囚息烽纪实（上）》，盛永昌、黄及翔，《贵州日报》，
　　1983 年 11 月 25 日
《杨虎城将军被囚息烽纪实（下）》，盛永昌、黄及翔，《贵州日报》，
　　1983 年 11 月 26 日

1984 年
《杨虎城将军之死》，昨矛，《纵横》，1984 年第 3 期
《杨虎城将军重视陕西教育事业》，鹤鸣，《人文杂志》，1984 年第 1 期
《爱国名将杨虎城》，刘杰诚，《人民日报》，1984 年 4 月 18 日

1985 年
《杨虎城海外呼吁救国》，刘杰诚，《陕西日报》，1985 年 7 月 24 日

1986 年
《试论杨虎城的爱国思想》，刘杰诚，《延安大学学报》（社会科学版），

1986 年第 1 期

《杨虎城将军和海外侨胞》，翁绍裘，《人民政协报》，1986 年 2 月 25 日

《杨虎城将军与体育》，彭静亚，《体育文史》，1986 年第 4 期

《杨虎城将军推动全国抗日的历史功绩》，黄永金，《云南师范大学学报》（哲学社会科学版），1986 年第 6 期

《杨虎城将军陵园》，胡冰，《文博》，1986 年第 1 期

1987 年

《杨虎城将军事迹述略》，刘贤雄，《西南师范大学学报》（哲学社会科学版），1987 年第 3 期

1988 年

《论杨虎城在西安事变中的贡献》，张荣华、钟兴明，《河南师范大学学报》（哲学社会科学版），1988 年第 1 期

《碧血丹心照汗青——记杨虎城将军的秘书宋绮云烈士》，王守福、何军萍，《秘书之友》，1988 年第 9 期

1989 年

《杨虎城的 24 字方针与西安事变》，厚荫盛，《陕西师大学报》（哲学社会科学版），1989 年第 2 期

《试论杨虎城的抗日思想》，王玉福，《河南师范大学学报》（哲学社会科学版），1989 年第 4 期

《西安事变后的原十七路军》，韦成枢，《近代史研究》，1989 年第 6 期

1990 年

《西安事变前杨虎城和中国共产党的关系》，丁雍年，《人文杂志》，1990 年第 1 期

《试论杨虎城将军对抗日战争的贡献》，丁迪安、谢一帆，《唐都学刊》，1990 年第 1 期

《杨虎城将军在西安事变中的地位和作用》，杨咏，《师资建设（肇庆教育学院学报）》（综合版），1990 年第 1 期

《杨虎城将军在西安事变中的丰功伟绩》，罗玉明，《怀化师专学报》，

1990 年第 3 期

《略论杨虎城的抗战思想》，张荣华，《石油大学学报》（社会科学版），1990 年第 3 期

《西安事变"善后处理"中的杨虎城》，梁仲明，《人文杂志》，1990 年第 3 期

1991 年

《谈杨虎城将军关于抗日战争的思想》，韩真，《党史研究与教学》，1991 年第 3 期

《论杨虎城将军的爱国主义思想》，王有光，《山东医科大学学报》（社会科学版），1991 年第 4 期

1993 年

《杨虎城与中国共产党》，卫明，《人民日报》，1993 年 1 月 3 日

《大风起兮云飞扬：评述杨虎城与蒋介石的反复较量》，杨闻宇，《丝绸之路》，1993 年第 5 期

《大风起兮云飞扬：评述杨虎城与蒋介石的反复较量（续上期）》，杨闻宇，《丝绸之路》，1993 年第 6 期

《陕西省各界人士集会，隆重纪念杨虎城百年诞辰，将军铜像在西安揭幕》，《人民日报》，1993 年 11 月 27 日

《杨虎城与第二次国共合作》，张梅玲，《人民政协报》，1993 年 11 月 25 日

《杨虎城和蒋介石》，杨闻宇，《炎黄春秋》，1993 年第 12 期

《杨虎城的爱国主义思想与西安事变》，曹军，《理论导刊》，1993 年第 12 期

1994 年

《论杨虎城与"三位一体"的"西北大联合"》，李家珍，《湖北大学学报》（哲学社会科学版），1994 年第 4 期

《杨虎城的爱国精神及其升华》，曹勇进，《探求》，1994 年第 5 期

《千古功臣——杨虎城》，吴长翼，《纵横》，1994 年第 5 期

《杨虎城将军子女今何在?》，石鉴明、李伟，《山西老年》，1994 年第 6 期

1995 年

《杨虎城将军的抗战活动及抗战思想简论》，于桂枝、刘小平，《张家口师专学报》（社会科学版），1995 年第 3 期

《杨虎城在欧美宣传抗日》，袁振武、梁月兰，《炎黄春秋》，1995 年第 5 期

《杨虎城将军的最后十三年》，郝建生，《博览群书》，1995 年第 9 期

《论杨虎城爱国主义思想的形成和发展》，郭效仪，《武警学院学报》，1995 年 S1 期

《杨虎城爱国主义思想评介——上篇：形成、发展》，龙开才，《广西右江民族师专学报》，1995 年 Z1 期

1996 年

《杨虎城爱国思想评介——下篇：闪光、特点》，龙开才，《广西右江民族师专学报》，1996 年 1 期

《西安事变的功臣宋绮云》，解光一，《上海教育学院学报》，1996 年第 4 期

《爱国将军的西班牙之行：杨虎城将军被迫出洋考察侧记》，张德鹏，《党史纵横》，1996 年第 6 期

《西安事变中冯钦哉叛杨始末》，邢建榕，《民国春秋》，1996 年第 6 期

《宋绮云与西安事变》，吴志明，《江苏政协》，1996 年第 6 期

《杨虎城将军的密友宋绮云》，吴志明，《文史精华》，1996 年第 11 期

《西安事变后的杨虎城》，张杨，《兰台世界》，1996 年第 12 期

《西安事变中的杨虎城》，王法权，《国防》，1996 年第 12 期

《西安遗恨——记西安事变后的杨虎城将军》，范克明，《文史精华》，1996 年第 12 期

《西安事变前后的赵寿山将军》，王宇明，《文史精华》，1996 年第 12 期

1997 年

《杨虎城将军殉难追记》，甘惜分，《光明日报》，1997 年第 1 期

《试论杨虎城的抗日爱国思想》，王玫，《文博》，1997 年第 1 期

《试论爱国名将杨虎城》，张军、白淑芳，《文博》，1997 年第 1 期

《杨虎城将军与第二次国共合作》，张忠发、姚桐文，《文博》，1997年第1期

《论西安事变前的杨虎城及其政治思想》，王琳，《人文杂志》，1997年第1期

《杨虎城与"兵谏"的发动》，张忠发，《文博》，1997年第1期

《未听忠告陷魔爪——杨虎城归国之初》，蔺淑彦，《党史纵横》，1997年第1期

《西安事变后的杨虎城的遭遇》，鱼恩平，《党史博采》，1997年第11期

《浅析杨虎城在西安事变中的作用》，王栓茂，《重庆工业管理学院社科部》，1997年第5期

《千古悲剧：西安事变后的杨虎城的遭遇》，鱼恩平，《党史纵横》，1997年第12期

1998年

《杨虎城十七路军发动西安事变之底蕴》，贺伯清、任培秦，《西安交通大学学报》（社会科学版），1998年第1期

《杨虎城遣使联络红军》，黄德晟，《团结报》，1998年11月7日

《杨虎城身边的共产党员》，杨拯民，《纵横》，1998年第12期

1999年

《杨虎城将军被杀经过》，孔凡铜、姚江，《团结报》，1999年11月2日

2001年

《杨虎城与西安事变的和平解决》，罗玉明，《安徽史学》，2001年第2期

《冯钦哉叛杨考实——西安事变纵横考之四》，刘东社，《陕西教育学院学报》，2001年第2期

《谁是杀害杨虎城的凶手》，刘邦琨，《湖南文史》，2001年第6期

《将军已乘青云去 壮志伟绩励后人——杨虎城将军纪念馆巡礼》，柴睿、袁治中，《国防》，2001年第11期

2002年

《杨虎城的个性与西安事变》，程利、王晓丹，《保山师专学报》，2002年

第 6 期

《论杨虎城与西安事变》，郝银侠，西北大学硕士论文，2002 年

《杨虎城是西安事变的主角》，杨天石，《北京日报》，2002 年 12 月 16 日

2003 年

《原杨虎城十七路军对抗战的重大贡献》，杨圣清，《中共党史研究》，2003 年第 6 期

《美国所藏档案新发现——杨虎城是西安事变主角》，杨天石，《档案》，2003 年第 3 期

《杨虎城遗体发现始末》，《党史天地》，2003 年第 2 期

《杨虎城主政陕西时期的教育思想浅探》，刘国平、丁俊华，《石油大学学报》（社会科学版），2003 年第 2 期

2004 年

《"纪念杨虎城诞辰 110 周年学术研讨会"综述》，李敏，《抗日战争研究》，2004 年第 1 期

《西安事变前后我与杨虎城将军的交往》，胡希仲、冀迁运，《党史博览》，2004 年第 5 期

《论西安事变后张、杨不同命运的原因》，李晓俊，《西北工业大学学报》（社会科学版），2004 年第 2 期

2005 年

《西安事变前杨虎城与中共的关系》，郝银侠，《山西师大学报》（社会科学版），2005 年第 6 期

《论杨虎城与中共关系》，张伟，《社会科学辑刊》，2005 第 3 期

《杨虎城将军在陕西靖国军斗争中的重要贡献》，张应超，《人文杂志》，2005 年第 4 期

《日寇侵华战场的"盲肠"——记原杨虎城部中条山抗战》，石八民，《文博》，2005 年第 3 期

《杨虎城沂蒙剿匪》，杨泽本，《四川统一战线》，2005 年第 9 期

2006 年

《杨虎城与西安事变善后中的战和问题》，郝银侠，《宝鸡文理学院学报》（社会科学版）2006 年第 2 期

《杨虎城与"西北半独立化局面"问题探析——西安事变纵横考之八》，刘东社，《陕西教育学院学报》，2006 年第 2 期

《试析杨虎城爱国思想的升华——纪念"西安事变"七十周年》，张海英，《世纪桥》，2006 年第 9 期

《试析杨虎城在西安事变"善后处理"中的态度变化》，周苏娅，《黑龙江教育学院学报》，2006 年第 5 期

《从红军东征看张学良、杨虎城认识的转变》，何毅，《时代文学》（双月版），2006 年第 4 期

《杨虎城三次离部出走》，熊坤静，《湘潮》，2006 年第 2 期

《军统暗杀杨虎城内幕》，陶朱问，《协商论坛》，2006 年第 2 期

《杨虎城卫士亲历西安事变的回忆》，萧宏，《党史博采》（纪实），2006 年第 5 期

《西北雄师　杨虎城将军与第 17 路军始末》，胡博，《军事历史》，2006 年第 4 期

《杨虎城与战和问题》，郝银侠，《邯郸学院学报》，2006 年第 1 期

《杨虎城与陕西文物事业》，赵静、罗宏才，《文博》，2006 年第 6 期

2007 年

《西安事变后的杨虎城》，王晶，《党史纵横》，2007 年第 12 期

《杨虎城到底是不是共产党员》，康正，《党史纵横》，2007 年第 1 期

《杨虎城将军在太和》，思良，《江淮文史》，2007 年第 1 期

《杨虎城三护南汉宸》，熊坤静，《党史纵览》，2007 年第 3 期

《他不是杀害杨虎城将军的凶手》，周军，《文史天地》，2007 年第 4 期

《也论杨虎城与中共关系——兼与张伟先生商榷》，郝银侠，《河北师范大学学报》（哲学社会科学版），2007 年第 3 期

《张汉民事件：红军与杨虎城的误会》，杨瀚，《百年潮》，2007 年第 6 期

《蒋介石诱捕杨虎城的经过》，杨瀚，《兰台内外》，2007 年第 3 期

《反"围城"斗争中的杨虎城》，缪平均、马爱莲，《陕西档案》，2007年第4期

《为民族舍生取义——怀念杨虎城将军》，封小平，《浙江档案》，2007年第12期

《一代名将杨虎城的文化遗产情结》，张志强，《中国文物科学研究》，2007年第4期

《从"箱根计划"看杨虎城与西安事变的发动》，袁文伟，《中国延安干部学院学报》，2007年第1期

《杨虎城一家的坎坷命运》，叶永烈，《共产党员》，2007年第8期

《西安事变与杨虎城将军》，余韦，《陕西教育》（行政版），2007年Z1期

2008年

《从"箱根计划"看杨虎城与西安事变的发动》，袁文伟，《中国延安干部学院学报》，2008年第2期

《西安事变后的杨虎城》，袁自强，《档案时空》，2008年第5期

2009年

《试论杨虎城的知识分子政策——兼论西安事变爆发的原因》，武端利，《牡丹江师范学院学报》（哲学社会科学版），2009年第1期

2010年

《西安事变前杨虎城与中共关系新探——西安事变纵横考之九》，刘东社，《陕西教育学院学报》，2010年第2期

《杨虎城与西安事变》，杨瀚，《纵横》，2010年第12期

2013年

《西安事变后的杨虎城将军》，丁开明，《中国统一战线》，2013年第11期

《西安事变前杨虎城与中共中央关系新探》，张天社，《唐都学刊》，2013年第6期

2015 年

《西安事变前后杨虎城对国民政府当局态度的研究》,王春生,西北大学硕士学位论文,2015 年

中国共产党研究

1977 年

《伟大的战士　火热的斗争——回忆周恩来总理在西安事变到抗战胜利期间国共斗争几次重大事件中的光辉事迹》，颜太龙，《历史研究》，1977 年第 1 期

《敬爱的周总理在古城西安》，八路军西安办事处纪念馆，《西北大学学报》（哲学社会科学版），1977 年第 1 期

1979 年

《杰出的贡献　光辉的业绩——敬爱的周恩来同志在西安事变中的伟大革命实践片段》，方成祥，《人文杂志》，1979 年第 2 期

1984 年

《谢觉哉同志在兰州的革命活动》，王会绍，《西北师范大学学报》，1984 年第 4 期

1985 年

《"一二·九"运动与西安事变》，中共中央党校党史研究班《一二·九运动史要》编写组，《人民日报》，1985 年 12 月 6 日

《西安事变前国共两党接触经过和有关人物》，李海文口述，《人物》，1985 年第 5 期

《西安事变风云散记》，罗立斌，《学术论坛》，1985 年第 10 期

1986 年

《毛泽东与西安事变》，雷云峰，《人文杂志》，1986 年第 6 期

《西安事变和周恩来同志》，雷云芳，《史学月刊》，1986 年第 6 期
《西安事变的和平解决是我党独立自主的决策》，黄德渊，《安徽师大学报》（哲学社会科学版），1986 年第 4 期
《西安事变的和平解决与中共的抗日民族统一战线政策》，陈一华，《东北师大学报》，1986 年第 6 期
《西安事变和北京》，吴家林，《学习与研究》，1986 年第 12 期
《党领导下的北平青年运动与西安事变》，李京平、陈泰生，《党校教学》，1986 年第 6 期
《争取张学良联合抗日的经过》（上、下），申伯纯，《纵横》，1986 年第 6 期、1987 年第 1 期

1987 年

《周恩来对和平解决西安事变的贡献》，李海文，《红旗》，1987 年第 1 期
《潘汉年曾与张学良会晤》，储荣邦，《周末》，1987 年第 2 期
《沟通我党与张学良将军联合抗日的桥梁：东北军爱国将领高福源评传》，杜连庆、陆军，《辽宁师范大学学报》（社会科学版），1987 年第 2 期
《试论中国共产党在和平解决西安事变中的作用（与台湾省学者商榷）》，秦兴洪，《广州师院学报》（社会科学版），1987 年第 1 期
《中国共产党与西安事变》，谷丽娟，《学术交流》，1987 年第 5 期
《和平解决西安事变的方针是中国共产党独立自主确定的》，叶心瑜，《桂海论丛》，1987 年第 3 期
《〈红色中华〉关于"西安事变"的宣传》，王美芝，《新闻研究资料》，1987 年第 3 期
《"西安事变"中有组成"中共代表团"吗?》，韩泰华，《党史资料与研究》，1987 年第 5 期
《中共获悉西安事变消息时间述考》，吴庆君，《辽宁师范大学学报》（社会科学版），1987 年第 6 期
《十年内战时期的中国共产党与张学良》，叶心瑜，《理论月刊》，1987 年第 11 期
《毛泽东在西安事变中的杰出作用》，韩荣璋、雷云峰，《党史资料与研究》，1987 年第 6 期

1988 年

《西安事变前"国共合作"述论》,陈德鹏、路运洪,《许昌师专学报》(社会科学版),1988 年第 1 期

《西安事变和平解决原因》,《党史新探》,1988 年第 1 期

《试论我党和平解决西安事变方针的提出》,栗廉、高兰波,《牡丹江师院学报》(哲学社会科学版),1988 年第 1 期

《中共"逼蒋抗日"策略方针的形成》,荣维木、赵刚,《近代史研究》,1988 年第 3 期

《周恩来与张、杨二将军》,张应超,《唐都学刊》(社会科学版),1988 年第 2 期

《"逼蒋抗日"与"联蒋抗日"关系浅探》,张小满,《南都学刊》,1988 年第 4 期

《这是一条特殊的战线——我所了解的东北军地下党》,宋黎,《党史纵横》,1988 年第 5 期

《延安机场的情思——忆西安事变后架机迎送周恩来》,祝葆卿,《党史纵横》,1988 年第 7 期

《张闻天在我党解决西安事变中的历史作用》,张培森,《人民日报》,1988 年 8 月 15 日

《刘鼎和西安事变》,关天遥,《人物》,1989 年第 2 期

1989 年

《周恩来在陕西活动述评》,张应超,《唐都学刊》(哲学社会科学版),1989 年第 2 期

《关于"逼蒋抗日"方针形成问题》,李义斌,《近代史研究》,1989 年第 4 期

1990 年

《关于 1936 年国共两党秘密接触经过的几个问题》,杨奎松,《近代史研究》,1990 年第 1 期

《浅谈国共两党从严重对立走向联合抗战的历史经验》,段成斌,《张掖师专学报(综合版)》,1990 年第 1 期

《张闻天与"逼蒋抗日"方针的形成》，程中原，《学海》，1990年第2期

《国共两党为实现第二次合作的六次谈判》，郝晏华，《外交学院学报》，1990年第4期

《西安事变前第二次国共合作的几个问题》，孟宪刚，《税收纵横》，1990年第4期

《中国共产党与桂系在发动全民抗战中的合作》，张梅玲，《社会科学探索》，1990年第5期

《"雷电台"风波》，王荧，《党史纵横》，1990年第6期

《周恩来三哭张学良》，《领导科学》，1990年第10期

《张闻天与抗日民族统一战线》，程中原，《瞭望》，1990年第35期

《周恩来和张学良的两次重要会谈》，张伟，《团结报》，1990年12月12日

1991年

《西安事变前夕毛泽东致书杨虎城》，雷云峰，《人文杂志》，1991年第1期

《中共与张、杨等的统战关系对会宁会师的作用》，张国星，《河南党史研究》，1991年第1期

《驳张国焘对西安事变历史的篡改》，谷丽娟，《学术交流》，1991年第1期

《中共中央和平解决西安事变方针的制定》，张魁堂，《近代史研究》，1991年第2期

《从"九一八"到西安事变中共抗日民族统一战线策略浅析》，江于夫、徐勤惠，《浙江社会科学》，1991年第3期

《欧阳钦同志在陕西二三事》，孙作宾，《理论导刊》，1991年第7期

《西安事变与第二次国共合作》，李海文，《人民日报》，1991年12月12日

《毛泽东在"西安事变"前夕致书杨虎城将军》，罗静，《理论导刊》，1991年第12期

《张闻天与西安事变》，曹军，《理论导刊》，1991年第12期

1992 年

《西安事变前后的彭德怀和任弼时》，宋毅军，《中共党史研究》，1992 年第 3 期

《山城堡战役与西安事变的爆发》，王晋林、曲涛，《甘肃社会科学》，1992 年第 4 期

《中共在西安事变前后的军事战略防御》，宋毅军，《军事历史研究》，1992 年第 4 期

《激流勇进，团结抗日：西安事变前我党在东北军的部分统战工作》，刘培植，《人民政协报》，1992 年 9 月 18 日

《毛泽东与西安事变》，宋毅军，《瞭望》，1992 年第 39 期

《中共事前得知"西安事变"消息说质疑》，蒋文祥，《学术研究》，1992 年第 6 期

1993 年

《简论建立抗日民族统一战线的方法》，胡秀勤、张雪峰，《长沙水电师院学报》（社会科学学报），1993 年第 1 期

《西路军与西安事变——兼论西路军失败的原因》，董汉河，《人文杂志》，1993 年第 2 期

《西安事变前后的叶剑英》，于志亭、张荣华，《石油大学学报》（社会科学版），1993 年第 2 期

《李克农与张学良的四次秘密会晤》，姚永森、何英群，《江淮文史》，1993 年第 3 期

《"西安事变"前后我党对杨虎城部队的统战工作》，周俊晨，《社会科学家》，1993 年第 4 期

《周恩来在第二次国共合作中的杰出作用》，姜鹏飞，《革命春秋》，1993 年第 4 期

1994 年

《论抗日民族统一战线与西安事变的发生》，杨颖奇，《学海》，1994 年第 3 期

《浅述第二次国共合作建立的历史进程》，黄克水，《龙岩师专学报》（社

会科学版），1994 年第 1/2 期

《西安事变与中国共产党的历史发展》，王真，《教学与研究》，1994 年第 2 期

《西安事变"杀蒋""放蒋"之谜》，叶永烈，《侨园》，1994 年第 2 期

《西安事变与新疆抗日民族统一战线》，郭林，《西域研究》，1994 年第 2 期

《"九一八事变"至"七七事变"期间中国共产党对国民党蒋介石集团的策略调整》，张炳勇，《政法学习》，1994 年第 3 期

《毛泽东与西安事变》，蒋文祥，《人文杂志》，1994 年第 4 期

《西安事变前夕李克农与张学良的秘密谈判》，刘润生，《炎黄春秋》，1994 年第 6 期

《西安事变前的肤施会谈》，杨盛云，《团结报》，1994 年 9 月 21 日

《审时度势的革命家：西安事变时的张闻天》，孙堂厚、何淑梅，《党史纵横》，1994 年第 9 期

1995 年

《西安事变与第二次国共合作》，杨晓安，《疏导》，1995 年第 1 期

《试析西安事变中国共两党提出的和平主张》，苏丽，《学术研究》，1995 年第 3 期

《试论中国共产党在抗战期间促成国共再次合作的作用》，陆永山，《龙江党史》，1995 年第 3 期

《中国共产党关于和平解决西安事变方针的制定》，刘青，《贵州社会科学》，1995 年第 6 期

《从九一八到西安事变中共抗日政策演变评述》，张朝振，《形态师专学报》，1995 年第 8 期

《叶剑英在西安事变前的特殊使命》，钟实，《党员之友》，1995 年第 10 期

《古城惊雷——解方将军与"兰州事变"》，王勇，《党史纵横》，1995 年第 12 期

1996 年

《罗瑞卿：西安谈判的神勇卫士》，冰国，《中国青年报》，1996 年 5 月

29日
《"可为很好的模范"：周恩来致张学良书读后》，刘祖荫，《党史纵横》，1995年第12期
《周恩来在西安事变前后》，秦九凤、华宗宝，《党史文苑》，1996年第2期
《西安事变前后国共两党政策的转变及其中的历史思考》，刘长梅，《内蒙古工业大学学报》（社会科学版），1996年第2期
《李直峰在西安事变中破译密码电报》，刘子善，《民国春秋》，1996年第2期
《西安事变——伟大的历史转折：纪念红军长征胜利和西安事变六十周年》，刘培植，《经济消息报》，1996年10月27日
《西安事变的和平解决与抗日民族统一战线的正式形成》，泽章，《青年学研究》，1996年第4期
《着力倡导和平解决西安事变的张闻天》，孙彦钊，《炎黄春秋》，1996年第5期
《"西安事变"前中国共产党为联合抗日与张学良杨虎城两将军所建立的联合统一战线关系》，齐俊岐、刘玉川，1996年第5期
《红军东征前后中共与张学良、杨虎城的关系》，江丽，《北京党史研究》，1996年第6期
《周恩来与西安事变研究评述》，房成祥、兰虹，《周恩来研究评述学术讨论会》，1996年4月
《中国共产党在"西安事变"中力挽狂澜，团结奋斗——为党七十五周年诞辰而作》，宋振西，《灯塔颂——上海市新四军暨华中抗日根据地历史研究会庆祝中国共产党诞辰七十五周年论文专辑》，1996年6月
《周恩来遇事不顾个人安危》，党史辑，《兰台世界》，1996年第8期
《西安事变期间"三位一体"的军事协商与部署》，杨奎松，《近代史研究》，1996年第6期
《西安事变后周恩来到达西安时间小考》，张建芳，《安庆师院社会科学学报》，1996年第4期
《功不可没（日本学者高度评价张闻天对和平解决西安事变的重要贡献）》，程慎元，《党史纵横》，1996年第12期
《和平解决西安事变的丰碑：记周恩来的突出贡献》，刘祖荫，《党史纵

横》，1996 年第 12 期
《毛泽东评价张学良送蒋返宁》，王晓东，《党史博采》，1996 年第 12 期
《论中国共产党在和平解决西安事变中的作用》，房成祥、兰虹，《党的文献》，1996 年第 6 期
《西安事变与抗日战争文集》，吴镕，《江苏政协》，1996 年第 12 期
《毛泽东与西安事变的和平解决》，许冠亭，《江苏社会科学》，1997 年第 1 期
《周恩来与张学良的交往：纪念西安事变 60 周年》，常喜梅，《学习论坛》，1996 年第 12 期
《西安事变中的周恩来》，蔡方红，《国防》，1996 年第 12 期
《惊心动魄　力挽狂澜——周恩来在西安事变中》，霍宏志，《中华魂》，1996 年第 12 期

1997 年

《西安事变：红军主力秘密南下》，魏喜龙，《纵横》，1997 年第 1 期
《西安事变与抗日民族统一战线的建立》，宋广波、陶春玲，《文博》，1997 年第 1 期
《论抗日同志会对西安事变的影响》，石八民，《文博》，1997 年第 1 期
《从西安事变看毛泽东的高超统战艺术》，金玉芳，《社会主义研究》，1997 年第 1 期
《坐谈竟夜，快慰平生：西安事变前周恩来与张学良的一次秘密会晤》，范克明，《文博》，1997 年第 1 期
《周恩来与西安事变》，付小青，《理论导刊》，1997 年第 1 期
《超人的胆略　卓越的功勋——周恩来同志在西安事变中的革命实践》，朱仁长、刘增瑞，《探索与求是》，1997 年第 1 期
《西北大联合的形成与西安事变》，潘舰萍，《西南师范大学学报》（哲学社会科学版），1997 年第 2 期
《张闻天与西安事变中的"二二事件"》，何步兰，《兰州大学学报》（社会科学版），1997 年第 2 期
《"审蒋"无法和平解决西安事变》，张伟，《抗日战争研究》，1997 年第 2 期
《西安事变时中共派往西安的是"代表"还是"代表团"》，韩泰华，《中

共党史研究》，1997 年第 3 期

《西安事变期间我党秘密领导的〈解放日报〉》，周晓红，《兰台世界》，1997 年第 4 期

《张闻天与西安事变》，郭旭东，《历史教学》，1997 年第 4 期

《周恩来三哭张学良》，《党史博采》，1997 年第 6 期

《为了挽救民族危亡：我党在和平解决西安事变中的作用》，夏素清，《党史纵横》，1997 年第 7 期

《叶剑英与西安事变》，蒋文祥，《南通学刊》，1997 年第 3 期

《周恩来三评两哭张学良》，鱼恩平，《中国企业政工信息报》，1997 年 10 月 22 日

《一次鲜为人知的谈判：林彪代表毛泽东会见蒋介石》，王勇，《党史纵横》，1997 年第 12 期

1998 年

《李克农在西安事变前后》，朱喜来，《党史文苑》，1998 年第 1 期

《西安事变前后在各方之间进行联络的关键人物潘汉年》，王秦，《清华大学学报》（哲学社会科学版），1998 年第 1 期

《论周恩来在西安事变中的历史作用》，张世贵、宋树岐，《石油大学学报》（社会科学版），1998 年第 1 期

《论西安事变期间中共对张、杨的支持与保护政策》，阎书钦、申玉山，《东方论坛》，1998 年第 1 期

《周恩来与西安事变》，潘利红，《学术研究》，1998 年第 2 期

《周恩来对和平解决西安事变的历史贡献》，李志敏，《民政论坛》，1998 年第 2 期

《是支持与保护，还是出卖与抛弃：驳关于西安事变的某些错误观点》，阎书钦、申玉山，《甘肃社会科学》，1998 年第 2 期

《秘密行动——解方与"兰州事变"》，梁占芳、于长治，《党史纵横》，1998 年第 2 期

《周恩来的公关艺术是"西安事变"和平解决的重要因素》，蔡建淮，《唯实》，1998 年第 2 期

《西安事变后，"联蒋抗日"的由来》，陈立旭，《党史文苑》，1998 年第 4 期

《周恩来与西安事变捉蒋三勇士》，任家绪，《党史文苑》，1998 年第 5 期
《周恩来与幽禁中的张学良》，毕万闻，《中共党史研究》，1998 年第 5 期
《试论中共在西安事变中的决策调整》，叶扬兵，《学海》，1998 年第 6 期
《解方将军与"兰州事变"》，于长治、梁占芳，《党史博采》，1998 年第 7 期
《潘汉年与西安事变的和平解决》，王秦，《人民日报》，1998 年 9 月 1 日
《西安事变：红军秘密出兵——纪念彭德怀元帅诞辰一百周年》，宋毅军，《山西老年》，1998 年第 12 期
《一片丹心昭世人：南汉宸与杨虎城的友谊》，王新元，《党史纵横》，1998 年第 12 期
《周恩来和和平解决西安事变方针的确立》，陈家斌，《福建党史月刊》，1998 年增刊

1999 年
《西安事变与陕北根据地的巩固和发展》，王文涛，《渭南师专学报》（社会科学版），1999 年第 1 期
《西安事变前夕的潘汉年》，俞风流、张文生，《贵州文史天地》，1999 年第 2 期
《周恩来在"西安事变"期间的两次遇险》，唐正兴，《团结报》，1999 年 2 月 9 日
《汪杨西安谈判的几点考辩——西安事变纵横考之三》，刘东社，《陕西教育学院学报》，1999 年第 4 期
《试论中国共产党在西安事变中的统战策略》，张小荣、李峰，《常熟高专学报》，1999 年第 5 期
《李克农与张学良的三次会谈》，欧阳吉平、石旭光，《团结报》，1999 年第 5 期
《彭德怀在西安事变前后》，蒋文祥，《党史文汇》，1999 年第 11 期
《西安事变期间的李克农与张学良：李克农与张学良的三次会谈》，欧阳吉平、石旭光，《党史纵横》，1999 年第 12 期

2000 年
《西安事变中的罗瑞卿》，王宝成，《纵横》，2000 年第 1 期

《力挽狂澜显奇功——从西安事变看中国共产党的统战策略》，张小荣、陈选康，《西北工业大学学报》（社会科学版），2000年第1期

《西安事变与党的思想政治工作》，王凤英，《党史研究与教学》，2000年第2期

《周恩来对中共确立和平解决西安事变方针的贡献》，袁本文，《北方工业大学学报》，2000年第2期

《西安事变与党的思想政治工作》，王凤英，《党史研究与教学》，2000年第2期

《西安事变前后的刘鼎》，倪良端，《党史文苑》，2000年第3期

《西安事变前后的黎天才》，罗健，《抗日战争研究》，2000年第3期

《刘鼎在西安事变前后》，倪良端，《红岩春秋》，2000年第6期

《西安事变后国共两党围绕南方游击队和西路军问题的激烈冲突》，王玉峰，《哈尔滨师专学报》，2000年第6期

《张闻天与西安事变的和平解决》，高凌云、褚明伟，《党史天地》，2000年第8期

《张闻天与西安事变的解决》，唐彦华，《文史精华》，2000年第9期

《论西安事变前后我党提出的拥蒋抗日策略》，姜秋华，《理论学习》，2000年第11期

2001年

《西安事变前后的毛泽东》，黄正林、白学峰，《固原师专学报》（社会科学版），2001年第1期

《论中国共产党在西安事变中的作用》，侯新养，《长安大学学报》，2001年第1期

《长征的胜利与西安事变》，王凤英，《孝感学院学报（哲社版）》，2001年第1期

《从客人到主谋——周恩来参与和平解决西安事变》，郭溪土，《漳州职业大学学报》，2001年第2期

《中国共产党在西安事变中的独立自主立场》，李东明，《南京人口管理干部学院学报》，2001年第3期

《中共与西安事变后的东北军》，翟志，《北方论丛》，2001年第3期

《西安事变中的人民大众》，罗玉明，《怀化师专学报》，2001年第3期

《西安事变后国共谈判实录》，许可，《统一战线》，2001年第4期

《从国共两党关系的转变看西安事变》，申东允，《社会科学战线》，2001年第5期

《红军"回师西渡，逼蒋抗日"决策出台前后：周恩来与张学良的一次密谈》，石维行，《中华新闻报》，2001年第6期

《"西安事变"中的秘密功臣高福源》，刘邦琨，《世纪行》，2001年第6期

《"西安事变"时张学良身边的中共"秘书"》，倪良端，《文史春秋》，2001年第6期

《论西安事变时期我党的统战工作及其现实启示》，张天社，《陕西省社会科学理论界纪念中国共产党成立八十周年暨"三个代表"重要思想理论研讨会论文集》，2001年6月

《一个对解决西安事变"有功"的人》，倪良端，《党史文汇》，2001年第10期

《回忆周恩来和平解决西安事变》，龙飞虎，《文史精华》，2001年第12期

《张学良南京受审详情》，莫迎，《党史博采》，2001年第12期

2002年

《"西安事变"后对张学良的军法审判》，吴雪晴，《党史纵横》，2002年第1期

《试析张学良与杨虎城的关系》，郭溪土，《漳州职业大学学报》，2002年第1期

《周恩来在西安事变的前前后后》，钟晓东，《党史博采》，2002年第1期

《从分歧到一致：中共高层领导解决西安事变意见透视》，刘艳华，《内蒙古民族大学学报》（社会科学版），2002年第1期

《历史功罪向谁论——〈西京兵变与前共产党人〉读后》，陈铁健，《抗日战争研究》，2002年第1期

《再论中共和平解决西安事变方针的确立》，徐旭阳、高志平，《湖北师范学院学报》（哲学社会科学版），2002年第1期

《张学良会晤毛泽东问题的初步考察——西安事变纵横考之五》，刘东社，《陕西教育学院学报》，2002年第1期

《潘汉年与西安事变的和平解决》，王秦，《粮油市场报》，2002年3月14日

《张学良送蒋回宁刍议》，王贺顺，《华北水利水电学院》（社会科学版），2002年第3期

《西安事变的幕后英雄》，《报刊荟萃》，2002年第3期

《中共统战工作对西安事变的促动作用》，刘国平，《益阳师专学报》，2002年第5期

《周恩来与张学良的交谊（上）》，夏野枫，《团结报》，2002年7月27日

《周恩来与张学良的交谊（下）》，夏野枫，《团结报》，2002年7月29日

《〈我听叶剑英谈西安事变中的张学良〉辨误》，陈铁健，《北京日报》，2002年8月26日

《听之而已，信则未必：〈听叶剑英谈西安事变中的张学良〉读后》，陈铁健，《百年潮》，2002年第8期

《邓小平与张学良的神交》，窦应泰，《党史文汇》，2002年第8期

《解读张学良与周恩来的往来密信》，毕万闻，《纵横》，2002年第8期

《周恩来与张学良初次会谈》，孙韶林，《党史文汇》，2002年第11期

《拯民族危亡　为和平使者——刘鼎在西安事变前后》，倪良端，《党史纵横》，2002年第12期

《英明的抉择——党中央确定和平解决西安事变方针的经过》，王浩雷，《中华魂》，2002年第12期

《彭德怀与西安事变》，吴跃农，《世纪风采》，2002年第9期

《周恩来与张学良的初次会谈》，孙韶林，《党史文汇》，2002年第11期

《周恩来与张学良的世纪情》，裴默农，《广东党史》，2002年第6期

《从分歧到一致——中共高层领导解决西安事变意见透视》，刘艳华，《内蒙古民族大学学报》（社会科学版），2002年第1期

《中共统战工作对西安事变的促动作用》，刘国平，《益阳师专学报》，2002年第5期

《周恩来建立抗日民族统一战线的战略思想》，孙韶林，《中共云南省委党校学报》，2002年第4期

《周恩来在西安事变的前前后后》，钟晓东，《党史博采》，2002年第1期

2003 年

《论中国共产党在西安事变中的公关策略》，李艾丽，《经济与社会发展》，2003 年第 10 期

《刘鼎与张学良在西安事变前后》，倪良端，《四川统一战线》，2003 年第 1 期

《彭德怀与"西安事变"前奏》，吴跃农，《党史纵横》，2003 年第 2 期

2004 年

《任弼时在西安事变前后的历史作用》，刘杰，《军事史研究》，2004 年第 1 期

《红色使者——西安事变前后的刘鼎》李亮，《人物春秋》，2004 年第 8 期

《周恩来给张学良的十六字密信》，范丽红，《炎黄春秋》，2004 年第 8 期

《西安事变中的红七十四师》，卢振国，《党史博览》，2004 年第 9 期

《"兰州事变"中的解方将军》，张放，《党史文苑》，2004 年第 5 期

《周恩来、张学良交往密札读解》，朱安平，《百年潮》，2004 年第 5 期

《周恩来与张学良的爱国情缘》，曾昭铎，《福建党史月刊》，2004 年第 3 期

《潘汉年与第二次国共谈判》，何立波，《党史博览》，2004 年第 5 期

《赤都瓦窑堡失陷史事钩沉——西安事变纵横考之六》，刘东社，《陕西教育学院学报》，2004 年第 2 期

《刘鼎在西安事变前后》，倪良端，《党史月刊》，2004 年第 1 期

《中共西北特别支部与西安事变关系考》，张天社，《唐都学刊》，2004 年第 5 期

《党内民主与"西安事变"的和平解决》，刘艳华，《枣庄师范专科学校学报》，2004 年第 6 期

《任弼时和彭德怀对和平解决西安事变功不可没》，薛军，《中华魂》，2004 年第 4 期

《"西安事变"与红军三大主力南下关中》，邵予奋，《共产党人》，2004 年第 6 期

2005 年

《刘鼎与西安事变》，高中华、王双印，《河南广播电视大学学报》，2005年第 3 期

《叶剑英在"西安事变"中的统战工作》，卜鼎焕，《吉林省社会主义学院学报》，2005 年第 3 期

《张闻天在西安事变中》，廖述江，《党史文苑》，2005 年第 3 期

2006 年

《周恩来与西安事变的和平解决》，童广俊，《邢台学院学报》，2006 年第 2 期

《"西安事变"与续范亭将军——纪念"西安事变"爆发七十周年》，邢同科、阎丽生，《先锋队》，2006 年第 21 期

《西安事变前刘鼎给中央的四封密信》，窦应泰，《党史博览》，2006 年第 12 期

《西安事变与中共应对突发事件能力论析》，郑德荣、王占仁，《高校理论战线》，2006 年第 12 期

《论中共是西安事变爆发的必要条件——纪念西安事变爆发 70 周年》，李海英，《聊城大学学报》（社会科学版），2006 年第 6 期

《西安事变与中国共产党》，于涛、张敏，《世纪桥》，2006 年第 12 期

《中国共产党和平解决西安事变的决策——兼论党的抗日民族统一战线的形成问题》，李立科，《中共郑州市委党校学报》，2006 年第 6 期

2007 年

《中共和平解决西安事变方针的制定》，李义彬，《中共党史研究》，2007年第 1 期

《西安事变与中国共产党》，于涛、张敏，《兰台世界》，2007 年第 3 期

《论中共在和平解决西安事变中的作用》，朱彗敏，《黑龙江科技信息》，2007 年第 1 期

《再论西安事变的发生与中共的关系》，张天社，《史学月刊》，2007 年第 2 期

《从遵义会议、西安事变、皖南事变到延安整风——从历史事件中透视党

的思想建设历程》，古艳霞，《赤峰学院学报》（汉文哲学社会科学版），2007年第2期

《舆论导向与中共和平解决西安事变的决策》，陆卫明、刘敏，《党史纵横》，2007年第6期

《从"罢蒋"、"审蒋"、"诛蒋"到"放蒋"——再谈西安事变中我党处置蒋介石方针的演变》，李良志，《百年潮》，2007年第7期

《国内外舆论对中共和平解决西安事变决策的影响》，成秀娟，《兰台世界》，2007年第13期

《红军长征的胜利及西安事变的和平解决对福建革命斗争的影响》，陆义辉，《福建党史月刊》，2007年第8期

《和平解决西安事变：中共处理重大突发性政治事件的成功典范》，李银涛，《周口师范学院学报》，2007年第4期

《西安事变前后中共对蒋政策之嬗变》，王萌硕、李建忠，《广西民族大学学报》（哲学社会科学版），2007年第4期

《舆论导向与中国共产党和平解决西安事变的决策》，刘敏；陆卫明，《西北工业大学学报》（社会科学版），2007年第3期

《中国共产党处理福建事变与西安事变的比较研究》，毛胜，《党史研究与教学》，2007年第6期

《申伯纯与西安事变的情结》，申晓亭，《炎黄春秋》，2007年第1期

2008年

《叶剑英在西安事变后到达西安的时间考析》，张旺清，《党史文苑》，2008年第8期

《叶剑英与西安事变的一桩历史疑案》，苗体君，《晋阳学刊》，2008年第3期

《毛泽东与西安事变》，周鹏，《文史春秋》，2008年第7期

《周恩来在西安事变中应对突发性事件的能力与技巧及其现实意义》，潘利红，《广东党史》，2008年第4期

《西安事变中的彭德怀》，刘杰、冯婧，《军事历史》，2008年第5期

《西安事变前后中国共产党争取东北军的策略研究》，吴克辉，《社科纵横》，2008年第12期

《一份70年前毛泽东著〈中日问题与西安事变〉的最早版本》，刘钢、刘

军、缪平均,《陕西档案》,2008 年第 6 期

2009 年
《周恩来与张学良的一次绝密会谈》,柯云、丽阳,《党史纵横》,2009 年第 4 期
《张闻天与西安事变的和平解决》,湛风涛、陈金璇,《福建党史月刊》,2009 年第 8 期
《从西安事变和平解决看民主革命时期中国共产党的危机应对模式》,殷丽萍、唐明勇,《广东教育学院学报》,2009 年第 2 期
《西安事变期间周恩来蒋介石会面问题新证》,张天社,《抗日战争研究》,2009 年第 3 期

2010 年
《中国共产党与西安事变的和平解决》,李娜娜,《山西广播电视大学学报》,2010 年第 2 期
《王以哲与西安事变》,毕于建、高中华,《兰台世界》,2010 年第 5 期
《西安事变中的孔从洲将军》,缪平均,《党史纵横》,2010 年第 3 期
《试析张闻天在西安事变和平解决中的贡献》,李宗海,《大庆师范学院学报》,2010 年第 2 期
《再论中国共产党对西安事变的决策》,占善钦,《史学月刊》,2010 年第 8 期
《西安事变和平解决：中共对当时社会心理的准确把握》,樊美玲、蒲晓业,《哈尔滨市委党校学报》,2010 年第 5 期
《从张学良口述看"九一八"事变与西安事变时的张学良》李蓉,《东北史地》,2010 年第 6 期
《"西安事变"前后中国共产党思想政治工作研究》,刘保根,海南大学硕士学位论文,2010 年

2011 年
《周恩来：化危机为良机,推动西安事变和平解决》,王相坤,《福建党史月刊》,2011 年第 5 期
《中共代表周恩来在西安事变和平解决中的贡献》,管程程,《改革与开

放》，2011 年第 10 期
《绝密：李克农与西安事变》，左玉河，《同舟共进》，2011 年第 8 期
《周恩来对和平解决"西安事变"的贡献》，王恩收，《文史月刊》，2011
　　年第 7 期
《西安事变后周恩来迟至西安原因考》，孙果达、王伟，《史林》，2011 年
　　第 4 期
《中共处理西安事变决策的变化及原因》，林扬东，《人民论坛》，2011 年
　　第 34 期
《中共处理西安事变决策的变化》，占善钦，《共产党员》，2011 年第 7 期
《西安事变中的毛泽东》，孟庆春，《党员干部之友》，2011 年第 12 期
《从审蒋到释蒋：中共处理西安事变的决策转变》，占善钦，《光明日报》，
　　2011 年 11 月 16 日

2012 年
《张闻天毛泽东在西安事变前后的对蒋方针》，张家康，《红广角》，2012
　　年第 2 期
《毛泽东应对西安事变的基本方针和策略艺术》，刘丽娟、余小勇，《西安
　　文理学院学报》（社会科学版），2012 年第 2 期
《王炳南：西安事变扣蒋的幕后推手》，叶介甫，《福建党史月刊》，2012
　　年第 5 期
《西安事变的幕后英雄——高福源将军》，张鸿欣，《党史纵横》，2012 年
　　第 6 期
《西安事变期间中共中央 13 日会议新考》，陆旸、孙果达，《党的文献》，
　　2012 年第 6 期
《中共与西安事变关系研究的难点热点问题》，占善钦，《史学史研究》，
　　2012 年第 4 期
《试论周恩来统一战线思想在西安事变初期阶段中的实践》，张牧云，《福
　　建党史月刊》，2012 年第 23 期

2013 年
《西安事变前后叶剑英扑朔迷离的行踪》，孙果达，《党史纵横》，2013 年
　　第 11 期

《西安事变前叶剑英回保安汇报"苦迭挞"时间考》，孙果达、张蕾蕾，《抗日战争研究》，2013年第2期

《周恩来在西安事变的前前后后》，王琴，《河南科技》，2013年第1期

《论西安事变对陕甘宁边区特区地位确立的作用》，熊杰，《长白学刊》，2013年第4期

《中共应对西安事变决策变化始末》，占善钦，《党史纵横》，2013年第5期

《烘托耀眼巨星的卫星——潘汉年在西安事变前后》，王凡，《党史博采（纪实）》，2013年第8期

《中共与西安事变关系研究的四大焦点》，占善钦，《党史纵横》，2013年第8期

《红中社对西安事变的宣传》，王美芝，《党史文苑》，2013年第21期

《毛泽东与西安事变》，何立波，《党史纵览》，2013年第11期

《论西安事变期间中国共产党政策的变化》，张续馨，《青春岁月》，2013年第24期

《论周恩来在西安事变和平解决中的贡献》，王易木，《青春岁月》，2013年第21期

《西安事变前后蒋介石的形象及其塑造》，曹桂红，浙江大学硕士学位论文，2013年

2014年

《西安事变周恩来与张学良的合影考》，孙果达，《上海党史与党建》，2014年第12期

《赵寿山和"西安事变"》，崔一鸣、乔石，《山东档案》，2014年第5期

《西安事变中被诱杀的中共密使》，史鉴，《文史春秋》，2014年第1期

《西安事变中的西安〈解放日报〉研究》，赵娜，陕西师范大学硕士学位论文，2014年

《周恩来在提出和贯彻西安事变和平解决方针过程中的重要作用》，樊安群，《陕西理工学院学报》（社会科学版），2015年第4期

2015年

《试析九一八事变到西安事变期间中国共产党对东北军的统战工作》，张

桂中，《中共郑州市委党校学报》，2015年第6期
《西安事变当天周恩来的行踪考》，孙果达，《上海党史与党建》，2015年第1期
《中共中央在西安事变中从"除蒋"到"释蒋"原因考》，孙果达、陆旸，《上海党史与党建》，2015年第3期
《中共应对西安事变的13个日日夜夜》，孙国林，《党史文汇》，2015年第3期
《西安事变前后博古行踪考》，孙果达，《上海党史与党建》，2015年第4期
《西安事变关键三天中的周恩来》，孙果达，《党史纵横》，2015年第5期
《民族利益为重：中国共产党与西安事变的和平解决》，齐小林，《保定学院学报》，2015年第4期
《博古在西安事变中发挥的作用》，孙果达、王伟，《党史纵横》，2015年第8期
《中共在西安事变和平解决中的作用研究》，李沛霖，辽宁大学硕士学位论文，2015年
《中国共产党在和平解决西安事变推动形成抗日民族统一战线中的重要贡献》，林道琦，《西安日报》，2015年7月7日

2016年
《西安事变时的周恩来》，尹广泰，《党史博采（纪实）》，2016年第4期
《张闻天与西安事变的和平解决》，覃采萍，《河北学刊》，2016年第3期

南京国民政府及中国国民党研究

1984 年

《西安事变后蒋介石对陕方针》，蒋晓涛，《江海学刊》，1984 年第 4 期

1985 年

《从有关冯玉祥档案中看国民党政府对西安事变的对策》，陈兴唐、韩文昌、潘缉贤，《历史档案》，1985 年第 2 期

1986 年

《西安事变时期国民党驻洛阳办事处密电》，中国社会科学院近代史所图书资料室，《历史档案》，1986 年第 2 期

《复兴社在"西安事变"时的活动史料》，重庆市档案馆，《历史档案》，1986 年

《有关西安事变后"陕甘善后问题"政治解决经过的函电》，万庆秋、陈宝珠，《民国档案》，1986 年第 4 期

《地方实力派与西安事变》，华飙、周维强、张政明、汤丽霞，《东北师大学报》，1986 年第 6 期

《"两广事变"与"西安事变"》，马伟鹗，《广西民族学院学报》（哲学社会科学版），1986 年第 2 期

《西安事变前后蒋介石由剿共内战到联共抗日的政策转变》，宋玮明，《湖南师范大学社会科学学报》，1986 年第 6 期

《阎锡山与西安事变——纪念西安事变五十周年》，《山西大学学报》（哲学社会科学版），1986 年第 4 期

《宋氏兄妹与和平解决西安事变》，李传信，《江汉大学学报》（社会科学版），1986 年第 4 期

1987 年

《宋美龄在西安事变中》，佩璇、李永，《徐州教育学院学报》（哲学社会科学版），1987 年第 1 期

《宋美龄在"西安事变"和平解决中的作用》，《党史资料与研究》，1987 年第 1 期

《"兵谏"枪声憾金陵（西安事变中南京政府和战之争内幕)》（一、二、三），张魁堂，《文史杂志》，1987 年第 1、2、3 期

《论西安事变中新桂系的态度及其影响》，卢家翔、李鸣，《桂海论丛》，1987 年第 3 期

《李宗仁逼蒋抗日的历史作用应予充分肯定》，张梅玲，《探索》，1987 年第 4 期

《试谈国民党内部矛盾斗争和发展与西安事变的关系》，姬天舒，《理论学刊》，1987 年第 5 期

《国民党在和平解决西安事变问题上的态度》，李良志，《史学月刊》，1987 年第 6 期

1988 年

《蒋介石与西安事变关系初探》，关志钢，《西安建筑科技大学学报》（自然科学版），1988 年 S1 期

《孔祥熙在西安事变期间的活动》，陈鸣钟，《民国春秋》，1988 年第 2 期

《西安事变中的冯玉祥》，陈汉孝，《近代史研究》，1988 年第 2 期

《论西安事变中的何应钦》，熊宗仁，《贵州社会科学》（文学历史哲学版），1988 年第 6 期

《试论"九一八"至西安事变期间地方实力派政治态度的变化》，华飚、汤丽霞，《吉林社会科学》，1988 年第 5—6 期

《论西安事变中蒋介石转变的主观因素》，王青山，《社会科学家》，1988 年第 6 期

《也谈蒋介石被迫接受抗日主张》，綦长青，《牡丹江师院学报》（哲学社会科学版），1988 年第 4 期

1989 年

《冯玉祥与西安事变的和平解决》，苗建寅、奚义生，《陕西师大学报》

（哲学社会科学版），1989 年第 2 期

1990 年

《南京政府在西安事变问题上未形成根本对立的两派》，侣洁志，《山东医科大学学报》（社会科学版），1990 年第 8 期

1991 年

《孔祥熙所藏西安事变期间未刊电报（六）》，杨天石，《团结报》，1991 年 2 月 13 日

《蒋百里与西安事变的和平解决》，张学继，《团结报》，1991 年 2 月 13 日

《西安事变中的冯玉祥》，张学继，《团结报》，1991 年 4 月 13 日

《西安事变的真因及后果》，何家骅，收入中华民国建国八十年学术讨论集编辑委员会编《中华民国建国八十年学术讨论集》（第一册），近代中国出版社（台北），1991 年。

1992 年

《蒋介石与西安事变的和平解决》，关志钢，《深圳大学学报》（人文社会科学版），1992 年第 2 期

《西安事变中的洛阳》，王军，《史学月刊》，1992 年第 4 期

《张学良幽禁在湘轶闻》，刘建平，《湖南党史月刊》，1992 年第 5 期

1993 年

《西安事变前国民政府对日备战工作述评》，许今强，《青海师范大学学报》（哲学社会科学版），1993 年第 2 期

《论西安事变中国民党内的主战派与主和派》，罗玉明，《怀化师专学报》，1993 年第 2 期

《李济深对和平解决西安事变的贡献》，彭建新，《人文杂志》，1993 年第 4 期

《也论西安事变中的"讨伐派"》，陈希亮，《史学月刊》，1993 年第 4 期

《西安事变中何应钦主战动机之辨析——对"取蒋而代之"论的质疑》，熊宗仁，《军事历史》，1993 年第 4 期

《西安事变发生后的宋美龄》，严如平，《民国春秋》，1993 年第 6 期

1994 年

《试论阎锡山在西安事变中的作用》，王静，《北京党史研究》，1994 年第 1 期

《西安事变一页隐蔽的历史》，叶永烈，《档案与史学》，1994 年第 1 期

《孔祥熙与西安事变的和平解决》，罗玉明，《怀化师专学报》，1994 年第 2 期

《何应钦与西安事变》，李仲明，《历史教学》，1994 年第 2 期

《一场搅乱历史真相的争吵——西安事变中的宋美龄与何应钦》，熊宗仁，《文史天地》，1994 年第 2 期

《阎锡山与西安事变》，王静，《晋阳学刊》，1994 年第 2 期

《〈蒋介石在西安事变中〉评介》，杜世伟，《北京社会科学》，1994 年第 3 期

1995 年

《西安事变中的南京国民政府》，宋波，《北京动力经济学院学报》（社会科学版），1995 年第 1 期

《新桂系的抗日态度与西安事变》，张壮强，《广西民族学院学报》（哲学社会科学版），1995 年第 2 期

《"西安事变"与蒋孝先之死》，朱成早，《北京党史研究》，1995 年第 4 期

《西安事变发生后的李宗仁和白崇禧》，郝旭，《民国春秋》，1995 年第 1 期

《西安事变发生后的何应钦》，熊宗仁，《民国春秋》，1995 年第 2 期

《西安事变中黄埔系的内部分歧》，经盛鸿，《史学月刊》，1995 年第 6 期

《阎锡山在西安事变前后的表演》，袁亦梦，《文史精华》，1995 年第 6 期

《试析西安事变前后蒋介石对中共态度转变的重要原因》，侣洁志，《山东医科大学学报》（社会科学版），1995 年第 4 期

《评抗战时期的地方实力派》，林素兰，《杭州大学学报》（哲学社会科学版），1995 年第 4 期

1996 年

《析西安事变中何应钦的主战意图》，陶爱萍，《安徽史学》，1996 年第

1 期

《西安事变前后国共谈判史实订误：评陈立夫〈成败之鉴〉兼评他对苏荞基君的评价》，杨天石，《近代史研究》，1996 年第 3 期

《孔祥熙与西安事变》，刘政文，《沧桑》，1996 年第 4 期

《孔祥熙与西安事变的和平解决》，蒋顺兴，《民国春秋》，1996 年第 5 期

《蒋介石与西安事变》，蒋文祥，《人文杂志》，1996 年第 5 期

《宋氏兄妹与西安事变》，李昕，《人文杂志》，1996 年第 6 期

《宋美龄在和平解决西安事变中的地位和作用》，王文鸾，《史学月刊》，1996 年第 6 期

《陈诚对西安事变的态度》，孙宅巍，《民国春秋》，1996 年第 5 期

《浅析"西安事变"后出现的"拥蒋"浪潮》，王英，《山东医科大学学报》（社会科学版），1996 年第 4 期

《西安事变中南京国民政府内的主战派和主和派》，宋波，《北京档案史料》，1996 年第 6 期

《西安事变后的宁、青、新地方实力派》，赵晓燕，《青海师范大学学报》（哲学社会科学版），1996 年第 4 期

《西安事变前夕的两封绝密电报》，代小林，《四川统一战线》，1996 年第 12 期

《论南京国民政府解决西安事变的策略和作用》，张鸣、衣丽丽，《南京理工大学学报》（社会科学版），1996 年 Z1 期

1997 年

《救蒋还是害蒋？何应钦在西安事变中》，李仲明，《文史精华》，1997 年第 2 期

《黄埔系与西安事变的和平解决》，李云峰、田建军，《文博》，1997 年第 1 期

《孔祥熙和西安事变》，岳宗福，《许昌师专学报》（社会科学版），1997 年第 1 期

《蒋介石扣押张学良原因探析》，林元、刘全娥、于东红，《文博》，1997 年第 1 期

《论绥远抗战与西安事变》，张永华，《内蒙古大学学报》（人文社会科学版），1997 年第 1 期

《阎锡山与西安事变》，赵永强，《山西档案》，1997 年第 1 期
《刘忠干与"兰州事变"》，刘秉信，《纵横》，1997 年第 2 期
《宋美龄与西安事变》，蒋文祥，《江海学刊》，1997 年第 3 期
《西安事变中马占山将军》，王宝成，《文史精华》，1997 年第 3 期
《"杀蒋"，还是"救蒋"？——西安事变过程中的一个史实探微》，高海东，《中共山西省党委学报》，1997 年第 3 期
《冯玉祥与西安事变》，梁星亮，《文史精华》，1997 年第 4 期
《论国民党诸多派系在西安事变和平解决中的积极影响》，张俊英、高航，《平顶山师专学院》，1997 年第 4 期
《"西安事变"中何应钦"讨伐政策之我见"》，翟全祯，《潍坊教育学院学报》，1997 年第 4 期
《西安事变中波及的蒋氏下僚》，思年，《海内与海外》，1997 年 Z1 期

1998 年

《西安事变时的冯玉祥》，李信，《民国春秋》，1998 年第 1 期
《国民党情报工作的失误是西安事变发生的重要原因之一》，徐林祥，《安徽大学学报》，1998 年第 1 期
《力行社与西安事变》，徐有威，《历史研究》，1998 年 1 月
《试论阎锡山与西安事变》，王志中，《兰州学刊》，1998 年第 1 期
《浅谈张学良送蒋回宁的原因》，徐兰，《盐城师专学报》（哲学社会科学版），1998 年第 1 期
《西安事变中国民党主和派的和平救蒋活动》，刘灿华，《史学月刊》，1998 年第 3 期
《西安事变中的何应钦》，罗玉明、张旺清，《人文杂志》，1998 年第 4 期
《论国民党主和各派与西安事变的和平解决》，张俊英，《许昌师专学报》（社会科学版），1998 年第 3 期
《西安事变中南京政府的战和之争》，熊宗仁，《文史精华》，1998 年第 9 期
《蒋介石"张、杨读蒋日记悔过"说辩伪》，毕万闻，《世纪评论》，1998 年 Z1 期

1999 年

《何应钦出兵西安的动因管见》，陈九如，《历史教学问题》，1999 年第 1 期

《西安事变释蒋内幕新探：西安事变纵横考之一》，刘东社，《陕西教育学院学报》，1999 年第 1 期

《西安事变陈诚被捉记》，欧阳吉平，《团结报》，1999 年 8 月 2 日

《西安事变扣蒋战斗发动时间考》，罗玉明，《怀化师专学报》（社会科学版），1999 年第 4 期

《蒋介石与地方实力派》，曹学恩，《陕西师范大学成人教育学院学报》，1999 年第 3 期

2000 年

《明智的选择　觉悟的表示——论蒋介石在西安事变中的配合作用》，丁胜利，《甘肃教育学院学报》（社会科学版），2000 年第 1 期

《宋庆龄在西安事变中》，傅绍昌，《民国春秋》，2000 年第 3 期

《宋美龄与西安事变的和平解决》，夏红兵，《芜湖师专学报》，2000 年第 3 期

《西安事变前夕，蒋介石发出的一件密嘱》，阎愈新，《光明日报》，2000 年 12 月 9 日

《"西安事变"与续范亭：纪念"西安事变"六十四周年》，邢同科，《中国教育报》，2000 年 12 月 12 日

《西安事变后国共两党围绕南方游击队和西路军问题的激烈冲突》，王玉峰，《哈尔滨师专学报》，2000 年第 6 期

2001 年

《阎锡山与西安事变》，侯虎虎、张岚，《咸阳师范专科学校学报》，2001 年第 1 期

《黄埔系将领与西安事变的和平解决》，罗玉明、温波、张志永，《江西社会科学》，2001 年第 7 期

《蒋介石的密嘱与西安事变》，阎愈新，《百年潮》，2001 年第 11 期

2002 年

《张治中三访被幽禁的张学良》，金建明，《党史纵览》，2002 年第 4 期

《蒋介石被囚西安新城大楼》，金海，《钟山风雨》，2002 年第 4 期

《临潼扣捉蒋介石内幕》，刘朝，《湖南档案》，2002 年第 5 期

2003 年

《亲英美派与西安事变的和平解决》，刘家福，《广东社会科学》，2003 年第 3 期

《冯玉祥与西安事变》，李自典，《贵州社会科学》，2003 第 4 期

《西安事变期间蒋介石政策转变的心理探因》，徐旭阳，《安徽史学》，2003 年第 3 期

《西安事变前后汪精卫的政治思想》，谢晓鹏，《郑州大学学报》（哲学社会科学版），2003 年第 1 期

《西安事变期间蒋介石政策转变的心理探因》，徐旭阳，《安徽史学》，2003 年第 3 期

《蒋介石的不抵抗与张学良的不抵抗》，范德伟、庄兴成，《史学月刊》，2003 年第 9 期

《冯玉祥与西安事变》，李自典，《贵州社会科学》，2003 年第 4 期

《亲英美派与西安事变的和平解决》，刘家富，《广西社会科学》，2003 年第 3 期

2004 年

《宋美龄与西安事变的和平解决》，刘家福、孟翠萍，《阜阳师范学院学报》（社会科学版），2004 第 3 期

《周恩来、张学良交往密札读解》，朱安平，《百年潮》，2004 年第 5 期

《宋子文〈西安事变日记〉秘辛：宋子文档案解读之一》，张俊义，《百年潮》，2004 年第 7 期

《西安事变前后的宋子文与张学良：宋子文档案解读之二》，张俊义，《百年潮》，2004 年第 8 期

《阎锡山与西安事变》，祝彦，《党史文苑》，2004 年第 5 期

《论南京国民政府在西安事变中的对策》，叶扬兵，《江海学刊》，2004 年

第 2 期
《宋美龄与张学良》，王琴，《文史天地》，2004 年第 3 期

2005 年
《宋子文西安事变日记揭秘》，司久岳，《档案时空》（史料版），2005 年第 1 期
《"西安事变"中的顾祝同》，封小平，《浙江档案》，2005 年第 2 期
《从国民党"五全"大会到西安事变前国共的秘密接触》，张赛群，《延安大学学报》（社会科学版），2005 年第 2 期
《阎锡山与西安事变》，祝彦，《文史天地》，2005 年第 5 期
《两广事变对西安事变及抗日民族统一战线的影响》，周振飞，《党史文苑》，2005 年第 8 期

2006 年
《西安事变"主战派"与"主和派"互动情形探析》，于夕红，《长白学刊》，2006 年 02 期
《国民政府军事委员会委员长西安行营全宗有关"西安事变"部分文电介绍与浅析》，王建明、刘玉川、刘卫星，《陕西档案》，2006 年第 5 期
《西安事变后的南京讨伐派——以戴季陶、何应钦为中心的再探讨》，左双文，《近代史研究》，2006 年第 6 期
《"西安事变"中的蒋百里》，金宝山，《文史春秋》，2006 年第 6 期
《西安事变中的龙云》，郝银侠，《渭南师范学院学报》，2006 年第 4 期
《东北军工作委员会与西安事变》，张万杰，《西北民族大学学报》（哲学社会科学版），2006 年第 4 期
《刘湘和西安事变》，胡红娟，《文史杂志》，2006 年第 6 期

2007 年
《通过西安事变重新认识台海两岸统一的意义——访郭冠英先生谈西安事变与国家统一》，张天社，《西安文理学院学报》（社会科学版），2007 年第 1 期
《西安事变与黄永安》，邵桂花，《沈阳干部学刊》，2007 年第 2 期
《西安事变和国民党内外政策的变化》，胡俊峰，《湖北广播电视大学学

报》，2007 年第 2 期

《浅析国民党地方实力派在西安事变和平解决中的作用》，曾湘衡、张楠楠，《湖南省社会主义学院学报》，2007 年第 1 期

《洛阳密电中的西安事变》，徐有礼，《档案管理》，2007 年第 1 期

《西安事变后宋庆龄是否主动要求亲赴西安》，郑麦，《河南师范大学学报》（哲学社会科学版），2007 年第 1 期

2008 年

《论西安事变中何应钦的主战意图》，陈剑星、秦程节，《黄河科技大学学报》，2008 年第 1 期

《西安事变中国民党各政治力量的态度》，金青山，《文史月刊》，2008 年第 3 期

《西安事变研究中的重大缺失——论何应钦主"讨伐"之动机及"亲日派"问题》，熊宗仁，《贵州社会科学》，2008 年第 4 期

《蒋介石、宋子文西安事变日记之差异》，孙彩霞，《海内与海外》，2008 年第 6 期

《宋美龄与西安事变》，韩晓娟、李衡，《理论观察》，2008 年第 3 期

《西安事变期间何应钦"武力讨伐"策略简析》，杨焕鹏、王润虎，《西北第二民族学院学报》（哲学社会科学版），2008 年第 5 期

《"上梁盖顶"——宋美龄调解西安事变评析》，莫世祥，《深圳大学学报》（人文社会科学版），2008 年第 6 期

2009 年

《西安事变邵力子并未送蒋回京考》，张天社，《西安文理学院学报》（社会科学版），2009 年第 3 期

《"西安事变"中蒋介石是怎样被抓住的》，王中天，《文史月刊》，2009 年第 8 期

《陈诚与两广事变、西安事变》，李良明，《党史研究与教学》，2009 年第 4 期

《蒋氏夫妇西安事变回忆差异之献疑》，方新德，见胡春惠、陈红民主编《宋美龄及其时代国际学术研讨会论文集》，香港珠海书院亚洲研究中心出版，2009 年

《他们不一样——宋美龄、张学良基督教信仰的比较》，王培华，见胡春惠、陈红民主编《宋美龄及其时代国际学术研讨会论文集》，香港珠海书院亚洲研究中心出版，2009年

《联苏、和共、抗日：1937年宋美龄的政治选择》，左双文、曾荣，见胡春惠、陈红民主编《宋美龄及其时代国际学术研讨会论文集》，香港珠海书院亚洲研究中心出版，2009年

《上梁盖顶——宋美龄调解西安事变评析》，莫世祥，见胡春惠、陈红民主编《宋美龄及其时代国际学术研讨会论文集》，香港珠海书院亚洲研究中心出版，2009年

《解读张学良与宋美龄的几封信》，陈红民，见胡春惠、陈红民主编《宋美龄及其时代国际学术研讨会论文集》，香港珠海书院亚洲研究中心出版，2009年

2010年

《宋子文与"西安事变"的和平解决》，陈答才，《陕西师范大学学报》（哲学社会科学版），2010年第4期

《身份与角色：重新认识西安事变中的宋美龄》，马永台，《黑龙江史志》，2010年第19期

《汪精卫与西安事变——以其对日态度为中心》，裴京汉，《第三届近代中国与世界国际学术研讨会论文集·第二卷·政治·外交（下）》，2010年5月23日

2012年

《"西安事变"中的宋美龄》，陆茂清，《档案春秋》，2012年第3期

《西安事变爆发前的一份蒋介石密嘱》，缪平均，《党史文苑》，2012年第9期

《西安事变中的孔祥熙》，王晓莉，《湖北档案》，2012年第9期

《宋美龄在和平解决西安事变中的作用》，盛渝夫，《理论界》，2012年第11期

《西安事变时期的国共合作信使——李文密》，寇永国，《四川档案》，2012年第6期

《试析宋美龄在"西安事变"中的作用》，祝宪伟，《新乡学院学报》（社

会科学版)，2012 年第 6 期

2013 年

《黄永安：西安事变的泄密者》，徐世强，《四川统一战线》，2013 年第 5 期

《宋子文与西安事变的和平解决》，苏玉欣，《黑龙江史志》，2013 年第 17 期

2014 年

《蒋介石密嘱也许是引发西安事变的直接导火索》，缪平均，《各界导报》，2014 年 12 月 13 日

《蒋介石〈西安事变日记〉系事后补写》，张天社，《百年潮》，2014 年第 6 期

《蒋介石〈西安事变日记〉与〈西安半月记〉的比较研究》，张天社，《宝鸡文理学院学报》(社会科学版)，2014 年第 4 期

2015 年

《李烈钧在西安事变中的表现及原因》，刘涛，《琼州学院学报》，2015 年第 6 期

《试论孔祥熙在西安事变中的斡旋及成效》，李晓幸，《新西部（理论版）》，2015 年第 3 期

《阎锡山与西安事变》，刘雄雄，《学理论》，2015 年第 6 期

《西安事变爆发前蒋介石的一份密嘱》，宋花玉，《党史文汇》，2015 年第 3 期

《领袖与个人：解读西安事变中的蒋介石》，叶君剑，《许昌学院学报》，2015 年第 4 期

《孙蔚如将军与西安事变》，孙文捷，《联合时报》，2015 年 5 月 5 日

国际研究

1986 年

《美国举行西安事变讨论会》,《人民日报》,1986 年 9 月 12 日

《杨虎城之子论西安事变必然性》,《人民日报》(海外版),1986 年 9 月 30 日

《共产国际、苏联及各国对西安事变的反应大事记》,鱼汲胜,《理论学刊》,1986 年第 11 期

《共产国际、苏联及各国对西安事变的反应大事记(续)》,鱼汲胜,《理论学刊》,1986 年第 12 期

《共产国际及苏联与西安事变》,何步兰,《人文杂志》,1986 年第 6 期

《论共产国际政策的转变和中国抗日民族统一战线的关系》,刘以顺,《江淮论坛》,1986 年第 6 期

1987 年

《王安娜与西安事变》,张文琳,《西安晚报》,1987 年 1 月 11 日

《要正确评价共产国际和苏联在西安事变中的作用》,李良志,《教学与研究(中国人民大学)》,1987 年第 2 期

《三十年代共产国际苏联和中国革命关系若干史实考辨》,杨奎松,《党史研究》,1987 年第 2 期

《西安事变中的史沫特莱》,张文琳,《陕西师大学报》(哲学社会科学版),1987 年第 1 期

《贝特兰与"西安事变"》,张文琳,《新闻研究资料》,1987 年第 3 期

《同中国人民休戚与共,并肩战斗——几位西方友人在西安事变前后的活动及其影响》,李云峰,《唐都学刊》,1987 年 3 期

《海伦·斯诺在西安事变前后的活动》,张文琳,《党史资料与研究》,

1987 年第 5 期

《端纳在西安事变中的特殊作用》，黎超良，《历史教学》，1987 年第 12 期

1988 年

《共产国际和平解决西安事变方针初探》，张文亮，《山东师大学报》（社会科学版），1988 年第 3 期

《端纳与西安事变》，厄尔·塞利，符致兴译，《团结报》，1988 年 4 月 30 日、1988 年 5 月 3 日、1988 年 5 月 7 日、1988 年 5 月 10 日、1988 年 5 月 14 日、1988 年 5 月 17 日

《西安事变的国际反响》，苏桂珍，《北方论丛（哈尔滨师大学报）》，1988 年第 5 期

《评美国对西安事变的态度》，吴景平，《民国档案》，1988 年第 4 期

《第二次国共合作的由来：共产国际与中国共产党》，[美] 约翰·W. 加弗，李湘敏、罗健编译，《福建党史月刊》，1988 年第 11 期

1989 年

《三十年代共产国际与东北党》，谷丽娟，《北方论丛（哈尔滨师大学报）》，1989 年第 3 期

《关于共产国际与中国共产党"联蒋抗日"方针的关系问题》，杨奎松，《中共党史研究》1989 年第 4 期

1990 年

《西安事变和平解决中共产国际、苏联作用的二重性》，沈元加，《内江师专学报》，1990 年第 3 期

1991 年

《季米特洛夫与西安事变》，[苏] 郭绍棠著、路远摘译，《国外中共党史研究动态》，1991 年第 1 期

《第一个向世界报道西安事变的人》，武平，《福建党史月刊》，1991 年第 12 期

1992 年

《苏联对"西安事变"的态度及其原因浅析》，廖良初，《云梦学刊》，1992 年第 1 期

《从国际的角度看 1936 年的西安事变》，唐强，《国外社会科学快报》，1992 年第 4 期

1993 年

《苏联与西安事变》，李义彬，《历史研究》，1993 年第 5 期

《浅析"西安事变"和平解决的国际背景》，朱超南，《学术界》，1993 年第 6 期

1994 年

《斯大林、宋庆龄与西安事变》，毕万闻，《社会科学战线》，1994 年第 5 期

1996 年

《共产国际与西安事变的和平解决》，张庆瑰、赵彩秋，《沈阳师范学院学报》（社会科学版），1996 年第 3 期

《西安事变中的外国舆论走向》，张功臣，《国际新闻界》，1996 年第 4 期

《西安事变时期日本态度之探析》，李云峰、叶扬兵，《党史博采》，1996 年第 6 期

《端纳在西安事变爆发以后》，于志亭，《党史文汇》，1996 年第 11 期

1997 年

《试论日本对西安事变的态度及事变后日本侵华策略的调整》，罗平汉，《探索》（哲学社会科学版），1997 年第 1 期

《端纳与西安事变》，邢建榕、李敏，《文博》，1997 年第 1 期

《西安事变中苏联和日本态度之比较》，李云峰、叶扬兵，《文博》，1997 年第 1 期

《端纳与西安事变的和平解决》，葛桂莲，《兰州大学学报》（社会科学版），1997 年第 2 期

《前苏联在西安事变中的民族利己主义态度：纪念西安事变 60 周年》，李淑霞，《昭乌达蒙族师专学报》（汉文哲社版），1997 年第 1 期

《论共产国际及苏联对西安事变的态度》，范敏华、孙锡平，《苏州大学学报》，1997 年第 4 期

《端纳：在西安事变中起特殊作用的外国人》，思嘉，《党史博览》，1997 年第 8 期

《共产国际反对西安事变原因探析》，陈铁生、张霖，《天中学刊（驻马店师专学报）》，1997 年第 S1 期

1998 年
《恩恩怨怨中国情——西安事变后的端纳》，崔莹，《党史纵横》，1998 年第 5 期

1999 年
《因西安事变流产的中日秘密协议》，钱昌照，《纵横》，1999 年第 1 期

《国际友人与西安事变》，袁振武，《郧阳师范高等专科学校学报》，1999 年第 1 期

《共产国际帮助中共制定和平解决西安事变方针辨析》，李荣武、王学宝，《齐齐哈尔大学学报》（哲学社会科学版），1999 年第 3 期

《西安事变和平解决中的端纳》，张春丽，《承德民族师专学报》，1999 年第 4 期

2000 年
《端纳与"西安事变的和平解决"》，褚鸿运，《山西青年管理干部学院学报》，2000 年第 4 期

《苏联与西安事变的和平解决》，李信，《学海》，2000 年第 6 期

2001 年
《论西安事变和平解决的国际因素》，祝中侠，《池州师专学报》，2001 年第 1 期

《共产国际与西安事变新论》，张翼，《西南交通大学学报》，2001 年第 1 期

《论西安事变和平解决中的国际因素》，何辉、吴健巍，《河北职工大学学报》，2001 年第 2 期

《外国政府对西安事变发生后的反应》，张苹，《湘潮》，2001 年第 3 期

《西安事变前后中日海军的动向》，史滇生、史习基，《军事历史研究》，2001 年第 4 期

《预报西安事变的美国女记者——海伦·斯诺西安事变前对张学良的采访》，袁振武，《新闻知识》，2001 年第 5 期

《石破天惊来临时 外国人眼中的"西安事变"》，李辉，《报告文学》，2001 年第 5 期

2002 年

《前苏联对待西安事变问题论析》，赵全，《西南民族学院学报》（哲学社会科学版），2002 年第 10 期

《论西安事变和平解决的国际因素》，祝中侠，《历史教学问题》，2002 年第 6 期

《史沫特莱在西安事变中的遭遇》，李辉，《湖南文史》，2002 年第 3 期

2005 年

《西安事变前后的莫斯科》，李玉贞，《百年潮》，2005 年第 12 期

《外国记者眼中的西安事变》，张艳梅、侯峻，《党史纵横》，2005 年第 2 期

2006 年

《评析共产国际及前苏联对西安事变的态度》，张丽艳，《哈尔滨市委党校学报》，2006 年第 6 期

《外国新闻记者对西安事变真相的宣传报道》，袁武振，《宝鸡文理学院学报》（社会科学版），2006 年第 6 期

《日本与西安事变》，许述、陈磊，《文史精华》，2006 年第 12 期

2007 年

《试析前苏联在西安事变中的利己主义》，王国宝，《兰台世界》，2007 年第 7 期

《斯大林、共产国际与西安事变》，吴跃农，《文史精华》，2007 年第 5 期

《意大利法西斯政府与西安事变》，瓦尔多·费拉蒂、罗敏，《近代史研究》，2007 年第 2 期

《共产国际、苏联与西安事变的和平解决》，盛超，《新东方》，2007 年第 6 期

《简论端纳在西安事变中的作用》，聂好春，《新乡师范高等专科学校学报》，2007 年第 3 期

《西安事变前后苏联对国共两党政策的转变》，王惠宇，《社会科学辑刊》，2007 年第 5 期

《斯大林曾反对西安事变》，何勇，《招商周刊》，2007 年第 3 期

2008 年

《西安事变与日本的对华政策》，臧运祜，《近代史研究》，2008 年第 2 期

《共产国际在"西安事变"中的主导作用——兼论张学良"西安事变"的真实动机》，张雪山，《成都大学学报》（社会科学版），2008 年第 2 期

《西安事变时期国际舆论新论》，何扬鸣，《浙江大学学报》（人文社会科学版），2008 年第 3 期

《试论日本与西安事变》，袁成亮，《南京社会科学》，2008 年第 12 期

2010 年

《浅谈共产国际和前苏联对西安事变的态度及其原因》，沈永敏、李洪春，《学理论》，2010 年第 2 期

《从解密档案看苏联对于西安事变的态度》，张鹏飞，《福建党史月刊》，2010 年第 6 期

《论西安事变中的苏联因素》，赵书刚、赵阳，《贵州社会科》，2010 年第 7 期

《英国政府对西安事变的反应》，张俊义，《第三届"近代中外关系史"国际学术讨论会论文集·近代中国：文化与外交（下卷）》，2010 年 8 月 11 日

2011 年

《西安事变中"莫斯科回电"解密》,黄修荣、黄黎,《江淮文史》,2011年第1期

《试析苏联、共产国际与西安事变——以世界革命战略的转变为视角》,龙杜娟,《法制与社会》,2011年第1期

《西安事变中神秘的史沫特莱》,孙果达、王伟,《党史纵横》,2011年第8期

2012 年

《西安事变共产国际的16日来电考》,陆旸、孙果达,《军事历史研究》,2012年第1期

《日本对西安事变的观点和反应——根据〈盛京时报〉新闻报道所作的分析》,王志刚,《抗日战争研究》,2012年第3期

《西安事变前后张学良与苏联关系浅探》,张晓丹,《兰台世界》,2012年第25期

2013 年

《一个外国记者眼里的西安事变真相》,缪平均,《云南档案》,2013年第9期

《西安事变中殉难的德共党员冯海伯》,缪平均,《文史春秋》,2013年第3期

《西安事变斯大林"密电"考》,孙果达,《史林》,2013年第2期

《西安事变斯大林第一份密电之谜》,孙果达,《党史纵横》,2013年第5期

《留日士官生与"西安事变"的和平解决》,陈芳,《齐鲁学刊》,2013年第4期

《贝兰特笔下的西安事变和中共抗日》,缪平均,《文史精华》,2013年第8期

《西安事变斯大林的第二份"密电"之谜》,王伟、孙果达,《党史纵横》,2013年第8期

《西安事变中共产国际指示电"乱码"事件之探析》,苏海舟,《党史研究

与教学》，2013 年第 5 期

《西安事变前张学良与莫斯科的秘密关系》，孙果达，《北京日报》，2013 年 7 月 1 日

《苏联"联蒋"政策与西安事变》，孙果达，《北京日报》，2013 年 11 月 4 日

2014 年

《离奇的人质劫持事件：〈纽约时报〉驻华首席记者哈雷特·阿班笔下的"西安事变"》，李莉，《新闻春秋》，2014 年第 4 期

《苏联联蒋政策下的西路军、西安事变与张国焘批判》，孙果达、陆旸，《史林》，2014 年第 1 期

《端纳往事：斡旋"西安事变"始末》，魏松岩，《档案春秋》，2014 年第 4 期

《苏联与西安事变》，孙果达、王伟，《党史纵横》，2014 年第 5 期

《中共中央、共产国际与西安事变的和平解决》，李明俐，《世纪桥》，2014 年第 6 期

2016 年

《季米特洛夫对西安事变的态度究竟如何》，李义彬，《中华读书报》，2016 年 3 月 2 日

其他研究

1979 年

《西安事变期间出版的〈解放日报〉简介》，丁雍年，《人文杂志》，1979年第 2 期

1981 年

《"西安事变"前后西安的青年运动》，李连璧，《人文杂志》，1981 年 S1 期

1985 年

《西安事变之侧翼》，程元、李同力，《人民政协报》，1985 年 9 月 13 日

1986 年

《学生运动与西安事变》，袁武振，《唐都学刊》，1986 年第 4 期

《"两广事变"与"西安事变"》，马伟鹗，《广西民族学院学报》（哲学社会科学版），1986 年第 2 期

《抗战中的东北救亡总会及其历史贡献》，李景华，《社会科学战线》，1986 年第 4 期

《东北救亡总会、分会和通讯处简介》，赵应，《社会科学战线》，1986 年第 4 期

《档案史料与西安事变研究——写于西安事变五十周年之际》，鱼汲胜，《档案工作》，1986 年第 10 期

《历史真迹鉴后人：评〈西安事变档案史料选编〉》，王树盛、张宝贵，《档案工作》，1986 年第 11 期

《感怀——西安事变五十周年作》，丁明浩，《档案工作》，1986 年第

11 期

《"西安事变"和北京》，吴家林，《学习与研究》，1986 年第 12 期

1987 年

《西安事变与图存学会》，康雅丽，《吉林大学社会科学学报》，1987 年第 3 期

《论民主党派对于以国共合作为基础的抗日民族统一战线的政治主张》，杨恒源，《苏州大学学报》，1987 年第 3 期

《西北青年救国会的历史地位：兼谈西北青年的抗日救国运动》，曹军，《理论学刊》，1987 年第 4 期

1988 年

《西安事变前后的杜重远》，徐建东，《社会科学辑刊》，1988 年第 3 期

1989 年

《"西安事变"是一九三六年十二月八日发生的事吗？——质〈报海旧闻〉著者徐铸成同志》，袁尘影，《新闻知识》，1989 年第 12 期

1991 年

《西安事变前后的西安学生救亡刊物》，张志强，《中国青年研究》，1991 年第 4 期

《李维城与西安事变》，汪澍白，《团结报》，1991 年 7 月 17 日

1992 年

《西安事变后第一张报纸出版始末——丛德滋与〈解放日报〉》，吴宝春，《党史纵横》，1992 年第 6 期

1993 年

《推动第二次国共合作的呐喊——范长江〈动荡中的西北大局〉》，刘祖荫，《党史纵横》，1993 年第 8 期

1994 年

《西安事变时在西安办报》,陈翰伯、高崧、胡邦秀,《新闻知识》,1994年第 5 期

《囚徒未敢忘忧国——杜重远与西安事变》,沈谦芳、赵文库,《党史纵横》,1994 年第 12 期

《西安事变中的张慕陶》,张军孝,《中学历史教学参考》,1994 年 Z2 期

1995 年

《西安事变时的北平》,殷小未,《北京党史研究》,1995 年第 6 期

《论民主党派对"西安事变"的积极作用》,林祥庚,《理论学习月刊》,1995 年第 7 期

《"西安事变"旧址探访记》,华夫,《劳动世界》,1995 年第 9 期

《西安事变纪事(上)》,李勇、常建宏,《中国档案》,1995 年第 12 期

1996 年

《西安事变纪事(下)》,李勇、常建宏,《中国档案》,1996 年第 1 期

《"西安事变"亦称"西安兵谏"》,张志荣,《上饶师专学报》,1996 年第 4 期

《西安事变纪念馆介绍》,白淑芳,《抗日战争研究》,1996 年第 4 期

《西安事变发生还应有社会心理方面》,孟庆春,《齐齐哈尔师范学院学报》(哲学社会科学版),1996 年第 6 期

《有关西安事变几则电报内容和时间的考辨》,杨奎松,《党的文献》,1996 年第 6 期

《吹响全民抗战的号角——活跃在西安事变时期的新闻界》,李苗,《新闻知识》,1996 年第 12 期

《西安事变》,巫国君,《中华魂》,1996 年第 12 期

《历史在这里转折——西安事变历史陈列馆散记》,白淑芳,《中华魂》,1996 年第 12 期

1997 年

《西安事变大事记》,王秀娥,《文博》,1997 年第 1 期

《惊心动魄的黎明》，范力、姜雅，《文博》，1997年第1期
《西安事变简论：读〈西安事变新探〉札记》，陈铁健，《历史研究》，1997年第1期
《西安事变发动时间考略：读〈西安事变新探〉琐记》，陈铁健，《近代史研究》，1997年第1期
《西安事变前张学良所谓"一二月内定有变动"何指？——与杨著〈西安事变新探〉商榷一个问题》，蒋永敬，《近代史研究》，1997年第1期
《西安事变与陕西群众抗日救亡运动》，王梅，《文博》，1997年第1期
《西安事变若干问题的新思考》，郑德荣，《中共党史研究》，1997年第1期
《西安事变和中国军事格局的变化》，史滇生，《南京政治学院学报》，1997年第1期
《西安事变中的新闻发言人》，吴孝桐，《志苑》，1997年第2期
《试论西安事变的群众基础》，姚建，《山东大学学报》（哲学社会科学版），1997年第2期
《古城作证话"事变"》，铁军，《党史博采》，1997年第12期
《西安事变前后的陕西新文字运动与西安新文字促进会》，史悦、安群、南言，《陕西教育》，1997年第12期

1998年

《是支持与保护，还是出卖与抛弃——驳关于西安事变的某些错误观点》，阎书钦，申玉山，《甘肃社会科学》，1998年第2期
《逼蒋抗日——西安事变的出发点和归宿》，罗玉明，《怀化师专学报》，1998年第3期
《西安地区的救亡报刊和西安事变》，袁武振，《文物》，1998年第4期
《论九一八事变与西安事变的内在联系》，张国镛、杨光彦，《山东社会科学》，1998年第5期
《西安事变善后与和平解决》，丁长清，《历史教学》，1998年第11期

1999年

《对一二·九运动与西安事变相互关系的两点认识》，王祝福，《武汉交通

科技大学学报》（社会科学版），1999 年第 1 期
《西安事变》，阿华，《四川统一战线》，1999 年第 2 期
《范长江与西安事变》，蔡奕，《新闻知识》，1999 年第 4 期
《西安事变的发生与华北事变后的中国政局》，荆蕙兰，《北方论丛》，
    1999 年第 4 期
《闻一多力主西安事变和平解决》，大雨、思夫，《团结报》，1999 年 8 月
    28 日
《西安事变与妇女解放运动》，王玲玲，《人文杂志》，1999 年第 6 期

2000 年
《西安事变那几天》，王文宇，《春秋》，2000 年第 1 期
《谈青年学生在西安事变过程中的积极作用》，孙涛，《河北青年管理干部
    学院学报》，2000 年第 2 期
《和平解决西安事变一功臣》，蒋文祥，《世纪风采》，2000 年第 6 期
《纪念馆陈列研究价值与社会文化教育功能刍议——兼谈西安事变纪念馆
    陈列》，李敏，《中国博物馆》，2000 年第 3 期
《西安事变对中国海军抗战的推动》，史习基，《党史研究与教学》，2000
    年第 4 期
《西安事变后中国报界响起一声惊雷》，戴子腾，《世纪》，2000 年第 5 期
《从〈松花江上〉到〈士兵怀念司令歌〉——张寒晖与"西安事变"》，
    宋新勇，《党史博采》，2000 年第 10 期
《西安事变中的西安〈解放日报〉》，罗朋，《新闻知识》，2000 年第 12 期

2001 年
《评〈东南日报〉对西安事变的报道》，王红岩，《浙江档案》，2001 年第
    2 期
《关于西安事变几个问题的探讨》，侯新养，《唐都学刊》，2001 年第 3 期
《论西安事变和平解决后的和平问题》，张海燕，《云梦学刊》，2001 年第
    4 期
《西安事变中的媒体比较》，罗朋，《四川教育学院学报》，2001 年第 5 期
《一批"西安事变"珍贵档案史料近日公布》，赵万吉、刘玉川、田智勇，
    《中国档案报》，2001 年 12 月 24 日

《西安事变》,《新华每日电讯》,2001年6月10日

2002 年

《一举惊寰宇　双雄铸国魂——西安楹联界纪念西安事变65周年散记》,
　　解维汉,《对联·民间对联故事》,2002年第3期
《〈大公报〉与西安事变》,王鹏,《文史精华》,2002年第5期
《西安事变研究中几个有争议的重要问题》,毕万闻,《社会科学战线》,
　　2002年第6期
《"西安事变"算不算兵变》,陈小波,《历史学习》,2002年第9期
《舆论导向与西安事变的和平解决》,王奎、吴增梁,《党史天地》,2002
　　年第10期

2004 年

《救国会与西安事变》,蔡克文,《中共银川市委党校学报》,2004年第
　　3期
《陕西民众抗日救亡运动对西安事变的影响》,王梅,"中国现代社会民众
　　学术研讨会论文集",2003年11月

2005 年

《〈大公报〉与"西安事变"》,沈洁,《新闻大学》,2005年第2期
《西安事变的一段前奏》,吴跃农,《湘潮》,2005年第9期
《七君子案与西安事变关系之谜》,章立凡,《炎黄春秋》,2005年第5期

2006 年

《范长江报道西安事变真相及意义》,黄剑庆,《内江师范学院学报》,
　　2006年第3期
《西安事变与粤省舆论界动向》,洪岚,《华南师范大学学》(社会科学
　　版),2006年第4期

2007 年

《〈申报〉视角下国统区民众对西安事变的态度探析》,王子蕲,《党史研
　　究与教学》,2007年第1期

《社会舆情与应变策略——以西安事变为中心的再考察》，夏蓉，《学术研究》，2007年第10期

《从〈申报〉看西安事变发生时国统区人心之向背》，王子蕲，《兰台世界》，2007年第4期

《西安事变与西北政局的演变》，刘俊凤，《陕西师范大学学报》（哲学社会科学版），2007年第2期

《"西安事变"后的事变》，胡志刚，《文史天地》，2007年第1期

《〈申报〉报道的西安事变》，梁严冰；董艳华，《百年潮》，2007年第4期

《以国为重　瑕不掩瑜——张季鸾在西安事变中的社评》，马伟兰，《科技信息》（学术研究），2007年第3期

《东北流亡学生群体对西安事变的影响》，张万杰，《北方论丛》，2007年第3期

2008年

《自由知识分子对西安事变的态度浅析——兼与"福建事件"的一个比较》，冯峰，《延安大学学报》（社会科学版），2008年第1期

2010年

《西安事变中的秘密交通线》，孙果达，《纵横》，2010年第9期

《西安事变前后的空中交通"热线"》，孙果达、张蕾蕾，《史林》，2010年第5期

《大义抑或利害：西安事变中东北流亡势力的反应》，王春林，《史学月刊》，2010年第8期

《西安事变中的"七贤庄一号"》，孙果达，《纵横》，2010年第12期

2011年

《西安事变中神秘的"大轿车"》，孙果达，《党史纵横》，2011年11期

《西安事变"捉蒋"总指挥：刘多荃》，西北望，《湖北档案》，2011年第9期

《西安事变与特赦权》，章敬平，《经济观察报》，2011年9月5日

2012 年

《救国会倡导和平解决"西安事变"》，王国栋、王久战，《炎黄春秋》，2012 年第 2 期

《东北大学西安分校学生抗日请愿促成西安事变》，王钰慧，《兰台世界》，2012 年第 4 期

《西安事变前夕的"临潼请愿"》，孙果达、陆旸，《党史纵横》，2012 年第 2 期

《追忆西安事变的见闻》，魏宏运，《中共党史研究》，2012 年第 4 期

《北平图存学会与西安事变》，张万杰，《兰台世界》，2012 年第 31 期

《略论西安事变前后的民众心态》，胡勇，《史学集刊》，2012 年第 6 期

《国统区民众对西安事变的态度探析——以〈大公报〉的报道为视角》，宋彦峰、安婵，《山西师大学报》（社会科学版），2012 年 S4 期

《近代地缘势力研究——以西安事变为例》，王伟鹏，陕西师范大学硕士学位论文，2012 年

《关于西安事变"捉蒋"真相的一次辩论（遗稿）》，王玉瓒，《北京日报》，2012 年 3 月 31 日

2013 年

《试论知识分子在和平解决西安事变中的作用》，吴滢，《贵州文史丛刊》，2013 年第 4 期

2014 年

《西安事变中鲜为人知的杜重远》，曹娜，《党史博采（理论）》，2014 年第 7 期

《"西安事变"中鲜为人知的"雷电社"事件》，王贞勤，《云南档案》，2014 年第 9 期

《西安事变前后东北军的政治工作探析》，李翔，《民国研究》，2014 年第 1 期

2015 年

《"抗战历史在这里转折"——走访西安事变旧址》，冯丽，《中国教育

报》，2015年8月28日

《烽火中的旗帜——范长江"中国的西北角"纪行和"西安事变"真相报道》，周仕兴、许乃显，《光明日报》，2015年9月3日

2016年

《参加过"西安事变"的甘肃青年原烨》，李函梦，《档案》，2016年第4期

研究论著索引

西安事变是震惊中外的特大历史事件，是中国近代史、中国革命史、抗日战争史的重要转折点，因此备受研究者的重视。海内外学者呕心沥血，多方面搜集资料，撰写了一百多部学术专著，全面客观的反映西安事变的全貌，弘扬西安事变发动者张学良、杨虎城抗日爱国精神，总结西安事变和平解决各个政治派别为谋求全民抗战而牺牲党见的精神境界和智慧，为实现中华民族的完全统一而资借鉴，求同存异，互让互谅，建设国家，实现中国的伟大梦想。因此西安事变研究不仅仅是一个学术问题，而且是目前一个重大政治问题。

随着新资料的不断挖掘和发现，局限研究者视野的外部政治环境的变化，促使研究者的思想和视野不断变化，对西安事变的研究更趋客观，或推出新著，或对旧作进行修订和补充，西安事变的研究处于一个常新动态之中。

为便于读者和研究者历史地了解西安事变，了解西安事变的研究状况，我们特别对每部论著简单予以介绍。对于一些我们没有读过的论著，只有存目而已。当然学界对于张学良、杨虎城及有关人物的研究，不限于西安事变本身，而是对他们一生的研究。

对有关论著我们析分为西安事变论著、张学良论著、杨虎城论著、其他论著四部分。论著排列先后，以出版时间为序。对一些旧作进行增修的，特别予以说明。

西安事变论著

《西安事变》，杨中州编著，5.8万字，上海人民出版社1979年版。

本书系作者在走访了参与西安事变的各方面人士，经过搜集资料后所编写，内容涉及中共抗日民族统一战线的提出、西安事变爆发的背景和过程，事变发生后国内外各方的反应，周恩来在西安事变和平解决过程中所发挥的作用等。基本上反映了西安事变的过程，有助于读者了解这一历史史实。

《西安事变史实》，李云峰著，26.5万字，陕西人民出版社1981年版。

本书是运用大量的文献、书籍、报刊资料以及笔者的调查资料编写而成的，也采用了许多老同志、老先生的回忆材料和一些学界的研究成果，有助于读者了解有关西安事变的历史知识。

《西安事变简史》，西安事变史领导小组编，7.5万字，中国文史出版社1986年版。

20世纪60年代在周恩来总理的指示下成立了西安事变史领导小组，负责事变史料的征集工作。这部简史是在对所收集的各方面史料进行去粗取精、去伪存真的基础上写成的，以简短的篇幅概述了事变的经过及前因后果，并附有东北军、十七路军序列表，是研究西安事变的重要参考文献。

《西安事变亲历记》，吴福章编，46.7万字，中国文史出版社1986年版。

该著作编于西安事变发生五十周年之际。编者将全书分为事变前后、临潼"兵谏"、各方反应、和平谈判、会审和幽禁、二二事件和分化瓦解七个部分,各部分分别收录了事变亲历者的相关回忆录,再现了事变发生时的原貌,为我们今天研究西安事变保存了重要的历史资料。

《纪念西安事变五十周年专辑》,陕西省暨西安市纪念西安事变五十周年筹备领导小组办公室编,1987 年版。

本书详细记述了西安事变五十周年纪念的相关活动,主要包括首都纪念活动、陕西省暨西安市纪念活动、照片、回忆录、诗书画、论文、大会资料等七项。其中回忆录部分的作者多数为西安事变的亲历者,所著文章具有重要的史料参考价值;论文部分所收录的文章均为当时西安事变研究的代表性作品,对进一步研究西安事变具有一定的参考价值。

《西安事变研究》,丛一平主编,30 万字,陕西人民出版社 1988 年版。

1986 年 12 月 12 日,为纪念西安事变五十周年,在西安召开了西安事变学术讨论会,该著作即为这次学术讨论会的论文选集。这些论文从各个不同的角度对西安事变前后国内外各种矛盾的产生、发展和变化,事变中各种政治力量的相互关系和作用,事变和平解决的历史意义,事变发动者张学良、杨虎城的历史功绩以及其他有关人物在事变期间的作用等进行了论述。有些论文引用了新资料、提出了新观点,是 20 世纪西安事变研究的代表性作品。

《西安事变珍史》,姚立夫编著,台湾跃升文化事业公司 1989 年版。

该丛书共三辑,分别为《骊山迎蒋的欢呼与泪痕》《西安事变的前因后果》及《张学良幽居生活实录》。

《丙子"双十二"》,杨闻宇、朱光亚著,45.5 万字,解放军出版社 1989 年版。

该书属于《中国革命斗争报告文学丛书》西安事变卷。两位作者用笔严谨,查阅了大量历史档案,还走访了大量当时尚健在的当事人,基本上还原了西安事变前后经过。对于读者了解西安事变具有重要的参考价值。

《"西安事变"的真相——张学良将军卫队营长孙铭九自述》，孙铭九著，江苏文艺出版社 1993 年版。

笔者通过对其亲身经历的回顾，详细的叙述了张学良从"拥蒋剿共"到"联共抗日"转变的全过程，并揭示了西安事变的真实面目，具有很强的说服力。此外，作者在附录部分收入了与西安事变有关的各方面的电文、告示、声明、命令以及论著文章等资料，均为一手文献，对研究西安事变具有重要的参考价值。

《挽危救亡的史诗——西安事变》，张魁堂著，广西师范大学出版社 1994 年版。

本书是作者继《张学良传》之后的又一项研究成果。在本书的写作过程中，参考了近若干年来海峡两岸陆续披露的档案资料以及报刊发表的论著，坚持秉笔直书的原则，客观地叙述了西安事变前张、杨思想的转变、事变发生的全过程以及中共与西安事变的关系，全面地评价了各种势力在事变发生及和平解决中所发挥的作用，是研究西安事变的一部重要参考文献。

《中国新民主主义革命史长编——从内战到抗战》，李新、陈铁健主编，57.4 万字，上海人民出版社 1995 年版。

本书记述的是 1935 年夏至 1937 年夏的中国革命史，着重记述华北事变、一二·九运动和西安事变这几个重大事件及与此相关的问题。书中第五章为西安事变，作者从中共、张学良杨虎城、国民党、地方实力派、国际社会等不同角度对西安事变进行了分析，涉及的内容较为广泛，书中所引用的资料多为西安事变发生前后一批重要人物的演讲和一些报刊的报道，具有重要的参考价值。该著作将西安事变置于整体史中加以考察，便于读者更加全面地了解事变的全过程和历史影响。

《西安事变与抗日战争文集》，江苏文史资料编辑部编，江苏文史资料编辑部 1996 年版。

该《文集》精选论文 54 篇，其中与西安事变有关的共 20 篇。这 20 篇论文主要评述了西安事变的有关人物，涉及到的有周恩来、宋绮云、张学良、杨虎城、蒋介石、宋美龄、汪精卫、陈诚和阎锡山，是全面了解西安事变人物的一部重要著作。

《千秋功业》，袁闻琨、张志强主编，辽宁人民出版社 1997 年版。

该著作为西安事变 60 周年纪念论文集。书中收录了相关学者撰写的论文 40 余篇，涉及的内容，主要包括：西安事变的过程、张学良思想、张学良与西安事变、中共与西安事变等，提出了 20 世纪 90 年代关于西安事变研究的一些代表性观点，对进一步研究西安事变具有很大的启发性。

《西安事变大事记》，杨中州著，25.3 万字，三秦出版社 1997 年版

作者从 20 世纪 60 年代就多次访问杨虎城的机要秘书王菊人先生，从事西安事变资料的搜集和研究工作，《西安事变大事记》就是他多年调查研究的成果。这本大事记按时间顺序编排，记载了有关西安事变的重大事件和问题。

《西安事变研究新论》，政协陕西省委员会文史资料委员会、西安事变研究会编，45.4 万字，陕西人民出版社 1998 年版。

本书系纪念西安事变 60 周年学术讨论会论文选集，书中选取了多位国内外专家、学者关于研究西安事变的文章。主要内容包括：西安事变对世界历史的影响与中国的现代化问题，大陆十年来西安事变研究综述及研究中所存在的问题，蒋介石、冯玉祥、何应钦、宋美龄、端纳与西安事变的研究，西安事变前后中共政治角色的转换，东北流亡集团与西安事变，日本、共产国际对西安事变的态度分析等多个方面。本书内容多样，为推动西安事变研究的深化提供了重要价值。

《西安事变与中国抗战》，李云峰等著，48 万字，香港银河出版社 1999 年版。

本书系李云峰、张天社、刘东社等人关于西安事变和中国抗战问题的研究文章合编。主要内容涉及：蒋介石对日不抵抗政策的研究，杨虎城与陕西经济文化建设，黄埔系与西安事变的解决，西安事变中苏联与日本态度的比较，西安事变释蒋内幕，临潼扣蒋发动攻击时间，抗战时期的国统区的高等教育等问题。本书内容翔实，涉及问题广泛，为西安事变和抗战研究提供了许多新的思考。

《一个西方记者眼中的西安事变》，［英］贝兰特，林淡秋译，15.5万字，东方出版中心 2000 年版。

该书是一部关于西安事变的报告文学作品，是《走向中国丛书》之一。作者以亲赴西安、探寻事变真相的见闻为线索，真实生动的记述了西安事变的过程，并结合中国社会和政治等方面的情况，客观地分析了事变的原因和意义。外国作家和记者的特殊身份，使作者接触了一些熟知内情的重要人物，获得了重要的史实，揭示了各种政治力量冲突争斗最终走向团结御辱的复杂内幕，对于人物刻画细致入微，具有较强的可读性和史料价值。

《西安事变述评——为纪念西安事变六十周年而作》，田益民著，香港文化教育出版社有限公司 2000 年版。

本书作者田益民曾早年参加西安事变，是亲历事变的当事人之一，为了纪念西安事变六十周年而著此书。本书以简练的笔调，全面准确地勾画了西安事变的全过程，对事变中的重大事件和人物都做了精辟独到的评述，在众多论述"西安事变"的著作中，可以说是言简意赅，独具一格。

《西安事变史话》，李义彬著，9.5 万字，社会科学文献出版社 2000 年版。

本书为百年中国史话系列丛书之一。该书作者自 20 世纪 60 年代初开始，长期从事西安事变研究，作者在该书中结合自己和学界长期以来研究成果，从抗日救亡运动的兴起、西北地区"三位一体"局面的形成、西安事变的爆发、西安事变的和平解决等方面简要就叙述了这一事件的全过程。

《西安事变新论》，罗玉明著，30 万字，中央文献出版社 2000 年版。

该专著在吸收前人成果的基础上，从新的角度比较系统深入地考察了事变发生的原因、条件，事变发生的经过，事变的结局，以及和平解决西安事变的诸因素。笔者在撰述过程中引用了大量的文献资料，在阐述事变来龙去脉的同时对某些重要的问题提出了一些独到见解。

《西安事变实证研究》，李云峰、杜小平主编，55 万字，陕西人民出版社 2001 年版。

该著作为 2001 年在西安召开的"西安事变实证研究"国际学术讨论会论文集。书中收录的论文大致可以分为三部分，即：实证研究、人物研究、综合研究，涉及西安事变研究的各个领域，是当时学术研究的代表性作品。本书不仅为研究西安事变提供了重要的参考文献，而且对进一步研究西安事变具有相当的启发引导作用。

《1936：历史在这里拐弯——西安事变始末纪实》，汪新、王相坤著，45 万字，北京华文出版社 2007 年版。

本书除依据以往的既有历史材料外，还吸收了近年来俄罗斯国家档案馆解密资料等最新史科和史学研究成果，在此基础上，对 1936 年发生的西安事变作了全景式的纪实再现。并对张学良、杨虎城的发动初衷、历史贡献，以及中国共产党如何将波诡云谲的事变导引为举国抗日御侮局面形成的开端，也作了记录式的客观反映。该书既可作为近代史工作者了解"西安事变"始末的史学研究专著，也是一本供青年学生及大众读者了解中国近现代史发展脉络的通俗历史读物。

《中国的第一幕——西安事变秘闻》，[新西兰] 詹姆斯·门罗·贝特兰著，牛玉林译，卢匡校，24 万字，陕西人民出版社 2007 年版。

《中国的第一幕——西安事变秘闻》，是西安事变发生后亲赴西安进行了长时间调查专访的英国记者、新西兰青年学者詹姆斯·门罗·贝特兰于 1937 年出版的一部专著。笔者以第一见证人的身份，向世人全面介绍了西安事变发生的前因后果，并且客观记录了事变发生时期中国社会各阶层的生活状况，是我们了解当时中国社会的一份活档案，具有鲜明的历史和现实意义。

《揭秘西安事变》，全国政协文史和学习委员会编，68 万字，中国文史出版社 2007 年版。

本书详尽地披露了西安事变发生前后的种种内幕，主要内容有：张学良与中共秘密结盟的目的，中共与张学良之间的"西北大联合计划"半途而废的原因，张学良是否加入过中国共产党，东北军、西北军与中共作战情况，临潼兵谏中扣蒋的具体经过、外围部署和内线指挥，事变发生后国民党各方的反应，和平谈判的过程，"二二事件"的发生，蒋介石对东北军的分化瓦解等。书中所选史料多为当时东北军首领和国民党要员、中共相关人员的回忆资料为主，史料丰富，语言通俗易懂，有助于探究历史的真相。

《西安事变实录》，姬乃军、申辉主编，36.7万字，陕西人民出版社2007年版。

本书作者历时数年搜集资料，在吸收了海内外研究西安事变的专家学者们的研究成果后撰写而成。本书全面系统地揭示了"西安事变"的前因后果、是是非非，在充分采用逐步公开的新档案资料的基础上，力求真实、客观、公正地再现这一历史事件，兼具资料性、严肃性、科学性和可读性的特点。

《亲历西安事变》，李立编著，45万字，北京团结出版社2007年版。

本书参考了有关学者、专家的研究成果，在大量亲历者口述历史的基础上编写、整理而成，比较真实地还原了西安事变的真相，比如张学良晚年口述发动西安事变的心路历程，原东北军、西北军有关人员如吕正操、万毅、孙铭九、赵寿山、高崇民、蒋介石侍从室主任、杨虎城卫士、学生、记者等各方面人士的亲身经历，披露了一些鲜为人知的内幕。本书还整理了散见于各处的蒋介石、陈诚、万耀煌、黄仁霖等的回忆文章，让读者可以更加全面地了解西安事变的真相。

《历史的回声——纪念西安事变70周年论文集》，44万字，姚文琦、卢胜利主编，陕西人民出版社2007年版。

该著作共收入论文56篇。这些论文涉及的内容主要有：西安事变的前因后果、中共与西安事变，国民党与西安事变，张、杨与西安事变，以及目前已经公开的有关西安事变档案文献的研究，观点新颖独特，具有重要的参考价值。

《西安事变纪实》，申伯纯著，16.5万字，人民出版社2008年版。

该著作是笔者作为西安事变的亲历者对当时情况的如实记录，书中还收录了其他当事人口述的一些资料，为西安事变的研究提供了珍贵的材料。

《西安事变与二十世纪中国历史变迁：西安事变70周年学术研讨会论文集》，中国延安干部学院编，86万字，中央文献出版社2008年版。

该书是2006年中国延安干部学院、中国中共党史学会、中共中央文献研究室当代文献研究中心主办，中国人民抗日战争纪念馆、西北大学、中共志丹县委、志丹县人民政府、西安事变纪念馆协办的西安事变70周年学术研讨会的论文集。该论文集共收录了中外学者的74篇论文，涉及西安事变研究的各个方面，比如中共及其领导人和西安事变的关系，杨虎城与西安事变，张学良与西安事变，"七君子"与救国会和西安事变的关系，西安事变与日本的对华政策等。该汇编对于了解西安事变的研究现状和不足，具有重要的参考价值。

《西安事变》，广西师范大学出版社编，刘方富辑，25.7万字，广西师范大学出版社2009年版。

《西安事变》涵盖了从事变发生至东北军、西北军被强行改编，以及张学良被扣押、杨虎城被迫出国，从高层决策到民众反响等许多罕见鲜闻的事实，收辑了当年各大小媒体围绕此事进行的持续报道，在70余年后读来，仍然如在现场。

《近看西安兵谏》，杨闻宇著，43.5万字，中共党史出版社2012年版。

本书是作者在发现以前写的《丙子"双十二"》和《西安事变》多有纰漏之后，重新加以补充、整理，并参考近年来公开的西安事变的新资料撰写而成。作者记述了西安事变的发生及在中国共产党和各方的努力下得以和平解决的过程。本书史料丰富翔实，采用文学化叙事语言，具有较强的可读性。

《回忆西安事变》，全国政协文史和学习委员会编，50.6万字，中国文史出版社2014年版。

1961年起，全国政协文史资料办公室征集了一批有关西安事变亲身经历者的回忆录资料；在1986年西安事变50周年纪念时，挑选了其中一部分辑成《西安事变亲历记》一书，再版时更名为《回忆西安事变》。书中收录的资料均为西安事变亲历者对事变发生前后实际情况的回忆，对我们今天了解西安事变具有一定的意义。

以下为我们没有阅读过的论著。

《双十二与民族革命》，何镜华编著，香港时代批评社 1941 年版。

《抗日民族统一战线的形成与西安事变》，[日] 石川忠雄著，西摩书房 1963 版。

《西安事变：中国现代史的转折点》，[日] 长野广生著，三一书房 1975 年版。

《西安事变：中国近代史之转折点》，[美] 吴天威著，密歇根大学 1976 年版。

《西安事变始末之研究》，李云汉著，台北近代中国出版社 1985 年版。

《王子壮日记》第三、第四册相关部分，台北中研院近代史研究所，2001 年出版。

《西安事变揭秘》，邢和明，吉林文史出版社 2011 年版。

张学良论著

《张学良与西安事变》,应德田著,13.9万字,中华书局1980年版。

该著作是张学良的部下应德田先生所作的回忆录。这本书虽然篇幅较短,但其中所述内容绝大部分是笔者亲眼所见、亲身经历,也有一些是由张学良和当事人的介绍,书中所载文电多抄录于《解放日报》或参阅了有关史料。鉴于笔者的实际经历,书中多数记载的是与张学良有关的事件,而对于十七路军和杨虎城方面的情况记载较少。

《张学良评传》,司马桑敦著,星辉图书公司1986年版。

本书为1974年在《中华月报》上分十六期刊登完后,经编者做了几处重要增删后出版的单行本。该书利用日本外务省档案、当事人的回忆、当事人的著作、张学良本人的《西安事变忏悔录》、相关报刊资料和其他学者的著作等大量资料,对东北军、中原大战、九一八事变、西安事变等与张学良相关联的重要问题进行了阐述与评议。本书资料丰富翔实,对张学良的研究有重要的史料价值。

《张学良囚禁生涯》,河北人民出版社编,9.9万字,1986年版。

书中收录的文章多数为张学良的亲朋好友以及张被囚禁期间监管人员所写的文章。本书共分为三部分:第一部分记述张学良在西安事变后被监禁的过程及其在大陆和台湾各地被幽禁的经历;第二部分介绍张学良的夫人于凤至、赵一荻的家世以及她们陪伴张学良共度患难的种种遭遇;第三部分是张学良的有关亲朋故旧以及各界人士渴望祖国统一、欢迎张学良返归大陆的呼吁,等等。该著作不仅适合一般读者阅读,而且对史学研究也有一定的参考价值。

《张学良和东北军（1901—1936）》，方正、俞兴茂、纪红民编，27.6万字，中国文史出版社1986年版。

该书为纪念西安事变50周年所编，书中汇总的史料均属于亲历、亲见、亲闻，基本上选自全国政协和地方政协已经出版的《文史资料选辑》，作者多为东北元老，张学良的好友，东北军的主要将领，负责外交、财经的重要官员，以及和东北军有关的共产党人等。本书比较系统具体地反映了西安事变前张学良和东北军所经历的重要事件，对读者了解这段历史具有重要的参考价值。

《张学良将军传略》，武育文、王维元、杨玉芝著，45万字，辽宁大学出版社1987年版。

本书记载了张学良一生致力于祖国统一和民族解放事业的英勇献身精神，对他一生的功过作了比较公正的评价。特别是对张学良发动的"西安事变"以及由此促成的第二次国共合作给予了高度评价。书中还对张学良的家庭生活、囚禁生涯、个人兴趣爱好等，都做了翔实的记述。本书对研究中国近现代历史和张学良的生平事迹，具有重要的参考价值。

《民族功臣张学良》，孟凡主编，政协辽宁省委员会文史资料研究委员会编，24.2万字，辽宁人民出版社1988年版。

本书为一套有关张学良的专题文史资料，书中较系统地介绍了张学良的主要经历及活动。编者从《辽宁文史资料》几年来先后发表的有关张学良的文章中，挑选其精者，附以外地4篇稿件，辑录而成。这些文章作者多为张学良的故旧、部属，所撰文章多以亲历、亲见、亲闻为主。所以史料翔实，内容生动，情感真挚。

《张学良研究》，李敖编著，李敖出版社1988年版。

本书系作者为了给张学良作恰当的历史定位，驳斥国民党一派的一贯说法而决定发行的，以此对张学良进行拍案与翻案。书中收录了王家桢、何柱国等人回忆张学良的文章，傅斯年密函提及的西安事变等资料，以及作者本人对于九一八事变中的不抵抗命令，西安事变，张学良与中共关系，蒋介石与张学良关系等问题的观点、立场。本书资料丰富，可读性强，有助于读者对张学良及一些重要历史事件的重新认识。

《张学良研究续集》，李敖编著，李敖出版社1988年版。

本书系作者想进一步为张学良翻案，让更多人了解一些重大历史事件的真相，而在《张学良研究》的基础上所出的续集。与前作相比，本书中收录和参考的资料，尤其是如赵寿山、孙铭九等亲历西安事变者的回忆文章更多；书中涉及的历史事件更多，研究也趋于深入和细化。本书对于张学良的研究具有较高的参考价值。

《张学良外纪》，王益知著，香港南粤出版社1989年版。

本书系张学良传记。与以往有关张学良的传记相比，本书中除记载与张学良相关的重大事件、重要战役外，还辑录了不为人知和不甚注意的张学良的其他方面，比如童年经历、婚姻生活、社会活动与建设、个人私事等内容，资料丰富，涉及面广，对于张学良的人物性格和行为的研究有所帮助。

《我所认识的张学良》，汪树屏、汪纪泽著，16.3万字，中国广播电视出版社1990年版。

作者汪纪泽的父亲汪树屏曾跟随张学良十多年，本书主要根据其父亲的日记及他所保存的资料整理编写，叙写了张学良一生中的几个片段和生活侧面，反映出张学良的思想性格、生活面貌、工作作风，可供研究参考。

《张学良传》，张魁堂著，21.3万字，东方出版社1991年版。

本书系作者以过去积累的资料为基础，加上后来陆续发现和披露的资料，整理、编撰而成。本书把张学良放在当时国际国内的特定历史背景和特定社会环境下思考，如实地记述了他的生平思想和实践。作者运用翔实而丰富的史实，以朴实无华的文字叙写，对于张学良政治思想和行动的某些关键性问题，提供了可靠的依据。

《张学良在一九三六》，远方编，26万字，光明日报出版社1991年版。

该著作主要着眼于西安事变发生前后以及事变发生时的事件，详细地叙述了这一时期内张学良的具体行动，再现了事变发生的全过程，同时对与事变有关的宋氏兄妹、端纳等人在这一时期的情况进行了简单地介绍。此外，本书结尾处，附有蒋介石的《西安半月记》和宋美龄的《西安事变回忆录》，具有重要的史料价值。

《张学良生涯论文集》，莫笛编，26万字，光明日报出版社1991年版。

该著作收录了海内外专家有关张学良研究的一些重要论文。这些论文涉及的内容主要包括：张学良在东北的经营、张学良革命思想的转变、张学良与西安事变等，观点较为新颖，引用和参考的资料颇为丰富，是20世纪研究张学良的代表性作品。本书的撰写整合了张学良研究的重要作品，为我们对学术研究进行回顾提供了很大的方便。

《西安事变后的张学良》，郝建生编著，14万字，陕西师范大学出版社1991年版。

本书为纪实文学作品，但笔者在写作过程中认真核对和反复比较了相关的文献资料，尽可能地还原历史的真实面目。书中所述内容主要为西安事变发生时张学良的活动以及张被囚禁期间和重获自由之后的状况；此外，附录中还增加了张学良本人的一些答记者问，资料十分丰富，是研究张学良的重要参考。

《张学良生涯论集：海内外专家论文精选》，莫笛编，26万字，光明日报出版社1991年版。

该书是一本将海内外研究张学良的相关论文精选而编，对于张学良和西安事变的研究有一定参考价值。

《张学良与中国》，[日] 松本一男著，王枝忠、鲁忠慧译，11.1万字，北京师范大学出版社1992年版。

该书在参考大量文献资料的基础上而写成，资料较为丰富翔实。该书记述了张学良从小生活的环境到他成为东北王，记述了他与蒋介石的关系以及他发动的西安事变，和西安事变后的幽禁岁月。几乎囊括了他一生的重要事件，对于读者了解张学良以及当时的社会环境具有一定的参考价值。

《缄默50余年张学良开口说话——日本NHK记者专访录》，管宁、张友坤译注，辽宁人民出版社1992年版。

该著作译自1990年日本NHK采访组对张学良的采访文稿。全书分五章，分别叙述了张学良的幼年时代、青年主政东北、"九一八"事变、西安事变及其被幽禁的岁月，再现了张学良的一生。在叙述中笔者保留了张学良受访时的谈话内容，从亲历者自身的角度出发考察了这段历史，为我们今天研究张学良和西安事变提供了一定的启发。

《震惊世界的一幕——张学良与西安事变》，李义彬著，31.6万字，上海人民出版社1998年版。

本书旨在说明当时的国际、国内形势对于西安事变的爆发、和平解决所产生的影响，书中引用了大量丰富、翔实的历史史料，对西安事变的前因后果、与蒋介石谈判始末、张学良和杨虎城思想的转变等论述的非常详细，并对扣蒋之后民国党内部、普通民众之间以及国际上的反响、反应都有相关的涉及，对于西安事变事件和人物研究有重要意义。

《张学良》，［日］西村成雄著，史桂芳、李保华、李炳青译，15.4万字，中国社会科学出版社1999年版。

该书是作者二十多年研究成果总结，作者查阅了大量的中、日、英文资料，并与张学良进行了面见和会谈，资料丰富扎实。该书对张学良的民族主义作了深刻的分析与研究，并将张学良的民族主义与中国传统的爱家、爱国，以及当时的中日关系的发展联系起来考察。特别是对张学良的"救国"与"救亡"认同关系的产生、发展、演变作了深入的研究，是对张学良以及西安事变研究的新突破，具有重要的参考价值。

《张学良大传》（上下册），张永滨著，53.5万字，团结出版社2001年版。

本书旨在真实全面地记录张学良从1901年出生直到2001年10月14日告别人世，这段长达百年的军政生涯、幽禁岁月及其获得自由赴美探亲定居的生活轨迹。书中的文件、电报、书信、演讲、诗词、文赋等内容均实录于文献、档案资料及其墨迹、手笔等。该书还配有450幅珍贵历史图片,其中许多图片都属首次在内地公开出版。

《杂忆随感漫录：张学良自传体遗著》,张学良著,张之宇校注,历史智库出版股份有限公司2002年版。

该书是张学良自己所著,他认为近现代史,疑云重重,多有不真实之处,不是因为写史者的有意歪曲,而是真实的史料难得求访。他做这本书是将其亲身所经历的,有关可提供为历史史料的,真实记述下来,以供历史学家参考。该书涉及了近代的众多历史事件,如直奉战争、九一八事变等。张之宇运用大量的史料进行补充和校注。该书对于研究近现代历史具有很高的史料价值。

《英雄本色——张学良口述历史解密》,毕万闻著,25万字,中国文史出版社2002年版。

本书以时间为纵轴叙述了张学良的一生,并且借助张学良的口述资料分析了张学良与蒋介石关系的发展、变化,西安事变前张学良与中共、特别是与周恩来之间的往来,西安事变的爆发等一系列重大历史事件。在分析这些事件的过程中,作者吸收了郭冠英、吴天威、唐德刚、张培森、杨奎松等许多著名学者的研究成果,引用了孙达生、宁恩承、冯健龙等原张学良的部属所提供的史料。本书为研究张学良,乃至西安事变提供了丰富的资料。

《张学良传》,范克明、周亚兰著,37.8万字,长江文艺出版社2002年版。

该著作是作者在张学良逝世后为纪念张学良而作。在写作过程中,作者以大量史实为依据,力求真实、系统、全面地反映张学良的人生经历,并且参考了关于西安事变与张学良研究的一些重要成果。本书生动地再现了张学良的一生,可以帮助读者快速了解这位重要的历史人物,但也不失学术价值,是研究张学良的重要参考文献。

《张学良三次口述历史》,窦应泰著,31万字,华文出版社2002年版。

该书采用唐德刚先生采访张学良的录音资料。全书分为三卷,第一卷：第一次口述历史——《世纪行过》，主要讲述刚解开幽禁的张学良，在特殊的背景下口述历史的艰难经过，张氏对政治只字不提，尤其是西安事变。第二卷：《张学良有话要说》——对日本 NHK 电视台口述历史，首次接受日本媒体的采访。第三卷：对美国哥伦比亚大学口述历史的前前后后。这是最完整的张学良口述历史。全书真实详尽的展现张学良的一生，史料除张氏自身的口述外，还有相关的电函等，对于了解张学良和当时的政治等情况具有一定的参考价值。

《口述实录——张学良世纪传奇》，唐德刚访问，[美] 王书君编著，90 万字，山东友谊出版社 2002 年版。

本书采用美籍华裔史学家唐德刚教授采访张学良的口述录音，真实详尽的记录了张学良从出生到谢世这 101 年漫长岁月每一阶段的真相。王书君先生撰著此书除了采用录音以外，还广泛搜集史料，引用很多事件当事人的回忆文章等，对张学良的一生进行梳理。本书具有较高的史料价值、收藏价值和研究价值。

《留住张学良：赴美采访实录》，赵杰著，23 万字，辽宁人民出版社 2002 年版。

该书是 1999 年 6 月，作者以特邀撰稿人的身份随省广播电视厅到美国采访当事人张学良及其子女、重要历史见证人及知情者，详细的介绍了张学良被解禁后去美国访问、定居的有关内幕。探究了张学良的心路历程，澄清了张学良终究未能返回祖国大陆的真实原因。对于研究张学良生平和晚年生活均有全新的材料，是国内记录张学良离开台湾后仅有的一部纪实性图书，该书还配有大量的珍贵的独家照片，具有一定的参考价值。

《我所知道的张学良》，文思主编，23.9 万字，中国文史出版社 2003 年版。

该书是民国高层内幕大揭秘系列丛书之一，该书主要是从张学良的生活到军政生涯的讲述，从煊赫的家世到个人情感、友情以及军事政治事件尤其是西安事变的相关内容的讲述。该书以采访伴随张学良左右相关人员的记录以及整合历史史实而成。全书共有八章节，内容较为翔实，具有一定的参考价值。

《张学良口述历史》,张学良口述;〔美〕唐德刚撰写,16万字,中国档案出版社2007年版。

该书共分为七章加一章外编,是张学良辞世以后,唐德刚先生在助手的帮助下,精心整理录音资料而成本书。全书以张学良的自述为主要内容,涉及张家的发家足迹、张学良的情感生活、将领关系以及西安事变等内容。该书对于了解张学良的一生具有较强的参考价值和史料价值。

《张学良遗稿:幽禁期间自述、日记和信函》,窦应泰编著,35万字,作家出版社2005年版。

本书为纪实文学作品。书中所收入的是张学良生前部分文字遗稿,与以前读者见到的同类资料所存迥异之处,就在于本书中整理、编注的资料不再是张学良的"口述历史",而是他本人自1936年12月失去自由之后,在浙江、湖南、贵州、台湾等地长达50年的幽禁生活里,亲笔撰写的《杂忆随感漫录》《日记》和信函、诗词等,其中许多资料是大陆读者所鲜知的,因此本书具有一定的史料价值。

《我与汉卿的一生:张学良结发夫人张于凤至回忆录》,张于凤至口述,美国张学良历史研究中心提供,江苏省政协文史委员会整理,12万字,团结出版社2007年版。

本书是于凤至首次披露与少帅结合和"离婚"等家族及政坛的内幕秘闻。于凤至在晚年病重的情况下,遵照当年离别时张学良的嘱托,将西安事变等内幕实情公诸于世,同时回顾自己与张学良共同经历的大起大落的人生之路。书中一些珍贵历史照片为首次大陆公开出版。对于研究张学良和西安事变具有一定的参考价值。

《张学良口述历史研究》,郭俊胜、胡玉海主编,45万字,辽宁人民出版社2010年版。

本书是20世纪中国历史的见证者和创造者张学良的口述历史,涉及郭松龄反奉、东北易帜、杨、常事件、中东路事件、中原大战、九一八事变、西安事变等他自己所经历的所有历史大事件。以及涉及近代人物多达几百人,为张学良及近代史研究提供了大量弥足珍贵的第一手资料,张学良口述历史研究在中国口述史研究中占有极其重要的地位和较高的学术价值。

《张学良史事笺证》，郭俊胜著，31.5万字，辽宁人民出版社2010年版。

这本传记文学运用客观、公正、生动的笔触，全面地去认识张学良。该书运用张氏帅府博物馆的丰富资料以及哥伦比亚大学毅荻书斋的资料对张学良研究进行资料的充实和史实的佐证。本书内容主要包括了郭松龄事件、九一八事件、西安事变等，是一部具有参考价值的著作。

《世纪情怀——张学良全传》（上下册），王海晨、胡玉海著，95万字，广东人民出版社、人民出版社2011年版。

该书分为上下两册共26章，真实再现了张学良的一生，涉及他作为少帅的成长历程，进行东北易帜，实现大一统，西安事变前后所作的努力，以及后半生的幽禁生涯……较为完整的记录了张学良的戎马一生。

《张学良》，徐彻、徐忱著，52.8万字，中国文史出版社2011年版。

本书系统描写了张学良的一生，既有重大的历史事件，也有鲜为人知的生活小事。书中为我们讲述他与杨虎城联合发动西安事变及其所带来的影响。本书配有多幅珍贵图片，为我们形象地再现了这位20世纪中国风云人物的独特风采，客观地披露了许多鲜为人知的历史隐秘。

《张学良的政治生涯》，［美］傅虹霖著，王海晨、胥波译，33.5万字，浙江大学出版社2013年版。

本书是张学良生前唯一肯定的一本传记。该书的宗旨在于描述张学良的戎马生涯，分析他对现代史的杰出贡献。作者在本书中采用忠实于史实的手法，对少帅从少年时代到成年时期，从一个顽童成长为军阀的一生进行了探讨和分析，对他继承父业后的政绩和戎马生涯给予客观的评估。该书查阅了大量的历史资料，拜访了历史见证人，史料扎实。全书共十一章，前五章探讨了张学良的生平和处世，他与日本人、蒋介石和中国共产党的关系。后五章叙写张学良和西安事变以及后果。最后一章叙述了张学良被幽禁的情形。结论部分分析了张学良对中国现代史所作出的贡献。

张学良论著

《张学良到底是个怎样的人?》,王卓然著,北京东方书店1937年版。

《对张学良评论———还给他一个公道》,方庆瑛著,香港同泽出版社1996年版。

杨虎城论著

《杨虎城传》，米暂沉著，14.4 万字，陕西人民出版社 1979 年版。

本书作者米暂沉长期跟随杨虎城工作，曾担任杨虎城的机要秘书达十年之久，是对杨虎城的政治活动、军事作风了解较多的一个人。本书原稿成于 20 世纪 60 年代，文革中大部散失，经重新整理后出版。本书叙述了杨虎城的相关史料，对杨虎城在政治、军事上的重要活动加以叙述，主要内容以杨虎城个人的历史为中心，附带提到张学良、蒋介石、与中共的合作等若干情况，对于杨虎城和西安事变的研究有重要的参考价值。

《杨虎城将军欧洲之行》，郝郁文著，15 万字，陕西人民出版社 1985 年版。

本书作者系杨虎城欧洲之行的亲随者和译员之一，根据耳闻目睹，记述了 1937 年杨虎城被迫出国旅欧期间的观光考察活动和宣传抗日救国的情况，包括了欧洲各国若干政治、经济、文化、社会情况，我国留学生和华侨情况等。本书内容比较丰富，反映了杨虎城旅欧期间的大部分活动。虽是作者根据自己的接触而写，但它仍不失为一本真实的历史记录，为研究西安事变、杨虎城和抗战前的中国历史，保存和提供了很有价值的史料。

《杨虎城将军传》，米暂沉著，米鹤都整理，22.7 万字，中国文史出版社 1986 年版。

本书是作者鉴于先前出版的《杨虎城传》受当时的历史条件所限，加以部分历史资料的遗失，在材料的选用和遣词造句方面尚多顾虑，语焉不详，缺漏重重，再加上其他有关杨虎城和西安事变的回忆文章、论文和专著先后发表，提供了许多有价值的资料，于是对《杨虎城传》作一较大的整理，对已发现的错误和不足予以订正，对当年未能编入的史料加以增补，并吸收了其他学者的研究成果。与前作相比，更全面、更客观地反映了杨虎城的一生。

《杨虎城研究》，余鼎章主编，陕西人民出版社1991年版。

该著作为纪念杨虎城殉难四十周年纪念学术讨论会论文选集。此次会议共收录来自全国11个省市的专家、学者提交的42篇论文，分别从杨虎城的早期革命活动、爱国主义思想、军事思想、教育思想、在西安事变中的作用、与中共的关系以及关于抗日战争的思想等方面发表了各自的见解。书中收录了其中的20篇，多数为评述性文章，也有少量的回忆和资料性文章，对我们今天进一步研究杨虎城具有一定的启发性。

《杨虎城将军与西安事变补遗》，张协和、董华主编，19.5万字，档案出版社1992年版。

本书编于杨虎城殉难四十周年之际，主要收录的是回忆性文章。撰写这些回忆文章的，大多是杨虎城的部属、亲朋和故旧，他们以自己的亲身经历和所见所闻，再现了杨虎城当年的革命功绩、斗争事迹和精神风貌。此外，书中还附有有关西北特支活动和西安事变的少部分资料。

《千古功臣杨虎城》，吴长翼著，15万字，中国文史出版社1993年版。

本书主要取材于20世纪八九十年代征集的文档资料和口述资料，也引用了米暂沉著《杨虎城传》中的某些情节。记述了杨虎城从"刀客"首领到民族英雄的经历，刀枪血火的战斗生活，在历史潮流中的作为。这部著作对我们今天了解杨虎城的生平事迹具有重要作用。

《杨虎城将军的最后十三年》，郝建生著，陕西人民出版社1995年版。

本书聚焦于杨虎城的最后十三年，全面地叙述杨虎城在这13年中的心路历程。这本书虽然为纪实文学作品，但笔者在写作时仍然参考了大量的档案文献、回忆录和相关的研究性著作，具有一定的参考价值。

《爱国名将杨虎城》，李炳武、雷云峰主编，32.2万字，三秦出版社1996年版。

本书出版于纪念西安事变60周年之际，讲述了杨虎城从少年时代揭竿而起，到辛亥革命后撑起护国、靖国军的大旗，率部坚守古城西安，策应北伐，参加北伐战争，进而到"九一八"后的积极主张抗日，与张学良共同发动西安事变的一生活动，总结了杨虎城的爱国民主思想。本书旨在通过杨虎城的历史事迹，使读者了解和学习杨虎城的爱国主义精神，发扬爱国主义，培养忠于祖国的民族气节和坚强不屈的人生意志。

《我所知道的杨虎城》，文思主编，22.3万字，中国文史出版社2003年版。

本书依据杨虎城生前的下属、同僚和亲友的大量口述史、回忆资料，讲述了杨虎城经略西北、西安事变、欧美之行和囚禁岁月的经历，辑录了许多过去未曾重视的史料，揭示了杨虎城离冯附蒋，又与中共暗中接触的历史谜团，以及再现了西安事变的台前幕后和被囚12年的历史现场。本书全部利用口述史料，为杨虎城和相关的历史事件的研究提供了新的资料。

《纪念杨虎城将军诞辰110周年学术研讨会论文选》，47万字，西安事变纪念馆编，陕西人民出版社2006年版。

2003年"纪念杨虎城将军诞辰110周年学术研讨会"在西安召开，会议共收到论文82篇，其内容涉及杨虎城生平的各个时期，主要集中在杨虎城与共产党、杨虎城与西安事变、杨虎城与陕西地方建设、杨虎城早期民主革命、杨虎城思想、杨虎城与其部属关系等方面。这些文章审视了现有的研究方向与研究现状，运用了新方法和新材料，进一步扩大了研究的领域，具有一定的代表性。该著作收录了其中的部分文章，对研究杨虎城有一定的参考价值。

《杨虎城大传》，杨瀚著，40万字，团结出版社2006年版。

本书是杨虎城之孙杨瀚先生耗费大量心血，在收集、整理丰富的史料（文献资料、采访资料）和档案的基础上完成，是第一部以大传形式详细记述杨虎城悲壮人生的著作。与以前出版的相关书籍相比，本书更为全面、翔实，既涉及了中国近代史上的许多重要人物、重大事件，又披露了许多隐晦未明的史实真相。国事与家事交织，历史与亲情交融，重大事件与生活细节并叙，既记录了杨虎城的人生历程，又突出了其个人性格特征，具有很强的可读性。

《杨虎城交往录》，陈溥、陈晴著，19万字，中国文史出版社2008年版。

本书主要以曾追随杨虎城的革命志士陈子坚先生的口述史，并结合大量的历史史料所撰写，通过一个新的视角切入——从杨虎城的人际交往关系反映他的成长历程、生平业绩和历史地位。同时对杨虎城的政治生涯中影响较大的一些人物与事件做了较详细的论述，以历史事实与生动的情节相结合，从多个角度反映杨虎城的思想、作风、为人、性格。书中记录的许多资料是过去较少披露和论及的，有助于读者进一步了解杨虎城的丰富人生。

《杨虎城》，万少平编著，22万字，世界图书出版公司2011年版。

这部著作分历史评论、杨虎城事迹、杨虎城故事、杨虎城传奇、一门忠烈、杨虎城诗文和咏杨虎城七个部分，简要的概述了杨虎城的生平事迹，并对杨虎城家族的部分人物进行了介绍，收录了世人对杨虎城的相关评价，对我们今天全面的了解杨虎城具有重要的参考价值。

《往事：杨虎城之子回忆》，杨拯民著，25.6万字，中国文史出版社2013年版。

本书为杨虎城之子杨拯民在生命垂危之际带病写下，经整理后编辑出版的关于回忆父亲杨虎城及其家人的著作。书中记录了杨虎城的青少年时期、坚守西安、发动西安事变、出国访问、被扣押囚禁的人生经历，回忆了杨虎城几段婚姻和家人情况，并附录对蒙浚僧、王菊人、赵寿山等人的回忆。为研究杨虎城的人生历程和生活状况提供了有力资料。

《杨虎城与西安事变》，杨瀚著，15.7万字，当代中国出版社2014年版。

笔者作为杨虎城之孙，曾长期致力于有关杨虎城、西安事变的资料收集和研究，并于 2006 年出版《杨虎城大传》一书。之后作者则开始专门从事杨虎城与西安事变的历史研究工作，在对多方资料进行比较、研究的基础上完成本书的写作。该著作试图从一个新的角度还原历史的本来面目，是读者全面了解杨虎城的重要参考文献。

《杨虎城将军诞辰 120 周年纪念文选》，杨瀚主编、西安事变研究会编，16.5 万字，中央文献出版社 2014 年版。

该书是 2013 年 11 月召开的海峡两岸专家学者、有关人士 200 余人参加的，纪念杨虎城将军 120 周年学术研讨会有关纪念讲话、纪念文章、学术报告汇编文选。一共收录了 22 篇，其中关于杨瀚等人在"杨虎城将军爱国主义思想座谈会"上的讲话 5 篇，罗援、陈超在"纪念杨虎城将军诞辰 120 周年学术研讨会"上的讲话 2 篇，纪念文章 4 篇，学术报告 11 篇，主要涉及杨虎城的爱国思想、统战思想、教育思想、兴农思想等内容。对于了解杨虎城的爱国思想和精神等具有重要的参考价值。

《杨虎城研究论文集》，陕西蒲城杨虎城研究会编，陕西人民出版社 1993 年版。

《杨虎城与西安事变》，梁仲明，三秦出版社 1996 年版。

《西安事变·八年抗战与杨虎城》，杨瀚著，台北风云时代出版股份有限公司 2013 年版。

《杨虎城研究论文集，第一辑，纪念杨虎城将军诞辰一百周年》，尚群定编，陕西蒲城杨虎城研究会 1993 年版。

《杨虎城将军诞辰 120 周年纪念文选》，西安事变研究会编，中央文献出版社 2014 年版。

其他论著

《蒋委员长西安蒙难记》，刘百川编，上海汗血书店1937年版。

本书是作者对蒋介石所经历的西安事变的全过程的回顾，主要内容包括：西安事变爆发经过，国民党中央的处理措施，其中附有林森、冯玉祥、蒋介石、孔祥熙等人的演讲词；全国舆论反应，涉及文化界、报刊舆论，各地党部、军政长官、民众团体对蒋介石的支持言论，各地方长官和普通民众为营救蒋介石的实际行动；日本、俄国、英美等国的态度及舆论，并补充有对张学良的宣判、西安事变解决之后的外国言论等。本书一定程度上代表了当时人对西安事变的态度和理解，是研究西安事变不可或缺的重要史料。

《西安事变与周恩来同志》，罗瑞卿著，人民出版社1978年版。

作者作为西安事变的亲历者，与周恩来曾经有过直接和间接的接触。在这部著作中作者详细叙述了西安事变发生前所目睹到的周恩来，并对周恩来在和平解决西安事变中所起的作用进行了客观地评价。此外，作者在附录中收入了中共方面有关西安事变的会议决议、通电和讲话，具有重要的史料价值。

《西安事变与第二次国共合作》，陈元方、史础农编著，9万字，长城出版社1986年版。

本书的编排以时间为序，上限起于1931年日本侵占我国东北，下限止于1937年第二次国共两党合作正式形成和抗日战争开始。书中主要收录了这一时期内大量的图片资料，共703幅，并且每幅图片都附有简要的文字说明，为我们提供了当时所发生的历史事件以及相关景物、人物的真实画面，是有关西安事变的一部重要著作。

《中外学者论张学良杨虎城和阎锡山》，相从智主编，人民出版社1995年版。

该著作为1993年在山西大学召开的"中国近现代名人社会经济文化思想国际学术研讨会"论文选集。本书共选取论文44篇，涉及的内容主要有：张学良思想、张学良与东北建设、张学良与西安事变、杨虎城经济思想与陕西建设、杨虎城与西安事变、阎锡山与山西经济发展、阎锡山与西安事变、阎锡山与抗日战争以及张杨阎三者之间的关系，观点新颖，具有代表性。对中国近现代史的人物研究具有很大的启发性。

《哀兵：西安事变后的东北军纪实》，张百如著，38万字，黑龙江人民出版社1995年版。

该书记述了西安事变后，张学良被扣押，几十万东北军陷入群龙无首的混乱状态。该书以鲜为人知的大量史料为依据写成，解开了西安事变后东北军的种种迷雾和疑团，填补了历史上关于东北军的一段空白。

《西安事变前后的周恩来》，郝建生编著，34.5万字，中央文献出版社2004年版。

在这部著作中，作者以纪实的样式和笔法，比较系统而全面地描绘了以西安事变为转折点的国共两党第二次合作从酝酿到形成的风云变幻，翔实而具体地记述了周恩来在这一特定历史时期所肩负的特殊使命、奋斗经历和杰出贡献，向读者呈现了一个真实的周恩来。

《蒋介石与南京国民政府》，杨天石著，37.7万字，中国人民大学出版社2007年版。

本书是作者利用蒋介石的未刊日记，考察其早年的个人历程和极为隐秘的内心世界，并通过蒋介石等国民党要人的档案资料和口述史揭示了1927—1937年间，南京国民政府的政坛内幕和国民党内部的派系斗争情况。在研究西安事变方面，本书以陈立夫、张学良口述史和孔祥熙所藏西安事变期间的未刊电报为依据，对这一段史实进行了厘清和阐述，有助于校正讹误，推动西安事变研究的进一步深入。本书丰富的文献内容也可作为史家研究民国史的重要参考资料。

其他论著

《蒋介石与西安事变》，宋连生著，18万字，团结出版社2008年版。

该书利用近年来大量披露的历史档案，并吸收了学术界的最新研究成果，翔实记述了蒋介石在西安事变中的特殊经历及其态度变化，剖析了国内外各派政治势力对于"杀蒋"与"放蒋"的分歧与斗争，揭示了和平解决西安事变的艰辛、复杂过程。本书文字生动，材料新颖，对于深入研究西安事变中的蒋介石有着很大的参考价值。

《蒋介石与张学良的恩怨情仇》，聂茂、厉雷著，53.6万字，东方出版社2010年版。

本书作者将研究视角对准蒋介石和张学良，从历史人物的角度分析了蒋介石和张学良相互交织，但始终都不融合的历史命运，涉及北伐战争、东北易帜、中原大战、九一八事变、西安事变等重大历史事件。本书在创作过程中参考和引用了大量的书籍、报刊文献和影视资料，以文学化的语言叙事，描绘了蒋介石和张学良由亲密至交逐渐走向分裂的过程，从近代史上两位重要的政治人物之间的关系变化洞悉历史原貌。

《统一战线的典范：中国共产党与杨虎城十七路军的统战史》，王宇明著，40万字，陕西人民出版社2013年版。

该书主要围绕杨虎城和十七路军以及和共产党的关系等一系列历史进行研究。全书资料丰富、翔实。运用、参考了大量的历史文献和口述资料以及近年来的最新研究成果，是近年来研究十七路军和中国共产党关系史的力作。本书记事完整、系统，从中国共产党同杨虎城的首次交往到三十八军所部起义，回归人民军队怀抱，使读者对杨虎城创建十七路军的历史、杨虎城的生平、中国共产党在十七路军的活动等重大事件有一个系统、明晰的了解。

《救亡图存东北魂——东北救亡群体与西安事变研究》，张万杰著，28.7万字，人民日报出版社2014年版。

作者将东北救亡群体分成了三个层面，即第一层面是张学良的核心组成员、东北籍爱国民主人士；第二层面是东北军内主张联共抗日的爱国将领；第三层面是从事东北救亡运动的东北籍共产党员。该著作详细叙述并分析了这一群体在西安事变中所起的作用，是研究西安事变的一部重要学术著作。

文献史料索引

西安事变是一个非常复杂的历史事件，西安事变涉及南京国民政府，张学良、杨虎城地方实力派和中共等多种政治势力，涉及当时中国高级政治精英张学良、杨虎城、蒋介石、何应钦、宋美龄、宋子文、张闻天、毛泽东、周恩来、叶剑英等，西安事变的和平解决，不仅仅是中国各种政治势力斗争妥协的结果，还涉及苏联政府及共产国际，以及英、美政府等国际政治势力。各方错综复杂，所以史料来源广泛众多，档案文本资料、命令、决议、电报、信函、日记等固然为根本资料，但事变限于特殊的政治环境，精英政治人物的心理、情绪、心情、性格、脾气等都很重要，影响了事变的进展。事变之后的多方面人物的口述、回忆以及为达到各自政治目的宣传混杂在一起，为研究者解读史料造成一定的困难。尽管如此，西安事变是客观的，各种资料对西安事变的解读也是客观的。

海峡两岸学者非常重视史料的保存保护和整理，西安事变80年来已经出版了许多史料。索引以史料出版时间先后为序并给予扼要介绍。对发表于期刊方面的资料——部分口述、回忆及档案资料，我们以期刊论文形式的索引附后。

出版史料索引

《关于西安事变之报告与舆论》，国民党安徽省党部编，国民党安徽省党部1936年版。

该书是西安事变发生后国民党为声讨张学良、杨虎城的"叛逆行为"而发行的一本小册子。主要收录了国民党当政要人的报告，以及中央日报、沪大公报、时事新报、东南日报、皖报等五大报刊的重要评论，均为珍贵的一手文献，对我们研究国民党与西安事变具有重要的史料价值。

《蒋委员长西安半月记、蒋夫人西安事变回忆录》，蒋介石、宋美龄著，正中书局1937年版。

本书系西安事变和平解决后，根据蒋介石和宋美龄的回忆录合编而成。内容包括蒋介石根据当时日记，口述的自身经历和被困西安时的感想，以及宋美龄以自身回忆分析了西安事变发生之时各方面势力的活动。本书为研究、了解西安事变中的蒋、宋等人的所思所想，以及当时各方势力情况提供了一手资料，有着重要的史学参考价值。但是书中也有不少隐漏或歪曲之处，引用时需仔细考证、鉴定。

《中国近代史资料丛编之九——为第二次国共合作铺平道路的西安事变与张学良》，存萃学社编集，台湾大东图书公司1978年版。

该书在对西安事变经过始末考察的基础上，通过对各方面资料的相互佐证，筛选了7篇收入本书。这7篇分别为：蒋中正的《西安半月记》；蒋宋美龄笔记《蒋委员长离陕前对张、杨训话》；蒋宋美龄《西安事变回忆录》；李金洲《西安事变亲历记》；郭增恺《一个历史问题的交代》；鲁泌《论张学良先生》；唐哲夫译《东北和少帅》。这些资料均为一手文献，具有重要的史料价值。

《西安事变资料选辑》，西北大学历史系中国现代史教研室等合编，1979年七二二六厂印刷，为内部资料。

《选辑》主要收录了散见于报纸杂志和历史档案中的国共两党在事变发生前后发表的一系列宣言、通电、指示、训词、会议决议等，此外还包括事变发生时一些重要报刊的评论、事变亲历者的回忆录以及西安事变始末的大事记，是我们研究西安事变的重要参考文献。

《中国现代革命史资料丛刊——西安事变资料》（第一、二、三辑），中国社会科学院现代史研究室编，中国文史出版社

该丛刊共分三辑出版，其中第一、二辑分别于1980年、1981年出版，字数分别为17.6万字和20.4万字；第三辑于1987年出版。第一辑选收有关事变的背景、经过和意义，以及张学良、杨虎城的功绩等方面的历史文献，共140多件，主要包括协定、函电、决定、命令、宣言、讲话、社论和文章等，所收录文件照原样排印，并尽可能的注明了出处。第二辑主要选收了西安事变回忆录14篇，这些回忆录是作者根据亲身经历及当时的见闻写成，具有历史参考价值。

《西安事变史料》（上、下册），秦孝仪主编，台北中央文物供应社1983年版。

本书分为上、下两册，亦即《革命文献》第九十四、九十五两辑。上册除首列蒋介石《西安半月记》、宋美龄《西安事变回忆录》外，还辑录了有关西安事变前情势、西安事变爆发实况，以及国民党中央的处置与各方的反应；下册自蒋介石脱险起，辑入中央决策、民情实录，以及善后处理等内容，末尾附有《西安事变前后大事记》。本书主要依据中国国民党中央委员会党史委员会库藏档案及中华民国政府文献机构所藏的原始史料，辅以当时报纸杂志及当事人的著述文字编辑而成，史料丰富翔实，是研究西安事变的重要参考资料。

《中共中央抗日民族统一战线文件选编》（上中下），中央统战部、中央档案馆编，档案出版社出版，（上册1984年版、20.2万字，中册1985年版、41.3万字，下册1986年版、62.3万字）。

《选编》分上、中、下册。上册收录1931年9月至1934年的文件；中册收录1935年至1937年"七七"事变前的文件；下册收录1937年"七七"事变后至1945年8月的文件。这些文件以中央文、电为主，也收入了中央负责同志的一些讲话和文章，其中有关西安事变的内容主要收录在中册部分。

《西安事变电文选》，西安事变研究会资料室编，12.5万字，陕西师范大学出版社1986年版。

本书系关于西安事变往来函电的资料汇编，书中共辑录了275件重要函电。这些函电包括西安事变爆发之前蒋介石、张学良等人对时局的态度，中共关于一致抗战的呼吁，西安事变爆发之后张、杨发表的重要函电，国民党中央要员的密电，中共关于西安事变解决的主张，国民党地方当局的反应，国内舆论和国际反应等。本书所辑录的资料有较强的真实性，对研究西安事变具有重要的史料参考价值。

《西安事变档案史料选编》，中国第二历史档案馆、云南省档案馆、陕西省档案馆合编，25.4万字，档案出版社1986年版。

本书是为了纪念西安事变50周年，并适应中国现代史的科学研究和教学需要，中国第二历史档案馆和云南省档案馆、陕西省档案馆合作，就三家馆藏的有关历史档案资料，选辑整理成书。本书辑录的档案资料，共有214题，321件，其主要内容有：（一）张杨发动西安事变的情况，并附有各方传报的资料；（二）中共中央关于和平解决西安事变的主张；（三）国民党政府对西安事变的处置；（四）"陕甘善后问题"政治解决的经过；（五）张学良的"复权"与国民党五届三中全会关于西安事变的决议。此外，还有云南龙云与各方对西安事变的态度等资料。这些档案资料，对于研究西安事变具有重要的参考价值。

《辽宁文史资料》第18辑**《张学良将军资料选》**，中国人民政治协商会议辽宁省委员会文史资料研究委员会编，17.5万字，辽宁人民出版社1986年版。

本书为张学良的专题文史资料汇编，主要收录张学良从"东北易帜"到"西安事变"（1928—1936）这一时期的电文、言论、书信、诗词及当事人给张学良的电文、书信等。所辑录资料按大事件适当分类，书后附"有关张学良将军资料索引"。本书资料基本选自辽宁省图书馆所藏资料，史料真实、丰富，具有重要的研究意义。

《沈阳文史资料》第 11 辑《张学良将军史料专辑》，政协沈阳市委员会文史资料研究委员会编，1986 年印行。

本书系有关张学良的专题文史资料，涉及张学良的主要人生经历和重要活动。这些系列资料包括：张学良的部属、亲友所撰写的回忆文章，摘录的张学良重要文电、讲话、文告，张学良子孙状况等。本书内容生动，可读性强，史料丰富，有助于对张学良的深入研究。

《回忆杨虎城将军》，政协陕西省委员会文史资料研究委员会编，32.2 万字，陕西人民出版社 1986 年版。

本书收录了文史资料研究委员会 25 年来征集的一些资料，分"回忆录"和"历史文献资料"两部分。回忆录的作者都是杨虎城的生前好友和同事，按不同的历史阶段和各自了解的角度，回忆和记录了杨虎城生前的事迹；历史文献多为杨虎城与各界人士的往来书信、电报，都是珍贵的第一手资料，具有重要的史料价值。

《临潼文史资料第八辑——西安事变临潼兵谏回忆》，政协陕西省临潼县文史资料委员会编，政协陕西省临潼县文史资料文员会 1990 年版。

《资料》主要收录了有关临潼兵谏的回忆录，其作者均为兵谏的亲历者，所提供的资料具有重要的史料价值。同时，书中还收录了王宝成先生有关西安事变概述的相关文章和他整理的一些资料，内容丰富，具有一定的参考价值。

《张学良文集》，毕万闻主编，毕万闻、周毅、那丽编注，87.8 万字，新华出版社 1992 年版，内部发行。

本文集分一、二两卷，主要收录了张学良一生中较重要的电文、文告、演讲、谈话、信函、文章、诗词、对联等，所收言论均按时间顺序排列。书中的标题下注明有文电发出的时间和地点，对文电的历史背景需要说明的加有题解；文中涉及的历史事件、人物身份和典故均有注释，以便于对原文的理解。本书对于了解和研究张学良的生平和思想有重要的史料意义。

《沈阳文史资料》第22辑《西安事变与东北军将领》，政协沈阳市委员会文史资料委员会编，政协沈阳市委员会文史资料委员会1996年版。

本辑从一个全新的角度考察了西安事变，把视角缩小到了积极参与或积极支持西安事变的东北军将领。作者所收录的资料主要是通过走访调查所得的亲历、亲见、亲闻资料，并同档案文献资料核实印证，基本做到了翔实可靠；同时，博采众家之长，对这些将领进行了全面地、客观地、公正地评价。

《西安事变史料》，朱文原编，台北国史馆出版（第一、二册1993年版，第三册1994年版，第四册1995年版，第五册1996年版，第六册1997年版）。

该丛书共六册，其中第一、二册为西安事变的重要函电；第三、四、五、六册分别为西安事变的大事日志、各报刊的社论短评、当事人的有关记述回忆、军政首长的日记书稿等。本史料以国史馆所藏国民政府、外交部、交通部等单位之档案及阎锡山专档为主要取材内容，并辅之以当时主要报刊的有关资料，如《政府公报》《大公报》《中央日报》《上海时事新报》等，间亦参酌现行坊间出版之专著论文；在时间断限上，系自民国25年12月12日事变发生之日始，截至民国26年2月28日。这部丛书是我们研究西安事变必不可少的参考资料。

《中国共产党关于西安事变档案史料选编》，中央档案馆编，36.7万字，中国档案出版社1997年版。

本书主要收录了从1935年8月到1937年4月关于西安事变的档案史料，主要涉及的内容有：毛泽东、刘少奇、周恩来、朱德等中共领导人有关事变的往来信件，事变发生前后中共发表的各类宣言，期间所召开会议的公告，张学良、杨虎城关于西安事变的通电等。编者在辑录时坚持以求实、存真为原则，尽量保持历史档案文件的原貌，为研究西安事变提供了宝贵的资料。

《海外访史录》，杨天石著，57.3万字，社会科学文献出版社1998年版。

该著作中主要收录了杨天石在海外图书馆、档案馆等收集的中国近代史料。这些史料覆盖了中国近代史上的各重大事件，其中涉及西安事变的部分主要选自孔祥熙、宋子文、陈立夫等人的档案。这一著作为研究中国近代史提供了丰富的史料，是研究中国近代史必不可少的参考文献。

《西安事变资料丛编》（第一辑），刘东社编，47.3万字，香港银河出版社2000年版。

《西安事变资料丛编》按史料种类分辑出版。本书为该资料丛编的第一辑，共收录了已经公开发表的有关西安事变的电文1006条。全书分为三大部分，即：一、西安事变的复杂背景（132条）；二、从事变爆发到和谈释蒋（449条）；三、西北善后处理与国内和平的实现（425条）。这些电文汇集起来，较全面地反映了该事件的历史真相，具有相当高的史料价值。

《文史资料存稿选编——西安事变》，赵杰主编，116.1万字，中国文史出版社2002年版。

《选编》中收录的资料多为西安事变亲历者的回忆性文章，涉及与西安事变有关的各个方面，内容较为全面，为我们今天研究西安事变提供了丰富的参考资料。

《千古功臣张学良　杨虎城将军》，西安事变纪念馆编，5万字，陕西人民出版社2002年版。

该画册是为了纪念西安事变六十五周年，以弘扬张、杨和西安事变所体现的爱国主义思想和民族精神所编写而成的。画册在吸收其他著作的基础上，从馆藏1000余张照片中精选了350余张历史照片，其中100余张属首次发表。这些照片资料，从不同侧面展现了张学良、杨虎城的爱国情操和发动西安事变的英雄壮举，如实反映了他们的人生经历和音容笑貌。画册共分十章，内容既各有侧重，又联系紧密，组成一个有机的整体。该画册具有两个鲜明的特点，一是图文并茂，直观性强，生动而形象地再现了20世纪历史风云的变化，其纵深感给人以遐想的空间；二是史料翔实，内涵丰富。它不仅有较高的学术价值和现实意义，而且有重要的保存和收藏价值。

《共产国际、联共（布）与中国革命文献资料选辑（1931—1937）》，中共中央党史研究室第一研究部编，中共党史出版社 2007 年版。

本书系《共产国际、联共（布）与中国革命档案资料丛书》的第 13—17 卷，该文件集共收录自 1931 年"九一八事变"至 1937 年 7 月抗日战争全面爆发期间有关档案文件 411 份，绝大部分为首次公开发表。其中第 17 卷的文献资料涉及共产国际和西安事变，以及共产国际与第二次国共合作的形成。这些文献资料散见于其他中文图书报刊之中，包括以前已由外文译成中文的文献资料。这些文件揭示了莫斯科在共产国际七大前后制定统一战线政策的过程，以及在西安事变发生之后的反应等。本卷资料中公布的共产国际执行委员会领导机构关于这个时期对华政策的问题的决议和指示，是研究共产国际与西安事变的重要史料依据。

《杨虎城年谱》，全国政协文史和学习委员会，中共陕西省委党史研究室编，贾自新编著，50 万字，中国文史出版社 2007 年版。

本书按年、月、日逐条记事，收录了杨虎城自 1893 年出生到 1949 年被害的详细生平资料。书中史料主要来源于民国国民政府文官处、行政院、军事委员会委员长西安行营、西安绥靖公署部分档案，民国时期主要报刊，以及《文史资料选辑》和有关专题图书，对于中国近现代史研究特别是西安事变研究具有重要的意义。

《张学良年谱》，张友坤、钱进、李学群著，176.4 万字，社会科学文献出版社 2009 年版。

该书是《张学良年谱》的修订版本，按照年、月、日逐条记事，记录了张学良从 1901 年出生到 2001 年去世的详细生平资料。该书主要依据国内外有关档案，谱主函电、日记、遗著、口述历史及报刊资料、学术论文等而著。《张学良年谱》的再版不仅将新发现的历史资料和有关学术研究成果编入其中，而且也将原版条目中存在的错、漏之处加以纠正、补充。全书篇幅巨大，还有 8 个附录，内容涉及张学良口述历史、张学良职务、军衔、家族等。全书参考书目多、资料丰富、内容翔实。是研究张学良、东北军、西安事变和国共关系不可缺少的学术专著。

《张学良、宋子文档案大揭秘》，林博文著，16.8万字，上海人民出版社2010年版。

该著作主要收录了西安事变之后的张学良和宋子文二人的相关档案，主要包括张学良的口述历史，张学良轶事，学界对张学良口述历史的评价，以及2004年5月胡佛档案馆公开的大批宋子文档案等。本书为研究张学良、宋子文和西安事变提供了大量的原始资料，具有重要的参考价值。

《陕西文史资料精编 第二卷》，雷力主编，959万字，陕西人民出版社2010年版。

该资料第二卷分为西安守城战役和西安事变两部分，共656页，其中西安守城战役256页，西安事变部分为400页，西安事变部分按字数算有570余万字。这是陕西政协文史和学习委员会汇集了20世纪50年代末到八十年代中期征集到的有关西安事变的文史资料，作者大多为亲历者，或亲见亲闻西安事变的某一方面，如事变中捉蒋、看守蒋的孙铭九、王协一、李光裕等，还有事变后与蒋介石、何应钦谈话的陕西政要张钫的回忆录。这些资料为西安事变的珍贵资料。

《陕西文史资料精编 第九卷》，雷力主编，500余万字，陕西人民出版社2010年版。

该资料第九卷为人物专辑，分为上中下三册。上册主要人物为张学良、杨虎城、孙蔚如、邓宝珊、杜斌丞，尽皆西安事变重要人士。其中张学良38页，杨虎城380余页，500余万字，是研究杨虎城及西安事变的重要史料。

《西安事变资料选编》，西北大学历史系中国现代史教研室 西安地质学院中共党史组和八路军西安办事处纪念馆合编，1977年出版。

《十七路军军史》资料2（西安事变部分），西安市政协文史资料委员会、西安事变研究会暨十七路军军史研究会、中共渭南市委党史研究室编**，2008 年内刊。主要包括以下内容。

赵寿山：《西安事变前后的回忆》
孔从洲：《杨虎城将军在西安事变前后》
王菊人：《记西安事变前后的几件事》
李振西：《杨虎城将军与〈西安事变〉》
赵维振、朱宗愈：《张学良将军与西安事变》
李维城：《西安事变的片段回忆》
陈再厉：《西安事变前后几件事的回忆》
马文彦：《记西安事变期间杨将军让我办的几件事》
王澄之：《西安事变补遗》
曾扩情：《西安事变点滴回忆》
刘仲德：《"西安事变"时南京政府瓦解十七路军的阴谋活动——1936 年西安事变发生后国民党政府收买四十二师及地方武装叛杨的回忆》
宋文梅：《我所经历的西安事变》
张政枋：《西安"双十二事变"拾零——西北剿总总部的组织和配备》
魏予珍：《西安事变中的西北政训处》
王明钦：《西安事变时，冯钦哉部叛杨经过》
武志平：《忆西安事变后听杨虎城先生的一次谈话》
张钫：《西安事变后我与蒋介石、何应钦接谈经过》
孟吉荣：《西安事变时张、杨两军的军事部署》

期刊史料索引

《西安事变的片断回忆》，赵希鼎，《新史学通讯》，1956 年第 12 期

《我所知道的西安事变》，王伟勋，《扬州师院学报》（社会科学版），1978 年 Z1 期

《大公无私　力挽狂澜——记敬爱的周总理在和平解决"西安事变"中的片段》，党军，《陕西师范大学学报》（哲学社会科学版），1977 年第 1 期

《杰出的贡献　光辉的业绩——敬爱的周恩来同志在西安事变中的伟大革命实践片段》，方成祥，《人文杂志》，1979 年第 2 期

《西安事变档案资料选辑》，陈鸣钟，《历史档案》，1981 年第 1 期

《张学良二三事》，张汝舟、郭锋，《辽宁大学学报》（哲学社会科学版），1982 年第 1 期

《杨虎城将军被囚和遇害经过内情（一）》，沈醉，《团结报》，1983 年 8 月 13 日

《杨虎城将军被囚和遇害经过内情（二）》，沈醉，《团结报》，1983 年 8 月 20 日

《古城在沸腾（回忆"西安事变"前三天西安学生示威请愿）》，聂景德，《陕西日报》，1983 年 12 月 11 日

《西安事变见闻点滴》，赵新华，《团结报》1984 年 12 月 15 日

《西安事变爆发：〈谈西安事变〉之五》，孙铭九，《历史教学问题》，1985 年第 2 期。

《西安事变的那几天》，王玉瓒，《人民政协报》，1985 年 12 月 3 日

《汪日章忆西安事变》，王月曦，《团结报》，1985 年 12 月 7 日

《西安事变前国共两党接触经过和有关人物》，李海文口述，《人物》，1985 年第 5 期

《张学良将军往事（之四）》，赵吉春口述，葛嫩峰、郑友群整理，《团结报》，1985 年 1 月 12 日

《张学良将军往事（之五）》，赵吉春口述，葛嫩峰、郑友群整理，《团结报》，1985 年 1 月 12 日

《西安事变的爆发——〈谈西安事变〉之五》，孙铭九，《历史教学问题》，1985 年第 2 期

《西安事变的爆发——〈谈西安事变〉之五（续）》，孙铭九，《历史教学问题》，1985 年第 3 期

《爸爸杨虎城西安事变前后》，周盼，《今日中国》（中文版），1986 年第 12 期

《西安事变时期国民党驻洛阳办事处密电》，中国社会科学院近代史所图书资料室，《历史档案》，1986 年第 2 期

《复兴社在"西安事变"时的活动史料》，重庆市档案馆，《历史档案》，1986 年。

《有关西安事变后"陕甘善后问题"政治解决经过的函电》，万庆秋、陈宝珠，《民国档案》，1986 年第 4 期

《冯玉祥日记选——有关西安事变部分》，陈兴唐、韩文昌、潘缉贤，《民国档案》，1986 年第 4 期

《周恩来致张学良信（1936 年 4 月 22 日）》，《周恩来致陈果夫、陈立夫信（1936 年 9 月 22 日）》，《周恩来致陈诚、汤恩伯信（1936 年）》，《周恩来致蒋介石信（1937 年 7 月 15 日）》，1986 年《文献和研究》第 1 期

《西安事变时的蓝田：记汪锋忆贯彻周副主席对地方工作的三项指示》，朱平、秦生贤，《理论学刊》，1987 年第 12 期

《家父与周公的交往——记高崇民与周恩来的革命友情》，高存信，《党史纵横》，1988 年第 1 期

《西安事变电报选载》，刘镜亮，《历史档案》，1988 年第 3 期

《一通吁请释放张学良的电文》，陈寰，《团结报》，1988 年 6 月 4 日

《到红军前指去——怀念中共党员原东北军爱国军官孙立基同志》，孙学仁，《党史纵横》，1988 年第 12 期

《访贝特兰》，徐邦文，《中国记者》，1989 年第 11 期

《千古功臣千古传：万毅将军谈"西安事变"》，瞿孟，《解放军报》，

1991年12月12日

《孔祥熙所藏西安事变期间未刊电报（六）》，杨天石，《团结报》，1991年2月13日

《美国外交档案中关于西安事变电文选译》，吴景平，《历史档案》，1991年第4期

《"西安事变"内幕补遗：附编者按》，田雨时，《今晚报》，1991年5月31日

《西安事变追忆》，邵力子，《瞭望周刊》，1992年第2期

《张学良沉默五十五年后畅谈民国历史（一）》，夏里整理《民国春秋》，1992年第2期

《张学良沉默五十五年后畅谈民国历史（二）》，夏里整理《民国春秋》，1992年第3期

《西安事变史料》朱文原编，台湾"国史馆"，1993—1996年

《东北暖风吹宝岛——忆先翁高崇民》，白竟凡，《党史纵横》，1993年第1期

《张学良离西安时留下的手谕》，《档案》，1993年第3期

《李烈钧笔下的张学良受审记》，三力，《军事历史》，1993年第6期

《我驾机秘密转移张学良去台湾》，王赐九，《文史精华》，1994年第3期

《杨虎城将军囚居玄天洞纪实》，陈久琪，《贵州文史天地》，1994年第3期

《吴有恒忆周恩来谈西安事变》，《广东党史》，1994年第4期

《幽禁在雪窦山的张学良——钱君芷先生访谈记》，文楚，《新闻三昧》，1994年第10期

《我驾机秘密转移张学良将军去台湾的经过》，王锡九，《世纪行》，1995年第2期

《周恩来在西安事变的日子里》，童小鹏，《福建党史月刊》，1995年第3期

《周恩来在西安事变的日子里（续一）》，童小鹏，《福建党史月刊》，1995年第4期

《周恩来在西安事变的日子里（续二）》，童小鹏，《福建党史月刊》，1995年第5期

《周恩来在西安事变的日子里（续完）》，童小鹏，《福建党史月刊》，

1995 年第 6 期

《华清池扣蒋回忆》，张化东，《党的文献》，1995 年第 5 期

《张学良在西安事变的前前后后》，萧建中，《武汉文史资料》，1995 年第 12 期

《汉口庆祝"西安事变"和平解决一幕》，舒兴文，《武汉文史资料》，1996 年第 3 期

《西安事变时的冯玉祥》，李信，《北京档案史料》，1996 年第 3 期

《促成"西安事变"爆发的两个外因》，孟庆华，《山西文史资料》，1996 年第 5 期

《张学良将军囚居阳明洞》，陈新国，《贵州文史天地》，1996 年 6 期

《张学良转移开阳二三事》，伍家文，《贵州文史天地》，1996 年第 6 期

《张学良囚禁台湾的岁月》，刘盛甲，《贵州文史天地》，1996 年第 6 期

《杨虎城将军之死》，何仲，《贵州文史天地》，1996 年第 6 期

《西安事变史料选辑》，《文博》，1997 年第 1 期

《西安事变笔谈：部分大学生谈"西安事变"及其人物》，田建军整理，《文博》，1997 年第 1 期

《童小鹏谈"西安事变"中的周恩来》，陈清泉，《炎黄春秋》，1997 年第 1 期

《宋黎谈西安事变的前前后后》，剑荣，《档案与史学》，1997 年第 1 期

《西安事变前一份鲜为人知的情报》，《党史博采》，1997 年第 10 期

《张学良在夏威夷谈往事》，张天华，《炎黄春秋》，1998 年第 5 期

《张学良谈西安事变》，张天华，《军事历史》，1999 年第 4 期

《杨虎城将军遇害真相》，叶子，《山西文史资料》，2000 年第 1 期

《张学良与白安营》，邓一平，《贵阳文史》，2000 年第 4 期

《看守张学良的宪兵谈张学良》，严德明，《钟山风雨》，2001 年第 1 期

《目睹周恩来处理西安事变》，童小鹏，《漳州职业大学学报》，2001 年第 2 期

《张学良将军南京被审纪实》，范长琛、倪明秋，《钟山风雨》，2001 年第 6 期

《他在西安事变中曾参与捉蒋》，王桂枝，《文史月刊》，2001 年第 7 期

《张学良口述西安事变内幕》，《湖北档案》，2001 年第 11 期

《忆张学良将军与西安事变》，宋黎、单文俊，《百年潮》，2001 年第

12 期

《"西安事变就是逼出来的！"——张学良亲述历史内幕公开》，慈桂航，《四川监察》，2001 年第 12 期

《张学良亲述历史内幕公开》，慈桂航，《文汇报》，2001 年 10 月 30 日

《张学良将军与先父于学忠的交往》，于允科，《团结报》，2001 年 11 月 13 日

《张学良口述历史　破解西安事变谜题》，祝母康，《团结报》，2001 年 12 月 11 日

《万耀煌邂逅"西安事变"》，余文祥，《湖北文史资料》，2002 年第 2 期

《史沫特莱在西安事变中的遭遇》，李辉，《湖南文史》，2002 年第 3 期

《张学良口述西安事变》，唐德刚、王书君，《书摘》，2002 年第 8 期

《张学良南京受审记》，吕文娟、石四维，《湖南档案》，2002 年第 11 期

《宋子文〈西安事变日记〉》，张俊义译，《百年潮》，2004 年第 7 期

《西安事变研究的新史料》，左双文，《历史教学》，2006 年第 10 期

《教育资源与爱国主义教育基地建设——陕西省档案馆馆藏资料（西安事变史料）研究》，田晓光，《陕西档案》，2006 年第 5 期

《西安事变时的洛阳兵变》，窦应泰，《钟山风雨》，2006 年第 6 期

《我亲历的西安事变——纪念西安事变七十周年》，赵廷杰，《陕西档案》，2006 年第 6 期

《我知道的有关"西安事变"的几件事》，杨拯民，《兰台内外》，2007 年第 6 期

《关于西安事变的两份珍贵文献》，缪平均，《云南档案》，2008 年第 12 期

《"西安事变"之夜的两份密电》，窦应泰，《中国国防报》，2009 年 12 月 22 日

《"西安事变"部分相关档案解读》，柏雪梅，《中国档案报》，2012 年 12 月 14 日

《夏述虞回忆西安事变手稿解读》，吴禹星，《档案》，2013 年第 1 期

《纽约邦瀚斯公司（Bonhams）拍卖的有关西安事变秘密文件》，阮家新，《军事历史研究》，2014 年第 1 期

《破解西安事变之谜的重大发现——纽约拍卖的有关西安事变秘密文件的

考证和评述》,阮家新,《军事历史研究》,2014年第1期
《吴国桢忆谈西安事变》,吴国桢、马军、吴修垣,《档案春秋》,2015年第12期

后　　记

　　为纪念西安事变 80 周年，为弘扬张学良、杨虎城的抗日爱国精神，为继续深入研究西安事变提供学术方便，我们编写了《西安事变研究备要》一书。

　　本书的编写，先由张华腾教授提出编写设想和编写大纲，然后进行具体分工。张华腾教授负责研究综述与论文索引的编写，杜海斌副教授负责研究论著与文献资料索引的编写，最后由张华腾教授统一编排和审定。

　　中国近现代史专业部分博士、硕士研究生参加了本书的编写。武端利（2014 级博士生，陕西科技大学教师）参加了研究综述的编写。马建华博士（2007 级博士生，西安科技大学教师），2014 级硕士生杨湛、张洋伟、田燕飞，2015 级硕士生范珂、张景航等参加了论文索引的编写。2015 级硕士杨玲玲、张艳霞、张静、付增祺等参加了论著索引、文献资料索引的编写。参与编写的同学在课余不辞辛苦，奔波于西安各大图书馆之间，收集、整理、甄别资料，付出了辛勤的劳动。在此向他们表示感谢。

　　由于时间仓促和成于众人之手，所以本书存在这样那样的不足和错误，尚希读者和学者见谅。

编　者
2016 年 6 月 13 日